KB252596

장면총리와 제2공화국

조 광, 허동현, 김기승, 홍순호
高崎宗司, 정대성, 김 녕, 임기환 공저

景仁文化社

주당 정권에 대한 본격적 연구는 1970년대에 이르러 시작되었다. 그러나 한국 현대 정치를 연구하는 사람들은 1980년대 이후에 이르러서야 제2공화국 내지는 민주당 정권에 대한 연구를 심화시켜 추진해 나가고 있다.

이와 같은 연구 성과는 한국 현대 정치사의 다른 분야에 대한 정치학계의 활발한 연구 성과들과 대비해 볼 때 그 양적 측면에서는 매우 저조한 상황임을 지적할 수 있을 것이다. 그리고 이 연구들의 시각에 있어서도 연구자들의 입장에 따라 다양성을 드러내고 있다. 즉 일부 진보적 성향의 연구자들은 4월혁명 및 혁명 과업 수행의 중요성을 강조하는 견지에서 그 실패의 책임을 민주당 정권에 추궁하는 측면으로 연구를 진행하고 있다. 이 과정에서 그들은 민주당 정권의 한계를 밝히는 데에는 성공했으나, 민주당 정권이 계획하고 착수해 나갔던 각종 정책의 긍정적 측면을 간과하는 오류에 빠지기도 했다. 이렇게 일부 연구자들은 4월혁명의 의의를 적극적으로 평가하려는 과정에서 의식적으로나 무의식적으로 제2공화국의 역할을 간과했다고 생각된다.

한편 일부 연구자들은 5·16군사쿠데타를 긍정 일변도로 평가하려는 과성에서 제2공화국을 폄하하려는 의도 아래 자신의 연구 성과를 발표한 바 있다. 민주당 정권을 '부패 무능한 정권'으로 규정하거나 제2공화국의 사회상을 '혼란'으로 단순화하여 서술하고 있는 경향들은 군사 독재하에서 권위주의적 정권에 대한 어용적 지지의 입장을 단적으로 나타내는 것이었다. 바로 이러한 과정에 제2공화국·민주당 정권·장면 내각·장면에 대한 부정적 인식은 확대되어 갔고, 정치학자들의 이 연구 경향은 인접 분야의 연구자들과 우리나라 사회 일각이 가지고 있는 민주당 정권에 대한 부정적 시각의 형성에 적지 아니한 영향을 끼쳤다.

이상에서 살펴본 바와 같이 정치학 분야에서는 민주당 정권에 대한 연구가 부분적으로나마 이루어졌다. 그러나 역사학 분야에서는 이에 대한 천착이 제대로 진행되지 못하고 있다. 한국 현대사를 연구하는 학자들이 해방 직후의 역사나 4월혁명 등에 관해서는 여러 편의 좋은 연구결과들을 발표하고 있음에도 불구하고, 민주당 정권에 관한 연구는 아직 본격적으로 이루어지지 못하고 있다. 현대사가들 가운데 상당수는 이 문제에 있어서 현대 정치 연구자들의 성과를 비판적으로 수렴하는 입장에 머물러 있다. 역사학 분야에서 이 시대에 관한 전문적 논저가 본격적으로 나타나지 않은 데에는 이 시대가 다른 시기에 비해서 비교적 단기간에 불과했기 때문으로 생각된다. 그리고 최근의 사건은 역사학의 논의 대상이 될 수 없다고 생각하는 일부의 견해도 제2공화국에 대한 연구를 지연시켜 왔다. 또한 현대사 연구의 중요성을 강조하는 입장이라 하더라도, 한국 현대사에서 이 제2공화국 민주당 정권 시대의 사건들의 비중이 상대적으로 약한 것으로 생각해 온 결과로 이 시대에 관한 역사학적 연구의 진척에는 어려움이 따랐다. 그런데 역사학에서는 역사적 사건에 대한 종합적 사고와 이에 입각한 건실한 판단을 지향하고 있으며, 當代史의 중요성이 강조되기도 한다. 그렇다면 역사학계에서도 민주당 정권에 관한 충분한 연구 성과가 출현해야 할 것으로 생각된다.

이처럼 역사학계에서는 이 시대에 관한 전문 연구 논문이 거의 없으므로, 이에 대한 대안으로 우리는 한국사 분야의 여러 개설서들을 검토함으로써 한국사학자들이 민주당 정권에 대해서 가지고 있는 이해의 특성을 파악할 수 있을 것이다.3) 우리 개설서

─────────

3) 한국사 개설서 상에 나타난 민주당 정권 내지는 제2공화국에 대한 언급을 확인하기 위해서 1960년대 이후 한국사학계에서 인정받고 있는 대표적 개설서 12종을 검토했다. 1960년대 이후 간행된 바 있

에서 민주당 정권에 대한 언급은 민주당이 집권하고 있던 당시였던 1961년 3월에 간행된 李基白의 『國史新論』을 통해서 확인된다. 그는 여기에서 민주당 정권의 수립에 대해서 축복을 기원하면서 독재 정치의 잔재 극복과 민생 문제의 해결을 통한 복지 국가의 건설에 대한 희망을 표현했다.[4]

이후, 민주당 정권에 대한 서술 자체는 5·16군사쿠데타 세력들이 정권을 장악하고 있는 한 객관적으로 서술되기가 불가능했다. 그러므로 군사 독재 아래에서 간행된 대부분의 개설서에서는 제2공화국에 관한 평가를 보류하거나 포기했다. 물론 1970년대에 한 출판사에서 편찬한 책에서는 민주당 정권에 대한 '70년대적 편견'을 반영하여 이를 부정적으로 서술하기도 했다.[5] 그러다가 1980년대 이후 시대 상황의 변화에 따라서 일부 개설서에서 민주당 정권에 대한 서술이 다시 수록되기 시작했다.[6] 그런데 이 서술 가운데에는 민주당 정권에 대해 객관적 서술을 시도한 경우도 있으나,[7] 민주당 정권의 한계를 강조하여 서술하거나 '과단성 있는 정치의

는 12종의 대표적 한국사 개설서들 가운데 9종의 책에서는 제2공화국에 대해서 간략히 나마 언급하고 있다. 그러나 다음의 세 책에서는 서술의 범위를 4월혁명까지도 한정하고 민주당 정권에 대한 서술을 보류하고 있었다.

李基白, 1967, 『韓國史新論』, 서울: 일조각.

李基白, 1976, 『韓國史新論 改訂版』, 서울: 일조각.

韓㳓劤, 1970, 『韓國通史』, 서울: 을유문화사.

4) 李基白, 1961, 『國史新論』, 서울: 제일출판사, 384쪽. 그 후 그는 1990년에 간행한 『新修版 韓國史新論』에서 민주당 정권의 역사적 의의에 대한 언급을 다시 시도하고 있다.

5) 三珍社 編, 千寬宇 監修, 『韓國史大系』9, 217~226쪽. 부록 1의 자료 2 참조.

6) 본고의 부록, 「한국사 개설서에 나타난 민주당 정권」 참조.

7) 姜萬吉, 1984, 『韓國現代史』, 서울: 창작과비평사, 210, 241, 242쪽. 부록 1의 자료 3 참조.

실행'이나 '단호한 조처'가 부족했던 우유 부단성을 지적하고 있다. 그리고 민주당 정권의 실정과 이로 말미암은 사회적 혼란으로 인하여 군사쿠데타가 필연적으로 일어날 수밖에 없었다는 주장을 피력하기도 했다. 특히 후자의 주장은 정부 기관에 의해 집필 간행된 책자를 통해서 집중적으로 제시되고 있었다.[8]

이상에서 약술한 바와 같이 한국사 개설서에서는 제2공화국을 서술할 때에는 군사쿠데타의 원인 제공자라는 부정적 시각에 입각하여 설명되어 있다.[9] 그리고 이에 관한 독자적 연구의 부족으로 그 서술의 양적 측면에 있어서도 매우 간략히 취급되어 있다. 이에 따라서 기존의 개설서에서는 민주당 정권에 대한 정확한 사실 인식이나 객관적 서술 및 평가가 부족한 것으로 생각된다. 그러므로 당시에 대한 체계적 연구의 진행을 통해서 한국 현대사에 있어서 이 부분의 서술에 대한 보완 작업이 진행되어 나가야 한다.

---

8) 대한 민국사 편찬 위원회, 1988, 『大韓民國史』, 서울: 탐구당 80쪽. 부록 1의 자료 6 참조.

9) 민주당 정권에 대한 현대 사회의 인식을 올바로 파악하기 위해서는 초등학교와 중등학교의 사회학과 및 국사과 교과서에서 이 부분에 관한 서술의 변천 과정에 대해서도 검토해야 한다. 국정 및 검인정의 형태로 간행되던 이들 교과서에서는 제2공화국에 대한 특정 시각을 자라나는 학생들에게 제공해 주었다. 국정 교과서는 말할 것도 없으나 검인정 교과서의 경우에 있어서도 이 부분에 관한 서술은 문교부에서 작성, 적용했던 검인정 규정에 의해서 철저히 관리되고 있었다. 이와 같이 지난날 군사 독재 아래에서는 학교와 같은 공교육 기관을 통한 역사 왜곡 내지는 여론 조작 작업이 진행되고 있었다.

3. 장면과 그 시대

제2공화국 민주당 정권을 이끈 인물로는 장면을 들 수 있다. 그러므로 제2공화국의 역사적 의미를 올바로 파악하기 위해서는 그가 살아서 활동해 왔던 내용과 그의 시대에 관해서 간략히 언급할 필요가 있다. 그는 1899년 서울에서 출생하여 8세 때에 인천 사립 박문학교에 입학해서 이곳에서 초등 교육과 중등 교육을 받았다. 그는 1917년 수원 고등농림학교를 졸업했고, 이어서 서울 기독교청년회관 영어학과에 입학하여 영어를 수학하여 수석으로 졸업했다. 1919년에는 도미하여 1925년 맨해튼 가톨릭대학교 문과에서 교육학을 전공해서 졸업했다.

장면은 식민지 조선에 귀국한 이후 1925년 천주교 평양 감목 대리구에서 미국 계통의 메리놀 선교사들과 함께 천주교 선교에 참여하였다. 그 후 1931년 당시 천주교 서울 대교구에서 경영하던 동성 상업 학교에 부임하였고, 이 이후 서울에서 천주교의 교육 운동과 문화 운동의 중심부에 서서 일제하 조선 천주 교회를 대표하는 지식인으로 활동하게 되었다. 그가 참여한 교육 운농으로서는 동성 상업 학교 교장으로서의 역할을 주목할 수 있을 것이며, 그가 수행한 문화 운동 가운데 대표적인 것으로는『가톨릭 청년』의 창간과『朝鮮天主公敎會略史』의 편찬·저술을 들 수 있다.『가톨릭 청년』은 지식인 장면과 정지용, 이동구 등의 문인, 그리고 한기근 신부와 같은 개화기 이후 교회가 배출했던 최고의 知性들이 참여하여 간행된 잡지로서 우리나라 교회사뿐만 아니라 문화사에 있어서도 중요한 역할을 맡고 있는 잡지였다.

그리고『조선 천주 공교회 약사』는 1931년 경성 교구 청년 연합회에서 '조선 교구 설정 100주년 기념 사업'의 하나로 간행된 책자였다. 이 책은 우리말로 서술된 한국 교회사에 관한 최초의 通史였다. 장면은 이 책의 집필과 간행을 실질적으로 주도했던 사람이다. 장면은 이미 1926년 로마에서 거행된 조선 순교 복자 79위의 시복식에 조선 교회를 대표하여 참석한 바 있다. 여기서 그는 우리의 순교 전통에 자부심을 다지고, 민족의 복음화를 위한 결의를 다짐했다. 그러므로 그는 이 책에서 '우리나라의 복음화를 앞당길 수 있도록 격려하기 위해서' 저술했다는 목적을 뚜렷이 밝히고 있다. 호교적 역사서이지만, 우리는 이 책의 저술 목적을 통해서 천주교 신앙에 대한 그의 자세를 窺知 할 수 있을 것이다.

이와 같이 그는 천주교 교회 활동에 있어서 대표적인 자리에 있었으므로 일제 말엽 식민지 당국이 교회마저도 대륙 침략을 위한 동원 체제 안에 강제로 편입시키는 과정에서 이른바 국민 정신 총동원 천주교 연맹에의 참여가 불가피했다. 식민지 시대 전쟁 말기의 사회에 존재하던 모든 기관이나 단체들에게 강요되었던 이 조직은 기존의 단체들이나 기관들이 가지고 있는 조직을 그대로 활용하여 '총동원 체제'로 편제하고 있었기 때문이다. 그러나 그는 일제 식민지 아래에서 오직 교육 운동과 종교 운동에 전념하면서 자신의 삶을 살고 있었던 양심적 지식인에 속하는 것으로 평가될 수 있다.

1945년 8·15해방은 우리 민족사나 교회사에 있어서 뿐만 아니라 장면 個人史에 있어서도 중요한 계기가 된 사건이었다. 그는 해방 이후 정계에 입문하여 초기 대한 민국의 국가 건설 과정에서 중요한 역할을 담당하게 되었다. 해방 공간에서 그는 민주 의원과 입법 의원을 역임하면서 우익의 일원으로 활약하기 시작했다. 그는 제헌 의원에 당선된 이후 파리에서 열린 제3차 유엔 총회에서 대한 민국 정부의 국제적 승인을 얻어내는 데에 크게 기여했다. 한국 전쟁이 발발하자 그는 유엔군의 한국 파병에 큰 역할을 하였다. 1951년 국무 총리가 되었으나 이듬해 사임하였고, 1955년에는 민주당을 창당하여 최고 위원이 되었다. 1956년 민주당의 부통령 후보로 출마하여 당선되었다. 4월혁명 이후 의원 내각제하에서 제5대 민의원 의원에 당선되었고, 제2공화국의 국무 총리가 되었다. 이상에서와 같이 그는 1945년 해방 이후 1961년 군사쿠데타에 의해 국무 총리를 사임하게 된 16년 간 한국 현대 정치의 중심에서 활동하면서 현대사의 일부를 형성해 왔다.

장면이 정계에서 활동했던 해방 이후 1961년까지의 시대는 일종의 격변기였다. 이 격변기적 상황을 잠시 돌이켜봄으로써 장면과 그 시대에 관한 올바른 이해에 도움을 받을 수 있을 것이다. 즉 일제 식민지 당시 우리 겨레의 상당수는 민주주의의 훈련을 받을 기회를 상실했다. 이러한 상황에서 해방을 맞이하게 되자 우리에게는 근대 민주주의를 실천해야 할 과제를 수행하는데 상당한 어려움을 안게 되었다. 더욱이 해방 직후 한국 현대사는 미국식 자유 민주주의와 스탈린주의로 대표되던 공산주의의 대립으로 시작되었다. 이 대립의 과정에서 건전한 자유 민주주의의 발전은 위축되고 민주주의를 표방한 독재가 횡행하게 되었다. 이승만의 독재 정권은 이와 같은 과정에서 출현하고 있었다. 그리고 한국 전쟁을 전후하여 남한 사회에서 강하게 서식하게 된 반공의 논리는 독재 정권의 존립을 정당화하는 데에 활용되기도 했다. 이러한 과정에서 제1공화국 이승만 독재의 극복을 시도하는 4월혁명이 태동되었다. 그리고 4월혁명 이후 제2공화국이 탄생되었다. 이 제2공화국은 제1공화국 즉 자유당 독재 정권의 극복을 목적으로 성립되었다. 그러나 제2공화국이 독재 정권의 비호를 받았던 경찰이나 한국 전쟁 과정에서 비대화한 부패한 군부 등과 같은 제1공화국의 '강력한' 국가 기구를 물려받았음은 피할 수 없는 현실이었다. 제2공화국은 제1공화국으로부터 반공 이데올로기의 구조도 승계하게 되었다. 당시 냉전 논리적 반공 이데올로기는 남북 분단과 한국 전쟁을 체험하는 과정에서 남한의 지식인들 대다수의 지지를 얻었던 정치적 이념이기도 했다. 이 과정에서 자연스럽게 발산되고 있던 냉전 논리가 민주당 정권에도 적용되어 나갔다. 한편 제2공화국은 제1공화국으로부터 종속적 국제 관계 그리고 텅 빈 국고 등을 물려받고 있었다. 이러한 구조적 한계로 말미암아 제2공화국은 개혁의 실천 의지와 추진력에 있어서 제약을 받게 되었다.

그렇지만 4월혁명의 계승을 표방하면서 출현한 제2공화국에 대해서 당시의 사회에서는 정치적 부정의 극복과 자립 경제 체제의 수립, 그리고 남북 문제 및 국제 관계의 새로운 편성을 요구하고 있었다. 장면의 민주당 정권에서는 이렇게 일시에 분출되어 나오는 요구들을 수렴하여야 했다. 그리고 민주당 정권은 이러한 요구를 충족시키기 위해 그들에게 가능한 범위 내에서 최대한의 노력을 경주하고 있었고, 부분적 성과를 드러내기도 했다. 장면은 이 과제 해결의 선두에 서 있었고, 4월혁명이 새 정권에 부여한 사명을 수행하고자 했다. 그러나 군사력을 배경으로 한 독재 정권의 출현으로 그의 의지는 좌절되어 갔고, 이와 함께 한국 민주주의도 일대 시련을 겪게 되었다.

4. 민주당 정권의 역사적 의미

민주당 정권은 앞서 간략히 언급한 여러 역사적 제약을 안고 출범했다. 그리고 그 정권은 이 역사적 제약에 영향을 받으면서 이를 점진적으로 개혁해 나가려는 노력을 전개하였다. 제2공화국 민주당 정권에서는 의회 민주주의의 제도화, 자본주의 체제의 유지, 반공 체제의 유지를 표방했다. 이러한 주장 가운데 상당수는 제1공화국이래 대한 민국 정부에서 지향해 오던 내용이었다. 그러나 민주당 정권에서는 그 운영을 제1공화국처럼 비효율적인 권위주의적 방식으로 하지 않을 것임을 선언했다. 그리고 민주당 정권에서는 민권 확립 및 책임 정치와 경제 건설 제일주의, 사회 정의의 실현을 추구하면서 이에 관한 정책을 구체적으로 마련하여 집행해 나가고자 했다.

우선 민주당 정권에서는 구체제에 대한 청산 의지를 다져 나갔다. 여기에는 부정 선거 및 총기 발포 책임자와 관련자에 대한 처벌, 비리와 부정에 관련된 관료·경찰·군부에 대한 숙청, 부정 축재의 처리 등이 과제로 등장했다. 그리고 이러한 과제를 수행하기 위해서는 민주당 정권 자체의 청렴이 선결적으로 요구되는 것으로 판단했다. 민주당 정권은 이 과제의 처리에 있어서 4월혁명 세력의 요구를 모두 다 수용하기는 사실상 어려웠고, 이를 위해서는 좀더 시간이 요청되는 것으로 판단했다. 그러나 민주당 정권 관료들은 혁명적 과제의 수행에 있어서 전제되는 청렴성에는 아무런 하자가 없었다. 그들은 혁명적 열정을 가지고 자신의 청렴도를 강화시키기 위해서 노력했던 사람들이다. 후일 군사 정권에서는 민주당 내각에 속했던 어떤 장관의 냉장고 한 대를 부패의 상징으로 거론할 수밖에 없을 정도로, 민주당 관료들은 부패하지 아니한 청렴한 사람들이었다.

민주당 정권의 국정 운영의 특성은 경제 제일주의에서도 여실히 드러난다. 이 정책은 농어촌의 부흥, 중소 기업의 육성, 국민 세금의 경감, 금융의 대중화, 국토 건설 사업 등을 내용으로 한 것이었다. 그리고 이를 통해서 만성적인 실업 문제를 해결하고자 했다. 당시의 정부는 1960년 12월 '뉴딜'형의 공공 사업을 시작하고자 계획했고 그 세부 사항은 다음해 2월에 알려졌다. 여기에서는 총인원 4,500만 명에, 3,000만 달러의 비용을 들여 관개·조림·도로·도시 건설·댐 건설 등의 사업을 벌이는 것이었다. 또한 동시에 1961년 초에 경제 발전 위원회에 의해서 고안된 5개년 경제 계획이 마련되었다. 이 경제 계획은 산업화의 새로운 계기를 마련하기 위한 것이었다. 그러나 이 계획은 군사쿠데타로 인해서 실행되지 못했다. 그럼에도 이 계획은 1962년에 시행된 새 군사 정부의 5개년 계획의 근간이 되었던 점을 간과해서는 안될 것이다. 민주당의 경제 계획은 후일 한국 경제의 난관을 타개하고 도약을 이룩하는 데에 있어서 기초를 마련해 준 것으로 평가된다. 아울러 장면 정권이 수립한 이 경제 계획을 볼 때 그들은 결코 무능하지 않았음을 확인하게 된다.

또한 장면의 민주당 정권에서는 '전통적' 친미 정책의 유지 강화라는 틀에서 외교를 전개했지만, 대일 외교의 전개에 있어서는 자주적 측면을 강화시켜 가고자 했다. 민주당 정권에서는 경제 개발을 위한 자본의 마련을 위해서 일본에 8억 달러의 보상금과 차관을 요구할 계획이었던 것으로 알려지고 있다.[10] 그러나 군사

---

10) 민주당 정권이 추진하고 있었던 한일 국교 정상화의 내용에 관해서는 보다 본격적인 연구가 진행되어야 한다. 이는 미구에 진행될 것으로 전망되는 북한과 일본의 국교 정상화 과정에 있어서 북한의 형

쿠데타로 인해서 자신의 정통성에 하자를 가지고 있었던 군사 독재자들은 대일 교섭에 있어서도 열세를 자초했고, 일본으로부터의 보상금을 이끌어 내는 데에도 많은 양보를 해야 했다. 이러한 사실은 국내 정치에 있어서의 정통성이 확립되어야 국제 사회에 있어서도 올바른 관계, 정당한 관계가 유지될 수 있다는 역사의 교훈을 확인시켜 주는 일이다.

물론 민주당 정권은 친이승만 세력과 반이승만 세력의 갈등, 보수와 혁신의 갈등, 민주당 내부의 갈등 등을 조절하는 것과 군부에 대한 견제와 감시에 문제가 있었다. 여기에서 민주당 정권이 붕괴된 원인의 일부를 찾을 수 있을 것이다. 그러나 민주당 정권의 붕괴는 이러한 정권 내부의 갈등으로 말미암았다기보다는 폭력적인 군사쿠데타에 의해서 일어났다. 군사쿠데타를 주도한 사람들은 이미 자유당 정권 말기부터 정치적 권력 장악을 목적으로 하는 쿠데타를 모의하고 있었다. 그들의 쿠데타 음모는 4월혁명의 발발로 잠시 지하로 잠복되었지만, 그들은 장면 정권이 수립된 직후 쿠데타를 다시 모의하기 시작했다. 이러한 측면에서 살펴볼 때 그들이 내세웠던 '혁명 공약'은 추악한 권력욕을 호도하기 위한 허구에 불과했다. 그들은 자신의 쿠데타를 정당화하기 위해서 민주당 정권을 부패 무능하고, 집권 능력이 없는 정권으로 규정했다. 그러나 민주당 정권은 군사쿠데타를 일으킨 사람들이 주장했던 것과 같이 결코 부패 무능한 정권은 아니었고, 오히려 역사의 새로운 도약을 잉태케 해준 정부였다. 그렇다면 제2공화국 민주당 정권은 한국 현대사에서 당연히 재평가되어야 할 것이다.

제들이 일본으로부터 당연히 받아야 할 배상금의 액수를 올바로 평가받는 데에도 도움을 줄 수 있을 것이다. 그리고 이로써 우리 민족은 통일 과정에서 소요되는 통일 비용을 절감할 수 있을 것이다.

한편 민주당 정권은 민주주의를 우리나라의 정치 현장에서 처음으로 실현했던 정권이었다. 그 과정에서 획일적 사고 방법, 군국주의적 문화 잔재를 가지고 '과단성'을 강조하던 사람들에게는 일부의 상황들이 '혼란'으로 비쳐지기도 했다. 그러나 그것은 혼란이 아니라 바로 민주주의가 실현되어 나가고 있다는 증거였던 것이다. 그리고 1961년 2월부터는 사실상 군중 시위도 그 기세가 꺾이어 가고 있었고, 사회의 안정이 회복되던 추세였음을 감안할 때 민주당 정권과 사회 혼란을 等値시키려는 시도는 군사 독재의 필연성을 도출하기 위한 작위적 전제에 불과한 것이다. 또한 일부에서는 민주당 정권의 우유 부단을 특별히 강조하기도 한다. 그들의 경우는 이 우유부단성 때문에 혁명 과제의 수행에 지장이 있었고, 이로 말미암아 정권을 탈취 당했다는 반성을 하기도 한다. 그러나 세계 혁명사를 살펴볼 때 부르주아 혁명이든 프롤레타리아 혁명이든 아니면 궁중 반란이든지 간에 불과 9개월이라는 짧은 시간에 그 혁명의 과제를 달성한 정권은 존재하지 않는다. 이러한 점을 감안할 때 민주당 정권의 과단성 부족에 대한 지적은 역사적 사건의 판단에 있어서 비교사적 관점을 상실한 것이며, 사건 판단의 조급성을 드러내는 것으로 생각된다. 그러므로 우리는 한국 민주주의의 발전과 관련하여 민주당 정권이 남긴 긍정적 유산에 대한 정리와 재평가 작업을 수행해 나가야 한다.

5. 시론적 제안

이제 우리나라의 역사학계에서는 민주당 제2공화국의 공과에 관해서 본격적으로 연구해야 할 시점을 맞이했다. 물론 제2공화국의 치세는 불과 9개월 정도 지속되었다. 이 때문에 제2공화국사의 연구는 이승만 정권과 박정희 정권에 대한 언급의 일부로만 취급되어 왔다. 그러나 이 시기는 민주주의에 대한 열망이 들끓었던 시기였으며, 경제 발전에 대한 투신의 각오가 다져지던 때였다. 그리고 민족 내부에 있어서 진정한 평화와 화해에 대한 씨앗이 움터 나왔고, 새로운 국제 질서의 수립을 위한 노력이 경주되던 시기였다. 제2공화국의 역사는 해방 이후 줄곧 이승만의 독재 정권 아래에서도 그침없이 성숙시켜 가고 있던 고상한 이념들의 결론이었다. 그리고 박정희 군사 독재 정권이 표방한 경제 발전 계획에 가장 필요한 기본적인 틀을 마련해 준 정권이었다. 그러므로 민주당 정권에 대한 연구는 1950년대 한국 현대사의 결론을 올바로 이해하기 위해서 반드시 검토해야 할 부분이며 1960년대 이후의 역사를 올바로 서술하고자 하는 데에 있어서도 그 시론과 결론의 중요한 일부를 이루는 주제여야 한다. 제2공화국의 역사적 위상을 이와 같이 규정한다면 제2공화국의 존재는 한국 현대사에서 더 이상 간과되거나 홀대되어서는 안 되는 역사인 것이다. 제2공화국 민주당 정권의 부정적 측면을 과대하게 강조하던 연구 시각은 마땅히 정리되어야 한다.

여기에서 우리 학계에서는 제2공화국 민주당 정권에 대한 객관적 연구를 강화시켜 나가야 할 것이다. 그리고 이와 관련하여 '깨끗한 교육자요, 근엄한 종교인이요, 불굴의 정치가'였으며, 이 땅

에 민주주의라는 것을 개화시킨 장면에 대한 객관적 연구도 추진
되어야 한다. 30년 한 세대가 경과했으므로 우리는 장면과 그의
정권에 대한 객관적 연구를 충분히 수행할 수 있을 것이다.

책머리에

인류의 역사는 자신의 양심을 지키며, 이웃을 위해서 봉사하는 인간을 줄곧 기려왔다. 또한 현대 사회에서는 민주주의가 공존공생을 지향하는 중요한 가치임을 확인하면서, 그 신장을 위해 노력한 사람들을 높이 평가하고 있다. 우리 나라의 경우에도 적지 않은 사람들이 민족적 양심을 지키며, 민주주의의 신장을 위해서 고통을 마다하지 않았다. 그들 가운데 우리는 민주정치를 구현하려 했던 양심적 지도자인 운석(雲石) 장면(1899~1966)을 기억하고 있다. 그는 구한말 풍운이 감돌던 시대에 태어나 식민지 시대를 살면서 민족 교육 운동과 천주교 문화운동의 핵심에서 겨레를 위해 봉사했으며, 해방 이후에는 민주의원과 입법의원을 역임하며 대한민국의 건국에 일익을 담당했다. 특히 그는 유엔 총회에서 대한민국의 국제적 승인을 얻어냈고, 한국전쟁이 발발하자 유엔군의 한국파병을 이끌어 내어 풍전등화와 같은 대한민국의 운명을 지켜 낸 발군의 외교관이었다.

그 후 그는 시대의 요청에 따라 민주주의의 발전을 위해 투신하여, 민주당을 창당해서 부통령으로 독재 정권에 맞섰다. 그리고 4·19혁명 후 제2공화국 내각책임제 정권의 국무총리로 다원적 민주사회의 건설과 조국의 경제적 번영을 달성하기 위해서 투신했다. 그의 꿈은 5·16 군사쿠데타로 좌절되었지만, 그 높은 이상은 우리 나라 민주 발전의 이정표이자 나침반이었다.

종래 학계에서는 제2공화국과 장면총리에 대한 부정적 평가가 그 주류를 이루었다. 그러나 현재 우리 사회가 지향하는 바가 오랜 권위주의 정부의 통치의 유산을 탈피해 다원적 시민 사회, 민간 자율의 경제구조, 화해와 관용의 정신을 통한 국민 통합에 있다면, 장면과 제2공화국 민주당 정권에 대한 평가는 정신사적 차원에서 이러한 제도와 가치들을 한국사상 최초로 실천하려했던 정치가이자 정권으로 평가되어야 마땅하다고 본다. 왜냐하면 민주주의에 입각한 다원화된 시민사회의 구현을 다시 한 번 시도하고 있는 오늘의 우리에게 장면의 삶과 제2공화국의 치세는 우리의 앞길을 이끌어주는 이정표이자 좌표로서 기능하기 때문이다. 즉 장면이 이끈 제2공화국 당시 맛본 자유민주주의와 자율에 기반을 둔 시민사회의 경험은 어둡고 긴 군사독재의 터널을 지나오는 동안 한국민주주의 운동이 그 지속성을 유지할 수 있게 해준 우리 모두가 공유한 희망의 기억이었다고 본다.

이 책에는 운석기념회와 운석 장면 연구회가 1999년과 2000년에 공동으로 주최한 두 차례의 학술회의에서 발표된 논문들이 실려 있다. 이 책이 종래의 왜곡된 제2공화국과 장면에 대한 균형 잡힌 인식체계를 세우는데 있어 기여할 수 있을 것으로 기대한다.

끝으로 이 책의 출간을 위해 힘써주신 고려대학교 유승주 교수님과 경인문화사의 한정희 사장님 및 편집을 맡아 주신 박선주 선생님께 고마움을 표하며, 원고 교정을 도와주신 여러 선생님들께도 감사드립니다.

운석 장면 연구회
회장 조　광

이 책에 수록된 논문들의 원제목과 발표지 및 발표년도

제1장. 조 광. 1996. 「한국 현대사에서 제2공화국 민주당 정권의 의미」『21세기 한국 사회와종교』. 가톨릭출판사.

제2장. 허동현. 1999. 「장면의 치적과 정치사상에 관한 연구」『한국민족운동사연구』 23.

_____. 2001. 「정계진출 이전 장면(1899~1966)의 삶과 활동에 관한 연『경희사학』 23의 합본.

제3장. 김기승. 1999. 「민주당 정권의 경제정책과 장면」『한국사학보』 7,

_____. 2002. 「제2공화국의 경제개발계획에 관한 연구: 군사정부의 경제개발계획과의 비교를 중심으로」『한국민족운동사연구』 30의 합본.

제4장. 홍순호. 2001. 「제2공화국 대외정책의 이상과 실제」『한국민족운동사연구』 29.

제5장. 다카사키 소우지. 1999. 「일본 정계의 제2공화국관」『운석 장면 선생 탄신100주년기념 학술회의: 운석 장면의 생애와 업적』 발표논문.

제6장. 정대성. 2000. 「제2공화국 정부·국회의 일본관과 대일론조」『한국사학보』 8.

제7장. 김 녕. 2000. 「장면과 가톨릭교회, 그리고 시민사회: 이상과 현실」『가톨릭사회과학연구』 12.

제8장. 임기환. 2001. 「장면의 정치 사상과 가톨릭 신앙」『경기사학』 5.

목 차

x

제1장

한국 현대사에서
제2공화국 민주당 정권의 의미

－장면 박사 30주기 기념 추모 강의－

조 광
고려대학교 한국사학과

1. 머리말

한국 현대 정치사에 있어서 4월혁명은 이승만 독재 체제로 상징되는 1950년대의 모순 구조를 지양하고 새로운 시대를 열고자 하는 사건이었다. 4월혁명은 강력한 국가 기구를 분산하고 그 권력을 축소하며, 경제적 민주주의와 분배 정의가 실현될 수 있는 개혁을 지향하는 국민적 소망의 결집으로 일어날 수 있었다. 그리고 4월혁명은 분단과 전쟁의 상처를 치유하고 종속적 국제 관

계가 부과하는 제약을 축소하여 민족 자주화의 영역을 확대하고자 하는 소망의 분출이었다.[1]

4월혁명 이후 許政 과도내각을 거쳐서 총선 결과에 따라 민주당이 집권하는 제2공화국이 수립되었다. 민주당은 국회에서 尹潽善과 張勉을 대통령과 국무 총리로 인준받고, 1960년 8월 23일 장면 내각을 출범시켰다. 장면 내각은 군사쿠데타로 인해서 1961년 5월 18일 제69차 마지막 임시 국무 회의에서 내각 총사퇴를 의결할 때까지 약 9개월 간 지속되었다. 민주당 정권 장면 내각이 이끌었던 제2공화국은 한국 현대사에 있어서 상당히 중요한 역할을 담당했다. 제2공화국의 당로자들은 만인의 욕구가 분출되고 있던 격동기적 상황에서 역사의 전개 방향을 가다듬으며, 국가의 미래를 위한 계획을 수립하여 실천하고자 했다.

그러나 오늘날 우리 학계에서는 제2공화국에 대한 본격적 연구가 미진하다. 흔히 제2공화국은 자유당 정권에 대한 서술과 권위주의적 군사 독재 체제를 논하는 가운데 과도적 존재처럼 서술되고 있다. 또한 4월혁명을 논하는 과정에서 부수적으로 제2공화국이 간략히 언급되기도 한다. 이처럼 제2공화국에 대한 인식이 왜소화되어 있으며, 제2공화국 민주당 정권에 관한 본격적인 연구가 매우 미흡한 상황이다.

한편, 제2공화국을 논할 때에는 당연히 장면 내각을 주목하게 되고, 국무 총리를 역임한 장면의 고매한 인격을 논하게 된다. 이 과정에서 公人 장면(1899~1966년)에 대한 본격적인 연구에는 이르지 못했고, 私人 장면의 인격에 대한 평가가 제2공화국에 대한 공적 평가를 압도하는 듯한 느낌을 주는 경우가 있다. 물론 제2공

---

1) 최장집, 1990, 「한국 전쟁에 대한 하나의 이해」『한국 전쟁 연구』(최장집 편), 서울: 태암, 352쪽.

화국의 역사는 장면을 떠나서 논할 수 없음은 주지의 사실이다. 그러나 장면 내각으로 대표되는 제2공화국은 장면 개인에 대한 연구와 함께 좀더 본격적으로 천착되어야 한다.

이와 같은 문제 의식에 입각하여 장면 내각으로 대표되는 민주당 정권 제2공화국의 업적과 그것이 한국 현대사에서 차지하고 있는 위치를 살펴보고자 한다. 이를 위해서 본고에서는 먼저 우리나라 학계의 연구 성과에 대한 연구사적 검토 작업을 간략히 시도하고자 한다. 그리고 '장면과 그 시대'에 관한 개략적 언급을 통해서 그의 생애와 제2공화국을 전후한 시대의 특성을 일별 하고자 한다. 이에 이어서 제2공화국의 역사에 대한 간단한 관찰과 더불어 그 역사적 의의를 규명하며, 앞으로의 과제에 대해서도 검토해 보고자 한다.

이러한 문제를 밝히는 데에는 전문 학자 다수가 동원되어 공동으로 연구한다 하더라도 미진한 점이 있을 것이다. 필자는 여기에서 한 역사학도의 입장에서 민주당 정권에 대한 역사적 평가를 검토하며, 그와 관련된 여러 문제들의 윤곽을 개략적으로 밝혀 보고자 한다. 많은 비판과 叱正을 바란다.

2. 연구사적 검토

현대 한국사에서 민주당 정권이 가지고 있는 의미를 검토하기 위해서는 이 주제에 관한 기존의 연구 경향을 먼저 간략히 검토해 보아야 한다. 앞서 잠깐 언급한 바와 같이 한국 현대사의 연구에 있어서 장면 총리를 수반으로 하는 제2공화국 내지는 민주당 정권에 대해서는 충분한 연구 성과가 있었다고 말할 수는 없다.

직접 민주당 정권에 관해서 연구한 독자적 논저로는 정치학 분야
에서 대략 1편의 단행본과 15편 내외의 논문이 발표되었다.2) 민

---

2) 車基璧, 1972, 「4·19·過渡 政府·張勉 政權의 의의」『社會正義』 11,
　　서울: 한길사.
　　金學俊, 1975, 「제2공화국 시대의 통일 논의」『國際政治論叢』 15,
　　　서울: 韓國國際政治學會.
　　金學俊, 1980, 「제2공화국 시대의 통일 논의」『反外勢의 統一論理』
　　　(再錄), 서울: 형성사.
　　백운선, 1981, 「민주당과 자유당의 정치 이념 논쟁」『1950년대의 인
　　　식』, 서울: 한길사.
　　車基璧, 1983, 「4·19·過渡 政府·張勉 政權의 의의」『4월 혁명론』(再
　　　錄), 서울: 한길사.
　　성유보, 1983, 「4월 혁명과 통일 논의」『한국 민주주의론』 II, 서울:
　　　창작과비평사.
　　韓昇洲, 1983, 『第2共和國과 韓國의 民主主義』, 서울: 종로서적.
　　김정원, 1984, 「제2공화국의 수립과 몰락」『1960년대』, 서울: 거름
　　김정원, 1985, 「제2공화국의 성립과 실패」『분단 한국사』(改題收錄), 서
　　　울: 동녘.
　　이택휘, 1987, 「민주주의 토착화의 시련」『한국 현대 정치사』, 성남:
　　　한국정신문화연구원.
　　유영준, 1988, 「장면 정권의 정치적 리더쉽」『리더쉽 이론과 한국 정
　　　치』(한승주 편), 서울: 민족지성사.
　　이택휘, 1990, 「제2공화국의 樹立과 崩壞」『韓國現代史의 再照明』
　　　(한승주 편), 서울: 민족지성사.
　　심지연, 1990, 「민주당 정권의 본질」『한국 사회 변혁 운동과 4월 혁명 I』,
　　　서울: 한길사.
　　安秉萬, 1990, 「민주당의 정치 이념과 정당 구조」『現代史를 어떻게
　　　볼 것인가』 3, 서울: 동아일보사.
　　金浩鎭, 1990, 「장면의 정치 이념과 리더쉽」위의 책.
　　金世中, 1990, 「민주당 정권의 정치사적 의미」위의 책.
　　한국 역사 연구회 현대사 연구반, 1991, 「민주당 정권의 기반과 성격」
　　　『한국 현대사』 2, 서울: 풀빛.
　　유재일, 1994, 「제2공화국의 사회 갈등과 정치 변동」『한국사』 17,
　　　서울: 한길사.

〈부록〉 한국사 개설서에 나타난 민주당 정권

1) 이기백, 1961, 「4월혁명」『국사신론』, 서울: 제일 출판사, 384쪽.

4월혁명의 결과 내각 책임제의 개혁이 행해지고 새로이 총선 거가 실시되어 상하 양원의 국회가 이루어졌으며 민주당의 새 내각이 성립하였다. 축복 받은 제2공화국은 이리하여 탄생한 것이다. 그러나 제2공화국의 앞길은 반드시 평탄 대로인 것은 아니다. 안으로는 독재 정치의 뿌리를 과감하게 일소해야 할 것이며, 특히 민생 문제를 해결하여 이른바 복지 국가의 건설 에 노력을 아끼지 않아야 할 것이다.

2) 삼진사 편, 천관우 감수, 1973, 「민권의 각성과 승리」「현대」 『한국사 대계』 9, 서울: 삼진사, 217~226쪽.

4·19 후 자유당의 와해로 정계는 민주당만이 유일한 보수 정 당이 됐다. 혁신 세력은 군웅 할거의 모습으로 조직 정비를 하 지 못하고, 혁명 후에 부풀어 오른 국민의 정치 의식에 각각 세력 확장을 호소하면서 조직 활동을 전개했다. 이리하여 총선 을 앞둔 정계는 보수, 혁신 세력으로 대별되었다. … 7·29 선 거는 민주당이 선거 공약으로 내건 정책을 주지시키는 일보다 신·구파 어느 쪽을 더 많이 당선시키느냐에 더욱 관심이 쏠렸 다. 선거 자금도 신·구파의 소속에 따라 제각기 달리 나갔다. 1961년 5월 4일부터 처리위의 기능이 발휘됐음에도 불구하고 부정 축재 처리위는 집권당인 민주당과 각파의 이해 관계가 얽혀 있어, 그 처리에 거의 부진, 진전을 못 보고 있던 중, 5· 16 때까지 단 한 건도 처리하지 못해 국민의 지탄을 받지 않을

수 없었다. … 4·19 민주 혁명에 편승하여 민주당 구파를 물리치고 국민의 대망리에 발족한 장면 내각은 경제 정책의 실패, 대UN 외교의 실패, 중석 사건, 인사 행정의 부패, 금융 조직 등 무능과 부패로 일관되어 국민의 원성이 날로 높아 갔으며, 장 정권을 규탄하는 데모와 성토 대회가 각처에서 열렸다. 이렇게 장 정권에 대한 규탄 운동이 각처에서 점차 확대되자, 이에 당황한 장 정권은 조각 후 불과 8개월도 못 되어 대남 간첩의 단속을 강화한다는 명목으로 '반공 법안'이라고 이름을 붙인 특별 법안을 기초하기에 이르렀다. … 장면 정권은 대일 외교에 있어서나 대UN 외교에 있어서나 무능과 실패가 비난의 대상이 됐다. 許政 過政 首班은 "한일 관계의 정상화를 위해 일본 기자의 입국을 허용한다"고 언명했고, 급진적인 대일 친선 정책을 쓰려다가 여론의 지탄을 받은 바 있으며, 장 내각은 수립되면서부터 일본측으로부터 '知日內閣'이라는 칭호를 받았다. 조각 이후 '외교 쇄신 7개 원칙'을 발표하여 그중 하나의 원칙으로 대일 외교의 근본 쇄신과 국교 정상화를 표명했던 것이다. … UN 감시하의 남북 총선거를 통일 방안으로 내세운 민주당과 장면 정권은 속수 무책으로 행정력의 무능을 탓하고 있었을 뿐 별다른 대책조차 세우지 못했다.

3) 강만길, 1984, 「4·19 민주주의 운동·원조 경제와 공업」 『한국 현대사』, 서울: 창작과비평사, 210쪽, 241쪽, 242쪽.

(210쪽) 이승만이 사임함으로써 정권은 외무부 장관 허정에게로 넘어갔고 허정 과도 정권 아래서 내각 책임제 개헌이 이루어지고 총선거가 실시된 후 장면을 국무 총리로 하는 민주당 내각이 성립됨으로써 제2공화국이 발족했다. … (241쪽) 4·19 운동은 소비재 공업의 대외 의존적 독점 기업화와 그 결과로

나타난 농업, 노동, 중소 기업 문제의 취약점과 정치적 부정이 쌓여 폭발한 운동이었다. 따라서 장면 정권으로 하여금 민주 경제 및 자립 경제 체제의 수립을 목적으로 하면서 부정 축재 자의 처벌과 중소 기업 육성책을 세우게 했던 것이다. … (242쪽) 4·19 이후 민주당은 7·29 총선거의 선거 공약으로 부정 축재 의 회수, 특혜와 독점 배제, 국민 소득의 공정한 분배, 실업자 구제, 농어촌의 부흥, 중소 기업 육성, 금융의 대중화 등을 내 세웠고, 장면 정권은 총투자액 4백억 원 규모의 '국토 건설 사 업'을 계획하는 한편, '중소 기업 육성을 위한 종합 대책'을 정 하고 경제 개발 계획을 세워 자립 경제 수립의 기초를 마련하 려 했다. 그러나 이와 같은 장면 정권의 경제 정책은 격심한 경쟁으로 실현되지 못하다가 5·16 정변으로 무산되고 박정희 정권에 의한 경제 체제가 수립되어 갔다.

4) 한국 민중사 연구회, 1986, 「4월혁명의 전말·4월혁명의 의의」『한국 민중사』Ⅱ, 서울: 풀빛, 286쪽, 300쪽.

　이승만 하야 후 허정 과도 내각이 수립되고, 내각 책임제 개헌 에 의한 7·29 총선거 후 장면을 국무 총리로 하는 민주당 정권 이 성립함으로써 제2공화국이 출범했다(8월 23일). … 이러한 한계로 말미암아 혁명 과정에서 제기된 요구들이 실현되어야 했을 4·28 과도 정부 수립에서 5·16 직전까지의 집권 세력이 었던 민주당은 애초에 … 명백한 한계를 드러냈고 ….

5) 변태섭, 1986, 「제2공화국의 수립」『한국사 통론』, 서울: 삼영사, 511~513쪽.

　민주당의 분열은 장면 내각의 정치적 기반을 약화시키는 결과 를 초래하였으며, 따라서 과단성 있는 정치의 실행을 불가능하게 하였다. 즉 제2공화국은 4월혁명 이념의 구현이나 자유당 치하에서 각종 부정·비리에 대한 단호한 조처를 취하지 못했던 것이다. … 이때 진보당 사건으로 자취를 감췄던 혁신계 정치 세력이 4월혁명 이후 다시 대두하여 통일을 내세운 이념 정당으로 자리를 잡게 되고 학생들이 여기에 가세하여 남북 회담을 제기하는 등 급진적 통일 방안을 주장하였는데, 이것 역시 사회 혼란을 가중시키는 요인이 되었다. 이러한 정치 사회적 혼란은 한편으로는 자유스런 민주 정치의 실현이라는 긍정적인 면을 가지는 것이었다. 이것은 자유당 독재하에서 싹튼 민주주의에의 열망이 과도하게 표출된 것에 지나지 않았으며, 이승만의 철저한 반공 정책에 대한 반동에서 민족 분단의 현실을 타개해 보려는 국민적 노력의 표현이기도 하였다. 그러나 당시 이러한 움직임을 수용·해결해 줄 만한 정치 세력이 존재하지 못하였고, 특히 장면 정권은 대중적 기반이나 내부적 결속을 모두 결여한 상황에 놓여 있었으므로 이러한 국민들의 기대에 부응할 수 없었던 것이다.

6) 대한민국사 편찬 위원회, 1988, 「제2공화국 – 민주주의 토착화의 시련」 『대한민국사』, 서울: 탐구당, 80∼89쪽.

(헌정의 전개 과정) … 제2공화국은 의원 내각제의 권력 구조, 기본권의 보장 강화, 정당의 헌법화를 위한 정당 조항의 신설, 법관의 선거제, 사법 독립의 강화, 경찰의 중립화, 중앙 선거 관리 위원회의 설치, 지방 자치제의 헌법상 보장 등 법치 질서를 제도화하고 우리나라 헌정 제도 사상 가장 권력을 분권화시키고 기본권을 신장한 정치 체제였다. 그러나 새로 출범한 장면 지도하의 민주당 정부는 민주당 자체가 신·구파로 분열되어 김도연, 윤보선 등을 중심으로 한 구파는 신민당을 조직

했기 때문에 신파의 지도자 장면은 국회에서마저 지지 기반을 상실하였고, 사회 세력들로부터도 괴리되었기 때문에 그의 정치적 제도화의 노력은 곧 실패하였다. 장면 정부는 혁명의 주도 세력이 구정치인들에게 일임한 혁명 과제들을 일관성 있고 과감히 처리하는 데 실패하였다. 뿐만 아니라 학생과 시민의 정치적 욕구의 일시적 과잉 분출과 보수계와 혁신계 사회 세력간의 갈등이 심화되어 공공 질서를 문란시키고 여당마저 분열, 결국 분당되어 발목이 잡힌 상황하에서 국민 통합에 위기를 조성하였음에도 불구하고 장면 정부는 응집력 있는 이념이나 인기있는 인물 또는 적절한 정치적 제도를 마련하지 못하고 결국 지도 능력의 한계를 드러냈을 뿐이었다. 제2공화국은 비록 형식상 가장 민주적인 제도와 정통성을 갖추고 있었지만 심각한 권위와 통합 및 안보의 위기에 부딪쳐 이를 효율적으로 해결하지 못하는 동안 군부 쿠데타를 유발하여 전복되었던 것이다.

7) 한국 역사 연구회, 1989, 「민족 민주 운동으로서의 4·19」 『한국사 강의』, 서울: 한울 아카데미, 351쪽, 352쪽.

(351쪽) 선거에서도 계급적으로 지주 세력인 민주당이 압승함으로써 … 과도 정부가 내건 '비혁명적 방법에 의한 혁명 과업의 완수'라는 방법은 결국 철저한 민주화를 추진할 의사가 없는 보수 세력의 현상 유지책에 불과하다는 사실을 점차 지각하게 되었다. … (352쪽) 7·29 총선으로 국회가 소집되고 제2공화국이 탄생하였다. 대통령으로는 윤보선이 선출되고, 장면이 내각 책임제의 수반으로서 권력을 장악하였다. 이 시기 집권 민주당은 신파와 구파로 분열되어 그 초기부터 권력의 불안정성을 드러내었고, 이승만 잔재 세력을 비호했는가 하면 과거의

폭압 기구를 거의 그대로 유지하면서 미국과의 관계에서 더욱 굴욕적인 모습을 보여주기도 하였다. 학생 데모가 가열되자 장면 정권은 학원 안정법, 반공 특별법, 시위 규제법 등의 입법을 추진하여 지배력 강화를 기도하였다. … 반공 체제하에서 기득권을 누려 온 보수 세력의 위기감에 편승하여 5월 16일 박정희 일파는 군사쿠데타를 감행하였다. 따라서 철저한 민주화와 민족 통일을 향한 민중들의 열망은 또 한번 좌절을 맛보게 되었다.

8) 이기백, 1990, 「민주주의와 독재의 갈등」『신수판 한국사 신론』, 서울: 일조각, 486쪽.

4월혁명에 의해 독재가 타도되고, 내각 책임제에 의하여 윤보선을 대통령, 장면을 국무 총리로 하는 민주당 정부가 수립되었다. 이 제2공화국에서 국민은 오랫동안 희망해 오던 민주 정치의 혜택을 누리게 되었다. 민주 정치하에서 여러 계층의 갖가지 욕구가 일시에 분출하여, 각종 시위가 연이어 일어났다. 이러한 상황은 당연히 국민 여론의 비판을 받았지만, 이는 민주 정치가 행해지고 있다는 증거였던 것이다. 그런데 이 사실을 혼란으로 규정하고, 이 혼란을 수습해야겠다는 생각을 갖고 일어난 것이 1961년 5월에 있은 5·16군사쿠데타였다.

9) 한국 역사 연구회, 1992, 「민주당 정권의 성립」『한국 역사』, 서울: 역사 비평사, 382쪽.

이승만이 축출된 후 허정을 수반으로 하는 과도 정부가 구성되었다. 1960년 7월 29일 총선거를 통해 장면을 국무 총리로 한 민주당 정권이 출범하였다. 민주당 정권은 당면 과제로 '유엔 감시하에 남북한 총선거에 의한 통일, 부정 선거 원흉과 발포 책임자 처벌, 경제 건설의 촉진과 미국으로부터 최대의 원조 획득' 등을 제시하였다. 그러나 민주당 정권은 초기에 3·15 부정 선거 책임자와 발포 책임자 등을 검거하였다가 곧 대다수를 석방하였다. 또 부정 축재자를 처벌하겠다고 발표해 놓고도 이들로부터 정치 자금을 얻어 쓰고 처벌 대상을 대폭 축소해 버렸다. 민주당 정권은 통일 정책 역시 이승만 정권과 마찬가지로 '유엔 감시하 남북 자유 총선거'안을 내세웠다. 더욱이 당시 폭넓은 지지를 얻고 있던 진보 세력의 통일 운동을 탄압하고 반공 이데올로기를 더욱 강화하려는 움직임까지 보였다. 이처럼 민주당 정권은 이승만 정권과 본질적으로 다르지 않았기 때문에 국민의 지지를 얻을 수 없었다. 여기에 경제 상황의 악화도 민주당 정권을 끊임없이 위협하였다. 이러한 상황에서 민주당 정권은 '경제 제일주의'를 내세우며 국토 개발 계획과 실업자 대책을 발표하였다. 그러나 이에 필요한 자금이 미국 원조로 충당되었기 때문에 미국의 영향력은 더욱 강화되었으며, 화폐 가치가 떨어지고 물가가 올라 민중의 생활은 더욱 악화되었다.

10) 강만길, 1994, 「상변 정권」 『고쳐 쓴 한국 현대사』, 서울 : 창작과비평사, 230쪽.

4·19항쟁으로 이승만의 독재 정권을 무너뜨린 학생층과 일반 민중, 그리고 언론까지도 급격한 정치·사회·경제면의 개혁을 요구하고 나섰다. 그러나 끊임없는 파쟁에 빠진 보수적인 장면 정권은 체질적으로 그 기대에 부응할 수 없었을 뿐만 아니라, 민의의 효과적인 수합에도 성공하지 못해 정치적 혼란은 거듭되었다. 3·15 부정 선거 관련자 및 4·19 발포 책임자의 처벌 문제에서 사법부측은 … 가벼운 형량을 선고하자 … 민의

원은 소급법으로서 '민주 반역자 처리 법안'을 통과시키고, '부정 선거 처리법', '공민권 제한법' 등을 공포했다(1960.12.31). 그러나 이 법을 적용시키지 못한 채 정권 자체가 무너졌다. 부정 축재 역시 미국이 양성해 놓은 독점 자본과 국가 권력이 깊이 연결되어 있어서 쉽게 처리될 수 없었다. 이승만 독재 정권 아래서 쌓였던 국민의 불만이 4·19 항쟁을 계기로 함께 폭발한 데다가 당내의 심한 정쟁이 겹쳐 혼란을 거듭하던 장면 정권도 1961년에 접어들면서 정권 내부에서는 다소 안정을 얻었다. 그러나 혁신계 정치 세력과 학생층이 앞장선 민족 통일 문제에 대해서는 미처 적절한 방안을 제시하지 못하고, 대신 '데모 규제법'과 '반공법'을 제정하여 이에 대처하려 했다. 그것이 오히려 시위를 더 격화시키는 결과를 가져왔고, 결국 5·16 군사 정변이 일어남으로써 장면 정권은 불과 8개월만에 무너졌다.

11) 유재일, 1994, 「제2공화국의 사회 갈등과 정치 변동」 『한국사』 17, 서울: 한길사, 323~324쪽.

선거는 혁신계의 참패로 마무리되었고, 결국 민주당은 대부분의 의석을 장악하였다. 과거와 다름없는 엄청난 선거 부정이 자행되었으며 민주당은 자기 생존을 도모하려는 기득권 세력의 지원을 받아 여타의 혁신계 인사들에게 은근히 좌익의 딱지를 붙여 이들을 패배시켰다. 민중들, 특히 농민들의 의식은 과거보다 별로 발전되지 못했으며, 자신의 이해 관계와 무관한 인사들에게 표를 몰아 주는 도구로서의 역할을 했다. … (진보계 인사들은) 민주당은 자유당과 사실상 동일한 기반을 가지고 있었기 때문에 4·19 당시의 범법자들을 제 손으로 처벌하는 것도, 민주 변혁이 더 철저히 진행되는 것도 두려워하고 있다는 사실을 분명하게 자각하게 되었다. 이 시기는 명백히 운동의 진로를 위한 모색이라고 보는 것이 더 타당하다. 사회 각 영역에서 민주화 운동이 진행되기는 하였으나 그것은 조직 상층부의 보수 세력에 의해 대부분 거부되었다. 왜냐하면 법적인 강제력을 갖추지 못한 이러한 민주화 운동은 과거의 부정과 비리의 주범들을 색출하여 처벌하는데 한계를 갖지 않을 수 없고, 보수 세력 역시 이러한 운동을 통한 체제 개혁 운동을 받아들일 리 만무했기 때문이다. 과도 정부가 내세운 비혁명적 방법에 의한 혁명 과업의 완수의 실상이 바로 이것이었다. 과도 정부 자체가 이승만이나 자유당과 탯줄을 끊을 수 없었듯이, 경찰 관료 기구·사법 기구·교육 기구 등 사회의 모든 영역이 이승만 시대의 것이었고 더 거슬러 올라가면 식민지 시대의 것이었다. 진정한 혁명이 필요한 객관적 상황이었으나 혁명을 추진할 참모부는 존재하지 않았고, 대중들은 그저 자연 발생적인 분노와 열망만을 가지고 기존 제도의 개혁을 모색하고 있었다. 무엇보다도 다수의 민중들은 해방 정국과 한국 전쟁에서 입은 피해 의식에서 벗어나지 못하고 있었으며, 따라서 운동의 전선에 선뜻 나서지 못하였다.

제2공화국 국무총리
장면(1899~1966)의 삶과 꿈

허 동 현

경희대학교 교양학부

1. 머리말

雲石 張勉(1899~1966)은 1960년 8월 19일부터 약 9개월 동안 제2공화국 국무총리로 국정을 운영하다 5·16군사쿠데타로 인해 실각함으로써 자신의 정치적 이상을 실현하는데 실패하였다. 따라서 그가 1948년 정계 진출이후 보여준 업적 - 한국에 대한 유엔의 승인과 한국전쟁시 유엔군 참전을 이끌어 낸 외교적 성과 및 민주당 창당 이후 야당 지도자로서 보여준 반독재 투쟁 등 - 에도 불구하고 그의 치적이나 사상을 논함에 있어 "정치가로서 장면이

갖고 있던 어떠한 결함이 5·16군사쿠데타를 촉발하게 하였는가"
라는 결과론적 인식틀로 이해하려는 경향이 지배적이다. 이처럼
결과론적 인식틀에 입각한 연구들은 정치가로서 장면의 리더십
에 대해 부정적인 평가를 내리거나,[1] 로스토(Rostow, Walt Whitman)
류의 경제발전 단계론 내지 근대화론의 영향을 받아,[2] 후진국에
서는 경제 발전단계를 뛰어넘는 민주주의의 성장은 불가능하며

---

1) 韓國軍事革命史編纂委員會 편, 1963, 『韓國軍事革命史』 제1집, 上,
   國家再建最高會議 韓國軍事革命史編纂委員會, 150~190쪽 ; Sungjoo
   Han, 1974, *The Failure of Democracy in South Korea*, Berkley, Los Angeles,
   London, University of California Press ; 한승주, 1983, 『제2공화국과 한
   국의 민주주의』, 종로서적 ; 차기벽, 1975, 「4·19, 과도정부, 장면 정
   권의 의의」 『(성균관대학)사회과학』 13 ; 1978, 『한국 민족주의의 이
   념과 실태』, 까치 재수록 ; Joungwon A. Kim, 1975, *Divided Korea: The
   Politics of Development, 1945~1972*, Cambridge, Mass., HUP ; 김정원,
   1985, 『分斷韓國史』, 동녘 ; 유영준, 한승주 편, 1988, 「장면 정권의
   정치적 리더십」 『리더십 이론과 한국정치』 3, 서울: 민족지성사 ; 金浩
   鎭, 동아일보사 편, 1990, 「장면의 정치이념과 리더십」 『現代史를 어
   떻게 볼 것인가』 3, 동아일보사 ; 백영철, 백영철 편, 1996, 「제2공화
   국의 의회 정치」 『제2공화국과 한국민주주의』, 서울: 나남출판 ; 지병
   문 등, 1997, 「제2공화국과 민주주의의 실패」 『현대한국정치의 展開
   와 動學』, 서울: 博英社 ; 유병용, 한국정신문화연구원 현대사연구소
   편, 1998, 「장면정권의 성립과 붕괴」 『한국현대사의 재인식』 5, 서
   울: 오름.
2) 1960년대 케네디 대통령 특별보좌관과 국무성 정책기획위원회 위원
   장으로 활동한 로스토는 경제성장의 단계를, ① 전통적 사회 단계,
   ② 跳躍의 준비 단계(과도기), ③ 도약 단계, ④ 성숙사회 단계, ⑤
   대중적 대량소비시대 등 5단계로 나누는 경제발전 단계론을 제창하
   였다. Rostow, Walt Whitman, 1960, *The stages of economic growth; a
   non-communist manifesto*, Cambridge University Press.
   권위주의체제와 민주화의 상관관계를 주장하며 제3세계 독재국가를
   이론적으로 옹호한 헌팅턴의 학설도 장면과 제2공화국의 부정적 평
   가에 큰 영향을 끼친 것으로 보인다. S. P. Huntington, 1968, *Political
   Order in Changing Societies*, New Haven: Yale University Press.

개발독재에 의한 경제의 도약(take-off), 즉 산업화가 있은 이후에야 민주주의의 발전이 가능하다는 시각에서 제2공화국 당시에 꽃핀 민주주의를 폄하한다.[3]

따라서 종래 우리나라 사람들의 정치가로서의 장면에 대한 평가는 대체로 부정적인 쪽으로 기울어져 있다고 여겨진다. 5·16군사쿠데타의 주도세력은 『韓國軍事革命史』(1963)에서 장면을 무능하고 부패한 정치가로 왜곡함으로서 자신들의 쿠데타를 정당화한 바 있으며,[4] 심지어 그의 주변인물들에게서조차 4·19혁명 이

---

3) 일례로 김일영은 산업화와 민주화의 상관관계를 경험적 방법으로 인식한다는 전제하에 세계사상 제3세계 국가에서 상업화 초기에 민주화가 이루어진 사례가 없다는 경험칙을 내세워 장면을 "정계의 영원한 초대받은 손님"으로 제2공시대에 꽃핀 민주주의를 "유산된 민주주의"로 인식한다. 김일영, 1995, 「정계의 영원한 초대받은 손님: 장면론」 『황해문화』 제3권 2호 ; ＿＿＿＿, 한국정신문화연구원 편, 1999, 「1960년대의 정치지형의 변화: 수출지향형 지배연합과 발전국가의 형성」 『1960년대의 정치사회 변동』, 백산서당 ; ＿＿＿＿, 2000, 「장면정부와 유산된 민주주의: 자기와해적 정치사회와 근본주의적 시민사회 그리고 무기력한 국가의 협주곡」 『한국 정치사 기획 학술회의: 박정희 시대의 한국: 국가, 시민사회, 동맹체제』.
　반면 정치가로서 장면의 업적을 긍정적으로 재조명하는 최근의 연구로는 『대한매일』에 1999년 2월 23일부터 8월 28일 사이에 모두 30회 연재되었던 연재물을 수정·보완한 이용원의 『제2공화국과 장면』(범우사, 1999)과, 사진을 곁들여 장면의 생애를 조감한 평전인 졸저, 『건국·외교·민주의 선구자 장면』(분도출판사, 1999)을 찾아볼 수 있다.
　이용원의 장면 평가는 다음과 같다. "장면은 현실에서 실패한 정치가일는지 모른다. 그렇지만 그는 단군이래 처음으로 국민에게 민주주의를 선사했다. 그 때 체험한 민주주의는 한 세대 동안 지속된 군부독재 아래서 국민들에게 위로와 희망을 주는 정신적 지주로 작용했다. 우리 사회에 민주주의가 정착된 지금 장면은 한국민에게 민주주의를 가르쳐 준 '위대한 敎師'로서 기억되어 그는 결국 승리했다." 이용원, 같은책, 270쪽.

후 혼란기의 난국을 수습하기에는 적합하지 않은 - 정치적 역량
이 결여된 - 인물이었다는 평가를 찾아보기 어렵지 않다. 일례로
장면의 정계 진출에 결정적인 역할을 한 盧基南 대주교는 "내가
보기에는 장박사는 종교인이며 교육가지 정치가의 소양은 없는
편이었다"고 회고하였으며, 그의 지기였던 民議院 의장 郭尙勳도
"운석은 난세의 정치가로서 좀 어려운 성격의 소유자다"고 평한
바 있었다.5)

　제 2공화국 시대를 연구한 학자들의 장면관 역시 대체로 부정
적인 쪽으로 기울어져 있다. 부정적 張勉像을 공고화하는데 결정
적인 역할을 한 연구로는 제2공화국에 대한 최초의 본격적 학술
서인 한승주의 *The Failure of Democracy in South Korea*(1974)와,6)
차기벽의 「4·19, 과도정부, 장면정권의 의의」(1975),7) 그리고 김

---

4) 韓國軍事革命史編纂委員會 편, 앞의 책, 150~190쪽. "한 마디로 말
　　하여 5·16전의 우리나라 사회의 정치풍토는 국가이익보다는 사리의
　　추구를, 公事보다는 私黨分派의 擅斷을 위해 狂奔하는 꼭두각시의
　　놀음이나 다름이 없었다. 치유할 길 없는 정치만능의 병폐는 곧 부
　　정부패를 그의 전유물로 알고 그것의 橫取와 유지를 위하여는 국가
　　외 장래건 민족의 興隆이건 이 모든 것을 돌보지 않는 악의 순환만
　　을 되풀이한 것이었다. … 나라를 걱정하지 않는 정치가, 겨레의 내
　　일을 내다볼 줄 모르는 정론이 어찌 救國濟民의 성스러운 책무를
　　빙자하여 오래 백성 위에 군림할 수 있을 것인가. 지도자다운 지도
　　자를 단 한 사람도 갖지 못하고 정치이념 다운 정치이념을 펴는 진
　　실한 공당이 단 한 개도 없는 그 판국에 민중이 현실에서 도피하고
　　외면하여 새 질서, 새 지도자, 새 정치이념을 찾는다는 것은 너무나
　　당연한 논리의 귀결이라고 하지 않을 수 없다. 같은 책, 185쪽.
5) 盧基南, 운석기념회 편, 1999,「거룩한 平信徒 張요안」『한 알의 밀
　　이 죽지 않고는: 증보판』, 가톨릭 출판사, 338쪽 ; 郭尙勳,「自由의
　　高貴한 試鍊」같은 책, 325쪽.
6) Sungjoo Han, 앞의 책 ; 한승주, 앞의 책.
7) 차기벽, 앞의 책, 201쪽, 212~213쪽. "5·16은 한국적 특수상황 속에
　　서 군대가 급진파 혁명세력에 대신해서 일으킨 쿠데타, 곧 혁명의

정원의 *Divided Korea: The Politics of Development, 1945~1972*(1975)를 꼽을 수 있다.8) 특히 한승주는 제2공화국은 군사쿠데타가 없었어도 붕괴하고 말았을 취약한 정권이라는 결과론적 인식틀로,9) "장면 정권"의 붕괴 요인을 究明하면서,10) 장면을 평해 "결단력이 결여된 소심하고 우유부단"한 인물로서 "수동성과 자기 행동에 대한 자신감의 결여"를 특징으로 하는 "형식적" 지도자 내지 "무능한" 정치가로 묘사한 바 있다.11) 이들 著作은 이후 제2공화국 연

둘째 단계였다고 하겠다. … 민주당은 4·19혁명의 주체가 아니었으므로 혁명 후의 설계를 마련해 있지 못했을 뿐 아니라 국가 발전을 꾀하려는 이렇다 할 의욕도 갖지 못했다. 저절로 굴러 들어온 정권이기도 했지만, 모든 문제를 안이하게만 생각했고, 국민 대중의 이익은 아랑곳없이 파벌싸움에만 몰두했다."

8) 김정원, 앞의 책, 267쪽. "제2공화국은 이와 같이 국내외적으로 그리고 비정치적인 분야에서의 불합리한 여건들에다가 권력기반을 다지려는 지도력이 결여되었고 이념을 응집시키는데 무능했으며, 효과적인 조직을 유지한다거나 확고한 정치자금을 확보하지 못했을 뿐만 아니라 군부에 대한 통제력을 행사하지 못함으로써 이미 붕괴될 운명에 처해 있었다. 만약 민주당 정권이 더 계속되었더라면 한국 사회는 보다 근본적인 정치적 와해에 직면했을지도 모른다."

9) 한승주, 앞의 책, 5쪽. "군부쿠데타는 비교적 쉽사리 실행되었을 뿐만 아니라 또한 군부에 의한 정권의 장악에 대하여 국민들의 어떤 명백한 저항의 표시가 없었다. 장면 정부의 종언은 한국에 있어서 민주적 정부를 만들고 이를 유지하려던 시도가 실패했음을 뜻한다. 군부쿠데타는 그 당시 정치 관측자들이나 참여자들이 명백하게 감지하고 있던 '실패'를 결정적인 것으로, 그리고 뚜렷하게 만들어 버린 데 불과하였다."

10) 이 책은 제2공화국의 붕괴의 원인을 "당시 한국 사회의 사회 경제적 미숙성, 비민주적 권위주의적 패턴, 제도적 틀의 부적당함, 군사쿠데타 음모가들의 민첩함"에서, 그리고 한국의 "사회적·이데올로기적 균열"에서 찾는데 초점이 두어진 연구이다. 한승주, 위의 책, 204쪽.

11) 한승주, 위의 책, 117~120쪽, 129쪽, 131쪽, 135~136쪽, 169쪽.

구자들에게 장면에 대한 부정적 이미지를 전파하는데 결정적 역
할을 수행한 것으로 보인다. 일례로 유영준은 「장면 정권의 정치
적 리더십」(1988)에서 2공화국 당시 장면이 정치력 결여와 지도
자로서의 편협성으로 인해 지극히 배타적이고 편파적인 리더십
의 스타일을 드러냈다고 하였으며,[12) 김호진은 「장면의 정치이
념과 리더십」(1990)에서 장면이 자력으로 성장한 지도자가 아니
라 파벌 세력에 의해 "만들어진 수동적 지도자"였기 때문에 정
치적 반대세력을 아우를 포용력이나 위기 상황을 관리할 결단력
이 결여된 인물로서, 권위주의(authoritarian), 민주주의(democratic),
자유방임(laissez-faire)의 리더십 유형 중 어떠한 유형의 리더십
도 갖지 못한 소심하고 무능한 지도자로 규정하였다.[13) 이 밖에
장면의 리더십 결여에서 제2공화국 붕괴원인을 찾은 연구로는
이정희의 「제2공화국의 정치환경과 張勉의 리더십」(1995),[14) 이

---

12) 유영준, 앞의 글, 63쪽.

13) 金浩鎭, 앞의 글, 247쪽. "장면 자신이 스스로의 투쟁을 통해서 지도
  자가 된 것이 아니라 파벌의 대표로 추대된 즉 '만들어진' 수동적인
  지도자로서의 한계가 드러난 것이다. 그는 결코 위기상황을 과단하
  게 대처하는 결단성 있는 리더십을 가지지 못했다. 이상 필자는 몇
  가지 사례를 통해 장면이 민주적이고 정직한 지도자였긴 하지만, 반
  대세력을 포용하거나 결단력 있게 위기를 관리한 유능한 지도자가
  아니라는 것을 논증했다. 앞서 분류한 리더십 유형에 따르면 그는
  권위형도 민주형도 자유방임형도 아닌 소심하고 무능한 지도자로
  규정될 수 있을 것이다."

14) 이정희, 한국정치학회 편, 1995, 「제2공화국의 정치환경과 張勉의 리
  더십」『韓國現代政治史』, 서울: 法文社, 261쪽. "장면은 새로운 정통
  성을 확립하고 지지기반을 넓힐 수 있는 역동적 지도자라기보다 안
  정되고 제도화된 정치환경에 적합한 정치지도자라고 평가할 수 있
  다. 객관적으로 볼 때, 2공화국의 과도기적 상황, 즉 욕구의 분출, 국
  민의 급진적 개선에 대한 기대감, 당내파벌 등을 통합하여 이끌어
  나갈 수 있는 개인적 특성과 능력을 구비하지 못했다."

달순의 「장면정권의 딜레마」(1995),[15] 백영철의 「제2공화국의 의회정치」(1996),[16] 그리고 지병문의 「제2공화국과 민주주의의 실패」(1997)를 꼽을 수 있다.[17] 특히 유병용은 「장면정권의 성립과 붕괴」(1998)에서 5·16군사쿠데타를 정당화하는 시각에서 장면이 이끈 민주당정권의 정책수행 능력을 貶下한 바 있다.[18]

---

15) 李達淳, 1995, 「장면정권의 딜레마」『韓國政治史의 再評價』, 수원: 수원대학교출판부, 280쪽. "직업정치인으로서의 경력부족과 신앙인, 교육자로의 왜곡된 사회화 과정이 결부되어 장면의 리더십이 제한 받고 있음을 보여주는 것이다."

16) 백영철, 앞의 글, 150쪽. "장면의 리더십은 혁명적 상황에 유효 적절하고도 효과적으로 대응하지 못했다. 리더십은 비전을 결여하고 있었을 뿐만 아니라 결단력과 추진력도 보여주지 못했다. 또한 장면은 상황에 따라 유약하게 대응하는 측면을 반복적으로 노정 하였다. 파벌들의 반발에 따라 짧은 기간 수 차례에 걸친 개각을 하였을 뿐만 아니라 때로는 대중여론에 추수하여 비일관적인 태도를 취하였다. 그는 심지어 분당 이전의 민주당은 물론이거니와 분당 이후의 민주당에 대한 조직적 통제와 장악능력조차 보여주지 못하였다. 이러한 리더십의 허약성은 당내장악에 대한 결여에서 그친 것이 아니라 사회에 대한 장악의 현저한 결여로 연결되었다는데 더 문제가 있다."

17) 지병문 등, 1997, 「제2공화국과 민주주의의 실패」『현대한국정치의 展開와 動學』, 서울: 博英社, 211쪽. "4월 항쟁을 계기로 집권한 장면 정권은 4월 항쟁의 정신 및 목적을 충실히 이행해야 했다. 그러나 장면 정권은 민간사회의 폭발적 정치참여에 효과적으로 대처하지 못하고 투입의 과잉에 따른 체제하중을 감당하지 못하고 정치 불안정에 시달려야 했다. 이는 장면 정권의 이념적 한계, 내부의 분열, 그리고 정책수행능력의 결여에서 비롯된 것이었다. 그 결과적 현상으로 나타난 장면정권의 비능률성과 리더십의 빈곤은 최종적으로 군부의 정치개입을 유인하는 요소로 작용하였던 것이다."

18) 유병용, 앞의 글, 70쪽, 113쪽. "장면 정부는 민주적 성격보다는 오히려 비민주적이고 전근대적 성격이 강한 정부였다. 또한 당시의 정치적 분위기는 민주당의 분열과 무능·부패·정책실패에 의한 통제능력 상실과 힘의 공백상태에서 비롯되는 측면이 많았다. … 당시의 사회적 불안과 갈등도 장면정부가 이에 대해 적절하게 대처하지 못

종래의 연구들이 공통적으로 지적하는 것처럼 장면은 아무런 정치 활동의 경험도 없이 피동적으로 징발된 정치인이었기 때문에 자신의 정치적 이상을 주체적으로 관철하려는 능동형의 정치가가 아니라 파벌의 이익을 수동적으로 대변하는 꼭두각시형의 "형식적" 지도자에 머물고 말았는가? 과연 그는 결단력이 결여된 소심하고 우유부단한 인물로서 정치적 반대세력을 아우를 포용력이나 위기 상황을 관리할 결단력이 결여된 배타적이고 편협하며 소심하고 무능한 지도자였는가? 그러나 이러한 결과론적 유추에 의해 내려진 부정적인 張勉像은 그의 면모를 적확하게 제시하고 있는 것은 아니다. 왜냐하면 부정적 평가를 내린 평자조차 장면의 뛰어난 인품이나 그의 치세에 만개했던 민주주의의 성장에 대해서는 찬사를 아끼지 않아 혼선을 주기 때문이다. 즉, 노기남은 그를 "세계적으로 널리 알려진 신앙의 정치가이자 민주주의 정치가"로, 곽상훈은 "소신대로 자유민주주의 정치"를 펼친 신념의 정치가로 평하였으며,『한국군사혁명사』조차 "방종이나 무질서에 가까웠던 것이기는 하나 국민의 자유가 거의 최대한으로 인정받을 수 있었던 시기"였다고 하여 장면이 이끈 제2공화국 시기 민주주의의 성장을 부정하지 못하였다.[19] 이처럼 혹평과 호평이 상호 교차하는 평가의 아노미 현상은 양호민과 김호진에게서 잘 나타난다. 먼저 양호민은 「民主主義와 指導勢力」(1961)이란 논설에서 장면정권을 지칭해 "대중의 마음으로부터의 존경받을 만한 정신적 권위"

___

함에 따라 증폭되어 나타난 측면이 많았다. 결국 이러한 상황하에서 군부세력의 정권장악은 순탄하게 진행될 수 있었으며, 제2공화국의 형식적 민주주의체제는 제3공화국의 군부권위주의체제로 대체되었다. … 다른 사회집단들의 경우와 마찬가지로 군도 군부숙정을 정부에 기대할 수밖에 없었다. 이 기대의 좌절이 군부의 행동주의적 특성, 자기 희생적 애국심 등과 연계되어 쿠데타로 이어지게 되었다."
19) 한국군사혁명사편찬위원회 편, 앞의 책, 170쪽.

를 가지지 못한데다가 "경륜도 식견도 이상주의도 없는 퇴폐한 집
단"이자 "훈련과 기율과 정신적 통합력"이 결여된 "오합지중"으로
"역사의 수레바퀴를 돌릴 에너지"가 없던 무능한 정권으로 치부하
였지만,[20] 「張勉時代-그 意義와 評價」(1966)라는 글에서는 장면
을 "깨끗하고 온유했던 민주주의적 지도자"로 규정하면서 그의 치
세가 "국민에게는 민권과 자유의 황금시대로 길이 기억될 것"이라
고 호평한 바 있다.[21] 그리고 장면의 지도력을 문제삼았던 김호진

---

20) 양호민, 1961, 「民主主義와 指導勢力」 『思想界』, 11쪽, 52쪽. "첫째,
민주당 내각에는 소극적으로나마 민족해방 운동의 투사들을 찾아보
기가 어려웠다. 당시 아·아 신생국의 지도층은 대개 반 제국주의적
독립 운동에서 혁혁한 경력을 쌓은 사람이라는 사실에 비추어 볼
때, 집권당으로서의 민주당이 대중의 마음으로부터의 존경받을 만
한 정신적 권위를 가지지 못했음은 당연하였다. 둘째, 민주당은 보수
정당으로서의 자체의 이상과 경륜을 가지지 못하고 정치는 현실이
라는 구실을 내세우며 잔재주로 눈가림을 하여 이권을 찾기에만 바
빴다. 경륜도 식견도 이상주의도 없는 퇴폐한 집단으로부터 역사의
수레바퀴를 돌릴 에너지는 나올 수 없다. 셋째, 민주당은 훈련과 기
율과 정신적 통합력을 가지고 있지 못했다. 따라서 그 지도체제는
극도로 문란했으며 사색당쟁의 양상을 방불케 하는 당내의 복잡한
피쟁이 속출해도 이것을 통제하고 내부적 단결을 회복할 지도력이
없었다. 그리하여 말기의 민주당은 오합지중으로 타락하고 말았다."
21) 梁好民, 1966. 6. 12, 「張勉時代-그 意義와 評價」 『朝鮮日報』. "이러
한 비극은 우리 국민의 재질이 반드시 賢明치 못했던 때문도, 당시
의 집권층이 반드시 無爲無能했기 때문도 아니다. 일부의 논자는 4·
19 이후 시민의 자유가 과잉하게 허용된 나머지 정치적 사회적 혼란
이 조성되었다고 하지만 장면시대의 자유는 민주주의라는 척도에서
는 당연히 인정되어야할 정도의 것이지 그 자체는 결코 과잉도 방종
도 아니었다. … 장면정권말기에는 국민이 이미 데모에도 염증을 느
끼고 가두행렬과 성토가 점점 퇴조하고 안정과 질서를 추구하는 방
향으로 사회가 움직이고 있었던 것도 부인할 수 없는 현상이었다.
장면정권이 강경정책을 쓰지 못했다는 비난을 흔히 듣지만 민권투
쟁의 금자탑으로 찬양되던 4·19의거 이후의 흥분된 분위기 속에서

도 장면이 "청렴과 정직의 품성"을 갖춘 "누구보다 정직하고 깨끗한 지도자로서 권력의 공익성을 중시하고 족벌주의를 배격한 도덕교사와 같은 이미지를 남기고 간 지도자"였으며, "무엇보다도 '교과서적'이자 '원칙론적'인 민주주의를 이 땅에 실현"시키려고 노력한 정치가로서의 공적을 特記한 바 있다.22)

필자는 이러한 장면상에 보이는 好惡 내지 肯否의 착종현상은 결과론적 인식에서부터 초래된 오류라고 본다. 따라서 필자는 올바른 장면상의 정립을 위해서는 그에 대한 평가의 척도가 군부쿠데타를 초래한 "무능한 정치가"라는 결과론적 인식틀에서 벗어나 그의 정치적 이상이 한국의 민주주의 발전에 있어 어떠한 영향을 끼쳤는가라는 精神史的 척도에서 평가되어야만 한다고 본다. 왜냐하면 김세중의 지적처럼 장면이 이끈 민주당이 "수호하고 실천에 옮기려 했던 자유민주주의 이념은 오늘날에도 한국정치의 살아있는 목표가 되고 있고, 민주당을 기반으로 해서 성장했던 정치인들은 이 시점에도 한국정치의 주역으로 활동"하고 있으며, 동시에 제2공화국 붕괴 즉, 민주주의의 좌절의 일 원인으로 지적되는 "파벌정당으로 표현되는 민주당의 조직과 행태에서 표출뇌

민주주의를 자처하는 어떠한 정권도 민권을 탄압하는 수법으로는 국민을 옳게 지도할 수는 없었을 것이다. … 만일 장면시대가 더 오래 존속하여 경륜과 계획을 구체화할 수 있는 시간적 여유를 가질 수 있었다면 획기적인 치적을 쌓을 수 있었을 가능성을 지금에는 누구도 부인할 수 없는 일이다. … 극히 단명했던 이 시대는 뜻하지 않은 정변에 의하여 비극적으로 끝났지만 그러나 이 시대는 수십 세기를 시달려 온 이 나라 국민에게는 민권과 자유의 황금시대로 길이 기억될 것이다. 깨끗하고 온유했던 민주주의적 지도자를 보내면서 솔직하게 피력한 필자의 소회가 고인의 과거를 욕되게 하지 않았기를 바라는 마음 간절하다."

22) 김호진, 앞의 글, 248쪽. 이러한 혼돈은 이정희에게서도 찾을 수 있다. 이정희, 앞의 글, 253~261쪽.

던 문제점은 아직도 한국정당이 극복해야할 과제"이기 때문이다.[23] 그러나 종래의 연구를 一瞥할 때, 장면의 정치활동과 사상을 그가 남긴 1차 자료를 통해 본격적으로 구명한 성과는 많지 않다. 따라서 이 글에서는 장면이 남긴 각종 회고나 기고문 및 연설문 등을 활용해 장면의 치적 및 정치사상을 분석하되 기존 연구에서 왜곡·오도된 그의 개인적 특성이나 이미지를 바로잡고 간과된 정치사상의 제 특징을 구명하는데 중점을 둠으로써 올바른 장면상의 정립에 一助하려 한다.

2. 가족적 배경

1) 부친 장기빈의 영향

장면은 1899년 8월 28일 서울 三軍部 뒷골(後洞, 지금의 종로구 적선동) 외삼촌댁에서 아버지 장기빈과 어머니 황 루시아의 3남 4녀 중 맏아들로 태어났다. 그는 생후 15일 만인 9월 12일 명동성당에서 鍾峴本堂 박신부(Rev. Victorr Poisnell)의 집전으로 授洗하였다.[24] 이후 그는 생후 2개월만에 당시 처음으로 개통된 경인선 철도편으로 부친의 근무지인 인천 典洞으로 돌아와 "나의 가정은 그리 군색하지도 않았고, 내가 장남인 만큼 부모님은 나를 무척 귀여워해 주셔서, 나는 남부러울 것 없이 어린 시절을 자랐다"고 회고할 만큼 유복한 유년기를 보냈다.[25]

---

23) 金世中, 1998, 「제 1, 2공화국 하에서의 민주당—정치발전에 있어서의 역할을 중심으로—」『國史館論叢』54, 151~152쪽.

24) 장면, 『친필 연보』, 20쪽.

25) 장면, 1999, 「인생회고록」『한 알의 밀이 죽지 않고는: 증보판』, 서

그의 先代는 仁同 張氏로 평안남도 中和에서 世居한 土班가문이었다. 중화는 천주교 신앙이 일찍이 뿌리내린 곳이었지만, 그의 선대는 신앙을 갖고 있지는 않았다. 그의 부친 張基彬(1878~1959)은 1894년 淸日戰爭으로 신흥 일본이 동아시아의 패자로 부상하고 甲午更張으로 과거제도가 폐지되는 등 일대 변혁기를 맞아 종래의 한학 공부를 중지하고 새로운 서구 근대학문에 눈뜨게 되었다. 이러한 자각에 결정적 영향을 미친 사람은 관리 출신으로 개항장 인천에 거주하던 조모의 남동생 姜華錫이었다.26) 장기빈은 그의 지도로 1895년 서울 官立英語學校에 입학해 영어를 배우는 한편 밤에는 일어학교도 다닐 정도로 신학문의 수용에 열심이었으며, 1896년에는 천주교에 귀의하였다. 다음 해 그는 강화석의 중매로 평안도의 8大家의 한 사람인 천주교 신자 黃聖集(베드로)의 둘째 딸 루시아(1878~1954)와 결혼하였으며, 영어학교를 최우등으로 졸업하였다. 졸업 직후 그는 그간 터득한 영어와 일어 능력을 바탕으로 度支部 幫辦에 임용되었고, 한일합방으로 1911년에 사직하기까지 인천 海關에서 근무하였다. 이후 그는 1939년까지 스탠더드 석유회사(Thc Standard oil Co.)와 타운샌드 상사(Townsend & Co.) 한국지사에서 무역과 보험관계 업무에 종사했으며, 해방 이후 軍政廳 財務部 고문과 부산 세관장을 역임한 바 있다. 장기빈은 영어와 일어 외에도 독학으로 중국어와 러시아를 익혀 능숙하게 구사하였으며, 장면의 회고에 따르면 "미국 유학에서 돌아와 부친을 뵈니 자신보다 월등히 영어를 더 잘 구사하고 문장 또한 명확했다"고 한다. 장면 역시 고급 영어 구사 능력을 갖고 있던 점에 비추어 장기빈의 영어 실력이 어떤 수준

울: 가톨릭출판사, 34쪽.
26) 강화석은 인천항 경무관(1985), 인천부윤 겸 감리(1898), 인천항 재판
　　소 판사(1898)를 역임했다.

이었는지 짐작할 수 있다.[27]

이처럼 그의 부친은 근대 문물에 일찍이 눈뜬 개명 관료이자 해외 물정에 밝은 지식인이었고, 모친은 근대 교육은 받지 못했지만 문학에 취미가 있어 구운몽과 삼국지 등 고전 소설을 외우다시피 탐독하였으며, 키도 크고 여행을 즐긴 활달하고 관대한 성격의 여성이었다. 또한 양친 모두 독실한 천주교 신자로서 자녀들의 신앙 교육에 철저했으며 남을 배려하고 봉사하는 사람으로 살도록 이끌었다.[28] 이러한 가정적 배경은 장면을 비롯한 장기빈 슬하의 3남 3녀 모두가 일본과 구미에 유학해 근대 교육을 받아 각계의 전문가로 성장하는 한편, 충실한 신앙생활을 영위하며 타인과 사회를 위해 봉사하는 인물들로 살아가게 만들었다고 여겨진다.

2) 김옥윤과의 결혼

장면은 1907년 인천 花村洞으로, 그리고 1915년에 서울 정동으로 이사하였다. 그의 나이 18세 되던 1916년 서울 中林洞 성당에서 부친이 간택한 천주교 집안인 金商集의 막내딸로 당시 16살의 金玉允(1901~1990)과 결혼하였다. 김옥윤은 중림동 성당 부속 가명 여학교를 나온 것 이외에는 고등교육을 받지는 않았지만 선대

---

27) 윤일웅, 1987. 7, 「장면가의 사람들」『가정조선』, 119~120쪽.

28) 영원한 도움의 성모수녀회 50년사 편찬위원회, 1983, 『영원한 도움의 성모수녀회 50년사』, 서울: 영원한 도움의 성모수녀회, 476쪽. 특히 황 루시아는 평양에서 이름 있는 부잣집, 의성 황씨 집안에서 막내딸로 태어나 시집올 때 많은 재산을 가져왔고 관대하고 수완이 좋은 여걸로서 남편 못지 않게 동정심이 많아 남에게 주기를 좋아했다 한다.

로부터 믿어 온 신앙을 바탕으로 묵묵히 장면을 내조하는 전형적 현모양처의 삶을 살았으며, 이러한 부인의 신뢰에 힘입어 그는 평탄하고 행복한 가정생활을 영위할 수 있었다. 만년의 장면은 결혼 직후부터 유명을 달리하기까지 부인과 함께 한 인생에 대해 "이날 (결혼식)부터 오늘까지 어언 50년간 나는 행복한 부부생활을 가질 수 있었다는 것을 감사한다"고 회고하였다.29) 장면 부부가 金婚式을 맞기까지 50년 동안 평화스런 가정생활을 누린 이면에서 성직자처럼 구도자적 삶을 살아 간 장면의 인품을 느낄 수 있다. 제2공화국 당시 국방부장관을 지낸 현석호씨는 三德 중에서도 정결을 으뜸으로 치는 천주교 교리를 충실히 지킨 그의 인품을 기회 있을 때마다 회고하곤 하였다. "장 박사는 참으로 정결한 분이다. 한 번은 교리를 얘기하다가 내가 '장 박사는 한 번도 육계(六戒 : 외도)를 범한 일이 없소?'하고 묻자, 그 분은 정색을 하며 '없지요'라고 한 마디로 잘라 말하였다."30) "어느 날 내가 장박사께서도 사람인즉 외도도 있을 수 있지 않겠느냐고 물으니 없다는 겁니다. 정말 없었느냐고 재차 물으니 지금까지 살아오면서 다른 여자를 가까이 한 적이 단 한 번도 없었디고 하디고요."31)

---

29) 장면, 「인생회고록」, 35쪽.

30) 玄錫虎, 1986, 『한 삶의 告白』, 서울: 探求堂, 190~191쪽.

31) 윤일웅, 앞의 글, 121쪽. 그의 결혼관은 후일 미국에 유학 중에 약혼식을 올린 차남 건에게 보낸 편지에서 결혼 전까지 처신에 대해 훈계하는 대목에서도 엿볼 수 있다. "다른 여자와는 일체 교제를 끊어야 하며 순전한 사교 이외의 접촉은 가지지 말아야 하며 또 광희(光姬)와의 교제도 결혼 시까지는 아직도 남이니 절대로 난잡하게 대하지 말며 오직 서로 애정을 가지되 서로 인격을 존중하고 점잖케 상종(相從)하여야 하고 너나 광희가 다 앞으로 1년간은 학업에만 열심하여야 할 것이다."

3) 아버지로서의 장면

장면은 선각한 부친의 지도하에 시대의 흐름을 선도하는 신지식을 습득했을 뿐만 아니라 독실한 신앙생활을 바탕으로 안정된 내면세계를 영위할 수 있는 정신적 유산을 물려받았다. 그는 이러한 자산을 바탕으로 자기 수양과 자녀 양육 및 부부생활 즉, 수신과 제가에 성공한 삶을 살았다. 이는 다음에 인용하는 3남 장건에게 보내는 편지에 잘 나타난다.

　+ 건 보아라(見).
　오래간만에 네 手書 接見하니 반갑다. 其間 무사히 善課하니 主恩 감사하며, 여기는 祖父母님 兩位께서 구공탄 瓦斯(가스) 중독으로 일시 急重하셨다가 이제는 소생 회복 중이시니 다행이다. 나는 방금 釜山와서 侍湯 중이다(시탕이란 부모님이 병환 중에 모시고 탕약을 다려 간병해 드린다는 뜻이다. 원주).
　너의 내년도 스칼라십은 magnu 신부님께 네가 잘 교섭하여 또 얻을 줄 믿는다. 네 학과에 대하여는 무엇이고 충분히 배워 가지고 돌아올 것이니, 현대 미국 최신 건축술도 배우고 특히 한국 실정에 맞는 건축을 전공할 것이니, 현재로서는 한국의 공장·Office Building·학교 건물 등이 긴급 요청되며, 또 교회를 위하여는 성당 건축도 연구할 필요가 있다. 내 생각에는 적어도 自今 6년간은 더 공부해야 할 것 같다.
　고층건물로는 10층 이내의 것이고 조명·급수·난방·냉방·전기·방화 등 제방면과 내부장식·위생시설 등도 깊이 연구하고 네가 미국에 체류하고 있는 동안 어떠한 건물이고 보통으로 심상히 보지말고 건축학상 견지에서 세밀히 관찰하여 식견을 넓힐 것이며 언제나 건축 기술자의 안목으로 모든 면을 세부까지 연구·관찰하여라.
　Mr. Horace Peacely씨(대사관을 설계한 사람)를 종종 찾아가서 지도를 받는 것이 좋고 夏休 중 job도 금년부터는 어느 건축가 사무실에서 조수 노릇하여 배워 가며 학비도 버는 것이 좋을 듯하다.
　또 언제나 敎理硏究, 熱心守誡에 전 精力을 집중할 것이고 모든 일을 다 天主의 영광만을 위하여, 또 내 救靈을 위하여 바치는 것이다. 이 외에 아무 것도 필요한 것이 없다. 나는 언제나 너희들이 高名한 학자나 부자나 고귀한 자 되기를 바라지 않고 오직 겸손하고 건실한 主의 사랑을 받는 자 되기만 기원할 따름이다.

1월 13일 父 書.

이 편지를 읽는 사람들은 잔잔한 감동의 물결을 느끼리라. 효도란 어떤 것인지를, 그리고 아버지로서 자식의 앞길을 어떻게 인도하고 조언해야 할 지를 이 보다 더 잘 전달할 수는 없을 것이다. 아버지로서 장면은 자식들에게 일신의 안녕과 영달을 위해 살지 말고 국가와 민족을 위해 봉사하는 삶을 살 것과 충실한 신앙생활을 바탕으로 내면의 안정을 기할 것을 간곡히 당부하고 있다.

3. 교육·종교적 배경

장면은 교육자이자 문화·종교운동가이며, 외교관이자 정치가이기도 하였다. 그러나 그는 일생 동안 꾸준히 집필과 번역 활동을 게을리 하지 않은 문필가이자 신학 이론가 내지는 교회사가이기도 하였다. 그는 『영한교회용어집』(*The Summary of Religious Terms*, 1929), 『교부들의 신앙』(1944), 『젬마 갈가니』(1953), 『나는 왜 고통을 받아야 하나』(1962), 『성 원선시오』(1964) 등의 역서와 『구도자의 길』(1930), 『조선천주공교회약사』(1931), 『한 알의 밀이 죽지 않고는』(1964) 같은 저서를 출간하였다. 그리고 그는 교육자, 외교관, 정치가로서 활약하면서 자신의 견해나 활동 등에 관련된 글들을 신문지상이나 잡지에 끊임없이 게재하였다.

뿐만 아니라 그는 鄭芝溶과 李東九 등의 문인과 尹亨重 신부와 같은 개화기이래 한국 천주교회가 배출했던 지성들과 힘을 합쳐 근대 한국 교회사뿐만 아니라 문화운동사에서도 간과할 수 없는 중요성을 갖는『가톨릭 청년』의 창간을 주도하였다. 그는 1933년 6월 창간이래 이 월간지에「성직자와 독신생활」(1933.6),「구약성경의 역사적 가치」(1933.7) 등과 같은 신학이나 교회사 관계 글 이외에도「아세아를 위하여 고민하는 대한민국」(1949.10)과「부통령 당선과 나의 포부」(1956.6) 같은 자신의 정견을 밝힌 글 등 30여 편의 글을 기고하기도 하였다.[32]

그에게 있어 신앙이란 개인 차원의 영혼 구제라는 좁은 틀을 벗어나 민족을 위한 신앙으로 승화될 때 진정한 의미를 갖는 것이었다. 특히 민족애에 바탕을 둔 왕성한 종교적 저술 활동은 다른 정치가들에게 그 유례를 찾기 힘든 특이한 그만의 업적이다. 또한 그가 남긴 글들도 대부분 아마추어적인 수준을 넘어선 전문적 저작들이다. 어떠한 학문적, 종교적 수련 과정을 거쳤기에 그는 평생토록 이토록 많은 저작을 남길 수 있었을까? 그의 修學 과정을 살펴보자.

1) 수원 농림학교 시절 : 민족의 복음화를 꿈꾸다

장면은 8세 되던 1906년에 인천 성당 부설 사립 博文學校에 입학하였다. 그는 여기서 지금의 초등학교에 해당하는 4년 과정의 尋常科와 2년 과정의 高等科를 최우등으로 졸업하였다.[33] 당시

---

32) 조광, 1996,「한국현대사에서 제 2공화국 민주당 정권의 의미」『21세기 한국 사회와 종교』, 서울: 가톨릭출판사, 475쪽, 490~491쪽 ; 1988, 재속프란치스꼬 한국연합회,『평화의 사도』, 서울: 계성출판사, 223쪽.

그는 한학을 비롯해 지리와 산수 같은 신학문도 배웠다.[34) 박문
학교를 졸업한 1912년 그는 인천 공립 심상소학교 6학년에 편입
하였고 다음 해 고등과로 진급하여 1학년을 수료한 후 16세 되던
1914년 수원 農林學校에 입학하였다.[35) 동급생이었던 한근조의
회고담에 의하면, 농림학교 재학시절 장면은 "마음도 순수하고
외양도 순수"해 "학우들은 물론 선생들까지도 한·일인 할 것 없
이 모두가 좋아하는" 인물이었으며, 입학 후 반년만에 배일운동
을 목적으로 하는 학내 비밀결사 가입 요청을 "쾌락"한 민족주의
자였다.[36)

당시 일제가 실시한 식민교육의 내용은 저급한 "실용주의"를
지향한 것으로 기술교육면에 있어서도 한국인을 일제의 노예 혹
은 하수인으로 부려먹기 위해 "시세와 민도에 알맞은" 실업 교육
을 펴는데 역점을 두고 있었을 뿐이었다.[37) 따라서 당시 농림학교
졸업자들에게는 "금테 모자 쓰고, 칼을 차고, 관리노릇 하는" 일제
의 하수인 역할이 보장되어 있었다.[38) 그러나 그는 농림학교의 실
용교육에 만족치 않고 자신의 이상을 실현하기 위해 독학으로 영

---

33) 장면,『친필 연보』.
34) 장면이 회상하는 박문학교 시절. "내가 맨 처음 공부하기 시작한 것
은 인천에 있던 사립 博文學校였는데 주로 한문(千字文, 童蒙先習,
小學, 大學, 中庸, 通鑑)을 배웠으며 신학문이라고 배웠다는 것은 지
금의 지리, 역사, 산술(算術)정도였다. 그때만 하더라도 관복에 제모
를 쓴 순경까지도 상투를 틀고 다니는 때였으므로 우리들은 머리를
땋고 학교에 다녔다." 張勉, 1957. 1,「(特別寄稿)내가 걸어온 길」『희
망』, 40~41쪽.
35) 장면,『친필 연보』.
36) 韓根祖,「언행일치의 인물」『한 알의 밀이 죽지 않고는』, 456~457쪽.
37) 柳永益, 1992,「日帝植民統治와 韓國의 近代化 問題」『韓國近現代史
論』, 서울: 一潮閣, 202~203쪽.
38) 장면,「인생 회고록」, 35쪽.

어를 학습한 진취적 기상의 소유자였다. 다음은 한근조씨의 증언. "기숙사에서 영어만 열심히 공부하고 교실에서도 선생만 나가면 다음 선생이 들어올 때까지 칠판 위에 영어만 낙서하곤 했다. 일본의 식민정책에 따라 죽자하고 영어란 한 자도 가르치지 않는 이 학교에서 영문만 낙서하는 것을 보기에 아주 아이러니컬하고, 묘한 배일운동으로 느껴지더니 과연 장 박사는 졸업 후 일반 졸업생과 행동을 달리하여 일반적인 직위에 취직하지 않고 엉뚱하게도 서울 종로 어떤 영어학원에서 영어를 더 공부하는 한편 용산 신학교에서 영어를 가르치다가 미국으로 떠나가 버렸다."[39]

장면이 영어학습에 열중하고 미국유학을 단행한 이유는 농림학교 재학시절 한 사건을 계기로 세속적 출세욕에서 벗어나 일제하에 고통받는 민족의 영혼구제를 위한 천주교 신앙전파에 자신을 바칠 결심을 하게된데 있었다. 그러면 그의 일생을 가른 사건은 도대체 어떤 것이었을까? 그는 태어나자마자 영세를 받고 10세 되던 1908년 인천 성 바오로성당에서 뮈텔(閔德孝, Bishop Gustave Mute, 1854~1933)주교에게서 堅振聖事를 받은 그의 표현을 빌리자면, 어렸을 때부터 "천주교가 골수에 배인" 신자였다. 그러나 농림학교 생도 중 유일한 천주교 신자였던 그는 개신교신자인 상급생의 해박한 성경 지식에 자극 받아 천주교 교리에 정통해 볼 마음을 품게 되었다. 그 발단은 농림학교 재학시절 한 개신교 선교사의 항일의식을 고취하는 설교로부터 유발된 개신교 열풍이 농림학교 학생들을 강타한데서 시작되었다.

농림학교 재학시절부터 영어 공부에 열심이던 장면은 천주교 교리와 교회사에 대한 탐구욕을 충족시킬 기회를 좇아 미국 유학을 결심하였다. 1917년 농림학교 졸업과 함께 서울로 이사한 그

---

39) 한근조, 앞의 글, 457쪽.

는 유학 준비를 위해 YMCA, 기독교 청년회관 영어과에 진학하여
본격적으로 영어를 습득하는데 온 힘을 기울였다.

2) 최초의 교육 경험: 용산 예수 성심 신학교 강사

1918년 4월 장면은 용산 예수 聖心 신학교에 강사로 취직함으
로 인해 기독교 청년회관 영어과는 야간부로 적을 옮겨 계속 수
학하였다. 그는 이 신학교에서 1918년 4월부터 약 2년 이상 근무
하면서 주로 豫科의 보통과목을 교수하였다.[40] 그는 약관의 젊은
나이에도 불구하고 연배가 불과 3~4년 차이밖에 나지 않는 신학
생들에게 존경과 사랑을 받는 선생이었다 한다. 다음은 당시 장
면에게 배운 노기남 대주교의 회상. "그는 연배가 우리들 보다 불
과 3~4년 위밖에 되지 않았지만 우리들에게 상당한 존경을 받았
다. 그는 훌륭한 교수일뿐더러 덕망 있는 사람이었다. 그래서 우
리 신학생들은 가끔 그런 말을 주고받으면서 장선생의 강의를 열
심히 경청하였던 것이다."[41]

기독교 청년회관 영어과에 재학하면서 신학교에 재직 중이던
장면은 3·1운동이란 거족적 민족운동을 맞는다. 그는 『친필연보』
에 두 건의 3·1운동 관계 기록을 남겼다. 그 하나는 "삼일운동 총
동원수 136만인, 희생자 6,600, 被檢者 52,000, 齊藤實 해군대장이
총독으로 부임, 서울역전에서 下車 卽後 姜宇奎 의사 폭탄세례를
받음. 폼 세브란스병원 근처에서 目睹"라고 친필로 강우규 의사
의 거사에 대한 목격담을 기록해 놓은 것이고, 다른 하나는 "이와
같은 드높은 정신에 고무되어 이룩된 시위운동의 집회회수는

---

40) 장면, 『친필 연보』, 26쪽.
41) 노기남, 「거룩한 평신도 장요안」, 319~320쪽.

1,542회, 참가인원수 223만명, 피살 7,509 명, 피상 15,961명, 피검 46,948 명, 被燒 교회당수 47개처, 학교수 2교, 민가 715호라는 숫자로 나타나고 있다"라는 삼일운동시의 피해상황을 보도한 신문 기사를 스크랩해 놓은 것이다.42) 또한 그의 회고에 따르면, 그는 당시 재학 중이던 기독교 청년회관 영어과 학생들과 함께 삼일운동에 참여했다. 다음은 당시의 회고. "전 민족이 일제의 학정에 항거하여 자주독립을 선언한 삼일운동이 전국 방방곡곡에서 일어났다. 나는 그때 덕수궁 앞에 나가서 만세를 불렀다."43) "우리들(영어과 학생들)도 덕수궁 앞으로 나가서 만세를 불렀지. 그래서 일본 경찰에게 혼도 나고 ….."44)

그의 이러한 행동은 당시 천주교회 지도자들의 입장과 전면적으로 배치되는 것이었다. 당시 민족 대표 33인 중에 천주교측 인사는 한 명도 참여하지 않았는데, 이는 당시 교회의 지도자들이었던 외국인 주교들이 정교분리론을 견지하며 영적인 구원만을 강조했기 때문이었다. 따라서 3·1운동을 맞아 장면은 민족과 교회 사이에서 갈등했다. 그러나 그는 민족을 우선했다. 신학교 수업시간 그는 "만세소리를 들으면서 평상시의 그와는 달리 격앙된 어조로 조국의 현실을 비판하였다"고 한다.45) 다음은 노기남 대주교가 말하는 당시 장면의 언행.46)

> 그가 우리 신학교에서 교편을 잡은 지 3년이 되던 해에 3·1독립운동이 일어났다. 우리는 신부 지망생이지만, 어찌 이 나라의

---

42) 장면, 『친필연보』, 26~27쪽.
43) 「(特別寄稿) 내가 걸어 온 길」, 42쪽.
44) 「이 얘기 百萬딸라: 張副統領의 秘話」, 8쪽.
45) 玄錫虎, 朴有鳳 등편, 1983, 「(民主立國의 理想과 現實) 장면」『現代의 人物』II, 서울: 良友堂, 39쪽.
46) 노기남, 「거룩한 평신도 장요안」, 321~322쪽.

아들들이 아니랴! 우리도 밖에 나가서 만세를 부르고 싶었다. 그러나 학교 규율과 외국신부들의 제지로 우리는 밖에 나가지 못했다. 그 날은 물론 수업을 잘하지 못했다. 나는 몹시 흥분한 그분을 보았다. 그는 수업을 하지 않고 3·1운동에 관한 이야기만 해 주었다. '이건 천주님의 뜻이요. 이 거족적 봉기를 일으키게 한 분들은 대개가 종교를 신봉하는 사람들입니다. 천주님께서 그분들에게 명하신 것입니다. 독립을 찾아야 해요. 민족의 얼을 찾아야지요. 천주님께서 그런 기회를 우리에게 주신 겁니다.' 침착하면서도 격양된 구석이 있는 목소리였다.

장면이 신학생들에게서 존경을 받았던 다른 이유는 그가 민족과 신앙을 분리하려는 교단의 방침과는 달리 민족과 함께 하는 신앙인의 자세를 제자들에게 전달했기 때문이었다. 그는 정교분리 원칙을 고수하며 독립운동에 참여한 신학생들을 퇴교 조치하는 암울한 상황을 맞아 민족과 신앙사이에서 갈등하는 제자들에게 다음과 같이 그들의 사명을 일깨움으로써 용기를 북돋아 주었다. 다시 이어지는 노 대주교의 회고담.[47)]

독립운동에 대하여 우리에게 알려준 사람은 장 선생이다. 장 선생으로부터 듣는 이야기는 주로 바깥 세상의 것이었다. 나는 궁금한 것을 들었고 그는 내 궁금증을 차근차근히 풀어 주었다. 그의 이야기는 주로 민족과 신앙에 대한 것이었다. '큰일났어. 왜놈들의 탄압이 날로 심해지거든 …. 뜻 있는 사람들은 모두 해외로 나가 독립운동을 하지만, 그게 수월한 일이 아니거든, 백성들에게 필요한 건 지도자야. 그러나 우린 지도자를 갖고 있지 못해. 찾지를 못하는 거지. 상해임시정부나 미국에 건너간 독립투사들의 진정한 지도자는 오직 한 분이 계셔. 천주님이야. 그러나 몽매한 백성들은 그걸 몰라, 일깨워 줘야 돼. 우리에겐 오직 천주님이 계시고, 천주님의 뜻이 있다는 것을 일깨워 줘야해. 맨주먹으로는 왜놈들의 총칼을 당해 내지 못하지만, 신앙심과 천주님 앞에서는 무기란 무력한 것이지. 모든 동포에게 천주님을 믿도록 우리가 노력

---

47) 노기남, 「거룩한 평신도 장요안」, 320~321쪽.

해야겠는데 ….

장면은 제자들에게 민족의 복음화를 위해 헌신하는 것도 의미 있고 가치 있는 일임을 일깨움으로서, 3·1운동을 맞아 민족과 신앙 사이에서 번민하는 그들의 상처 입은 가슴을 달래 주고 앞길을 밝혀 준 師表였다. 또한 그 자신도 민족의 복음화가 독립에 기여하는 길임을 굳게 믿으며, 자신에게 맡겨진 아니 자임한 사명인 민족의 복음화를 위해 갖추어야 할 신학적 지식을 얻기 위해 미국 유학을 결행하게 되었다.

3) 메리놀 외방 전교회와의 만남

장면이 유학을 꿈꾼 이유는 세속적 출세를 위한 것이 아니라 "가톨릭을 좀 더 연구하고 자신의 수련을 쌓는 한편 일제의 피압박민족이 된 이 나라 국민들에게 참된 교육을 시켜 후일에 천주의 구원을 받을 수 있는 가톨릭을 전교하기 위한" 것이었다.[48] 그는 1920년 3월 20일 기독교 청년회관 영어과를 최우등으로 졸업하고 같은 해 미국 유학 실에 오른나.

일제는 식민통치 전기간에 걸쳐 한국인이 서구에 유학하여 수준 높은 고등교육을 받는 것을 방지하기 위해 한국인이 일본 이외의 다른 선진국으로 유학하는 것을 억제하였다.[49] 특히 장면이 회고하는 바와 같이 그가 유학을 결행한 1920년은 삼일운동 직후였던 관계로 더더욱 미국 행이 어려웠다. "평소에 바라고 기다리

---

48) 玄錫虎, 「民主主義의 씨앗」『한 알의 밀이 죽지 않고는』, 462쪽.
49) 유영익, 앞의 글, 204쪽. 1931년도 통계에 의하면, 당시 일본 유학생은 3,693명이었는데 비해 미국 유학생은 493명에 불과하였다 한다.

든 도미는 드디어 1920년에 실현되었다. 그 전해는 기미년 3·1운동이 있든 터이라 한인 학생의 도미 유학이란 좀처럼 여권관계로 바라보기 어려운 일이었다. 그러나 여러 날을 두고 각방면으로 謀策한 결과 도미가 가능하게 되어 그 해 11월에 시애틀에 상륙하였다.”50)

그의 유학은 어떤 배경에서 누구의 도움으로 이루어 졌을까? 그가 말하는 “모책”의 경위는 이러하다.51) “마침내 그 때 미국 메리놀 외방 전교회 총장 월쉬신부가 亞洲 전교 실정을 시찰하러 중국 기타 몇 나라를 역방하고 귀로에 한국에 들렀을 때 그 분이 중국 상해 부호 주씨의 아들 형제를 대동하고 미국 유학을 주선한다는 소식을 듣고 羨望을 금할 길 없어 가친께 나도 도미하게 하여 달라고 연일 강청을 계속하여 드디어 허락을 받았다. 그러나 그 때는 己未년 3·1운동 때라 일정하 한국 청년의 도미유학을 허할 리 만무하다. 그 익년인 1920년에 이르러 여권 신청을 내고 몇 달을 기다려도 종무소식이다가 천신만고 끝에 겨우 出給되어 그 해 11월에 도미한 것이다.”

당시 가톨릭 교단은 파리 외방전교회 소속의 선교사만으로는 미국 장로교 계통의 개신교가 교세를 떨치고 있던 평안도 지역의 포교가 힘들다고 판단하고 이 지역의 선교를 미국 메리놀 외방전교회에 일임할 것을 고려하고 있었다. 따라서 동 전교회장 월쉬신부가 1919년에 한국을 방문하는 등 평안도 지역 포교를 위한 준비에 들어간 상황이었기 때문에 한국 가톨릭 교단도 이를 지원할 인재의 양성이 필요한 상황이었다. 당시 서울 교구장 뮈텔 주교는 이를 위해 자신과 특별한 친분관계를 갖고 있던 장기빈 의

---

50) 장면, 「나의 학창시절 회고」.
51) 장면, 「50년 유서 깊은 호교서」.

자제들을 활용하려 하였다. 뮈텔 주교는 월쉬 신부에게 장면과
그의 동생 장발을 가톨릭계 대학에 입학을 주선해 주도록 요청했
으며, 정혜(구네군다), 정온(마리아) 두 여동생과 운석 선생의 처
조카 김교임(金敎任, 막달레나)도 메리놀 수녀회 입회를 추천했
다. 이에 따라 장면은 1920년에, 장발은 1923년에, 그리고 정혜 등
3인은 1922년에 도미하였다.52) 요컨대 장면은 삼일운동으로 고양
된 민족의식에 고무되고 여기에 천주교 교리 등 선진 지식 습득
욕구도 작용하여 유학을 결심하였지만, 이러한 계획은 선각했던
부친 장기빈의 인도와 가톨릭 교계의 선교전략에 따른 지원이 있
었기에 실현될 수 있었다.

  그는 1921년 1월 4일 메리놀 전교회가 운영하는 예비 신학교인
베나드 스쿨(Venard School, Clark's Summit, Pa)에 입학하여 교장
번(Patrick J. Byrne)신부의 지도하에 6개월간 영어와 기타 과목을
학습했다. 그의 표현을 빌면, "우선 언어가 부족하니 영어공부를
해야 하겠다고 자기가 운영하는 대학 예과에서 반년간 전공을 시
켜 주었다. 그때야말로 3년 동안 공부했다는 내 영어실력이 얼마
나 터무니없이 빈약하다는 것을 절실히 깨닫고 결사적으로 본격
적 공부를 개시했다. 그 때의 고통이란 이루 말할 수 없었으나 꾸
준히 참아가며 대학입학준비를 부지런히 해 나갔다" 한다.53)

4) 신앙의 실천: 성 프란치스꼬 제3회 입회

  장면의 미국 유학은 세속적 지식의 습득을 통한 일신의 영달을
얻기 위해서가 아니라 신앙에의 갈구에서 단행된 것이었다. 따라

---

52) 영원한 도움의 성모수녀회, 앞의 책, 39~40쪽.
53) 장면, 위의 글.

서 그는 자신이 신봉하는 가톨릭 신앙생활, 즉 사도적 생활을 통한 크리스트교의 完德을 이룩하기 위한 노력도 게을리 하지 않았다. 베나드 스쿨에 재학 중이던 1921년 8월 28일 그는 한국인으로서는 최초로 성 프란치스꼬 제3회에 입회했으며, 다음해 9월 24일 세자 요한(St. John Baptists) 성당에서 프란치스꼬를 수도 명으로 서약하였다.54)

교회의 정의에 따르면, 제3회는 "세속 생활에 적합한 방법으로 일반 신자들 보다 그리스도교적 완덕을 더 추구하기 위하여 서약한 가톨릭 신자들의 단체"로서 회원들은 "재속신분으로 있으면서, 성령으로 인도되어, 사랑의 완성을 이루려고, 성 프란치스꼬처럼, 교회가 인가한 방법에 따라, 복음을 살기 위하여, 서약한 사람들"이다.55) 그러면 장면은 제3회를 어떻게 이해했을까? 다음은 그가 설명하는 제3회의 목적과 사명. "원래 재속 3회는 사부 성 프란치스꼬의 정신을 따라 聖座(교황)의 인가로 제정된 회칙을 준수하며 세속생활 중에서 완덕에 도달코자 노력하는 단체이니만큼 무엇보다도 먼저 자기 聖化에 전부를 기울이고 나아가서 이웃 사람의 성화와 그들에의 사랑의 봉사로 주의 영광을 희구하며 회칙엄수로 補贖을 충실히 이행함이 그 목적이다. 회원은 그리스도의 神秘體안에 형제애로 단결하여 공동노력으로 평신도 사도직에 앞장서 복음전파의 십자군이 되어야 하며 경건한 修德垂範으로 도의 앙양의 사표가 되어야 한다. 적어도 각자 가정과 직장 환경에서 복음적 表揚으로 사랑과 평화의 사자구실을 해야할 사명을 띠고 있다."56)

---

54) 장면, 『친필연보』, 21쪽, 28쪽.
55) 재속 프란치스꼬 한국연합회, 1988, 『평화의 사도』, 서울 : 재속 프란치스꼬 한국연합회, 297쪽.
56) 장면, 1965. 11, 「聖프란치스꼬 在俗第三會」 『가톨릭 靑年』, 45쪽.

그는 제3회 입회 이후 자신의 세속적 지위가 어떻게 변하던 간에 독신 수도자들과 똑같은 수덕 생활을 세속 안에서 영위해 나가겠다는 결심대로 일관되게 이 회의 목적과 사명에 충실한 삶을 살아갔다. 이미 살펴보았듯이 그는 가정생활에서 "자기 성화"에 성공하였으며, 사회생활에서도 다음과 같은 그와 직접 관계를 맺었던 사람들의 회상에 보이듯이 "복음적 표양"으로 우뚝 섰음을 그를 지켜 본 주위 인사들의 증언을 통해 알 수 있다. 용산 신학교 교사시절 제자인 노기남 대주교와 동성 상업학교 재직시절 제자인 유수철 신부, 그리고 『가톨릭 청년』의 기자였던 周美는 이렇게 말한다.

> 그는 두 말할 나위도 없이 독실한 가톨릭 신자이다. 그의 신앙은 깊고 철저했다. 모든 언동은 신앙심에 서 비롯되었다. 사생활에서부터 정치에 이르기까지 오직 천주님의 가르치심대로 실천한 성인이었다. 우리 성직자도 따르기 힘들만큼 모범적이었다. 그가 지닌 넓고 깊은 학식, 매사를 잘 처리해 나가는 역량, 그리고 숭고한 신앙심으로 인하여 만인의 우러름을 받게 된 것이다. 그를 사귀는 이 마다 그를 존경하지 않고는 못 배겨낼 만큼, 만인을 품에 안는 숭고하고 세찬 힘이 있었다. 오랫동안 그의 깊은 신앙과 높은 인격에 의함이 아니었을까 생각한다.[57]

> 그 분은 언어·행동·몸 전체에서 신앙심이 넘쳐흐르는 철두철미한 종교인이었다. … 그는 고해성사를 자주 하시는 분으로 대개는 정규적으로 2주일에 한 번 이상 꼭 받는 성실한 교인이었다. 때로는 그의 고해를 듣는 내가 듣기에도 '이런 것도 죄일까?'싶은 것까지 세밀하게 고해 하셨다. 그토록 양심을 깨끗이 가지기에 최선을 다했으며 사소한 일들까지 깊이 뉘우치는 겸손한 태도였다. 여기에 내 스스로가 감명 받은 바 지대함을 밝혀 둔다. 마지막 순간까지 나는 장 박사의 위대한 생애를 지켜보았던 것이다.[58]

---

57) 盧基南, 「거룩한 平信徒 張요안」 『한 알의 밀이 죽지 않고는』, 319쪽.
58) 유수철, 「장박사 선종기」, 376~377쪽.

장 박사는 그가 생존시 교육자로서 또 정치가로서 많은 사람들에게 큰 영향을 주었음은 말할 나위도 없겠다. 허나 가장 강하게 생의 향기를 남긴 것은 그가 교육자로서 아니 정치가로서라기보다 한 사람의 가톨릭 신자로서 생활한데 대한 발자취 일 것이다. 우리 주위에는 많은 신자들이 살고 있지만 가톨릭 정신과 그 생활을 일치시켜 나가는 사람은 그리 흔치 않다. 장 박사는 그 정신을 그대로 자기생활에 적응 시켰음에 큰 의의가 있다고 하겠다. 박사의 생존시 그의 생활 밑바닥을 흐르고 있었던 굵직한 이데아는 五傷 방지거(프란치스꼬) 성인의 복음성경 그대로 생활한 청빈과 겸손 그것이었다.59)

한마디로 장면은 "성직자들을 부끄럽게 하는 고결한 생활을 했던 분"이었다.60) 특히 그는 가톨릭 신앙의 전파를 제3회원으로서의 최대의무로 생각했으며, 자신이 몸담고 있는 곳에서는 언제나 이를 충실히 실천하였다.61) 일례로 그는 미국 유학시절 도미한 동생 장발을 제3회에 입회시켰으며, 귀국 후에는 한국 최초의 성 프란치스꼬 제3회인 서울 형제회를 만들어 그의 부친 장기빈과 부인 김옥윤, 동생 장발·장정혜·장정순 등 가족을 비롯해 경향신문 사장을 지낸 한창우와 성 루가 병원을 열어 의료 봉사활동을 전개한 박병래, 『가톨릭청년』을 함께 발행한 정지용·이동구 및 『한국천주교회사』의 저자 류홍렬 등을 제3회원에 입회시키는 등 주변 인물들에게 천주교 신앙을 전파하는데 게을리 하지 않았다.62)

그에게 감화되어 신앙을 갖게 된 주변 인사들의 경험담을 들어보자. 먼저 2공화국 당시 국방장관을 지낸 현석호의 증언. "그 분

---

59) 周美, 1966. 7, 「나에게 들려준 마지막 이야기」『가톨릭 청년』, 7쪽.
60) 정달영, 1986. 7, 「실패했기에 승리하는 어떤 정치인 장면」『마당』 59, 54쪽.
61) 장 요한(면), 1963, 「복음전파는 삼회원의 최대의무」『발자취』 4, 7~10쪽.
62) 재속 프란치스꼬 한국 연합회, 앞의 책, 22~30쪽.

은 종교에 관한 얘기만 나오면 피로한 줄도 모르고 정열을 다해 말씀했고, 자기의 뜻이 전달되지 않으면 몹시 안타까워하기도 했다. 5·16 이후 정계에서 물러나 그 분과 같이 지내는 동안 나는 많은 교리를 배웠고 종교인으로서 가지는 근본적인 덕성도 몸에 배도록 교정되었다."63) 다음은 민주당시절 고락을 함께 한 박순천의 회고. "장 박사님은 많은 동지들을 入敎시켜 救靈을 받게 했다. 나는 본래 6·25전쟁 이후에 신교에 관계하고 있었지만, 어찌해서 차츰 명동성당에 나갔다. 아무도 아는 사람이 없었을 뿐만 아니라 천주교가 무엇인지도 모르면서, 가 앉아 있는 것만으로 마음의 편안함을 느꼈던 것이다. 민주당 동지들을 비롯해서 제2공화국 당시의 각료들은 대개가 장 박사님의 전교에 의해서 영세를 받았다. 지금은 모두가 독실한 신앙인이 되었다. 박사님께서 살아 계실 때에 나는 신교니 뭐니 하며 평계를 대다가 돌아가신 요즈음 박사님께서 권하시던 그 말씀이 가슴에 남아 몹시 찔리는 모양인지 지금은 교리강좌도 받으며, 선생 생전에 영세도 받고 하여 주일마다 미사에 나가게 되었으니 박사님께서 살아 생전에 그렇게 전교에 열심이셨던 덕분이었다. 돌아가신 오늘날도 그분은 천당에서 구령사업을 하시고 계실 것만 같다."64)

장면은 제3회 입회 이후 그의 세속적 지위는 교육자, 외교관, 정치가로 바뀌어 나갔지만, 그는 평생토록 제3회 회원으로서 서약한 바대로의 의무를 지키는 삶을 살아 나갔다. 따라서 제3회 입회는 그의 삶을 이해하는데 있어 가장 중요한 관건이 되는 사건이었던 것이다.

---

63) 현석호, 「민주주의의 씨앗」, 459쪽.
64) 朴順天, 「民主主義의 犧牲者」『한 알의 밀이 죽지 않고는』, 346쪽.

5) 맨해튼 대학 입학

구한말이래 1920년대까지 미국에 유학했던 한국 학생은 100명에 미달하였으며, 장면이 유학한 당시에 미국에서 공부하고 있던 유학생은 10명 미만이었다. 그는 메리놀 외방 전교회측 성직자들의 조언을 받아 미국 내에서 교육을 사명으로 하는 유명한 남자 수도회(Christian Brothers) 소속 수사들이 경영하는 규모는 작지만 내실 있기로 정평이 난 뉴욕 소재 맨해탄 대학(Manhattan College)에 1921년 9월 19일에 입학하여 1925년 6월 4일 학사학위(B. A.)를 받았다. 당시 장면은 일종의 "근로장학생"으로 학비 일부를 지원받았지만, 모자라는 학비와 생활비를 벌기 위해 시간을 쪼개 육체노동에 나서야 했다. 그는 언어장벽과 고학의 어려움으로 인해 1923년 8월에는 성 빈센트 병원(St. Vincent's Hospital)에서 탈장 수술을 받고 2주간 입원하는 병고를 겪기도 하였지만, 이에 굴하지 않고 향학열을 불태웠다.[65] 다음은 어려웠던 유학 시절에 대한 그의 회상.[66]

> 翌年 9월 뉴욕 맨해튼 대학에 등록을 했다. 교실에 들어가 아직도 모르는 術語가 태반이나 되어 따라가기 힘들었다. 설상가상으로 집에서 學資를 별로 못 보내는 형편이므로 숙식을 위하여 일을 해야 하고 또 학교에서는 수업료 기타 요금을 못 바치는 대가로 또한 일을 해야만 하게 되었다. 언어는 부자유스러워 노상 포켓사전을 찾아보아야 하고 따라서 이 장벽을 극복하느라고 다른 공부를 제대로 따라가기가 極難하였으며 하루에도 몇 시간씩의 육체노동 때문에 피곤과 시간부족으로 몸은 언제나 쇠약의 일로를 걷고 있었다. 어떤 때는 전차비 5전이 없어서 도보로 걸어다닌

---

65) 장면, 『친필연보』, 28쪽.
66) 장면, 「나의 학창시절 회고」.

일도 있었다. 이와 같이 언어장벽, 신체피로, 학비부족, 시간부족
과 항시 싸우며 고학을 계속하기란 결코 용이한 일이 아니었다.
그때는 한인 유학생이라고는 전미국내에 불과 십명 이내가 아닌
가 한다. 따라서 한국에 대한 인식은 거의 전연 없었고 더군다
나 한인학생을 위한 스칼라십이란 얻어 볼 수도 없었다. 오늘 같
이 한국이 널리 알려져 있고 동정이 많고 여러 가지 장학금이 풍
부한 호화판 시대와는 별천지였다. 이렇게 늘 피곤하게 지내다가
하기휴가가 오면 1년간 돈을 마련하기 위하여 또 다른 데로 일을
구하여 나가는 것이었다. 휴가라고 휴식은 고사하고 학비 한푼이
라도 더 벌어 보려고 몸이 배겨낼 도리가 없었다.

　장면에게 있어 맨해튼 대학에서 공부한 4년간은 교육의 완성을
이룩한 결실의 기간이자 앞으로 그의 삶의 방향에 좌표를 제공한
계기이기도 하였다. 그는 대학시절에 무엇을 얼마나 배웠을까. 그
가 택한 과목과 여기서 거둔 성적을 통해 그가 이룩한 지적 성장
의 궤적을 알아보자. 그는 1학년 때 종교학(97, 91), 영문학(79, 75),
불어(83, 86), 역사(87, 80), 물리 및 실험(93, 93), 수사학(80, 80)을,
2학년 때 종교학(82, 94), 화학 및 실험(86, 98), 영어(72, 79), 대중
연설(85, 87), 영문학(78, 78), 불어(72, 79), 역사(88, 90), 그리고 3
학년 때 종교학(100, 100), 영어(95, 95), 철학(100, 95), 철학(95,
93), 교육학(94, 94), 불어(78, 80), 사회학(76, 92)을 택했다. 그는 1
학년 85점, 2학년 83점, 3학년이 92점, 3년 평균 87점의 우수한 성
적을 거두었다.

　성적표를 세밀히 관찰해 보면, 그는 종교학(94), 철학(96), 교육
학(94) 등 인문학 분야와 물리 및 실습(93), 화학 및 실습(92) 같은
계량적·분석적 학문에서 매우 우수한 성적을 거두었으며, 역사
(86), 사회학(84), 수사학(80), 영문학(78), 영어(85), 불어(80), 대중
연설(86), 수사학(80)에서도 비교적 좋은 성적을 올렸다. 또한 그
가 언어의 장벽을 호소했던 영어 과목의 성적이 1~2학년간에는

저조했으나 3학년 때에는 95점의 높은 성적을 기록한 것으로 보아 그의 노력이 어떠했는가를 짐작할 수 있다. 그는 불어와 영어를 매 학기 수강했는데, 아마도 그 이유는 당시 조선 교구를 주도하던 파리 외방 선교회와 한국 진출을 준비하던 메리놀 외방 전교회 소속의 성직자들과의 원활한 의사 소통을 위해서였던 것으로 보인다.

특히 장면의 회고에 따르면, 그는 "필수과목으로 매일 1시간씩의 교리를 배우기는 하였으나" 이에 만족하지 않고, "따로 교리·교회사·호교학(護敎學) 등을 자습하면서 여러 신부님께 개인지도를 청하여 거의 무제한 질문으로 신부님들을 괴롭혔다" 한다.67) 이 때 확보한 교리나 교회사 관계 지식들은 장면이 뛰어난 신학 이론가로서 활발한 저술·번역 활동을 펼치는데 활용되었다. 또한 그는 역사를 4학기 동안 이수한 것을 비롯해 철학·사회학·교육학 등 다양한 인문 과목을 학습하였는데, 이를 통해 확보한 지식은 이후 문필가로서 그가 출중한 업적을 남기는데 기여한 지적 자산이었다.68)

---

67) 張勉, 「50年 由緖 깊은 護敎書─"敎父들의 信仰"번역 經緯와 改版構想」.

68) 일례로 장면은 매년 자신의 주요 활동을 수첩에 적어 놓았고 이를 토대로 1963년에 일반 노트에 친필로 정리·작성한 『친필연보』(수기자료, 장면가 소장)를 남겼다. 이 책의 모두에는 仁同 張씨 譜系를 위시해, 1908년부터 1960년에 이르는 20여 차례의 移居한 곳의 주소지, 선영 소재지, 친가·외가·처가의 가계도, 부친 장기빈과 장면 본인의 이력 등이 기록되어 있다. 이 책의 백미는 그가 출생한 1899년부터 1963년까지의 가족 내 대소사와 국내외 사정을 연대기 작성 방식에 따라 노트 한 면은 "가족 및 국내사항"을 다른 한 면에는 "국제정세"로 나누어 기술해 놓은 부분이라 할 수 있다. 자신의 일생의 부침은 물론 가족의 성장과 국내외 정세까지 아우른 이 연보는 이미 그 자체로 흠 잡을 데 없는 역사적 기록이다.

4. 일제하 종교·교육 활동

1) 신앙인으로서의 활약

장면은 미국 유학생활에서의 경험을 통해 "자유와 민주주의를 배우고 맛보며 더욱 나의 언행을 종교적 양심에 비추어 보고 행동하는 습성을 길렀으며, 일제 아래 국내에서 우리가 민족에 이바지하는 길은 민간 교육사업이 더욱 효과적이며 첩경이라는 신념을 가지게 되고, 민족 도덕을 양성시키기 위해서는 종교적 신앙에 깊이 뿌리를 박아야겠다고 깨닫게 되었다" 한다.69) 따라서 그는 귀국 후 일제 치하의 암울한 현실 속에서 그는 민족의 장래를 위해 교육사업과 천주교 전파를 위한 교회활동에 몰두함으로써, 나라 잃은 민족의 정신적 독립 기반을 다지는 작업에 힘을 기울였다.

1925년 6월 20일 그는 5년여에 걸친 미국 유학 생활을 마치고 귀국 길에 오른다. 그는 귀국에 즈음해 서울 교구로부터 로마에서 거행되는 "한국 79위 순교자 시복(諡福)식"에 한국 천주교 청년회 대표로 참석해 달라는 부탁을 받아 동생 발과 함께 7월 5일 거행된 이 행사에 참가함으로써 한국 천주교회를 대표하는 인물로 성장해 나가기 시작한다. 그를 비롯한 장발, 장정온, 김교임 등의 미국 유학은 미국 메리놀 전교회의 한국 진출과 밀접한 관련하에 뮈텔 주교의 주선으로 이루어진 것이었다. 파리 외방 전교회 소속의 뮈텔 주교는 미국계 개신교에 비해 열세를 면치 못하는 평안도 지방－1923년 당시 총인구는 2,441,400명, 천주교 신자

---

69) 장면, 『한 알의 밀이 죽지 않고는』, 27~28쪽.

4,800명, 개신교 신자 41,500명 – 에 대한 적극적인 포교활동을 위해 미국 메리놀 외방 전교회의 진출을 요청하였던 것이다. 이에 따라 1923년 5월 장면 등이 미국 유학 시 도움을 받았던 메리놀 소속의 방(P. J. Byrne)신부가 교구 설정 준비 책임자로 내한하는 등 본격적인 전교활동에 돌입하였다. 메리놀회의 한국 진출은 장면 일가의 헌신적 도움으로 순조롭게 진행되었다.

1924년 10월에는 장정온 앙네다 수녀와 김교임 말가리다 수녀가 미국인 신부 3명과 수녀 4명과 함께 귀국하였고, 장면과 장발도 귀국 후 메리놀회의 전교활동을 적극적으로 돕기 시작하였다. 장면은 1925년 12월 2일 메리놀회의 목(睦, Joannes Morris)신부의 요청으로 평남 영유 성당에 부설된 "朝鮮語研究學校"에서 메리놀회 신부들에게 우리말을 교수하는 어학 교사로 활동을 시작한 이후 1928년 평양 천주교 청년회장으로 선출되는 등 1931년 4월 서울 동성 상업학교로 직장을 옮길 때까지 교구 사무와 평양 관후리 성당의 길(吉, Patrick Cleary)신부를 보좌하면서 평양 교구의 발전에 기여하였다.[70]

특히 평양교구 일을 보던 5년간 장면은 유학 시절에 거둔 교리 탐구의 결실들을 하나씩 세상에 내 놓는 작업을 진행하였다. 그는 1926년 이후 미국 유학시절 메리놀회의 월쉬 총장이 추천해 준 『교부들의 신앙』(Cardinal Gibbons, *The Faith of Our Fathers*)을 번역하는 작업에 착수하였고,[71] 1929년 11월에는 『영한교회용어집(英韓敎會用語集, *The Summary of Religious Terms*)』을 탈고하였으며, 1930년 8월에는 『구도자의 길』을 출판하였다.[72]

---

70) 평양교구사 편찬위원회 편, 1981, 『천주교 평양교구사』, 서울: 분도출판사, 73~86쪽 ; 장면, 『친필 연보』, 32쪽.
71) 장면, 「50년 유서 깊은 호교서 – "교부들의 신앙"번역 경위와 개판구상」.
72) 장면, 『친필 연보』, 32쪽, 34쪽.

2) 교육자의 길

장면은 1931년 4월 1일 서울 교구장이자 학교 설립자인 라리보원(Larribeau, 元亨根) 주교의 추천으로 서울 혜화동 소재 동성 상업학교에 서무주임으로 부임하였으며, 담당과목은 영어였다. 그는 서무주임의 보직을 5년 반 정도를 수행하다 1936년 11월 19일에 교장에 취임한 후 1947년 12월 25일 교단을 떠나기까지 17년간 교단에서 후진 양성에 온 힘을 기울였다.[73] 동성상업학교는 그가 부임하던 해 남대문 상업학교에서 교명을 바꾼 학교로 원래 1907년 서소문 일대의 상인들과 선각자들이 힘을 모아 설립한 민족사학인 昭義 학교가 그 모체이다. 소의 학교는 1920년 소의 상업학교로 성장하였고 1922년 천주교 교단의 후원을 받기 시작하면서 남대문 상업학교로 개명하였으며, 1929년부터는 학교 내에 소신학교 과정의 신학 예비교를 신설하여 상업 전공의 학생을 甲組, 신학 예비교 학생을 乙組로 편성해 운영함으로써, 실업교육과 함께 사제를 배출하는 신학교의 기능을 겸하게 되었다.[74] 그 이유는 천주교단이 종래의 용산 예수 성심 소신학교 과정을 폐지하고 이를 동성상업학교에 이관한데서 비롯된 것이니, 장면으로서는 도미 전에 교편을 잡았던 신학교에 복직한 것이나 다름없다 하겠다. 신학교 교사 시절이래 교육과 민족의 복음화를 이룩함으로써 독립의 기반을 다지는데 기여하려 했던 그는 동성상업학교 부임 후 교육현장에서 자신의 이상을 실천해 나갔다.

30대 초반 서무주임 시절부터 그는 동료 교사와 학생들에게서

---

73) 장면,『친필 연보』, 34쪽, 36쪽 ; 안정열·문준호 편, 1997,『東星九十年史』, 서울: 동성 중·고등학교, 129쪽, 413쪽.
74) 안정열·문준호 편, 위의 책, 37~40쪽, 60쪽, 71~78쪽.

존경을 받았다. 당시 동료교사였던 유동진의 증언을 들어보자. "서무 주임인 장 박사의 첫 인상은 퍽 좋았다. 인물이 어찌나 훤칠하고 용모가 예뻤는지 나는 그만 반해 버리고 말았다. 더욱이 그 때는 30대였으니 더 말할 나위도 없었다. 그 분은 미남인 동시에 존엄성이랄까 근엄성이랄까 하여간 내부에서 풍겨 나오는 인격이 범인답지 않아 함부로 농을 걸기는커녕 쉽게 접근하기 어려울 지경이었다. 휴식 때나 일과가 끝나면 대개들 장기를 두거나, 바둑판에 정신을 쏟거나, 아니면 객쩍은 한담으로 시간을 보내기 일쑤인 우리들에 반하여, 장 박사는 성경책을 탐독하거나, 서무 주임이면서 영어를 가르치는 관계로 영어책을 들여다보는 것이었다. 그러는 동안 우리는 자연히 그 분을 흠모하게 되고, 음으로 양으로 그 분의 인격적인 지도를 받았던 것이다."75)

그가 교직에 몸담고 있던 시기는 일제가 한국인의 독립의지를 말살하고 한민족을 일본인으로 동화시키려는 의도에서 일본어 교육을 강조하고 天皇 숭배사상 주입에 치중하는 등 한국인을 일제의 "충량한 臣民"으로 만들려는 민족말살 정책이 강압적으로 시행되던 때였다. 특히 그가 교장을 맡고 있던 1940년대의 "전시체제" 하에서 일제는 한국인 학생에게 군사교육을 실시하고 근로동원에 끌어들였으며, 모든 공·사립학교의 설립 및 운영에 대해 강력한 중앙집권적 통제를 가하던 암울한 시기였다.76) 그가 교장에 취임했을 무렵 교사비율에서 일인이 한국인에 비해 두 배 이상이었으며, "학교의 교육방침이나 기타 모든 것도 일인들에 의해 움직여지던" 상황이었다. 그러나 그는 이러한 역경 속에서도 "한국인으로서의 자주성"을 잃지 안고 자신의 교육철학인 교육과

---

75) 안정열·문준호 편, 위의 책, 122쪽, 145∼148쪽.
76) 유영익, 앞의 글, 203∼205쪽.

복음화를 통한 민족의 독립을 위한 미래 투자에 헌신하였으며, 또한 그리스도 교육가로서 "사도적 사명"을 절감하고 이 사명의 실천에 온 힘을 기울였다.

먼저 민족을 우선시한 그의 면모를 보여주는 에피소드 한 토막을 들어보자. 그는 자신의 교육관에 저촉되는 언행을 일삼는 일인 교무주임을 퇴직시킨 일이 있었는데, 다음은 그 계기를 제공한 당시 동성학교 교사 유홍렬의 회고담이다. "부임하자마자 내게는 여러 가지 고초가 있었다. 왜냐하면 나는 일본 역사와 세계사를 가르쳐야 했기 때문이다. 그러나 일인 교사들의 마음에 들 리가 없었다. 어느 날의 일이다. 일인 교무 주임은 조선 사람이 어떻게 대일본 제국의 역사를 가르칠 수 있느냐고 정면으로 불만과 공박을 주었다. 그러나 교장인 장 박사는 이를 일축해 버렸다. 결국 교무주임을 몰아 내기에 이르렀던 것이다. 사이고도 총독부 학무국의 상당한 배경을 가지고 들어와 동성을 일인 교육 기관으로 만들려 하였던 자인만큼 그를 내쫓는 데는 당국의 압력을 염두에 둘 때 몹시 힘든 일이었다. 그러므로 그 분의 결심과 실천이 어떠했는가는 가히 짐작하고도 남음이 있다. 교무 주임의 후임으로 오다무라가 들어왔고, 나는 훈육주임이란 직책을 맡게 되었다."[77]

다음으로 장면은 그리스도 교육가로서 "사도적 사명"을 절감하고 이 사명의 실천에 온 힘을 기울였다. 그러면 그가 말하는 "그리스도 교육가의 사도적 사명"을 들어보자.[78]

> 나라에 있어서 청소년을 교육한다는 것보다 더 위대하고 거룩한 사명은 없다. 교사는 국민과 세계에 장래를 결정하도록 부르심

---

77) 유홍렬, 앞의 글, 400쪽.
78) 장면, 「우리는 무엇을 해야 할 것인가」『한 알의 밀이 죽지 않고는』, 143~144쪽.

을 입을 젊은이에게 문명의 유산을 전하는 통로다. 교사는 몇 천 명의 생도에 대한, 그 모범과 감화로 선행의 규범을 세워야 한다. 그리스도교도인 교사가 이교국의 비그리스도교도를 가르칠 때는 더욱 그렇다. 교육의 목적은 학생의 정신과 영혼을 도야하고 이에 깊은 지식과 진리의 인식을 주는 것이다. 좋은 교육은 인생의 마지막 목적을 존중해야 한다. 비그리스도교적 공사립 학교에 있는 그리스도교 신자인 교사는 젊은 정신에 그리스도교의 진리의 씨를 뿌려, 신법을 침해할 때 중요한 결과가 온다는 것, 또 인격적인 하느님이 계시고 언젠가는 그 앞에 나아가 한평생 한 행위에 대하여 책임을 져야 한다는 것을 그들에게 깨닫도록 도와주어야 한다. 그는 그 생도의 영혼에 진리의 씨를 뿌릴 뿐 아니라. 또한 나타나는 온갖 기회를 잡아서 학원에 가득 차 있는 잘못된 가르침을 論破 해야만 한다. 그러나 특히 비그리스도교국에서는 이른바 政教分離 때문에 공사립 학교에서 종교 교육이 금지되어 있다는 것은 잘 알려진 사실이다. 가톨릭교도가 경영하는 학교에서도 생도와 학생들은 종교의 진리를 들을 기회가 적다. 이 결함을 메우기 위하여 교육자의 구실은 교실 밖에서 수행되어야 한다. 그래서 교사는 클럽 활동, 운동장, 생도 활동에서 그들과 협력함으로써 생도의 지도자 또는 벗이 되는 것이다.

그가 복음 전파를 통한 이민족의 압제 하에서 상처받은 청년의 영혼 구제를 교육의 목표로 설정하고 이를 꾸준하게 실천했음은 다음의 증언들에 의해 뒷받침된다. 노기남 대주교가 술회하는 교장시절의 장면. "나는 교장인 그를 도와 동성학교와 계성학교에서 교리시간을 맡았다. 그 때 나는 그의 인간 됨됨이들 알게 되어 크게 느낀 바가 있었다. 그는 수 천명의 학생을 교육하는 교직자로, 봉급이나, 어떤 물욕에도 초연하였으며, 언제나 궁극의 목적은 '종교'에 두었다. 별로 말이 없이 묵묵히 실천만 하는 그는, 모든 일을 은연중에 신앙의 정신으로 이끌었다. 교장직에 있으면서도 모든 행동과 교육방법을 그리스도 정신으로, 전교의 목적의식에 투철하여 자연히 학생들도 그의 신앙적 교육에 감화되었으며 많은 학생들이 이를 본받아 입교하기도 하였다.”[79]

　복음 전파를 통한 영혼 구제 노력과 같은 제자 사랑은 제자들의 재학 기간만이 아니라 졸업 후에도 계속되었다. 이는 당시 제자 박달규의 증언을 통해서도 입증된다. “나에게도 여러 차례 입교를 권하셨고 그 노력은 돌아가실 때까지도 계속되었다. 필자가 잊을 수 없는 것은 1966년의 일이다. 그 해가 바로 그 분이 작고하신 해인데 동성 동창생 중 金萬均과 나를 영세 받도록 명동성당에서 실시되는 “예비 교리 과정”에 천거해 주셨다. 그리고 그 때 벌써 병색이 짙어 불편한 몸이셨는데도 불구하고 명동성당까지 오셔서 격려를 해 주셨다.”[80]

　일제에 의해 한국인의 정치참여 기회가 철저하게 봉쇄되어 있던 식민통치기간 중 양식있는 한국인이 국내에서 할 수 있는 최선의 선택은 민족의 미래에 투자하는 교육운동과 이민족의 지배하에 상처 입은 민족의 영혼을 달래는 종교운동에 투신하는 것이었으며, 그의 선택도 그러하였다. 따라서 그 자신이 “나의 지난날에 있어서 가장 오랜 햇수를 차지한 생활이 교편생활이다. 해방이 되는 해까지 거의 이십 년이란 세월을 변함없이 후세의 청년양성에 노력을 기울였다. 다시 말하면 나의 생의 대부분이 교단에서 늙어졌다. 나의 청춘도 교단에서 흘러갔다고 해도 과언이 아닐 상 싶다”고 회고할 만큼 일생의 대부분을 민족의 미래를 위한 교육활동에 투자한 선구자였다.[81] 교육자로서 장면은 각계에 수많은 인재를 배출하였지만, 특히 노기남 대주교와 김수환 추기경을 포함해서 1960년대 한국 천주교회의 “사제 중 3분의 2이상이 선생의 제자”라고 할 정도로 천주교회의 발전에 지대한 공헌

---

79) 노기남, 「거룩한 평신도 장요안」, 323쪽.
80) 안정열·문준호 편, 위의 책, 397~398쪽.
81) 장면, 「(특별기고)내가 걸어온 길」, 43쪽.

을 하였다.82)

혹자는 장면이 일제에 적극적으로 저항하지 않았으며, 친일단체에 가톨릭대표로 참여했던 점등을 비난하기도 한다. 그러나 그는 민족을 우선시한 신앙인으로서 용산 성심신학교 교사시절 3·1운동에 참여하였고, 자신의 독립정신을 신학생들에게 전파하였으며, 동성사업학교 교장시절 자신의 교육이상에 반하는 일인 교무주임을 퇴직시키는 등 복음화와 교육을 통한 민족 독립을 위한 미래투자에 헌신하였다. 물론 장면은 그를 부정적으로 평하는 평자들의 지적처럼 일제하에 뚜렷한 항일경력은 없다. 그러나 이것은 일제하 국내에서 활동한 모든 인사들이 갖고 있는 공통의 한계이며, 그가 일제의 전면적 탄압이 가해지지 않는 범위 내에서 자신의 이상을 일관되게 관철한 것은 부인할 수 없는 사실이다. 왜냐하면 교육자로서의 길을 포기하지 않는 한 일제에 적극적으로 대항하는 교육활동은 할 수 없었을 것이다. 또한 "조선 총독부와 천주교를 중화"시키는 즉, "천주교에 대한 탄압을 중간에서 도맡아 방어하는 역할을 전담"한 한국 천주교단의 대표격이었던 그로서는 교단에 대한 일제의 박해를 초래할 저항적 종교활동을 전개할 수는 없었기 때문이다.83)

---

82) 崔奭浩, 「嗚呼 운석 장면선생」 『한알의 밀이 죽지 않고는』, 577쪽.
83) 尹亨重, 「다채로운 업적」 위의 책, 411쪽.

5. 건국·외교활동

1) 해방공간 속의 장면

1945년 8월 15일 제 2차 세계대전의 종언과 함께 우리 민족은 일제 식민통치로부터 "해방"되는 감격을 맛보았다. 해방이란 민족사적 관점에서 볼 때 "우리 민족의 환희에 찬 희망에도 불구하고 도리어 커다란 실망과 고통을 준 비극적 역사의 원점이자, 우리 민족이 오랫동안 추구했던 '근대화'의 본격적 출발점"이었다. 특히 남한에 있어 해방은 "자유와 평등이라는 인류 보편의 이상과 국가적 독립·개화·자강·합리주의·실용주의·과학주의 등으로 대변되는 근대적 가치를 달성"하기 위한 본격적 노력의 출발점이었다.[84] 그러면 장면이 해방 이후 건국기에 어떠한 활동을 전개하였는지를 그 자신의 회고를 통해 살펴보자. 다음은 그가 개괄한 일제의 패망에서 반탁운동, UN한국임시위원단의 활동, 5·10 총선, 제헌국회의 구성, 그리고 정부 수립에 이르는 과정이다.[85]

태평양전쟁이 종말기에 도달하자 미·영·소 거두들이 전쟁 수습책을 협의하던 얄타·포쓰담·카이로 회담에서 극동문제를 총괄적으로 논의 할 때 한국문제가 등장했던 것이 한국의 국제여론화의(상층부만의) 처음이든 것이다. 일본 패전 후 미소점령군이 우리 땅에 진주하였을 때 한국신탁통치문제가 발표되자 우리는 거족적으로 이에 결사반대하는 맹운동을 전국적으로 전개하여 이 탁치문제로 좌익계열의 반역적 지지에도 불구하고 드디어 보기 좋게 퇴치되어 버리고 말았다. 이와 때를 같이 하여 소

---

84) 柳永益, 1993, 「解放의 역사적 의의」『韓國史市民講座』12, 2쪽, 13쪽.
85) 장면, 1955년 8월 2일자, 「韓國民主主義十年, 外交: 上」『中央日報』.

위 모스크바 협정의 구현이라하여 한국독립의 실현을 위한다는 미소공동위원회가 서울에서 개최되어 거의 2개월 동안을 허송세월하든 끝에 우익진영의 최후돌격으로 백여단체가 임시정부수립협의대상으로 참가하겠다는 공격태세를 취하게 되자 공산계열만을 협의대상으로 하여 적색정권수립을 꿈꾸는 소련대표일행은 부득이 짐을 싸고 퇴진해 버렸다. 이것이 우리 국민외교의 혁혁한 성공의 한 페이지이다. 이 운동에 있어서 민간측으로 主導歷任을 한 것이 곧 임시정부수립대책위원회이었고 한국민주당 獨促國民會 기타 여기 호응한 여러 애국단체의 실천면에 있어서의 공적이 또한 컸던 것이다. 우리 한민족의 치열한 독립염원과 탁치반대의 기세가 얼마나 강렬한지를 비로소 인식한 미국 무당국에서는 한국독립문제를 드디어 <유엔>에 제소하여 공정한 국제여론과 공결에 의하여 성취시키려는 단계를 밟게 되었다. 과연 <유엔>에서는 1947년 제2회총회에서 다 가도로 한국문제를 장시일 토의한 결과 결국 미측이 제출한 의안 즉 '이 문제는 한국인과 협의하되 대표자들을 급속히 선거케하고 국회에서는 질서를 유지할 수 있는 정부를 수립하고 양군을 철퇴시키기 위한 위원단을 한국에 파견하자'는 안이 정치위원회에서 46대 0으로 통과되었다. 이 결의의 통과로 인도대표 메논박사를 수석으로 하는 <유엔 韓委團>이 우리 겨레의 열광적 환영리에 입국하기는 했으나 불행히도 소련의 완강한 거부로 북한까지를 포함한 자유선거는 불가능하게 되어 본의 아닌 남한만의 선거를 실시하는 단계로 들어가게 되었다.

장면 개인사의 관점에서 볼 때 해방은 한국인의 정치참여 기회가 철저하게 봉쇄되어 있던 일제 식민통치기간 중 교육과 종교운동을 통해 민족의 미래에 투자해 온 자신의 개인적 역량을 정치와 외교 일선에서 조국과 민족에게 되돌리는 전환점이기도 했다. 일제하에서 그는 교육과 종교활동을 통해 한국 천주교회를 대표하는 인물로 성장했으며, 해방된 조국은 그의 능력과 식견을 필요로 했다. 왜냐하면 일제의 정치참여권 박탈로 인해 해방 이후 국정을 운영할 정치적 경험을 가진 인재는 해외에서 독립운동을 한 소수의 인사 이외에는 거의 찾아볼 수 없었기 때문에 최고수준의 교육을 받고 종교·교육활동의 경험을 갖고 있던 그의 정계 진출은 불가피했다. 당시 그는 "우리 민족의 최대 당면과제는 정치적으로 조국의 완전 독립이며, 경제적으로는 자주자립의 확립, 그리고 문화와 교육의 정책 강화라는 점을 당면한 과제로 판단" 하였고, 이러한 정세 인식을 바탕으로 1946년 2월 천주교 대표로 미군정 자문기관인 民主議院 의원에, 그리고 동년 12월 立法議院의 의원으로 지명된 이후 "주로 좌익과의 투쟁, 군정당국과의 절충, 미·소공동위원회에 대한 정책 수립" 등에 여념이 없었으며 1948년 5월 10일 총선거에 무소속으로 종로 을구에서 출마하여 制憲國會 의원으로 당선되었다.[86] 그는 한국 초유의 국회의원 총선거에서 종로 을구에서 출마한 입후보자 9명 중 23,188표로 총투표수의 5할 이상을 획득하여 당선되었다.[87] 다음은 그가 말하는 정계진출 과정.[88]

> 해방의 기쁨, 그것은 나만이 느낀 기쁨이 아니리라. 국내에서 해방을 맞이한 여러분과 똑같이 나누게 된 벅찬 기쁨이었다. 사실 해방이 되어서 부터는 여러분과 다같이 신생 대한민국을 위해서 동지적으로 일해 왔던 만큼 내가 구체적으로 여기 늘어놓지 않아도 국민 여러분이 나보다 먼저 더 잘 알 것으로 생각한다. 나는 해방 직후 미 하지 군정 하에 설치된 민주의원에서 의원생활을 하게 되었다. 이 민주의원은 다 아시다시피 해방 후 上海에서 귀국한 臨政요원과 국내각계요인과 반반씩 의원이 되어 전부 이십여 명으로 조직되었는데 당시 의장에는 李承晩박사께서 취임하시고 나는 주로 미군정과의 연락을 맡아보게 되었다. 당시의 우리들은 이 민주의원을 토대로 우리의 국회를 만들자는 데 그 목적이 있었으며 또한 헌법을 만들고 대통령을 우리들의 손으로 뽑고 우리들의

---

86) 玄錫虎, 朴有鳳 등편, 1983, 「장면: 民主立國의 理想과 現實」『現代의 人物』, 良友堂, 40쪽.
87) 『친필연보』, 54쪽.
88) 장면, 「(특별기고) 내가 걸어 온 길」, 44~45쪽.

손으로 정부를 조직하자는 데 있었던 것이다. 그런데 군정청에서는 장래 국회의 과도적 입법기관으로 입법의원을 조직하고 반수는 임정요인과 각계 각층 대표인물로 임명하여 관선의원을 만들고 반수는 일반 선거에 의한 민선의원으로 구성되었는데 관선의원 가운데는 좌익계 사람들이 적지 않았기 때문에 가끔 대판싸움이 벌어졌다. 이때부터 한국의 정계는 두 갈래로 나누어져 치열한 공방전을 전개하게 되었다. 이러는 동안 미·소 공동위원회가 열리고 본격적으로 정치적인 싸움이 시작되다가 결국 남한만이라도 총선거를 실시하자는 유엔결의로 그 감시 하에 제헌국회의원 선거가 실시된 것이다. 제헌국회의원 선거당시 나는 종로 을구에서 출마했다. 이 제헌국회야말로 신생대한민국이 민주주의적으로 발전할 수 있는 터전을 닦게 한 것이었다. 사실 이 제헌국회가 생김으로 해서 오늘의 한국이 이루어진 것이라 해도 과언이 아닐 것이다. 여기서 우리들은 헌법을 만들고 대통령을 선출했다. 그때의 기쁨은 8·15 광복 날의 기쁨에 못지 않은 것이었다.

장면의 정계진출에 있어 "가톨릭적 배경과 영어실력"은 이를 가능케 한 중요한 요인임에 틀림없다. 그러나 보다 중요한 결정적 요인은 조국의 복음화를 통해 국가의 민주화를 도모해야 한다는 그의 뚜렷한 소명의식에서 찾을 수 있다. 다음은 그가 말하는 가톨릭 정치가의 임무이다.[89]

우리의 나날의 생활은 크게 정부의 행동에 의존하는 것이다. 그럼에도 불구하고 많은 사람들은 정치에 충분한 관심을 가지지 않을 뿐 아니라, 불리한 사정으로 하여 정치에 관여할 수 없으므로 절망에 빠져 있는 것이다. 이러한 무관심과 냉담한 태도가 관리의 타락을 낳는 것이다. … 그러니까 정부의 주요한 지위에 앉을 사람을 택하는 것은 몹시 소중한 일이다. 곧 그 지위에 있기 때문에 그것은 양도할 수 없는 하늘이 준 권리를 옹호하기 위하여 그 노력을 집중하고, 종교 및 언론의 자유를 보장하고 국민의 정치적·사회적·경제적 생활의 민주적 발달을 도울 수 있는 것이다. 그리하여 비그리스도교국에 있어서 그리스도교 정치가의 구

---

89) 장면, 『우리는 무엇을 해야 할 것인가』, 142~143쪽.

실은 곤란한 것이다. 그는 주로 정치와 사회면에서 많은 장애를 피할 수 없다. 그는 그리스도교 원리를 따라 깊은 지혜와 굽힐 줄 모르는 결심으로 이 장애와 싸워야 한다. 행정·입법·사법 그 어느 분야든, 정부의 지위를 가지고 있는 사람이 아니라면 아무도 이 거룩한 목적을 위하여 가장 직접적으로 그 권위를 행사할 수 없다. 정당에서 지도하는 자리를 차지하는 그리스도교도도 정당의 정책에 그리스도교 원리를 침투시키고, 정부에게 그 실시를 촉구함으로써 나라에 영향을 줄 수 있는 것이다. 이 사명은 일반 국민의 적극적인 협력으로 크게 촉진될 수 있다. 국민은 큰소리로 지방 관리와 입법자에게 자기의 여론을 듣도록 해야 한다. 모든 이는 지방과 국민의 선거에 적극적으로 참여하고, 시민 단체에 참가하고, 개인과 국민의 권리를 유지하기 위해 활동해야 한다.

이와 같이 그는 그리스도교 정치가에게는 "양도할 수 없는 하늘이 준 권리를 옹호하기 위하여 그 노력을 집중하고, 종교 및 언론의 자유를 보장하고 국민의 정치적·사회적·경제적 생활의 민주적 발달"을 도와야 할, 그리고 "정당의 정책에 그리스도교 원리를 침투시키고, 정부에 그 실시를 촉구함으로써 나라에 영향"을 주어야할 소명이 부여되어 있다고 보았다. 이러한 그의 소명의식이 단순한 口頭禪이 아니었음은 주지의 사실이다. 일례로 제헌국회 의원 시절 그는 1948년 7월 17일 공포된 헌법 제1장 31조에 "혼인의 순결과 보호"라는 법조문, 즉 모든 국민은 혼인의 순결과 가정의 건강에 관해 국가의 특별한 보호를 받는다는 법조문의 삽입을 제안·채택시킴으로써,[90] 사회적으로 용인되던 蓄妾制가 없어지는 등 여권의 신장과 함께 가정과 사회의 건전화를 이루는 도덕적 기반을 닦았다. 이러한 활동을 높이 평가한 그의 모교 맨해탄 대학과 포담(Fordam)대학은 1948년과 1950년에 각각 선생에게 명예 법학박사학위를 수여한 바 있다. 이 법조문은 그가

---

90) 표성흠, 「제2공화국과 장면박사」, 134쪽.

평생 가톨릭 신앙을 바탕으로 몸소 실천하고 지켜 온 결혼과 가정생활의 반영이었다.

이와 같이 그는 해방 후 미군정이 구성한 민주의원과 입법의원에 참여하고 제헌국회 의원에 당선됨으로써 정계에 몸을 담았다. 이를 계기로 그는 미국식 자유민주주의의 주권재민 사상과 헌법·선거·정당·의회 등 대의민주주의 사상이 보급되던 해방공간에서 자유민주주의 정치 이념과 제도의 보편화 작업에 적극 참여하였으며, 특히 헌법에 국가가 결혼과 가정의 순수성을 보호해야 할 의무를 규정하는 등 인권의 신장과 사회의 도덕적 기반을 다지는데 크게 기여하였다.

2) 외교관의 길

1948년 6월 25일 UN 한국 임시위원단은 "한국 인구의 거의 3분지 2 이상이 거주하며, 위원단이 접근할 수 있었던 한국내 지역에서 선거권자의 자유의사를 유효하게 표현한 1948년 5월 10일의 투표결과"를 선언하였다. 1948년 7월 12일 국회에서 헌법이 채택되었고, 7월 20일에는 대통령에 이승만, 부통령에 李始榮이 선출되었으며, 8월 15일 초대대통령 이승만의 취임과 함께 대한민국 정부 수립이 전 세계에 공포되었다. 한편 9월 3일 북한정부의 수립도 선포되었다.[91]

근대 국민국가는 민족을 단위로 형성되는 것이 이상적이지만, 현실적으로 남북한 두 개의 정부가 들어섬으로써 국제적 승인의 획득 여하가 국가 생존을 위한 최우선의 과제로 부상하게 되었

---

91) 유태호, 「국제연합의 대한민국 승인과 장면의 역할」, 운석 장면선생 탄신 백주년 기념 학술회의 발표논문, 30쪽.

다. UN 총회는 대한민국을 3차 회기에 참석하도록 초청하였으며, 국회 외무위원회에 소속이었던 장면은 8월 11일 제 3차 UN총회 파견 수석대표로 선출되었다. 그는 9월 9일 차석대표 張基永, 고문 趙炳玉 등과 함께 김포공항을 출발하여 다음날 뉴욕에 도착하였으며, 15일 선편으로 파리를 향해 출항한지 닷새 뒤인 20일 파리에 안착해 다음날 유엔 총회 개회식에 참석하였다. 이후 그는 3개월간에 걸친 노력의 결실인 대한민국 정부의 승인을 12월 8일 UN 정치위원회에서, 그리고 12일 총회에서 획득하는 괄목할 만한 외교적 성과를 일구어 내었다. 그러면 그가 말하는 UN총회에서의 정부 승인 획득 과정을 들어보자.[92]

　　헌법을 제정하고 정부를 수립하고 이것을 국내외에 선포한 날이 8·15 해방기념일이었으니 그 의의나 감격은 더욱 컸던 것이다. 이제 우리 국민들에게 부과된 사명은 우리의 정부를 UN이 승인하여 주도록 하는데 있었다. 정부수립 후 얼마 안되어 정부에서는 제2차 유엔총회결의에 따라 국회의원 중에서 제3차 UN총회에는 정치고문으로 조병옥박사, 경제고문으로 金佑枰씨, 법률고문으로 全奎弘박사, 그리고 金活蘭, 鄭一亨 양박사와 毛允淑여사가 대표단의 멤버였다. 지금 생각하면 그렇게 대단할 것 같지도 않으나 신생 독립국가의 대표요 거기에 국제외교라고는 생전 처음 나가 보는 우리들이었음으로 성공하기란 여간 어려운 일이 아니었다. 모든 것이 다 낯설을 뿐만 아니라 날고 뛰는 세계 여러 나라의 일류 외교관들의 틈에 끼어 우리들의 실정을 호소하고 부탁하는 일이니까. 하여튼 50여개 UN회원국 대표를 다 한 번씩 만나서 얘기하는데 꼭 3개월이 걸렸다면 충분히 그때의 고충을 알 수 있을 것이다. 그 당시에는 마침 UN총회에서 이스라엘문제 때문에 한국문제의 상정이 지연되어 있었다. 그러니 우리들의 마음은 바싹 바싹 초조해 오는 것이었다. 그러는 가운데 우리들 일행은 헤이그에 묻혀있는 李儁열사의 묘지를 멀리 화란으로 찾아가서 참배하고 새로운 투쟁결의를 그 묘소 앞에서 엄숙히 맹세하고 어떻게 해서든

---

92) 장면, 「(특별기고) 내가 걸어 온 길」, 45쪽.

지 기어코 성공하자고 결의를 더욱 굳게 다지었다.

　　그리하여 불철주야로 노력한 결과 제3차 UN총회의 마지막날 밤에 UN은 드디어 대한민국정부를 48대 6의 압도적 다수로 정식으로 승인했다. 그 때의 기쁨이 어느 정도였다고 하는 것은 동행했던 그 얌전하고도 점잖은 김활란 박사가 잘 마시지도 못하는 축배를 들고 춤까지 추고했다면 능히 짐작할 수 있을 것이다.

　　신생 대한민국의 국제적 승인을 얻음으로서 국제 사회의 일원으로 등장하게 하는데 있어 장면의 헌신적 노력이 결정적 역할을 수행하였음은 주지의 사실이다. 그러나 그 이면에는 냉전체제 하에서 소련의 팽창을 저지하려는 미국과 가톨릭 교단의 지원이 작용했음도 분명한 사실이다. 이 점은 다음과 같은 그의 회고담에 잘 나타난다. 93)

　　이 <유엔> 총회에는 날고뛰는 노련한 대정치가 외교관들이 운집하여 각기 종횡무쌍한 謀策秘術로 최고도의 역량을 발휘하는 마당이라 탄생한지 1개월밖에 안 되는 신생국가의 초년생대표가 외교의 아무 경험도 없이 여기 한몫 끼어 당돌하게 국제승인을 받으려드는 것은 일면무모한일이기도 하였다. 그러나 우리대표단은 국운의 징래를 곬이지고 事不成生不還(일을 이루지 못하면 살아서 돌아가지 않으리라는)의 철석같은 결심으로 일치단결하여 섣불리 모책을 弄하지 않고 오로지 표리일관한 성심성의의 피력으로 UN 당국 각국대표를 역방하며 아국의 실정을 인식시켜 우호적 贊手 투표를 호소할 뿐이었다. 치열한 공산측의 음흉한 방해공작에 응수하여 이를 저지시키는 것도 실로 큰일 중에 큰일이었다. 한편 언론 기관에 응원을 청하야 맹렬한 선전공작을 전개하였다. 특히 가톨릭 언론기관에서의 절대한 호응과 교회측의 기도 후원은 우리에게 결정적 승리를 가져오게 한 커다란 요인의 하나이었다는 사실을 잊어서는 안 된다. 미대표 현국무장관 달레스씨를 비롯한 우방제국 주요대표들과 연일 긴밀한 연락을 취하면서 우리대표단의 3개월간 고전악투의 결과는 헛되지 안아 1948년 12월 12

---

93) 장면, 1955년 8월 2일자, 「韓國民主主義十年, 外交: 上」『中央日報』.

일 오후 5시 8분 우리 광복사상에 영원히 빛나는 대한민국독립의
국제승인은 UN 파리 제3회총회의 최종일 최종채택의안으로 마침
내 決定符가 찍혀졌다.

먼저 달레스로 대표되는 미국의 지원은 대한민국 정부의 국제
적 승인을 획득하는데 있어 중요한 역할을 수행했으며, 달레스와
의 긴밀한 유대와 협조를 맺어 준 끈은 두 사람이 공유하고 있던
신앙의 열정이었다. 이 점은 장면이 "동서의 냉전이 벌어질 때부
터 자유세계 외교진의 제일인자로 반공투쟁의 선봉에서 싸워 왔
으며 모든 자유민들의 존경과 기대와 신뢰를 받아왔을 뿐 아니라
특히 우리 대한민국의 건국과 국제적 승인을 위하여서는 누구보
다 도 열렬한 동정과 노력을 아끼지 않아 찬연한 공훈을 세움으
로써 우리가 잊으려야 잊을 수 없는 거룩한 은인"으로 회고하는
미국대표 달레스(John Foster Dulles)와의 추억담에서 여실히 알 수
있다.94)

　　달레스씨를 만나게 되었을 때에 나는 처음부터 그분에게 호의
를 갖게 되었으며 그 분도 나에게 처음부터 호의로 맞이하여 주고
끝까지 친절하게 대해 주었다. 내가 보기에 그 분은 온화하고 다
정한 성품의 소유자이며 무슨 일에든지 성실하고 열심히 하였으
며 인간성이 풍부하고 덕이 있는 분인 동시에 강력한 종교신념과
희망에 불타는 사람으로 보였다. 그래서 나는 그 분과는 속을 털
어놓고 얘기 할 수 있었고 또 그가 한 얘기는 전적으로 신뢰할 수
있었다. 제3차 국련총회가 개최되고 있는 동안 달레스씨로 보면
전세계 각처의 여러 가지 복잡한 문제들이 많았겠지만 그 중에서
도 한국문제에 대하여는 각별한 열성을 가지고 노력하여 한국문
제의 제안으로부터 한국대표의 참가결정 북한공산대표 초청안의
부결 토의전술 득표공작등 여러 가지 까다로운 문제들을 줄기차

---

94) 1959. 6. 1,「(韓國의 恩人) 달레스씨를 추억한다: 상」『조선일보』;
　　 1959. 6. 2,「(韓國의 恩人) 달레스씨를 추억한다: 하」『조선일보』.

게 해결해 나갔으며 우리 대표단의 활동에 대하여도 세심한 충고
와 조력을 다하였던 것이다. 더욱이 이스라엘 문제로 한국문제의
토의가 지연 된데다가 소련대표를 위시한 공산진영의 악의적이고
고의적인 한국문제토의에 대한 지연작전이 시작되면서부터는 총
회 폐회예정일까지 결정을 못보고 다음 총회로 넘어가게 될 우려
가 증대하여 우리 대표단은 여간 애가 타지 않았는데 달레스씨의
열성과 탁월한 역량이 믿음직하여 우리의 용기를 더욱 북돋아 주
었다. 한국 문제가 최종의제로 상정되어 폐회전일이 되었는데도
결말이 안 나게 되니까 달레스씨는 당시의 총회 회장인 호주 외상
에바드씨에게 특별 교섭을 하여 야간회의를 열고 새벽 두 시까지
토의를 하였으며 그 다음날 오후 3시에 또 모이게 하여 오후 5시
경에 결말을 보았던 것이다. … 이 때에도 달레스씨는 조금도 피
로해 하지 않고 솔선하여 각 국 대표를 깨우쳐 협조를 요청하기에
바빴으며 드디어 의장이 표결을 선언하자 몸소 일어나서 "한국문
제는 중요한 것이므로 거수가결을 하지말고 각 국 대표를 호명하
여 가부를 하나씩 듣기로 하자"고 주장하여 그대로 되니까 종이
를 앞에 펴놓고 각 국 대표의 "예스", "노"를 일일이 적었으며 48
대 6의 다수로 가결이 선포되자 달레스씨는 그 기록에 사인을 해
가지고 와서 그것을 나에게 주며 "이것을 한국독립 승인의 기념
품으로 드리며 축하합니다"고 하면서 자신도 무척 기뻐하였던 것
이다. 나는 그 기록을 지금도 꺼내 보고 다시금 그 분에게 깊은 감
사를 드리는 바이다.

다음으로 대한민국 정부에 대한 국제적 승인에 보이지 않는 손
으로 작용한 것이 가톨릭 교단 즉 바티칸의 역할이다. 제2차 대전
기간에 전개된 막후 외교에서 중재자의 역할을 수행함으로서 국
제 외교무대에서 강력한 영향력을 행사한 바 있던 교황 비오
(pius) 12세는 1947년 장면과 깊은 관계를 맺고 있던 미국 메리놀
외방전교회의 번주교를 특사로 한국에 파견하였으며, 이는 국제
관례상 교황청이 한국을 주권국가로 승인한 것으로 이해되어 한
국이 국제적 승인을 얻는 과정에 큰 힘이 되었다. 특히 비오 12세
는 제 3차 UN총회에 참석한 한국대표단에 대해 지원할 것을 바

티칸의 국무장관 몬트니(Montini)대주교와 재불 교황청 대표 론칼리 (Roncalli) 대주교에게 명령하는 등 외교적 지원을 아끼지 않았다.[95] 이러한 바티칸의 지원은 전적으로 장면을 매개로 하여 이루어진 것으로 그가 UN 총회 파견 수석대표로 임명된 이면에는 가톨릭의 영향력을 활용하려는 이승만의 정치적 복선도 작용한 것이었다. 이 점은 UN 승인 획득 직후인 12월 16일 장면이 대통령 특사 자격으로 바티칸을 방문해 교황을 예방하고 신생 대한민국에 대한 정신적 지원을 요청한데서 입증된다.[96]

이와 같이 장면이 거둔 UN의 한국정부 승인에는 미국과 바티칸의 도움이 크게 작용하였지만, 이 두 지원자들의 협력을 극대화할 수 있었던 이면에는 그의 인품과 성실성 및 신앙의 힘이 음양으로 작용하고 있었다. 총회에서 최종 표결을 앞둔 12일 새벽 3시 조국의 미래를 신 앞에 기구하기 위해 성당을 찾은 그를 동행한 모윤숙의 증언을 들어보자.[97]

> 비가 멎은 파리의 날씨는 좀 추웠다. 파리 시가는 적막에 잠겨 있고 지나가는 자동차도 보이지 않았다. 우리는 네온사인이 명멸하는 거리를 걸었다. 우리의 머리 위에 다시 보슬비가 내리는가 싶다. "미스 모, 이렇게 동반해 주니 참 고맙소. 새벽에 기도 드리는 습관을 가지게 되니 마음도 시원해지고 사는 보람을 느끼게 되오." 장박사는 세인트 조셉 성당에 들어서자 촛불이 켜진 성모상 앞에 경건히 무릎을 꿇고 기도의 세계에 몰입되었다. 30분이 지나도록 장박사는 기도를 계속했다. 다리가 아프기 시작한 나로서는 고통스런 일이 아닐 수 없었다. 깊은 세계에서 몰아의 경지를 맛보고 있는 듯한 엄숙하고 성스러운 표정으로 기도를 드리는 장박사는 거의 1시간 만에야 일어섰다. … 세인트 조셉 성당을 나왔을 때도 날은 아직 채 밝지 않았다. 나는 그냥 호텔로 돌아올 줄 알았

---

95) 유태호, 앞의 글, 31~33쪽.
96) 『친필 연보』, 56쪽.
97) 모윤숙, 앞의 글, 346~347쪽.

는데 "요 근처 아베마리아 성당이 있는데 거기 가서 한 차례 더 미사에 참례합시다"라고 말하지 않는가. 나는 그만 주저앉을 것만 같았다. … 나는 그분의 인격에 눌려 한 500m쯤 떨어져 있는 아베마리아 성당으로 따라갔다. … 12월 12일의 먼동이 터 온다. 9시에 개최되는 총회를 앞두고 다시 장박사가 명령을 내린다. "각국 대표들이 잠자리에서 일어날 때 다시 찾아가 확인합시다. 최후의 승리를 확보해야 합니다. 대한민국의 운명은 우리의 雙肩에 얹혀 있습니다. 자, 어서!"

3) 초대 주미대사 시절

미국은 조선왕조가 최초로 그 문호를 개방한 서구 국가로서 1882년 조미수호통상조약을 체결한 이래 서구제국 중 한국과 가장 긴밀한 외교관계를 맺고 있는 나라이다. 그러나 오늘을 사는 한국인들은 두 개의 상충하는 눈으로 미국을 보고 있다. 하나는 호의적인 시각으로 제2차 세계대전 이후 일제를 몰아내고 해방을 가져다 준 세계 최강의 문명국이자 우리의 이해를 대변하는 최대의 "우방"으로 보는 것이고, 다른 하나는 우리 민족의 주체적 역사발전을 왜곡하는 제국주의적 패권국가로 인식하는 것이다. 해방 후 특히 6·25전쟁 이후 남한에서는 전자에 속하는 대미인식이 주류를 이루고 있었다.98)

장면의 경우 전자에 속하는 시각으로 미국을 보고 미국과의 관계를 발전시키는 데 커다란 공헌을 한 대한민국이 미국에 파견한 초대 주미대사이다. 구한말인 1888년 1월 최초의 주미공사 朴定陽이 고종의 국서를 미대통령에게 전달하고 공관을 개설한지 60여년만인 1949년 3월 25일 장면 초대 주미대사는 해리 트루먼 미 대

____

98) 유영익, 1994, 「통시기적으로 본 대미인식」『한국인의 대미인식』, 민음사, 279~280쪽.

통령에게 신임장을 제정하였다.99) 그의 회고에 의하면 주미대사 임명은 전혀 예기치 못한 의외의 사건이었다.100) 도대체 어떤 이유로 이승만 대통령은 신교가 다수 우위를 점하고 있는 초대 미국 대사에 가톨릭 신자인 장면을 임명하였을까? 그 해답은 이 대통령의 정치고문이자 개인비서 역할을 수행한 로버트 올리버와 이대통령의 미주 지역 독립운동 거점인 구미위원부의 정치위원으로 1944년부터 활동하다가 주미대사관의 1등 서기관으로 배속된 대통령의 측근 한표욱을 통해 들을 수 있다. 먼저 올리버에 의하면 장면은 "가톨릭 신도로서 정부를 특별히 지지하는 광범위한 기반을 구축하였고 그의 온건한 견해와 조용한 인품이 적을 만드는 일이 없다는 이유로 초대 주미대사에 임명"된 것이었다.101) 한표욱에 따르면 원래 이 대통령의 생각은 구미위원부 의장직을 맡아보던 임병직을 주미대사에 임명할 생각이었지만, 장택상 외무장관의 사임으로 인해 임병직을 후임 장관으로 발탁함으로써 주미대사 자리가 그에게 돌아간 것이었으며, 그 이유는 미국내 가톨릭 세력의 지지를 얻어내기 위해서였다. 이는 한표욱이 가톨릭 신자인 장면의 대사임명을 비난하는 미국내 이승만 지지세력들에게 "이승만 대통령이 워싱턴에 있을 때 뉴욕의 세인트 패트릭 성당의 총책임자인 스펠만 추기경(Cardinal Spellman)과 깊은 친교를 가진 이야기, 스펠만 추기경이 철저한 반공노선의 천주교 지도자라는 것, 그리고 개신교와는 달리 미국의 천주교회는 거의 말 그대로 똘똘 뭉

---

99) 한표욱, 1996, 『이승만과 한미관계』, 중앙일보사, 56~57쪽. 당시 신임장 제정사의 원문은 한표욱 1등 서기관이 작성한 것으로 당시 미 국무성보에 실렸다 한다.
100) 장면, 1958년 8월 15일자, 「한국 외교 황무지 개척을 회고한다」『경향신문』.
101) 로버트 T 올리버 저, 앞의 책, 275쪽.

쳐 있으며 이승만 대통령은 가톨릭 교회의 이러한 반공노선을 의식하고 있어서 그들의 지원이 절대 필요한 것으로 믿고 있기” 때문으로 그 이유를 해명한데서 알 수 있다.102)

그렇다면 장면은 가톨릭 세력의 지지만으로 주미대사에 임명된 것일까? 물론 그것도 주된 이유 중의 하나이겠지만 보다 큰 이유는 그의 자질 및 업무수행능력이 높이 평가되었기 때문이다. 이 점은 유엔총회 기간 중 그의 활동을 지켜 본 올리버가 이 대통령의 장면에 대한 평가를 요구한데 답한 인물평에서 찾을 수 있다. 즉, 이 대통령은 올리버에게 장면에 대해 “그가 파리에서 어떻게 처신했는지 정확한 의견을 말해 보시오. 미국 고문들에 대한 그의 태도는 어떠하였소? 그의 부족한 점은 무엇이오? 우리가 이런 것들을 안다면 특별훈령이나 우리의 충고로 도움을 줄 수도 있지 않겠소?”라는 인물평을 요구하였으며, 이에 답해 올리버는 다음과 같은 평을 써 보냈다.

> 장면 박사에 관해 생각하건대 그는 훌륭한 대사가 될 겁니다. 그는 착실하고 믿음직스럽고 노력형이고 또 조직적입니다. 그는 태도가 명랑하고 성미가 부드러워서 석의를 사거나 반감을 일으키지 않습니다. 그의 개인적인 습관과 일반적 위풍에 대해서도 비판의 여지가 없습니다. 제가 판단컨대 그의 두 가지 결점을 말한다면, (1) 다른 사람들과 어울려서 일하기가 힘듭니다. — 다시 말씀드려서 권한을 위임하는 일이 어렵고 그렇게 됨으로서 자기가 얻을 수도 있었을 도움들을 최고로 활용할 수 없게 될 것입니다(생각하건대 대표들 전원이 이 점을 매우 예민하게 느꼈을 것입니다) — 그러나 그가 적절한 충고를 받아들인다면 이점은 극복될 수 있는 결점입니다. 이것은 주로 행정에 대한 경험부족이라든지 혼자서 최선을 다할 수 있고 또 결과를 확인해야만 직성이 풀리는 양심적인 생각에서 비롯된 것이라고 생각합니다.
>
> (2) 그의 둘째 결점은 미국 고문들에게 너무 의존하고 자기 자

---

102) 한표욱, 앞의 책, 44~45쪽, 66~67쪽.

신이 자주 독립 정부의 대변인이라는 느낌을 덜 생각하는 경향인
가 합니다. 그러나 이 결점 자체도 한국이 당분간은 미국의 경제
및 군사원조에 의존하고 있다는 한 가지 사실 때문에 – 득이 되는
미덕으로 발전 될 수 있을 것입니다. 따라서 대사는 국무성이 신
뢰하는 인물이어야 하고 과거부터 우리들이 너무 말썽 많은 처지
였기에 "협력적"이라는 옛 단어를 적용시킬 수 있는 인물들이어
야 한다는 것이 필수적입니다. 만일 장박사에게 (다른 어느 대사
에게 하듯이) 어떤 정부계획을 진행시키도록 한다면 그는 최선을
다하여 따라가리라고 자신합니다. 그리고 여하한 경우라도 모든
기본적인 정책결정은 한국에서 이루어져야만 하지 않겠습니까?

우리는 이 인물평에서 두 가지 사실을 알 수 있다. 하나는 장면
이 대사직 수행에 "비판의 여지가 없는" 뛰어난 자질과 미정부
인사들과 구축한 신뢰관계를 바탕으로 주미대사로 임명된 것이
점이다. 다른 하나는 직속세력을 통해 정부의 공식조직을 통제
감시하는 이대통령의 정치적 스타일로 인해, 즉 "여하한 경우라
도 모든 기본적인 정책결정은 한국에서 이루어져야만 하지 않겠
습니까?"라는 말에서 알 수 있듯이 장면이 대사로서 활동하는 데
에는 상당한 제약이 따랐다는 점이다. 여하튼 그는 이승만 대통
령 계열의 인물로서 대통령의 신뢰를 바탕으로 주미대사에 임명
된 것이 아니라 그 자신의 정치적 지반인 가톨릭 세력의 확고한
지지와 자신이 유엔에서 거둔 외교적 공적, "비판의 여지가 없는"
자질 및 미정부측 인사들과의 사이에 구축된 신뢰관계를 바탕으
로 초대 주미대사로 임명되었다. 일례로 그의 흠 잡을 데 없는 업
무수행과 자질에 대해서는 "박사님의 개인 비서로서 저의 역할은
남이 원하는 대로 박사님의 생각을 바꾸도록 설득하기보다는 오
히려 박사님의 생각이 그들에게 수록되도록 노력하는데 있음을
충분히 알고 있다"고 말한 정도로 – 이대통령과 직보체제를 유지
하며 정부의 공식기관인 주미대사관의 활동에 간여한 – 일종의

감시자였던 올리버 조차 대사관 소요 예산문제에 대해 다음과 같
이 장면의 입장을 대변해 줄 정도였다.103)

> 엘살바돌 대사에게 월 1천불의 봉급과 5백불의 개인 비용이 계
> 산되어 있으며 장대사에게 제시된 숫자의 약 2배에 달하는 직원
> 을 둘 수 있게 되어 있습니다. 워싱턴의 생계비는 전쟁직전보다
> 약 2배나 올랐습니다. 이 사실들은 박사님이 참작하고 싶어하시는
> 사항들이며 한국 내에서 정부 세입을 한푼이라도 뜯어 가려는 여
> 러 가지 각박한 요구와 견주어 균형을 맞추게 되리라 생각합니다.
> 덧붙여서 말씀드리고 싶은 것은 박사님이 경비에 대한 장박사의
> 일반적인 태도에 크게 만족하리라고 하는 저의 생각 말씀입니다.
> 그는 전혀 사치스럽게 생활하고 있지 않고 또한 그렇게 하기를 원
> 하지도 않습니다. 그러나 그는 자기 사무실의 위신을 지키고 싶어
> 합니다. 그는 저에게 차량이 없어서 일어났던 한 난처한 사정이야
> 기를 들려주었습니다. 얼마 전 그가 중국대사관을 나섰을 때 비가
> 몹시 쏟아지고 있었습니다. 그는 중국인들이 창문을 통해 한국대
> 사가 우중에 서있는 광경을 내다보고 있는 동안 택시를 기다리느
> 라고 30분간이나 비속에 서 있어야 했습니다. 물론 워싱턴에 익숙
> 해질수록 그는 보다 요령있게 해 나가는 방법을 배우게 되겠지요.
> 그러나 예산심의를 위해 제출한 지금 액수로는 수수한 생활 수준
> 을 유지하기조차 힘들게 될 것입니다.

이와 같이 경제적으로 곤궁한 신생 국가 대사로서의 어려움을
무릅쓰며, 주미대사 시절 그는 어떠한 활약을 보였을까. 6·25전쟁
발발 전까지 그가 개괄하는 자신의 활약상은 다음과 같다.104)

> 대사관 청사 구입 및 증축, 직원 조직, 국무성과의 특별유대설
> 치, 재화부(在華府, 재워싱턴) 제국공관과의 친선강화, 한국의 개
> 별적 승인 획득 운동 추진(30여 개국 승인 획득 - 재화부 각국 공
> 관을 통하여) 한국 사정 周知를 위한 선전공작(주로 신문기사 강

---

103) 올리버, 앞의 책, 289쪽.
104) 장면, 「회고록 초안」.

연 등으로) 한국 군사 및 경제 원조 촉진운동(주로 국무성 및 국방성에 교섭) 재미 韓僑 단결 강화, 등등에 寧日이 없이 晝夜兼行으로 노력. 미 관민간에 對韓 인식 보급 및 향상이 역력히 보이게끔 된다. 서구의 NATO와 유사한 태평양 연안 제국의 단결이 對共 전략상 필요함에 비추어 이러한 기구를 구상하며 각 국의 의사를 타진하기 위하여 친선사절의 명목으로 1950년 4월 호주, 뉴질랜드, 比國(필리핀)을 역방하며 교섭한 결과 미국이 참가하면 적극 찬성한다는 동일한 의사임을 확인코 귀국보고.

이후 장면은 동서간 이데올로기 대립의 산물로서 한반도에서 벌어진 국제전인 6·25전쟁을 맞아, 그의 정치적 신념인 자유민주주의를 지키기 위해 미군의 파병을 이끌어 내었다.105) 이후 그는 1951년 초 국무총리로 임명되어 귀국하기까지 주미대사로서 "UN군 총사령부 설치, 對韓救護案 가결, 안보회의 참석 활동, 대본국 방송 계속, 가톨릭 교회를 통한 구호금품 급송 추진" 등 전쟁에서의 승리와 전쟁으로 인한 국민들의 고통을 줄이기 위한 맹렬한 외교활동을 전개해 나갔다.106)

주미대사로서 그의 업적을 평가하는데 있어 전제가 되는 것은 해방 후 1950년대에 이르는 시기의 우리 역사를 어떤 눈으로 보느냐에 따라 그 평가가 달라진다. 즉 해방 전후의 현대사를 해방을 기해 남북한에 각각 친미 보수정권과 친소 공산정권이 대두하여 우리 민족의 주체적 역사 발전의 기회를 압살해 버린 암울했던 역사로 보거나, 남한의 경우 분단의 고착화를 배경으로 우익 독재정권이 반공을 내세우면서 그 기득권을 확대해 나가는 한편 대외적으로 미국의 종속국가로 전락해 간 시기라고 본다면, 장면의 역할은 비극의 민족사를 이끈 주역 중에 한 명일 것이다.107)

---

105) 장면, 「6·25동란과 워싱턴」, 310~311쪽.
106) 장면, 「회고록 초안」.
107) 해방 이후 한국의 현대사를 발전적 입장에서 조망해야 할 필요성을

그러나 이 시기를 "퇴영, 침체, 좌절의 늪이 아니고 한국인이 자유·평등·민주주의 등 보편적 이상을 향해 전진을 재촉"했던 시기로 보는 발전적 입장에서 조망할 때, 그리고 당시의 한미관계를 "후원자와 수혜자", "침략자와 피침략자", 혹은 "가해자와 피해자"의 관계로 보는 극단적 입장, 즉 한미관계가 미국의 일방적인 이익만을 위해 전개된 것이라는 시각을 탈피할 때 장면이 주미대사로서 이룩한 업적에 대한 평가는 달라진다.[108] 즉 당시의 한미관계가 미국 측의 일방적인 전략적·경제적 이해타산만이 아니라 우리의 필요에 의한 미국과의 유대 강화와 이를 통한 우리 국익의 실현이라는 관점에서 한미관계사를 본다면, 그는 미국과의 긴밀한 유대를 쌓고 이를 이용하여 역사상 최초로 '서구 중심 세계질서' 속에 본격적으로 진출하는데 있어, 남한의 자유민주주의 체제를 지키는데 있어 결정적인 외교활동을 전개한 최대의 공헌자로 평가할 수 있다. 그러면 이러한 관점에서 그의 업적을 평가해 보자.

첫째, 그는 달레스 등 미 정부인사들과의 긴밀한 유대를 바탕으로 미국의 영향력을 이용하여 신생 대한민국에 대한 UN의 승인을 비롯한 미국주재 각국 대사관의 접촉을 통해 33개국의 개별적 승인을 얻어냄으로서, 조선시대이래 "은자의 나라"로 알려진 폐쇄성을 극복하고 UN 등 국제무대에 본격적으로 진출하는 초석을 쌓았다.

둘째, 그는 한국에 대한 인식이 전무하다시피 한 미 정부인사에 대한 외교 활동과 함께 미 국민들을 대상으로 한 순회 강연과 언론매체 등을 통한 한국 알리기 작업에 매진함으로서, 미국 내

제기한 연구로는, 유영익, 「1950年代를 보는 하나의 시각—南韓의 變化를 중심으로」『韓國現代史論』, 226~265쪽.
108) 유영익, 위의 글, 229~234쪽.

에 호의적 한국관이 형성되게 하는 계기를 마련하였다.

셋째, 그는 남북한간의 군사적 불균형이 야기할 국방상의 문제를 해결하기 위해 나토에 필적하는 "태평양 동맹"과 같은 집단안보체제의 도입을 구상하고 이의 실현을 도모한 바 있으며, 불의의 6·25전쟁을 맞아 미국과 UN에 대한 외교활동을 통해 미군과 16개 유엔 회원국의 참전을 이끌어냄으로서 풍전등화와 같던 조국의 자유민주주의 체제를 지키는데 기여하였다.

이 밖에도 그는 제3차 유엔총회 파견 수석대표나 주미대사 등의 국제적 외교활동을 통해 1951년 이후 그가 본격적으로 전개한 정치활동에 있어 유용하게 활용될 자산들 – 국제적 외교활동 경험, 미 정부 인사들을 비롯한 외국인사들과의 유대관계, 그가 거둔 공적에 대한 국내의 좋은 평판 등 – 을 얻는 부수적 성과도 거두게 되었다.

4) 제2대 국무총리 취임과 이승만 정권과의 결별

장면은 주미대사로 근무 중이던 1950년 11월 23일 제2대 국회에서 148대 6표라는 압도적 지지로 제2대 국무총리로 인준·통과되었다. 그러나 그는 중국의 6·25전쟁 개입이라는 새로운 국면이 전개됨에 따라 대 유엔 업무를 수행하느라고 귀국을 늦추었으며, 1·4후퇴 이후 정부가 부산으로 옮긴 뒤인 1951년 1월 28일 귀국해 2월 3일 국무총리에 취임하였다.[109] 왜 이승만 대통령은 그를 국무총리로 임명해 국내로 불러들이려 했을까? 그 이유는 당시 이대통령이 처해 있던 대내외적인 정치위기에서 찾을 수 있다.

---

109) 장면, 『친필연보』, 70~71쪽.

당시 이 대통령은 종종 미국의 정책에 순응하지 않고 독자노선을
취함으로써 미국과 마찰을 빚었으며, 독재와 실정으로 인해 국회
와도 큰 마찰을 빚고 있었다. 특히 제2대 국회는 1950년 6월 19일
개원한지 6일만에 6·25전쟁을 맞아 이 대통령의 "서울 사수" 담
화를 믿었다가 사망이나 납북된 의원이 35명에 이를 정도로 큰
피해를 입은 이래 이대통령의 기만적 정치행위와 독재화 경향에
반발하는 반 이승만 세력이 주류를 이루고 있었다.110) 사실 이 대
통령은 초대 총리인 李範奭이 1950년 4월 3일 사임한 뒤 李允
榮·申性模를 잇달아 총리에 지명한 바 있었지만, 국회의 인준을
얻지 못하고 있었다. 따라서 이대통령은 주미대사 등의 외교활동
으로 미국과 국내 모두에서 호평을 받고 있던 장면을 국무총리에
임명함으로서 정치적 위기상황을 모면하려 한 것이었다.

국무총리로서 장면에게는 국회와 대통령 사이의 갈등을 봉합
하는 중재자의 역할이 주어졌다. 그러나 그의 노력은 이승만 정
권의 도덕적 타락과 부패로 인해 잇따라 터져 나오는 불미스러운
사건으로 인해 물거품으로 돌아가 버리곤 했다.111) 그가 지적하
는 불미스러운 사건이란 총리 취임 직후에 연이어 벌어진 國民防
衛軍사건과 거창 양민 학살사건을 말하며, 이 두 사건은 이승만
정권의 도덕적 타락과 행정적 무능이 얼마나 심각한 수준에 도달
해 있었는가를 여실히 대변한다.112)

사실 장면의 정치노선의 핵심은 공산주의에 맞서 자유민주주
의 체제를 지키는데 두어져 있었기 때문에 국무총리 취임 전까지
반공정책과 민주주의를 표방한 이 대통령과 갈등을 빚을 이유가
없었다. 그러나 그는 자신이 몸담고 있는 정권에 의해 전대미문

---

110) 이용원, 앞의 책, 94쪽.
111) 장면, 운석기념회 편, 「인생 회고록」 앞의 책, 40~41쪽.
112) 유영익, 앞의 글, 235쪽.

의 부패와 무능과 비민주적 행위가 자행되는 것을 목도하면서 자신의 역할에 대해 회의하기 시작하였다. 장면은 국민방위군 사건을 맞아 이 제도의 존폐를 놓고 논란이 거듭되자, "정부와 여러 국회 간부들과 협의하여 1951년 3월 19일에는 장정들을 귀향시키기로 결정하였고, 4월 30일에는 국민 방위군을 폐지시키는 결의안을 국회에서 통과시켰으며, 5월 12일에 이 법령을 공포"하는 등 최선을 다해 잘못을 시정하려 하였지만, 그는 거창 양민 학살 사건의 장본인인 金宗源을 이 대통령이 처벌은커녕 오히려 승진을 시켜주는 등 거듭된 실정과 독선으로 도덕적 타락과 비민주적 정치 행위를 계속하자 더욱 극심한 갈등을 느끼게 되었다.113)

당시 국회의원들 사이에서는 이대통령의 독선적 행위가 꼬리를 물고 계속되자 이승만 제거를 위한 논의들과 차기 대통령으로 장면을 추대하려는 움직임이 대두하기 시작하였다.114) 장면은 1951년 이승만의 관제 외생 정당인 자유당이 등장하고 자유당 정권의 독재화에 대항하기 위하여 야당인 민주국민당을 중심으로 반대세력이 규합되면서 그 상징 인물로 부상하였다. 그러나 이들의 계획은 1952년 7월 4일 이대통령이 자신의 정권연장을 목적으로 대통령 직선제를 규정한 "발췌개헌안"을 통과시킴으로써 무산되고 말았다. 그의 『친필연보』를 보면, 계엄령이 선포된 1952년 5월 25일자에는 "국회에서 기어이 이대통령을 배제하고 나를 선출하려는 의원수가 재적 3분지 2를 거의 초과하게 되므로 이를 번복하기 위하여 일대 정치파동을 연출," 26일자에는 "소위 '國體 변혁사건'이라 하여 백주에 국회의원을 체포 감금하고 공포 분위

---

113) 장면, 운석기념회 편, 「인생 회고록」 앞의 책, 41쪽.

114) 오위영, 운석기념회 편, 앞의 글 위의 책, 373쪽 ; 곽상훈, 「자유의 고귀한 시련」 같은 책, 318쪽 ; 鮮于宗源, 1998, 『激浪 80年』, 서울: 인물연구소, 145~161쪽.

기를 조성," 6월 11일자에는 "白骨團 등 천여명이 의사당을 포위하고 국회해산을 강요," 그리고 7월 4일자에는 "삼엄한 총검 진압하에 국회의원들이 의사당에 '안내'되어 장택상이 안출한 소위 '발췌개헌안'을 무수정 기립투표로 통과시키다. 찬성의원 163명 재석의원 166명"이라고 기록되어 있다.[115] 이와 같이 이승만 정권이 독재화의 길로 일로 매진하자 자유민주주의 신봉자였던 장면은 이 때부터 이승만 정권과 자유당 독재에 대항하는 비판 및 저항활동을 꾸준히 전개함으로서, 진정한 대의 민주주의 정치의 수립을 지향·추진해 나가는 "민주투사"의 길을 걸어 나갔다. 다음은 그가 『신경향』이란 잡지에 기고한 "하야 유감"이란 제하의 총리 사임의 辭.[116]

재작년 의외에도 국무총리의 중임을 받고 귀국한 이래 戰禍로 폐허화한 우리 강산과 처참한 생활고에 허덕이는 우리 동포들의 고민상과 정국의 혼돈을 목도하고 어떻게 해서든지 이 난국을 타개하여 보고자 자기 딴엔 熱情을 있는 대로 기우려 노력도 하여 보았으나 원래가 불초한 인간이라 여러 가지 곤란한 현실도 있고 하여 드디어 아무런 볼만한 업적을 남기지 못하고 직을 사하게 된 것을 국민 앞에 재삼 深謝하는 바이다. … 이 민주과업의 완성은 일조일석에 성취되기는 어려울 것이다. 그러나 적어도 우리 헌법에 제정된 모든 기본인권의 존중으로부터 기초를 닦아 훌륭한 민주전당의 완성을 기하여야 할 것이다. … 진정한 민주주의란 건실한 도의에 입각한 책임행위로서만 실현될 수 있는 것이므로 이 도의심과 책임성이 결여한 이상은 어떠한 사회제도와 정치체제도, 하등성과를 거두지 못할 것이다. 나라가 명랑하게 민주화되자면 국민의 진정한 의사가 그대로 국회와 정부에 반영되어, 입법과 행정 면에 실현되어야 하며, 국회와 정부는 국민 앞에 절대 책임을 져야 하는 것이다. 이 책임의 소재를 구명할 수 있는 체제와 실천에 있어서 민주주의는 비로소 의미를 가지게 되는 것이다.

---

115) 장면, 『친필연보』, 79~80쪽.
116) 장면, 1952, 「하야유감」 『新京鄉』 4-1, 21쪽.

이 글을 통해 그가 말하고자 하는 것은 이 땅에서 문자 그대로 진정한 자유민주주의의 실현을 희구하며 이를 실천하는데 필요한 의식을 갖출 것을 강조하고 있지만, 그 이면에는 민주주의를 훼손하는 이승만 정권의 독재화를 경계하는 비판의식이 담겨 있다.

5) 민주당 최고위원 피선과 반독재 투쟁의 시작

1952년 8월 이대통령은 발췌개헌에 의해 직선으로 치러진 제2대 대통령 선거에서 의도한 대로 다시 당선되었다. 이후 이대통령은 외생정당인 자유당을 중심으로 해 독재의 아성을 더욱더 굳건히 쌓아나가기 시작하면서 종신집권의 포석을 놓고 있었다. 1954년 11월 27일에는 "초대 대통령에 한하여 重任제한을 철폐한다"는 내용을 골자로 하는 대통령중심제 개헌안을 사사오입의 논리를 내세워 날치기로 통과시켰다. 이처럼 이승만 정권의 헌정유린이 자행되자 민국당을 비롯한 보수야당 계열은 점차 반독재 투쟁을 위해 힘을 합치기 시작하였다. 1955년 초 민국당과 무소속 동지회 소속 의원 60여명이 원내 교섭단체로 "護憲同志會"를 구성·등록하고 그 해 9월 19일 민주당을 창당하기에 이르렀다. 장면은 정일형·주요한 등 흥사단계, 오위영 등 원내 자유당계, 현석호 등 자유당 탈당파 등이 중심이 된 신진세력 즉, 신파의 중심 인물로서, 김성수·신익희·조병옥 등 구 한민당 계열의 재산가나 구미유학생들이 주축이 된 민국당계열의 인사들과 연합하여 민주당 창당의 중심역할을 수행하였다.117)

---

117) 한근조, 운석기념회 편, 「언행일치의 인물」 앞의 책, 462~463쪽 ; 곽상훈, 앞의 글, 같은 책, 320~321쪽 ; 윤형중, 「다채로운 업적」 같은 책, 416쪽.

민주당의 대표 최고의원에는 신익희가 피선되었으며, 장면은 조병옥, 곽상훈, 백남훈과 함께 최고위원으로 선출되었다. 이들 중 제헌의회 의장을 지낸 신익희와 내무장관을 거친 조병옥은 구파였고, 장면과 국회부의장인 곽상훈은 신파였다. 당시 민주당이 표방한 정강은 아래와 같았다.[118]

1. 일체의 독재주의를 배격하고 민주주의의 발전을 기한다.
2. 공정한 자유선거에 의한 대의정치와 내각책임제의 구현을 기한다.
3. 자유경제원칙 하에 생산을 증강하고 사회정의에 입각한 공정한 분배로서 건전한 국민경제의 발전을 기하며, 특히 농민 노동자 기타 근로대중의 복리향상을 기한다.
4. 민족문화를 육성하며 문화교류를 촉진하여 세계문화의 진전에 공헌함을 기한다.
5. 국력의 신장과 민주우방과의 제휴로써 국토통일과 국제정의의 확립을 기한다.

그리고 이를 실현하기 위한 구체적 방안으로 제시된 것이 26개 항의 정책이었다. 이 정책의 골자는 민주주의 정치의 실현, 효율석인 관료제도의 성착, 국가석인 부상의 날성, 국민 소득의 증대, 평등하고 자유로운 사회의 구현, 교육 기회의 확충, 인권의 존중, 국제교류의 활성화 등이었다.

이러한 정강·정책은 장면이 민주당 창당식장에서 한 다음과 같은 연설의 요지와도 일치하는 것이었다. "슬프게도 우리는 정부 수립 후 7년을 지낸 오늘 다시 모여 우리의 헌법이 모독당하였다는 사실을 규탄하고 우리의 민주주의적 포부와 이상을 재확인하지 않을 수 없게 되었다. 대한민국을 구하고 우리의 민주주의를 구하기 위해 우리는 일체의 독재를 배격한다고 정강의 서두에 내

---

118) 허동현, 앞의 책, 120~121쪽.

걸었다. 우리들은 진실한 민주주의를 살려 나가기 위해 공정한 선
거와 내각 책임제를 주장하는 것이며, 관료 정치에 반대하고 관권
의 남용을 경계하는 것이며, 관권에 의한 경제권의 침해와 이에
수반되는 모든 부패를 배격하는 것이다"라고 연설하였다.119) 민주
당 창당 이후 장면은 1952년 4월 국무총리를 사임한 후 3년간 『경
향신문』 고문 등으로 지내온 "재야생활"을 청산하고 자신이 술회
하듯이, "이 때부터 나는 진정한 야당인사가 되어 정부를 견제하
고 부정 부패를 저지하는 최일선에 서게된" 것이었다.

한국헌정사에서 민주당 창당이 점하는 역사적 의의는 자유당
과 민주당이라는 양대 보수정당을 중심으로 교대로 정권을 담당
하는 정당정치가 제도화될 가능성을 보였다는 점이다. 물론 민주
당은 창당과정에서 曹奉岩으로 대표되는 혁신계의 참여를 배제
시켰다는 점에서 보수 우익의 정당임에 틀림없으나, 반공을 국시
로 내건 제1공화국 하에서 좌익정당은 불법화되었기 때문에 어찌
보면 이것은 불가피한 일이었는지도 모른다. 여하튼 바로 이 점
에서 민주당은 자유당과 뚜렷한 정치이념의 차이를 찾을 수 없으
며, 이 두 보수정당의 경쟁으로 압축되는 정당정치는 사회·경제
정책에서 큰 차이를 보이지 않는다는 점에서 제한적이고 불완전
한 형태의 것이기는 하다. 그러나 우리의 헌정사를 돌아볼 때 양
대 보수정당 중심의 정당정치의 큰 틀은 아직까지도 유지되고 있
는 우리의 특수현상이라는 점에서 이러한 한계가 민주당이 한국
민주주의 발달에 끼친 공적을 貶下하는 이유가 될 수는 없다.120)
적어도 민주당은 불모지나 다름없던 한국의 민주주의 발전과정
에서 민주주의 정신의 보편화와 민주세력의 성장에 공헌하였다

---

119) 장면, 운석기념회 편, 「인생 회고록」 앞의 책, 47쪽.
120) 유영익, 앞의 글, 236~239쪽.

는 한 학자의 평가는 설득력이 있다고 본다.[121]

비록 정권에 도전할 정도의 체계는 갖추지 못하였다손 치더라도 민주주의 실현을 요구하는 민주당의 부단한 주장과 이를 통한 지지기반의 확대가 한국민주주의 발전에 끼친 공적을 과소 평가할 수 없다는 점을 지적하지 않을 수 없다. 즉, 민주당은 그들의 정책을 민주주의의 실현에 집중시키고 계속 구체적인 사건과 정치현상에 관련시켜 언급함으로써 초기에 추상적이고 가공적이던 민주주의 개념이 차츰 일반국민에게 구체적인 의미를 지닌 채 이해되기 시작하였다. 이로써 민주당은 국민에 대한 민주주의 계몽과 보급이라는 정당으로서의 기능을 어느 정도 평가받을 수 있게 되었다고 보아도 무방할 것이다. 또한 민주당이 안정되고 제도화된 권력 행사를 요구하는 계몽된 도시 중산층을 그 지지기반으로 삼고 이를 차츰 확대해 나감으로써 민주세력의 성장을 촉진한 점 역시 민주주의 발전에 대한 공헌의 하나로 평가할 수 있을 것이다.

6) 부통령 당선과 반독재 투쟁의 본격화

장면이 회고하듯이, 민주당은 "사사오입 사건이래 격분한 재야 정치인들과 장시일간 협의한 후 강력한 야당을 창건하기로 합의"함에 따라 발족된 것이었다.[122] 이처럼 "강력한 야당"의 등장과 함께 국민의 정치의식 수준이 높아지고 의정도 활성화되면서 자유당 독주를 견제하는 민주당의 활동은 전국민적 지지를 얻게되었으며, 이에 따라 한국에서 정책 대결을 통한 국민의 심판을 받

---

121) 백운선, 진덕규·한배호 등, 1981, 「민주당과 자유당의 정치이념 논쟁」『1950년대의 인식』, 서울: 한길사, 124쪽.
122) 장면, 「회고록 초안」.

아 정권을 얻는 정당정치가 구현될 가능성을 보여주었다. 일례로 창당 1년밖에 안된 신생 정당인 민주당은 1956년 제3대 정·부통령 선거에서 대통령 후보 신익희의 사망에도 불구하고 장면이 자유당 후보 李起鵬에 대해 승리를 거둔 것은 그 구체적 사례일 것이다.

그러면 장면이 부통령 당선에 이르는 과정을 살펴보자. 1956년 3월 29일자 『동아일보』에는 "978명의 대의원이 참석한 가운데 28일 상오 市公館에서 거행된 민주당 정부통령 후보 지명대회에서는 대통령 후보에 신익희씨 부통령 후보에 장면씨를 무기명 連記투표로서 지명 결정하였다. 그런데 이날 실시된 민주당 정·부통령 후보 지명투표는 총투표수의 과반수이상을 획득한 후보를 지명후보로 결정한다는 원칙 하에 진행되었다. 이날 대회에서 주목을 집중한 사실은 정·부통령 후보에 지명된 신·장 양씨가 同黨이 공약한 정강정책은 물론 특히 '내각책임제의 구현 및 국민 생활의 안정을 위해서 전력을 경주할 것'을 엄숙히 전대의원 앞에서 서약하였다는 점이다"라고 特筆하고 있다. 이 보도 내용에서 주목되는 점 중 하나는 민주당이 민주주의 정치의 기본 운영원칙인 공정하고 자유로운 정치경쟁의 실현장치로서 선거제도를 당론 결정과정에서도 관철하고 있다는 점이며, 다른 하나는 민주당이 대의원의 투표라는 민주적 절차에 의해 선출된 후보자를 내세우되 정강과 정책의 제시를 통해 국민의 심판을 받으려는 정당정치를 지향하고 있다는 점이다.

그러면 장면은 당시 국민들에게 민주당의 부통령 후보로서 어떠한 정책을 제시했을까? 당시 한 신문사에서는 입후보자들에게 3개항의 설문을 주고 이에 답한 바를 보도한 바 있다. 설문은 이러했다. "(1) 귀하는 왜 대통령 혹은 부통령으로 입후보하는가. (2)

귀하는 우리 사회의 정치적·경제적 현실을 어떻게 보는가 (3) 만약 귀하가 당선된다면 우리 국가나 국민이 처하여 있는 현실을 어떻게 개선하려는가. ① 정치, ② 경제, ③ 외교, ④ 국방, ⑤ 내치" 이 설문에 대한 장면의 답변은 아래와 같았다.[123]

　　과거 8년간 이박사 집권으로 인하여 정치적으로는 일인정치 내지 일당독재로서 헌법을 위반하는 일이 다반사로 되었고 自家의 집권을 장구화 하기 위해서는 정치파동과 사사오입 개헌 등을 거리낌없이 자행하여 헌정의 정신을 유린하고, 민족의 양심을 마비시켜 버렸다. 그리해서 안으로는 국민을 혼란과 거짓과 절망 속에 빠트리게 하였고, 밖으로는 국가위신과 민주우방의 신뢰를 떨어뜨렸다. 경제적으로는 조변석개하는 정책의 무정견과 국가의 경제권을 非法的으로 독점하는 소수관료, 특권계급을 조성하는 반면에 대다수의 국민대중은 무한한 고통과 불안에 헤매게 하고 있다. 이때에 이것을 교정하여 일대 혁신정치를 행하지 아니하고서는 민주국가의 기초가 확립되지 못할 뿐만 아니라 국민생활 및 국가 경제가 송두리째 파탄되고야 말 것이다. 우리는 8년이란 긴 세월을 두고 이박사의 英斷的인 개혁으로 정치·경제의 신국면이 타개될 것을 기대하여 왔으나 날이 갈수록 위헌과 비법과 부패는 심하여가고 있으니 이제 와서는 이박사는 혁신적인 정치를 행할 능력이 없다고 인정할 수밖에 없음으로 이번 정부통령 改選期를 당하여 정권을 교체하여서 정치의 혁신을 단행하는 것 이외에 아무 도리가 없는 것으로 확신하게 되었다. 내가 민주당의 공천을 얻어 평소에 나를 아껴 주고 편달하여 주는 동지들의 勸에 의하여 부통령에 출마 할 것을 결심 한 것은 다름 아닌 정치 혁신의 의욕과 포부에서이다. ① 만일 내가 당선된다면 정치면에 있어서는 민주당의 당론에 따라 內閣責任制로 개헌함으로써 국회에 대하여 정치책임을 지는 의회내각을 조직하는 동시에 먼저 인권을 옹호하며 자유분위기를 보장하는데 특별히 주력할 것이며 이리하여 국민들이 부드러운 공기 속에서 보람있는 삶을 영위할 수 있도록 최선의 노력을 하고자 한다. 한

---

123) 장면, 1956년 4월 15일자, 「立候補者의 抱負: 나는 이렇게 하련다」 『東亞日報』.

편 현재 관권에 부당히 이용 지배당하고 있는 농민회, 어민회, 부인회, 국민회, 노동조합, 협동조합, 재향군인회, 학도호국단 등 모든 민간단체들을 관권의 지배로부터 해방시켜 각자의 자주적 입장에서 진정한 민주적 발전을 圖할 수 있도록 하고자 한다. 그리고 금후의 모든 급의 선거에 있어서 관권의 간섭을 일체 배제하고 자유분위기를 확보하며 경찰 기타 공무원의 엄정중립을 지킬 수 있는 제도를 확립하겠다. 이것은 과거에 우리가 그러한 간섭과 압력에 쓰라린 체험을 가졌기 때문만이 아니라 실로 자유롭고 공정한 선거는 이 나라를 "데모크라시의 낙원으로 만드는데 기본적인 요소가 되는 것이기 때문이다. ② 경제에 있어서는 첫째로 관료독점을 타파하는 것이다. 금융기관 歸屬사업 특수회사 등을 지배하는 관권을 청산하고 민간자유기업을 조장·육성하여 허가·인가 등의 제도를 가능한 최대한도로 철폐하고 인정과세 폐지 기타 세제를 혁신하여 산업의 자주적 발전을 조장할 것이다. 정부는 경제에 관하여 총합적인 계획의 울타리 안에서는 모든 국민 즉 기업가나 근로자나 최대의 자유와 창의를 가지고 활동할 수 있게 하여야 할 것이며 한편 노동자와 농민의 자발적인 이익옹호와 단체행동을 조장하는 동시에 국민소득이 일부특권계급의 壟斷하는바 됨이 없도록 이에 주력할 것이다. ③ 외교에 있어서는 현재의 고립적 경향을 시정하여 모든 민주우방과의 친선과 협력을 증대하며 특히 국제연합과의 연계를 원활히 해서 북한 동포를 공산압제정치에서 해방시키기 위한 자유세계 전체의 단결력과 정치력을 강화하는데 우리들이 이니시어티브를 취할 수 있도록 노력할 것이다. ④ 국방에 있어서는 정병주의를 목표로 훈련을 강화하고 화력을 현대화하며 병무행정에 질내공정을 확보함으로써 장정의 입영기간을 단축하는 반면에 질적향상을 圖할 것이다. 특히 일반 사병의 대우와 급식을 개선하여 사기를 앙양시키며 또한 하급장교와 하사관등 직업군인의 최저생활을 보장하여 後顧의 염려 없이 군무에 服할 수 있게 주력할 것이다. ⑤ 기타 내치에 있어서 무엇보다도 국민의 교양을 높이고, 품성을 향상시키는 것이 민주주의 향상의 근본이므로 의무교육과 성인교육의 확충에 주력할 것이요, 예술·학술·기타 문화면에 있어서 助成정책을 적극적으로 추진 할 것이다. 그리고 종교방면에 있어서는 쓸데없는 간섭을 배분하고 신앙의 자유를 절대로 보장 할 것이다.

　그밖에 내가 생각하고 있는 것은 지면관계로 일일이 나열할 수 없으나 요컨대 본인은 부패된 관료정치를 근본적으로 혁신함을 당면 목표로 하고 진정한 자유와 민주의 토대를 마련하는데 온갖 희생과 노력을 아끼지 않을 것이다. 이리하여 현재의 국민들의 고통을 덜고 나아가서는 後進 청년들에게 보람있는 민주정치의 가치와 전통을 물려주려는 것이 나의 丹心이다.

이 장문의 입후보자의 변은 장면의 현실인식과 정책의 골자가 무엇인지를 잘 웅변해 준다. 먼저 그의 현실인식은 당시 한국은 일인 장기 집권을 위한 헌정질서의 파괴와 경제적 독점의 심화로 인해 민주국가의 기틀이 흔들리고 국가경제가 파탄된 상태이나 현 정권에게서는 개혁을 바랄 수 없기 때문에 정권의 교체와 새로운 정책의 시행이 불가피하다는 것이다. 다음으로 그가 제시한 정책의 주 내용은, 정치면에서는 일인 장기집권의 저지를 위한 방안으로 당론인 내각책임제 개헌과 함께 "자유롭고 공정한" 선거의 보장을 위협하는 요소를 제거하는데, 경제면에서는 관권의 개입에 따른 부의 독점을 막아 민간 자율의 시장 경제체제의 발전을 도모하는데, 외교면에서는 고립탈피를 위한 유엔과 서방 제국에 대한 외교 역량 강화와 국제적 협력을 증진하는데, 국방면에서는 복무기간의 단축과 장비의 현대화 및 처우개선을 통해 군사력의 질적 향상을 이루는데, 그리고 내정면에서는 민주주의 실현의 요체인 국민 의식 수준의 향상을 위한 교육과 문화 예술부분을 육성하는데 초점이 맞추어져 있다. 한마디로 그가 제시한 정책은 민주주의 체제의 확립을 위한 정치·경제적 토대의 준비와 국민의 의식 수준을 향상시키는데 주안점이 두어진 것으로 보인다.

이처럼 당시 한국이 처한 정치·경제적 모순에 대한 국민의 정서에 부합하는 현실인식 위에 이를 개혁하기 위한 구체적인 정책 대안을 제시한 민주당의 선거전략은 "못살겠다 가라보자"라는 선

거 구호에 함축되어 국민들간에 큰 반향을 불러일으켰다.[124] 신
익희 대통령 후보와 장면 부통령 후보의 정견 발표회는 가는 곳
마다 대성황을 이룰 정도로 민심을 파고들었다. 이러한 정견발표
회라는 대규모 유세를 통해 국민들을 직접 파고드는 민주당의 선
거전략이 주효해 커다란 호응이 일자 이에 자극된 자유당 측도
이승만 대통령의 유세 계획을 세우는 등 바야흐로 정당정치의 시
대가 개막되는 듯 했다. 정책 대결과 선거에 의한 정권 교체의 실
현을 눈앞에 두고 일어난 신익희 민주당 대통령 후보의 갑작스런
서거는 한국에 있어서의 정당정치의 제도화 기회를 일순에 물거
품으로 돌려버렸다. 그러나 민주당은 대통령 후보 없이 부통령
후보만으로 선거를 치르기로 결정하였으며, 민심은 장면의 부통
령 당선을 "민주주의의 거점 구축"으로 규정한 민주당의 편에 섰
다. 5월 15일 실시된 선거에서 장면은 총 득표율 41.7%(4,012,654
표)로 39.6%(3,805,502 표)에 머문 자유당의 이기붕 후보를 20여
만 표 차로 따돌리고 부통령에 당선되었다.

그의 부통령 당선은 한국 정치사에서 어떠한 의미를 갖는 것인
가? 그의 당선은 그가 투표를 통해 국민의 심판을 받아 민주주의
의 상징으로 부상하였으며, 나아가 고령의 대통령 유고시 권력
승계자가 됐다는 점에서 중요한 정치적 의미가 있었다. 그러나
바로 이 이유 때문에 이승만 독재정권 하에서 그는 헌법에 의해
규정된 부통령의 지위 즉 參議院 의장과 탄핵재판소 재판장, 및
헌법위원회 위원장으로 행정부를 견제할 수 있는 권한을 행사할
수 있는 길을 원천적으로 봉쇄 당하고 말 그대로 민주주의의 상
징으로만 머물 수밖에 없었다.[125] 물론 그가 이승만 정권의 탄압

---

124) 장면, 운석기념회 편, 「인생 회고록」 앞의 책, 48쪽.
125) 장면, 운석기념회 편, 「나의 부통령직 4년」 위의 책, 119~120쪽.

하에 재임 4년간 "유명무실한 허수아비"로만 머문 것은 아니었
다. 그는 암살 기도 등 폭력에 굴하지 않고 정부에 대해 지속적인
정책 대안 제시와 비판을 통해 정부의 독주를 견제하는 한편, 야
당 지도자로서 민주당을 수권 능력을 갖춘 정당으로 육성하는 중
심 역할을 수행함으로써 국민들에게는 무너지지 않는 민주주의
의 보루이자 꺼지지 않는 민주주의의 상징적 횃불로서 우뚝 섰던
것이다. 즉 그는 "민주 보루를 사수하기 위한 병사로서의 민권 수
호를 위한 한 시민으로서", "민주주의를 위해 생명을 바칠" 각오
하에 국민들이 자신에게 부여한 임무로 다음을 자임했다. "정부
의 제 이인자라는 위치에서 국민의 권리옹호를 위해 끝까지 싸우
라는 명령임에 틀림없으며, 또 가능한 한에 있어서 李政權의 독
재화의 길을 저지하는 국내외 여론의 근원지가 되어 달라고 다짐
한 것이 분명하였다. 즉 야당을 이끌고 나가는 한 사람으로서 독
재정권의 행정부를 견제하는 모든 권한과 능력을 동원하여 정부
내에서의 투쟁을 감행하는 유일한 민주근거를 구축해야 한다는
것이었다."126)

　그러면 3·15 부정선거에서 4·19혁명으로 자유당 정권이 붕괴
하기까지 그가 걸어 간 길을 살펴보기로 하자. 먼저 그는 제4대
대통령 선거를 앞두고 간격이 벌어지기 시작한 구파와의 균열이
민주당의 해체로까지 이어지지 않게 하는데 최선을 다했다. 양보
와 타협의 미덕은 1959년 10월 26일 열린 민주당 전당대회 석상
에서 유감없이 발휘되어 민주정치의 본령을 보여주었다. 이 때
대통령 후보지명 투표의 결과 484대 481의 3표 차로 박빙의 리드
를 보인 구파의 조병옥이 후보 지명을 수락하지 않으려 하자, 그
는 "한 표가 더 많아도 조 박사가 다수결로 지명 받았으니 수락

---

126) 장면, 위의 글, 119쪽, 125쪽.

해야 됩니다. 나는 그것을 조금도 개의치 않으니 협력해서 일합시다. 나는 부통령 입후보 지명을 기꺼이 받겠습니다"라고 하여 타협과 양보라는 민주주의의 진수를 보임으로써 당을 분열의 위기에서 구해냈으며, 그 자신은 대표최고의원 투표에서 조병옥을 70표 차로 제치고 당선되는 명예를 일구어 내는 지도력을 발휘하였다.127) 그러나 선거를 통한 국민의 심판을 받아 정권을 교체함으로써 정당정치의 확립을 도모했던 장면과 민주당의 노력은 대통령 후보 조병옥의 급서라는 불상사로 인해 4년 전에 이어 다시 한번 수포로 돌아가 버리고 만다. 민주당은 4년 전 선거와 마찬가지로 대통령 후보 없는 반쪽 짜리 선거를 치러야만 했다. 유세 기간 장면에게 보여준 국민적 지지는 자유당 정권을 불안하게 하기에 족한 것이었다. 그러나 개표 결과는 이승만 대통령 후보가 9,633, 376표를, 이기붕 부통령 후보가 8,337,059표를, 그리고 장면이 1,843,758표를 얻어 이승만과 이기붕이 당선되었으며, 선거 당일 3월 15일 밤 부정선거에 분격한 시민들의 분노는 마산에서부터 터져 나오기 시작했다.128) 장면의 회고록 초안에는 취임에서 4·19혁명에 이르는 부통령 시절을 이렇게 묘사한다.129)

부통령이라기보다 야당 領袖로 이대통령의 독재와 부패에 대항하여 4년간 활동. 구파에서는 은밀히 자유당과 내통하여 막후타협을 하고 있었으므로 자유당과 싸운 것은 민주당내 신파이었다. 2·4파동 – 국회의원 감금 만행 등 – 의사당으로 농성의원 위문 격려한 것이 문제가 되어 경고안이 나오는 등 사건 연발. 포악무도한 이정권과 줄기차게 투쟁해 온 단체는 민주당 하나뿐이었음. 3·15선거, 조(병옥) 박사 급서, 단독 선거유세 강행, 자유당의 부정선거 계획을 사전 폭로. 과연 예정대로 부정선거 시행. 민주당 의원

---

127) 장면, 운석기념회 편, 「인생회고록」 앞의 책, 58쪽.
128) 장면, 『친필 연보』, 118~119쪽.
129) 장면, 「회고록 초안」.

들 국회에서 선거 무효를 선언하고 대 시위. 마산 사건 당시 순화동 공관에서 긴급회의 열고 민주당 의원 및 의사 급파. 수난 중의 시민을 위안 격려. 서울에서 민주당 의원 및 당원 대 시위. 4·19 학생시위로 형세 급전. 이 박사의 하야를 촉구하기 위하여 부통령 사임. 이 박사 사임. 4·19혁명은 대학생이 성취한 것이나 그 때까지의 혁명 기초를 마련해 준 것은 민주당의 다년간 투쟁의 성과라는 것을 잊어서는 안 된다. 이 모든 투쟁의 참모본부는 순화동 공관이었다.

그러나 부통령 시절 장면은 민주주의를 지키기 위한 최후의 보루를 자처하며 대안 없는 비판과 투쟁을 한 것이 아니었다. 4년간의 부통령 생활 동안 그는 부단히 정책 대안을 개발해 이를 제안함으로서 이 땅에 진정한 민주주의가 실현될 때를 예비하고 있었다. 즉, 제2공화국 총리로 집권했을 당시 표방·실천된 "자유민주주의와 경제 제일주의"의 정책, 구체적으로 다원화된 시민사회의 확립, 효율적 관료제도의 정착, 민간 주도형 경제건설, 국제사회와의 교류 확대 등은 그의 정치 입문이래 지속적으로 개발·확충된 정책 구상의 산물이었던 것이다. 한국의 정치·경제·사회 제 방면에 걸친 후진성 극복을 위해 그가 제안한 정책 대안들은 그가 남긴 각종 연설문과 기고 등에서 엿볼 수 있다.

먼저 부통령 당선 직후인 1956년 6월 6일에 발표한 「부통령당선에 감격하여 나의 소신을 피력한다」라는 글에서 그는 "경찰의 전횡"과 연속된 "경제적 불안"이 민중의 자유정신을 짓밟고, 자포자기의 타성으로 몰아넣음으로서 민주주의 성장을 방해했다고 전제하고 부통령으로서 자신의 역할이 "抒情의 혁신을 위하여 시시로 대통령께 국민들이 원하는 정책을 제안"하는데 있음을 천명하였다.130) 또한 그는 1956년 8월 15일에 공포한 「부통령취임사」

---

130) 장면, 운석기념회 편, 「부통령당선에 감격하여 나의 소신을 피력한

에서 "민주정치의 발전과 기본민권의 수호"를 위한 구체적 실천책으로 "불안으로부터 해방"과 "궁핍에서의 해방"을 강조하였다.131) 나아가 그는 취임 하루 뒤 UP 통신기자와 가진 단독회견에서 이를 다시 한번 확인하면서 "일본과의 관계 정상화"를 천명하였으며,132) 다시 이틀 뒤에 중앙일보와 가진 회견에서 "우리는 인접국인 일본과의 정상적인 대외관계는 시급한 문제이다. 나도 이 대통령이 주장하는 바와 같이 일본이 구보다(久保田) 망언을 취소할 것과 한국내의 재산권을 포기할 것을 중요 골자로 하는 선행조건에 변함이 없으나 국제관계란 어디까지나 이성에 입각한 외교관계이니 만치 과거의 민족적 감정을 일소하고 선린의 우의에 입각하여 국민여론을 통한 대일 우호관계의 촉진을 이룩토록 하여야 될 것이다"라고 하여 이를 재확인 한 바 있다.133) 그가 대일관계의 정상화를 촉구한 이유는 무엇일까? UP 통신과의 회견에서 그는 "한국인들이 일본 혹은 공산주의에 대하여서 보다도 '불안과 빈곤이라는 두 개의 위기'에 더 관심을 가져야 한다"고 말했고, 이어 "이 나라의 경제조건을 개선하는 것이 한국통일에 대한 제1보가 되어야 한다"고 부언했으며, 이를 위해 "우리는 우리의 모든 국가자원을 동원하고 우호국가들의 경제원조를 유효하게 이용함으로써 가능한 한 조속한 시일 내에 특권계급이 아니라 모든 국민의 생활수준을 향상시켜야 한다"고 말하였다. 즉, 그는 "불안" 즉 "공포"로부터의 해방을 위한 민주주의의 실현과 이를 담보할 경제적 번영을 위해 외국 경제원조를 적절히 이용해 국민 생활 수준을 향상시키는 것이 필요하다고 본 것이며, 일본

　　　다」앞의 책, 167쪽.
131) 장면, 1956년 8월 15일자, 「장부통령 취임사」『自由日報』.
132) 1956년 8월 18일자, 『경향신문』.
133) 1956년 8월 18일자, 『중앙』.

과의 관계 정상화도 경제 성장을 위한 대일 청구권 자금의 활용이 전제되어 있었던 것으로 보인다.[134] 이러한 경제 개발 우선론과 대일관계 정상화론은 당시 이승만 정권의 극단적 반공과 반일 정책에 대한 전면적 비판이자 합리적인 정책 대안이었다고 볼 수 있다.

이와 같이 취임 초에 피력된 정책은 민권 수호, 민주주의 실현, 경제성장, 대일관계 정상화를 포함한 국제교류 강화 등이었다. 또한 장면은 1957년 8월 15일에 행한 「부통령 광복절기념 연설」에서도 "선거의 공명성 확립, 사법권의 독립, 공무원의 처우개선" 등을 통한 민주정치의 확립 및 "농촌과 도시의 균등발전, 중소공업의 육성"을 통한 경제성장 방안 같은 정책 대안을 제시한 바 있으며,[135] 「민주당부통령후보 지방유세 1(대구)」(1960), 「민주당부통령후보 지방유세 2(부산) – 나의 정치이념 "자유" –」(1960) 등을 통해서도 인권 보호와 정치적 자유 보장 및 경제성장과 공정 배분 등의 정책을 제시한 바 있었다.[136]

7) 민주주의의 황금시대를 연 제2공화국 국무총리

장면은 부통령 재임기간 현실의 독재정치와 관료 지배하에 왜곡된 경제구조 및 고립적 대외관계를 초래하는 극단의 반공·반일 정책 등을 비판하고 그 대안으로 인권의 옹호, 다원화된 민주

---

134) 1956년 8월 18일자, 『경향신문』.
135) 장면, 운석기념회 편, 「부통령 광복절기념 연설」 앞의 책, 169~173쪽.
136) 장면, 운석기념회 편, 「민주당부통령후보 지방유세 1(대구)」 위의 책, 181~183쪽 ; 장면, 「민주당부통령후보 지방유세 2(부산)−나의 정치 이념 "자유"−」 같은 책, 184~185쪽.

사회 건설, 민간 위주의 경제건설과 공정한 배분구조의 정착, 대일관계의 정상화 등에 관한 제 정책을 제안한 바 있었다. 그가 부통령 시절 입안·제기한 이러한 정책들은 제헌국회 의원 등 정계 입문 당초부터 피력한 바 있던 정책들이 보다 발전된 형태로 제기된 것이었으며, 이처럼 무르익은 그의 정치적 이상들은 제2공화국이 발족 이후 실천에 옮겨지게 되었다. 이를 좀 더 자세히 살펴보면 다음과 같다.

장면은 1960년 8월 19일 민의원의 인준을 받은 직후 그를 에워싼 기자들에게 발한 첫 성명에서 구정권의 독소 제거를 통한 민주화 방안과 장기 경제개발 계획을 입안 추진할 것임을 공언하였으며, 그 전문은 다음과 같다. "앞으로는 우리가 모두 새 출발해야겠습니다. 새헌법 아래서 새 공화국의 첫 국무총리로 지명된 데 대하여 책임의 중대함을 통감하는 바입니다. 제2공화국의 건설을 위하여 민주당이 내건 선거공약을 실천함으로써 경제를 부흥시키고 구정권의 독소를 제거하는 것이 첫 시급한 일이라고 생각하는 바입니다. 또한 장기 건설계획의 테두리 안에서 최대의 창의력과 기업력을 발휘할 수 있는 건전한 환경을 만들어 주는 것이 제2공화국의 첫째 과업이어야 할 것입니다. 모두 국회의원과 국민은 새 출발을 하여야 할 것이며, 건설력을 최대로 발휘하여 주어야 할 것입니다. 모든 특권과 정실을 배격하고 탄압이나 차별대우를 지양하고 누구나가 다 안심할 수 있어야 하며 누구나가 다 경제 기업에 전력을 다하도록 하여 부흥의 새 출발을 하도록 하는 것이 제2공화국의 임무라고 생각합니다."137)

또한 그는 인준 다음날인 20일 반도호텔에서 열린 중앙청 출입기자단과의 기자회견에서 경제제일주의 정책 성공에 관건이 되

---

137) 1960년 8월 20일자, 『한국일보』.

는 재원조달 방안과 국민들이 공포로부터 해방될 수 있는 구체적 민주화 방안을 제시함으로써 이를 거듭 확인하였다. 그 요체는 다음과 같다.[138]

① 경찰중립화 문제 : "경찰은 반드시 중립화시켜야한다는 것이 나의 오랫동안의 신념이고 민주당이 내세운 공약이었다. 신 국회에 경찰중립화 방안을 내겠다. 이것은 신 정부의 임무인 것이다.

② 직업공무원제도 : 즉각 실현될 수는 없으나 그 방향으로 나갈 생각이다. 정권이 교체될 때마다 공무원이 갈려서는 안 된다.

③ 경제위기 극복책 : 미국의 經援이 감소된다는 것은 신생국이 저마다 미국 원조를 기대하고 있기 때문에 기성국가에 주는 원조를 조금씩 삭감하여 이러한 국가에 할당하기 때문에 그렇게 되는 것이다. 그러나 한국으로서는 어디까지나 최대의 노력으로 원조복구를 요청할 것이며 과도정부에서도 많이 노력해 왔었다. 앞으로 새 정부가 수립되고 시일이 가면 세금징수도 순조로와 질 것이다.

④ 일본·서독 등과의 경제 유대 : 미국의 원조가 무기한 있으리라고 기대할 수 없기 때문에 원조가 끊어질 때에 대비해야 된다. 일본의 경제협조 제의는 아직 구체적 내용을 모르기 때문에 뭐라 밀힐 수 없으나 구체적 제인이 있으면 검토하겠으며 서독과의 경제유대에도 관심을 기울이고 있다. 대통령 취임 경축식 때 일본 사절단이 온다면 오는 것을 굳이 거절할 생각은 없다.

⑤ 유엔 가입과 통일문제 : 소련이 주장하듯이 북한과 한국이 같이 유엔에 가입할 수는 없다. 대표단을 파견하여 가입토록 노력할 것이며 통일 방안은 민주당의 주장을 기초로 하여 거국적인 노력을 기울일 것이다.

그가 이끄는 제2공화국 정부의 정책 방향이 보다 구체적인 형태로 제시된 것이 8월 27일 민의원에서 열린 총리 취임식에서 발

---

138) 1960년 8월 20일자, 『경향신문』.

표한 시정방침 연설이다. 여기서 제안된 바 정책 중 주요 6개항의 정책은 다음과 같다.[139]

첫째로, 9월에 유엔 총회가 개최되겠으므로 정부는 유능한 대표단을 파견하여 한국 통일안과 한국의 유엔 가입에 관하여 국제 여론을 환기하겠으며, 통일안에 있어서는 구정권의 태도와는 달리 유엔 자유국가들의 노선과 일치하도록 유엔의 감시하에 남북을 통한 자유선거에 의하여 통일을 달성한다는 주장을 강조하는 바이다. 한·일 양국간의 외교 관계를 정상화하기 위하여 양국간의 회담을 재개할 것과 재일 교포의 경제적 지원 및 교육에 관한 지도 등을 적극화 할 것과 교포의 자본을 국내에 도입하는 길을 열도록 하는 것이 급선무의 하나라고 생각한다.

둘째로, 제4대 국회에서 심의 미료된 경찰 중립화를 위한 경찰법과 지방자치법 개정 법률안 등의 조속한 통과로 정치적 혁신의 일보 전진을 도모하여야 하겠으며, 인사 행정의 공정화와 관기의 확립 및 집무 능률의 향상 등을 위하여 최선의 노력을 경주하고자 하며, 3부 공무원의 재산 등록 법안의 기초에 착수하였다.

셋째로, 부정선거의 원흉들과 발포 책임자들에 대해서는 공소가 제기되어 있으므로 사법부에서 법과 혁명 정신에 의거하여 엄정한 판결이 내릴 것으로 믿고 있거니와 발포자에 대해서는 앞으로도 색출과 처단에 노력할 것이다. 구정권 하에서 부정·불법 축재한 자를 처단할 것은 물론이나, 사업과 경제를 마비시키지 아니하는 적절한 한도는 있어야 할 것으로 생각하여, 그 부정·불법 축재를 국고에 회수하고 국민의 혁명 욕구를 충족시키며 민족 정기를 바로잡도록 하겠다. 과도 정부는 조세범 처벌법에 의하여 처벌될 46개사 23명을 적발 수사하다가 신 정부에 넘겼으므로, 이 수사를 계속하여 단시일 내에 완료할 것은 물론이거니와 더 추가해서 적발할 것과 또는 다른 법률에 저촉되는 자에 대한 적발도 할 생각이다. 다만 그

---

139) 장면, 운석기념회 편, 「국무총리 국회에서의 시정방침 연설 1」 앞의 책, 190~192쪽.

증거를 포착하기 곤란한 만큼 국민 제위의 협조가 있으시기를 바라는 바이다. 그리고 새로운 부패와 부정을 봉쇄하기 위하여 특혜 금융을 지양하고, 탈세를 봉쇄하여 관세 행정을 쇄신하는 동시에 외환율의 현실화 조치를 실시하고자 한다.

넷째로, 경제 건설을 촉진하기 위하여 경제 안정의 테두리 안에서 장기 개발 계획의 실현을 위한 투융자의 확대, 세제의 개혁, 특히 토지 소득세의 금납제와 농민들의 빈곤의 경감 등을 실천에 옮겨야 하겠다. 다가오는 추수기에 대비해서 미곡 담보 융자를 확대하고 융자 기준을 인상할 것이며, 중소기업의 보호 육성을 위한 금융 조치, 전원 개발 계획의 추진과 이미 현년도 예산에 책정되어 있는 공공사업 중 보류되어 있는 금액을 적시 방출함으로써 노임의 산표(*sic*)를 도모코자 한다.

다섯째로, 원조 자금에 의하여 계획되어 있는 제 사업 중 아직 현안으로 되어 있는 충주 비료 공장 문제, 대한 조선 공사, 송전과 배전의 개선 사업 및 2백여 건의 주기업체 건설 계획 등은 한·미 쌍방의 협조로써 신속히 해결하고자 하며, 미국 회계 연도 1961년, 즉 금년 7월 1일에 개시되어 명년 6월 말일에 종료되는 회계연도에서 지출될 경제 원조에 관하여 목하 예비 교섭 중에 있는 바, 가능한 범위에서 최대의 원조를 획득하기 위하여 특히 노력을 경주하고 있다.

여섯째로 경제 건설과 균형상 국방비의 과중한 부담을 경감시키기 위하여 점차적인 감군을 주장하여 온 민주당의 정책을 실현하고자 유엔군 사령부와 협의하여 신년도부터 약간의 감군에 대비하여 중장비를 도입하기 위한 계획도 이미 수립되어 있음을 양해하시기 바란다. 국군의 군기를 확립하며 일부에 있었던 부패를 숙청하는 동시에, 군의 정치적 중립을 확보하고 군내 파벌의 조성을 방지하기에 특별한 노력을 기울일 방침이며 따라서 금후 인사 행정에 신중한 공정을 기하고자 한다.

이와 같은 제2공화국의 정책은 국민 참정권의 완벽한 보장과 관료제도의 합리화 및 경찰 중립화를 통한 민주주의의 구현을 통한 공포로부터의 해방, 외자 도입과 경원의 확대를 통한 경제개발 계획의 추진과 국민소득 증대를 통한 빈곤으로부터의 탈출,

일본과의 국교 정상화 및 대 유엔 외교의 강화를 포함한 국제적
고립으로부터의 탈피, 군비 축소와 군의 정예화 추진을 통한 국
방력 강화 등으로 요약될 수 있다. 또한 이러한 제 정책 방향은 9
월 30일 민의원에서 행한 두 번째 시정연설, 10월 1일에 연설한
제2공화국 경축사, 그리고 1961년 2월 9일에 민의원에서 행한 세
번째 시정연설 등에서 거듭 천명되면서 실천에 옮겨졌다. 또한
제2공화국 당시 천명·실천된 제 정책은 하루아침에 급조된 장미
빛 청사진이 아니었다. 그것은 정계 투신 이후 장면이, 그리고 민
주당이 이 땅에 진정한 자유민주주의를 구현하려는 이상을 실현
하기 위해 한국이 처한 현실에 부단히 투영해 보았던 정책 대안
들의 종합이었던 것이다.

6. 정치사상의 제 특징

장면은 정계 진출 이후 자신의 정치사상을 피력하는 각종 연설
문과 기고 및 정강·정책을 남겼다. 이러한 글들에 표출되는 그
의 정치사상, 즉 그가 꿈꾼 세상은 어떤 모습일까.

1) 그리스도교적 요소

장면의 사상과 생애를 관통하는 기본 정신은 그리스도교 정신
의 구현과 실천이었다. 그의 정치사상의 기저에는 "자연법과 그
리스도교의 도덕에 대한 이해"가 결여된 비그리스도교 국가인 한
국에서 "유물론과 공산주의의 그릇된 가치" 즉, "현대의 힘있는
오류"가 침투하는 것을 막는 "힘" 내지 "해독제" 역할을 할 그리

스도교 정신의 보급을 도모함으로써 국가의 번영을 담보할 수 있다는 복음주의적 정신이 관통하고 있다. 또한 그는 그리스도교 정신의 보급은 "국제적인 입장과 공산주의에 대한 강력한 저항"에서부터 "커다란 人望"을 얻고 있으며, "세계에 두루 퍼져 있는 영적, 또는 종교적인 큰 조직체로서의 가톨릭 교회"와 그 신도가 담당해야 한다고 보고 이들에게 주어진 사명을 다음과 같이 설파한다.140)

> 가톨릭교도는 그 국민의 번영을 위하여 저마다 그 책임을 져야 한다. 그는 그리스도교 원리에 완전히 일치된 그의 개인적, 사회적, 정치 생활로써 공생활의 온 분위기를 안정시키고 높일 수 있으리라. 그는 힘을 다하여 가톨릭 신도로서 모범 생활을 보내야 한다. 그것은 모든 사도적 활동의 기초이다. 이와 같이 하여 그는 그의 가족 또는 그가 접하는 집단과 단체를 그리스도교화 함으로써 비그리스도교적인 그 환경에 감화를 줄 수 있는 것이다. 이 감화는 더 넓게 그 나라의 온 사회적 및 정치 생활에까지 미칠 것이다. 그리스도적 이상, 그리스도의 정신은 그 생활에, 그의 말에, 그의 모든 접촉, 혹은 감화의 기회에 구현되어야 한다. 그 사명은 사람과 사귀어 '땅을 가는 것이며, 씨앗을 뿌리는 것이며, 그리스도를 위하여 영속적인 수확을 바라고 싹트게 하는 것'이다. 이것이야말로 어디에 있든 간에 모든 그리스도 신도가 해야 할 개인의 사명이다. 한 나라의 공생활에 대한 이 씨앗의 그리스도적 감화는 거의 눈에 보이지 않는 미미한 것이지만 철저하고도 결정적인 것이다.

나아가 그는 그리스도교 정신의 구현을 위해 가톨릭 정치가에게 부여된 소명이 "천부의 인권을 옹호하고 종교와 언론의 자유를 보장하고 국민의 정치적·사회적·경제적 생활의 민주적 발달"을 돕는데 있음을 천명하면서 이의 실현을 위한 도정에서 마

---

140) 장면, 운석기념회 편, 「우리는 무엇을 해야 할 것인가」 위의 책, 142~143쪽.

주치는 장애를 "그리스도교 원리를 따라 깊은 지혜와 굽힐 줄 모르는 결심"으로 싸워야 한다는 생각을 갖고 있었다. 즉, 그는 그리스도교 정신의 참된 구현의 관건은 한 국가와 사회에 진정한 자유주의와 민주민주의의 실현에 결부되어 있다는 생각을 갖고 있었다.

2) 자유민주주의적 요소

장면에게 있어 자유민주의야말로 "자유와 민주주의를 배우고 맛본" 미국 유학시절부터 운명의 순간까지 그 실현을 꿈꾸어 온 화두였다.141) 그에게 있어 4·19혁명 이전 제1공화국 시대는 "우리가 4·19혁명 전까지의 12년 동안을 역사에서 도려내는 재간이 없는 한 우리 민족과 더불어 영원히 남게 될 민족의 오점"이었다.142) 그가 보기에는 정치란 "주권재민의 원칙 하에 국민 전체 또는 각개 국민의 정치적 활동의 자유를 보장"하여 주는 것임에도 불구하고 당시의 현실이 이에 반한 원인은 우리의 민주주의가 "자연발생적인 밑으로부터의 것이 아니라 외래적이요 접붙이 가지와 같은 상부조직에 불과하기 때문에 상력한 빈의가 아식 성상하지 못하고 따라서 집권자 만능을 제재할 힘의 존재를 찾기 어려운 바가 있기 때문"이었다. 즉, 그는 한국에서 민주주의의 실현이 지체된 근본적 원인은 "제도의 결함"이나 "국정을 담당한 인물의 결함"에서 기인하는 것이 아니라 "選擧民 자신들의 역량문제에 귀착되는 것이며 민주주의의 후진성"에, 실질적으로는 "국회의원(代議政治家)들의 민주정신의 불철저 내지는 실천력의 결

---

141) 장면, 운석기념회 편, 「인생 회고록」 위의 책, 36쪽.
142) 장면, 운석기념회 편, 「제5회 신문 주간 기념 연설」 위의 책, 211쪽.

핍"에 기인하는 것으로 보았다.[143]

이에 그는 한국이 진정한 민주주의를 수립하기 위해서는 먼저 "선거민과 대의사(代議士)"들의 의식 개혁과 "개별적·분화적인 시민의 의사와 이익을 공공의 일반의사 내지 이익으로 통합해 대표"하는 정당과 "노동조합 협동조합 혹은 각종 단체 연합" 등 "사회대중운동"의 건전한 발전과 같은 제도적 장치의 기능 발휘가 필요하다고 보았다.[144] 당시 그가 확립하려한 민주정치란 "국가권력이 시민의 자유를 부정하게 침해하지도 않고 시민의 자유가 정당한 국가권력의 행사를 무턱대고 적대시"하지도 않는 국가권

---

143) 장면, 1956, 「民族更生의 길-靑年과 더불어」『新世界』7, 17~18쪽.
144) 장면, 위의 글, 19~21쪽. "참말로 民主政治-代議政治의 제도를 확립하며 그 운영을 위해서는 궁국적으로 선거민과 代議士들의 개혁을 행하지 않으면 안될 것이다. … 민주주의 경제는 경제활동이 유력한 동기로서 또는 경제발전의 유력한 추진력으로서 개인의 創意, 才能, 識見, 經驗 등을 존중하는 것이지 결코 경제계를 無政府狀態로 방치하여 富益富 貧益貧의 불평등한 사회를 만들자는 것이 아니다. 하물며 민주주의의 이념이 자유에만 있는 것이 아니라 평등과 우애에 있다는 것을 상기함에 있어서랴. … 어쨌든 민주정치가 성장하기 위해서는 '배고파 못살겠다'고 아우성치는 백성을 그대로 두고는 가능성이 없다. 생산력을 증강하여 勤勞하는 國民大衆에게 공정하게 분배됨으로써 국민의 생활이 안정되며 그 수준이 향상되는 것이 '데모크라시'의 전제조건이다. … 政黨은 민주적인 사회를 구성하는 데에 필연적인 산물이다. … 개별적 분화적인 시민의 의사를 통합하여 나가는 과제를 담당하고 나선 것이 정당인 것이다. … 정당의 건전한 발전이 민주정치 구현의 불가결한 조건일진데 국민자신의 자연발생적인 밑으로부터의 자유와 창조의 업으로서 정당이 육성되어 나가기를 所願하는 바이다. 更生하는 民族의 새로운 질서와 공평한 福祉社會의 建設은 결코 개개인의 힘으로 되는 것이 아니며 여기에는 정당을 비롯하여 勞動組合, 協同組合 혹은 諸種團體 聯合 등 澎湃하게 일어나는 社會大衆運動에 의하여 이룩하는 것이다. 실로 새로운 민주조국의 건설은 아닌 조국의 興亡은 사회집단운동의 건전한 발전과 진행에 달려 있다고 하여도 과언이 아니다."

력과 다원화된 시민사회의 이익추구가 서로 균형을 이루는 - "국민전체가 협력하여 나가는 之民 · 依民 · 爲民의 정치"이었다.[145] 또한 장면은 민주정치의 가치는 "지도자의 질이나 정책의 내용에 대한 가치보다도 오히려 만인이 협력하여 그러한 가치를 찾는 그 過程에 있다"는 그의 신념을 충분히 실험해보려 하였으며, 이는 방종에 가까운 시민들의 자유구가 사회적 혼란을 야기하는 상황을 맞아서도 시민들에게 자율적 각성의 시간을 주려 했던 다음과 같은 그의 회고에 잘 나타난다.[146]

연일 계속되는 데모로 인해 사회가 혼란에 빠졌지만, 민주당이 집권한 후 집권전의 공약을 위배할 수가 없었다. 내각 책임제를 실시하면서 국민의 자유를 박탈하고 독재적인 수법으로 정권을 유지한다면, 이는 국민을 배신하는 것밖에 다른 변명이 있을 수 없다. 우리는 혼란기라 해서 국민을 배신할 수 없었다. 정권을 잡은 우리로서 무슨 핑계로든지 계엄령을 선포할 수 있었다. 그렇지만 '총검에 의한 외형적 질서'보다도 '자유 바탕 위의 질서'가 진정한 민주적 질서라고 믿었기 때문에, 오랫동안 자유당 정권 하에 억눌렸던 국민들이 자유가 허락된 이때에 쌓이고 쌓였던 울분을 한 번은 마음껏 발산시키고 나서야 가라앉을 것은 어찌할 수 없는 뻔한 일이라고 보았기 때문에 은인 자중한 것이다. '국민이 열망하던 자유를 한 번 주어 보자'는 것이 민주당 정부의 이념이었다. 갈수록 혼란을 더해 가는 사회상황 속에서 우리는 鐵拳으로 억압하는 대신 시간으로 다스리고자 했다. … 귀와 입으로 배운 자유를 몸으로 배우게 하려는 의도였다. 이론과 학설로 배운 자유는 혼란을 일으키지만 경험으로 체득한 자유는 진정한 민주주의의 단단한 초석이 되는 것이다. 자유가 베푼 혼란과 부작용에 스스로 혐오를 느낄 때 진실한 자유를 얻는 것이다.

---

145) 장면, 1961, 「言論自由와 그 責任 - 寬勳클럽 第四週年記念式에서의 張總理演說」 ; 장면, 「民族更生의 길」, 18쪽.
146) 장면, 「民族更生의 길」, 22쪽 ; 장면, 운석기념회 편, 「인생 회고록」 앞의 책, 76~77쪽.

이러한 시민의 자각에 기반한 진정한 자유민주주의의 구현이라는 장면의 선각적 정치사상은 5·16군사쿠데타에 의해 좌절되었지만, 한국의 민주주의 발달과정에서 항상 꺼지지 않고 빛을 발하며 좌표로서 기능한 등대였음은 주지의 사실이다. 한 마디로 장면은 시대를 앞서 태어난 선각적 정치인이었다. 그가 남긴 "우리의 성의는 미처 결실을 보기 전에 끝내 무참히 짓밟혔다. 민주주의는 한 사람의 총리나 각료들의 헌신적인 노력만으로도 이루어지지 않는다는 것을 우리는 뼈에 새겼다. 아무래도 전국민이 합심해서 이끌어야 하는 하나의 수레와 같은 것이다. 한 사람이라도 더 협력할 때 수레바퀴는 잘 구른다"라는 경구는 한국의 자유민주주의 발전에 아직도 유효한 처방이라고 본다.147)

3) 경제 제일주의적 요소

그는 민주주의의 성장을 뒷받침하기 위해서는 생산력의 증강과 공정한 분배를 통해 국민의 생활 수준을 향상시킴으로써 경제적 안정을 도모해야 한다고 보았다. 이미 살펴본 바와 같이, 그는 제헌국회 의원 시절 私有權의 보장을 헌법에 규정한 이래로 정당 및 각종 이익단체가 제 기능을 발휘하는 다원적 시민사회의 형성과 그 안정을 뒷받침하는 경제적 성장이 병행될 때 한국사회의 후진성은 극복되고 그가 꿈꾸는 자유민주주의가 실현될 수 있다고 본 것이다. 이 점은 "경제 제일주의"를 천명한 다음과 같은 「제2공화국 경축사」에서 구체화되었다.148)

> 민족의 당면한 과제가 산업의 현대화와 소득의 加增적 증가에

---

147) 장면, 운석기념회 편, 「인생 회고록」 위의 책, 79쪽.
148) 장면, 운석기념회 편, 「제2공화국 경축사」 위의 책, 196~197쪽.

있음을 재확인하고, 정부의 시정 목표로서 경제 제일주의를 지향
하고 있습니다. 정부는 주로 국민의 경제적 활동의 기회 균등을
보장하는 환경 개선에 노력을 집중하고, 국민의 최대한의 創發力
과 기업적 모험심을 발휘하여 계획성 있는 자유 기업체의 장점을
살려서 하루속히 국민 경제의 비약적 성장을 가져올 수 있는 인화
점에 도달할 것을 기도함이 새로운 공화정체 하의 당면한 최대 과
제임을 다시금 강조하는 바이며, 그런 견고한 터전 위에서 점차적
으로 복리 사회 건설의 여러 가지 시책을 준비할 것입니다.

"민주정치제도의 재확립"과 자립경제의 수립을 지향하는 "경제
제일주의"의 정책 목표를 내세운 제2공화국 정부가 추진했던 국
토개발사업, 경제개발 5개년 계획 등은 쿠데타 이후 군사정권에
의해 현실화되었다. 그러나 장면정권에서 추진한 경제정책은 정
부가 다양한 경제 주체의 의견을 광범위하게 수렴하고 그것을 조
정·통합하는데 주력했다는 점에서 재벌 위주의 정경 유착형 발
전전략을 취함으로서 미래를 가불한 군사정권의 파행적 성장정
책과 확연히 다르다.[149]

4) 국제주의적 요소

장면은 그의 시대, 즉 미·소 양 강대국의 이데올로기 대립으
로 인한 동서 냉전의 시대를 "그리스도교적 견해에 입각한 민주
주의와 전체주의적 물질주의, 즉 공산주의와의 싸움"의 시대로

---

149) 유광호, 한국정신문화 연구원 현대사연구소 편, 1998, 「장면 정권기
　　　의 경제정책」『한국현대사의 재인식』5, 서울: 오름, 119~191쪽 ; 김
　　　용삼, 1994. 4, 「김입삼의 경제개발 비사」『월간조선』, 400~420쪽 ;
　　　김기승, 「민주당 정권의 경제정책과 장면」, 운석 장면선생 탄신 백
　　　주년 기념 학술회의 발표논문, 77~86쪽.

인식하였다.150) 또한 그는 개개 국민국가간이 아닌 자유진영과 공산진영, 양대진영 간의 대립 속에서 국가의 생존을 담보하기 위해서는 국제적 유대가 필요하며, 이것은 진정한 민주주의의 실현을 통해서만 확보될 수 있는 것으로 보았다. 이는 한국전쟁이 한참이던 1952년 제2대 국무총리를 사임하면서 발표한 다음 글에 잘 나타난다.151)

> 이 겨레의 直面한 전도는 險難하기 짝이 없고, 共産主義와의 血鬪는 아직도 계속될 뿐 아니라 점점 더 치열하여 질 것이다. 이 투쟁에 단연코 이겨야만 이 겨레는 살 수 있으며 세계의 자유와 평화가 비로소 올 것이다. 이 세계적 투쟁은 국제현장에서만 종말이 날 것인 만치 우리는 우리의 존엄한 독립성을 유지하면서 자유진영의 일원으로서, 여러 民主友邦과 全幅的 협조가 있어야 할 것이고, 이 자유진영의 일원으로서 우방의 협조를 얻자면, 먼저 우리나라 자체가 진정한 민주국가라는 것을 그들에게 證示하여야 할 것이다.

나아가 그는 민주정치는 "국민이 평등한 입장에서 자유로이 논쟁하며 비판하며 결국에는 투표와 다수결로 정치의 의사를 결정하는 제도이기는 하나 그 최종은 四海同胞愛의 理想鄕"으로 구현된다고 보아,152) 자유민주주의 체제 수립의 궁극의 목적은 그리스도교 정신에 기반한 국가와 민족을 넘어선 "완전한 평등"이 구현되는 "사해동포주의"의 실현으로 보았다. 이는 "비그리스도교국에 있어서 사회와 정치 생활에 대한 그리스도교의 공헌"을 설파한 다음 인용문에 잘 나타난다.153)

---

150) 장면, 운석기념회 편, 「인생회고록」 앞의 책, 99쪽.
151) 장면, 「하야유감」, 21~22쪽.
152) 장면, 「민족 갱생의 길」, 21쪽.
153) 장면, 운석기념회 편, 「우리는 무엇을 해야 할 것인가」 앞의 책, 149~
    150쪽.

우리 시대는 이들 많은 비그리스도교국이 자유와 독립 정신의 강력한 부흥에 참여하고 있다. 이러한 부흥은 신흥 국민 사이에도 완전한 평등에 대한 동경이 숨어 있다. 세계는 나날이 좁아져 가고 모든 종족과 모든 국민 사이의 접촉은 더욱 친밀하게 되어 간다. 사람들 사이에서 커다란 일치, 더 큰 협동체를 원하는 마음이 뚜렷이 눈에 띈다. 더욱 밀접한 일치와 참된 평등을 구하는 소망은 당연한 것이며 정당한 것이다. 교회의 태도는 그 교육과 그 유력한 원조로 이 갈망을 채우기 위하여 온 힘을 기울인다. 하느님은 아버지이기 때문에 사람은 누구나 형제라는 이 교회의 가르침은 피부의 색깔, 인종, 사회적 지위의 구별 없이 인격의 영원한 운명에 대하여 평등한 존엄을 각자에게 주는 것이다. 우리는 그리스도교도가 아닌 우리 형제, 특히 지식인에게 교회의 이 가르침을 열심히 또 절실하게 알려야 한다.

그리스도교의 신앙에 입각해 국가를 초월한 인류의 평등을 지향하는 그의 국제주의적 정치사상은 현실 세계에서 실현되기 어려운 비현실적 이상에 불과할 수도 있다. 그러나 그의 이러한 신념은 대한민국의 국제적 승인과 한국전쟁에의 유엔군 참전을 이끌어 낸 그의 외교적 업적을 이끌어 낸 "보이지 않는 손"이었으며, 서방세계의 외교관이나 위정자들의 의사결정에 효과적인 설득기제로 작용한 것도 사실이었다. 또한 냉전 붕괴 후 지역간 갈등이 증폭되는 현재적 입장에서 볼 때 그의 사해동포주의에 입각한 자유민주주의 정치사상은 시대를 넘어서는 설득력을 갖고 있다고 본다.

7. 부정적 장면상에 대한 비판적 검토

1) 장면의 가족·교육·종교적 배경에 대한 오류

기존의 장면의 정치적 리더십에 대해 부정적인 평가를 내린 연구들에 의하면 정치가로 등장하기 이전 장면의 생애는 다음과 같다. 장면은 1899년 인천의 경제적으로 여유 있는 가톨릭 집안에서 태어나 1917년 수원 농림학교를 졸업한 뒤 YMCA 영어과를 거쳐, 3·1운동 직후 미국에 유학해 베나드 대학 예과와 맨해튼 대학에서 교육과 종교를 5년간 수학했으며, 1925년 귀국 이후에는 가톨릭 평양교구에서 몇 년간 일하다가 1931년부터 정계진출 전까지 가톨릭계 동성 상업학교 교장으로 근무했다는 것이다. 따라서 정치가로 등장하기 전까지 그는 교육자나 종교인으로 안정된 생활을 누렸기 때문에 "건국 직후 정치지도자들이 식민지시대에 적극적 혹은 소극적으로 항일운동을 한 전력에 비해 그의 일제시대 생활은 너무나 순탄했다"고 보거나, 이러한 전력으로 인해 그의 전 생애는 "일반적 수동성과 절제와 조심성"으로 특징지을 수 있다고 평한다.154)

그러나 이러한 인물평은 그 실증적 오류는 논외로 하더라도,155) 5·16군사쿠데타를 허용한 원인을 그의 인간적 약점에서 찾으려고 한데서 비롯된 왜곡임이 분명하다. 즉, 기존연구들은 장면의 사상형성이나 행동의 이해에 관건이 되는 가족·교육·종교적 배경에

---

154) 김호진, 앞의 글, 238쪽 ; 한승주, 앞의 책, 117쪽.
155) 실제로 그는 인천이 아니라 1899년 8월 28일 서울 三軍部 뒷골의 외가에서 장기빈과 황 루시아의 맏아들로 태어나 생후 15일 만인 9월 12일 명동성당에서 授洗한 천주교도였다. 허동현, 앞의 책, 13, 19쪽.

대한 분석을 등한히 함으로써 그들의 선입견을 충족시키는 단편적인 이력 나열에 머물렀다. 그러나 장면의 가족·교육·종교적 배경을 심층적으로 분석해 볼 때 이는 사실과 다르다.

먼저 장면은 선각한 부친의 지도하에 시대의 흐름을 선도하는 신지식을 습득했을 뿐만 아니라, 독실한 신앙생활을 바탕으로 안정된 내면세계를 영위할 수 있는 정신적 유산을 물려받았다.156) 그는 이를 바탕으로 자기 수양과 자녀 양육 및 부부생활 즉, 수신과 제가에 성공한 삶을 살았으며, 이러한 가정적 안정을 바탕으로 그는 자신이 갖고 있는 능력을 국가와 사회에 되돌리는 구도자적 헌신의 삶을 살 수 있었던 것이다.157) 그를 부정적으로 평하는 평자들도 인정하는 청렴성과 정직성 등은 정치만이 아닌 어떤 분야의 지도자도 갖추어야 할 기본적 품성으로 프란치스꼬 제3회에 입회 서약한 장면의 경우 그가 자신의 신앙을 버리지 않는 한 바뀔 수 없는, 즉 그의 전 생애를 일관하는 그의 인간적 특성이었다.158)

다음으로 그는 농림학교 졸업자로서 일제 식민지 관료로 출세의 길이 보장되었지만, 이에 안주하지 않고 교육과 복음화를 통해 민족의 독립에 기여하겠다는 이상을 세우고 이를 위해 미국

---

156) 장면의 부친 張基彬(1878~1959)은 천주교 신자로 구한말에 官立英語學校를 나와 인천 海關에서 근무하였고, 한일합방 이후 1939년까지 스탠더드 석유회사(The Standard oil Co.)와 타운샌드 상사(Townsend & Co.) 한국지사에서 무역과 보험관계 업무에 종사했으며, 해방 이후 軍政廳 재무부 고문과 부산 세관장을 역임한 바 있다. 개명한 아버지의 영향으로 장면을 비롯한 슬하의 3남 3녀 모두가 일본과 구미에 유학해 근대 교육을 받아 각계의 전문가로 성장하는 한편, 충실한 신앙생활을 영위하며 타인과 사회를 위해 봉사하는 인물들로 살아가게 만들었다고 여겨진다. 허동현, 앞의 책, 13~17쪽.
157) 허동현, 위의 책, 21~25쪽.
158) 허동현, 위의 책, 44~46쪽.

유학을 단행하였으며,159) 귀국 후 일제의 민족말살정책이 시행되던 상황 속에서도 이에 굴하지 않고 활발한 저술활동과,160) 청렴성과 감화력, 대담성 등을 갖춘 종교인과 교육자로서의 활약을 통해 이를 실천해 나간 "外柔內剛"의 입지전적 인물이었다.161)

끝으로 그는 민족을 우선시한 신앙인으로서 용산 성심신학교 교사시절 3·1운동에 참여하였고, 자신의 독립정신을 신학생들에게 전파하였으며, 동성사업학교 교장시절 자신의 교육이상에 반하는 일인 교무주임을 퇴직시키는 등 복음화와 교육을 통한 민족독립을 위한 미래투자에 헌신하였다.162) 물론 그는 그를 부정적으로 평하는 평자들의 지적처럼 일제하에 뚜렷한 항일경력은 없다. 그러나 이것은 일제하 국내에서 활동한 모든 인사들이 갖고 있는 공통의 한계이며, 그가 일제의 전면적 탄압이 가해지지 않는 범위 내에서 자신의 이상을 일관되게 관철한 것은 부인할 수 없는 사실이다. 왜냐하면 교육자로서의 길을 포기하지 않는 한 일제에 전면적으로 대항하는 교육활동은 할 수 없었을 것이고, 한국 천주교단의 대표격이었던 그로서는 교단에 대한 일제의 박해를 초래할 저항적 종교활동을 전개할 수는 없었기 때문이다.

따라서 종래 연구들에 의해 고정화된 장면의 이미지 "일반적 수동성과 절제와 조심성"은 수정되어야 한다고 본다. 즉, 그는 안

---

159) 그는 농림학교 재학 시절 개신교신자인 상급생의 해박한 성경 지식에 자극 받아 천주교 교리와 교회사에 대한 탐구욕을 충족시킬 기회를 좇아 미국 유학을 결심하였다. 張勉, 1964년 3월 29일자, 「50年 由緖 깊은 護敎書―"敎父들의 信仰"번역 經緯와 改版構想」 『가톨릭시보』.
160) 허동현, 앞의 책, 31~32쪽.
161) 노기남, 운석기념회 편, 「거룩한 평신도 장요안」 앞의 책, 336쪽 ; 유홍렬, 「민주주의의 상징」, 같은 책, 400쪽.
162) 노기남, 1969, 『나의 回想錄―병인교난에 꽃피는 비화』, 서울: 가톨릭출판사, 196~199쪽 ; 허동현, 앞의책, 39~41쪽.

정된 가정과 종교적 수양을 통해 얻은 정신적 안정을 바탕으로 자신이 세운 목표를 一以貫之하게 실천한 진취적, 능동적 인물이었으며, 자신의 신념을 억압적 수단이 아닌 마음으로부터의 감화를 통한 방법으로 주변인들에게 전파함으로써 주변인물들의 삶에 지속적, 장기적 영향을 준 신념의 인간이었다고 평하는 것이 타당하기 때문이다.

2) 정치가로서 장면의 지도력에 대한 왜곡

기존의 부정적 장면상의 형성에 결정적인 역할을 한 한승주의 연구에 의하면 그는 어떠한 정치 활동의 경험도 없이 "가톨릭적 배경과 영어실력" 덕택에 피동적으로 정계에 진출한, 그리고 "강한 결단력과 즉각적 행동이 필요한 상황에서 상당한 정도 소심하고 우유부단"한 행동을 취한 "형식적 지도자"로서 민중의 힘에 의해 일어난 4·19혁명에 편승해 내각 수반에 오른 "항상 수동적이고 자기 패배적인 행동 경로"를 취한 무능한 지도자에 불과하다.163) 그러나 이러한 인식에는 몇 가지 중대한 결함이 있다.

첫째, 과연 그는 "가톨릭적 배경과 영어실력"만으로 타의에 의해 피동적으로 정계에 "징발"된 수동적 지도자였는가? 일제에 의해 한국인의 정치참여 기회가 철저하게 봉쇄되어 있던 식민통치 기간 중 양식 있는 한국인이 국내에서 할 수 있는 최선의 선택은 민족의 미래에 투자하는 교육운동과 이민족의 지배하에 상처 입은 민족의 영혼을 달래는 종교운동에 투신하는 것이었다. 따라서 그는 귀국 후 일제 치하의 암울한 현실 속에서 그는 민족의 장래

---

163) 한승주, 앞의 책, 117~119쪽, 120쪽, 136쪽.

를 위해 교육사업과 천주교 전파를 위한 교회활동에 몰두함으로써, 나라 잃은 민족의 정신적 독립 기반을 다지는 작업에 힘을 기울였다. 일제하에서 장면은 교육과 종교활동을 통해 그는 한국 천주교회를 대표하는 인물로 성장했으며, 해방된 조국은 그의 능력과 식견을 필요로 했다. 왜냐하면 일제의 정치참여권 박탈로 인해 해방 이후 국정을 운영할 정치적 경험을 가진 인재는 해외에서 독립운동을 한 소수의 인사 이외에는 거의 찾아볼 수 없었기 때문에 최고수준의 교육을 받고 종교·교육활동의 경험을 갖고 있던 그의 정계진출은 불가피했다.164) 따라서 장면의 정계진출에 있어 "가톨릭적 배경과 영어실력"은 이를 가능케 한 중요한 요인임에 틀림없지만, 보다 중요한 결정 변수는 그의 선택 내지 결정임이 분명하다. 왜냐하면 앞에서 살펴보았듯이 그는 조국의 복음화를 통해 국가의 민주화를 도모해야 한다는 뚜렷한 소명의식을 갖고 정계에 투신한 인물이자, 이 소신을 평생 관철한 신념의 정치인이었기 때문이다. 그는 우리 역사상 보기 드문 言行一致의, 그리고 수신·제가에 성공한 자신의 삶을 치국에 반영하려한 表裏一體의 정치가였다. 따라서 그가 피동적으로 정계에 징발되었다는 인식은 그가 주체적 실천의지가 결여된 – 파벌의 이익을 대변하는 – 꼭두각시형의 "형식적" 지도자라는 추론을 정당화하려 한데서 비롯된 것일 뿐이다.

둘째, 과연 그는 자신의 능력이 아니라 시세를 잘타 4·19혁명에 무임승차해 내각 수반에까지 올라선 파벌의 이익만을 대변한 꼭두각시형의 "형식적" 정치인에 불과하였는가? 국가의 수립에는 여러 가지 요소가 필요하지만, 국가로서의 인정여부는 다른 국가들에 의해 국제적으로 판단되어지는 것이다. 1948년 대한민국은

---

164) 허동현, 앞의 책, 47~51쪽.

단독 정부수립을 선포했지만 고립을 면하기 위해서는 국제적 승인이 필요했다. 또한 그가 주미대사로 재직 중 발발한 한국전쟁도 남북한군의 전력 상 격차로 인해 국제적 지원이 없었다면 그 결과는 명약관화한 것이었다. 즉, 신생 대한민국의 국제적 승인과 한국전쟁시의 유엔군 파병은 국가의 존립 그 자체를 좌우하는 중차대한 문제였으며, 이 과업의 성공적 완수는 장면 개인의 역량이 결정적으로 작용하였음은 그 누구도 부인할 수 없는 주지의 사실이다. 그는 정치가로만이 아니라 외교관의 세계에서도 초심자였지만, 국가의 존망이 걸린 문제를 훌륭히 해결함으로써 차후 한국을 이끌어 갈 지도자로 부상한 것이다. 이러한 성가를 배경으로 그는 이승만 정부하의 제2대 국무총리, 민주당 최고위원이 되었으며, 1952년 이후에는 미국 측에게서도 이승만을 대체할 한국의 차기 지도자로 주목받기 시작한 것으로 보는 것이 합당할 것이다. 따라서 장면에 대한 부정적 선입관에 입각한 연구들이 정치가로서의 장면의 성장 요인을 그를 필요로 하는 정치세력에게 충분한 이용가치가 있는 경력의 소유자이면서도 그들이 마음대로 이용하기 쉬운 꼭두각시형의 "형식적" 지도자이기 때문이었던 것으로 설명하는 것은 재고를 요한다고 본다. 일례로 한승주는 이승만의 제2대 국무총리 지명과 원내 자유당인사들이 그를 지도자로 선발한 이유를 이러한 관점에서 설명하고 있다,165) 심

---

165) "1948년 서울 지역구에서 제1대 국회의원으로 당선된 뒤, 그는 이승만에 의해서 초대 유엔대사로 발령되었고 뒤에는 주미 대사로 발령되었다. 유엔으로 하여금 1948년 12월에 남한 정부를 공식 승인하게끔 하는 노력에 성공함으로써 많은 신임을 얻게 되었다. 그는 1950년 6월 북한의 남침에 대해서 남한을 도와 달라는 유엔총회에 대한 그의 탄원으로 인해 한국민 사이에 더욱 유명해졌다. 1951년 2월에 그는 이승만에 의해 국무총리로 지명되었다. 이 지명은 명백하게 국회 내의 반대 인사들로부터 겪는 어려움을 줄이려는 이승만의 욕망

지어 그는 1956년 그의 부통령 당선 이유도 "그 자신의 득표 능력에 의해서라기보다는 신익희의 급서와 자유당 및 동당 부통령 후보의 심한 비인기에 1차적으로 기인"된 것으로 오도하고 있다. 그러나 장면은 그 당시 그의 경쟁자라고 할 수 있는 어떤 정치가보다도 뛰어난 – 국제 외교무대에서 검증된 – 능력과 신망을 얻고 있었던 지도자였음은 부인할 수 없다.

그러면 제2공화국은 4·19혁명에 편승해 정권을 얻은 취약한 정권이었나? 1960년 3월 18일자 『동아일보』는 민주당 소속 국회의원들이 전개한 "선거 무효선언"과 침묵시위에 대해 "국회 민주당 소속의원 50여 명은 18일 상오 국회에서 3·15 정·부통령 선거의 무효를 선언하고 총퇴장하여 10시 18분부터 10시 28분까지 약 10분간 의사당 앞에서 서린동에 있는 민주당 의원부 연락처에 이르는 4백 미터 거리를 도보로 행진하면서 무언의 데모를 행하였다"고 보도하고 있다. 또한 4월 6일자 『동아일보』는 민주당 민권수호 공명선거 추진위가 주동이 되어 전개한 당일의 데모에 대해 "3·15 선거의 불법과 무효를 외치며 마산 사건 원흉의 처단 및 재선거를 호소하는 데모가 6일 상오 서울에서 감행되었다. 민주당 민권수호 공명선거 추진위 등이 주동을 이룬 이날 데모는 경찰당국이 적극적인 방해를 회피하였던 까닭에 연도에 늘어선 수

이 주된 동기가 되었다. 왜냐하면 장면은 대부분의 국회 의원들로부터 꽤 좋은 평판을 얻고 있었기 때문이다. 이승만은 역시 장면을 통해서 대미 관계를 개선하려고 했다. 대미 관계는 이승만의 독재와 실정 때문에 긴장되어 있었다." 한승주, 앞의 책, 117~118쪽. "장면은 1952년에 의회 자유당 인사들에 의해서 지도자로 "선발"되었는데 이것은 주로 이승만 정권 아래에서 그의 국무 총리라는 지위 때문에 또 당시 미국 관리들 사이에 그의 평판이 좋았기 때문에 – 그리고 가장 중요한 것은 장면에게 그들의 영향력을 쉽게 행사할 수 있으리라는 예상 때문이었다." 한승주, 같은 책, 117쪽.

십만 서울 시민의 소극적인 지지를 얻어 계획한 코스를 따라 큰 사고의 발생 없이 강행진이 단행되었다"고 보도한 바 있다. 이러한 민주당의 부정선거에 대한 조직적인 항의 데모는 4·19혁명 발발의 중요한 도화선으로 기능한 것으로 보인다. 이어 4월 11일자 『동아일보』 호외는 3월 156일 시위 당시 행방불명되었던 김주열 군의 시신이 발견되면서 벌어진 "11일 밤 6시부터 마산시엔 미증유의 중대사태가 발생 11시 현재 확대일로에 있다"는 급보를 전하고 있으며, 4월 18일 고대생 데모에 이어 전국적인 4·19혁명으로 폭발하였다. 장면은 항변한다. 마산 궐기에서 4·19혁명에 이르는 과정에서 민주당은 무임승차한 것이 아니었다고.[166]

> 역사적으로 그 전례가 없는 주권 박탈의 부정 선거가 실시된 그 날 저녁, 마산에서 부정 선거를 규탄하는 시민의 데모가 발생하여 경찰서를 습격하는 사태까지 빚어냈다. 이는 자연적인 폭발이요, 민심이라는 급류가 굽이친 한 표현이다. 그러나 민주당이라는 야당 세력이 줄기차게 부정과 독재에 싸웠기 때문에 민심이 이에 호응하여 형성된 것이라고 볼 수 있다. 4·19혁명도 민주당의 대여 투쟁이 길을 닦아 놓은 기반 위에서 이룩된 위대한 의거였던 것이다. … 국민은 민주당의 이러한 투쟁사를 옳게 인식해 주어야 할 것이다. 우리는 민주당이 정권욕에만 급급했고 4·19혁명을 맞아 노고 없이 정권을 쥐게 되었다는 생각은 옳지 않다고 본다. 4·19학생의거가 직접적으로 독재를 무너뜨린 것은 사실이다. 이 나라 민주주의 발전에 피를 뿌리며 헌신한 것은 두말할 것 없이 4·19학생혁명이었다. 그러나 학생들로 하여금 부정과 싸우는 의거의 바탕을 마련해 준 여러 해에 걸친 민주당의 공로도 과소 평가해서는 안 된다.

한 마디로 장면은 부통령 재임 시절 부통령이기 이전에 야당의 지도자로서 독재와의 투쟁을 선두에서 지휘했으며, 이러한 "민주

---

166) 장면, 운석기념회 편, 「인생 회고록」 앞의 책, 61~62쪽.

주의의 상징"으로서 그가 전개한 투쟁의 성과가 4·19혁명에 이르는 민주주의 회복의 도정에서 중요한 역할을 한 것은 부정할 수 없는 사실이었다. 환언하면 제2공화국은 4·19혁명에 "무임승차"해 이루어진 것이 아니었다. 그가 이끈 민주당 정권, 정확하게 말하자면 신파 정권은 3·15 부정선거로 정당정치에 의한 정권 교체의 가능성을 막아버린 자유당 정권의 불의에 항거해 4·19혁명이 일어나기까지 최전선에서 독재의 부당함을 온 몸으로 항거함으로써 민주주의 실현에의 꿈을 끝까지 포기하지 않은 유일한 정치세력이었다. 바로 이 점에서 민주당정권은 4·19혁명의 이상을 현실에 실현할 책무를 자임할 의무와 권리가 있었다고 본다.

셋째, 장면은 과연 한승주의 연구에서 지적된 것처럼 "항상 수동적이고 자기패배적 경로"를 취한 무능한 정치인이었나? 이에 의하면, 장면은 주체적 판단능력과 책임감이 결여된 "형식적" 지도자였기 때문에 부산정치파동에 즈음한 1952년의 "반이승만 정치인 집회"나 군사쿠데타 당시와 같이 "강한 결단력과 즉각적 행동이 필요한 상황"에 대해 "항상 수동적이고 자기패배적 경로"를 취했던 것으로 아래와 같이 보고 있다.[167]

일반적으로 장면은 강한 결단력과 즉각적 행동이 필요한 상황에서 상당한 정도 소심하였고 우유부단하였다. 김도연에 따르면 1952년 열린 반 이승만 정치인들의 집회에서 장면은 주된 연설자이자, 이승만의 헌법 개정 계획을 반대하는 중요 선언문을 낭독하도록 계획되어 있었다. 친 이승만 테러리스트들이 이 회합을 방해하리라는 것을 알게 되자 여하간에 그는 나타나지 않았고 그의 결석은 선언 낭독과 회합 자체를 지연시켰는데, 결국 이 회합은 정체 불명의 난입자들에 의해 파괴되었다. 회합이 마칠 무렵, 수십 명의 깡패들이 참석자들을 공격하여 조병옥·서상일·김창숙 등 반 이승만 정치인들이 중상을 입었다. 이 시기 동안 장면의 완전

---

167) 한승주, 위의 책, 118~119쪽.

한 정치무대로부터의 은퇴는 1961년 5월 군사쿠데타 이후 닷새(*sic*) 동안의 그의 잠적과 매우 유사한 것이다. 9년 전의 상황에서처럼 그의 소재는 알려지지 않았고 그는 존재하는 위기 상황에 관하여 어떤 조치도 하지 않았다.

과연 위의 글에 묘사된 바와 같이 장면은 유약하고 결단력이 결여된 책임회피형의 무능한 정치가였는가?168) 이에 대해서는 다음과 같은 반론이 가능하다. 먼저 그의 우유부단함을 입증하는 논거로 제시된 1952년의 집회 불참 이유에 대해 위의 글에서는 테러 위협을 사전에 파악한 장면이 이를 두려워하여 회의에 불참한 것으로 묘사하고 있지만, 당시 그는 6차 유엔총회 참석시 발병한 간염 치료차 미군 병원에 입원 중이었다. 당시 일반인의 출입이 통제되었던 병원과 외부사이의 연락을 맡았던 한창우씨의 회

---

168) 김호진도 이와 같은 견해를 보이고 있다. "장면이 혼란과 위기상황의 지도자로서 적절한지 의문을 자아내기에 충분하다. 흔히 민주당의 구파측은 장면이 야당 지도자가 되기까지 순탄했던 과정, 특히 일제시대 교육자로서의 안정적인 생활을 한 것을 들어 위기를 헤치고 나갈 수 있는 결단력 있는 지도자가 못된다고 비판하곤 한다. 확실히 그는 위기 대처능력과 결단성을 결여하였다. 특히 5·16군사쿠데타가 발발했을 때 장면은 그를 제쏘하려는 혁명군이 그의 숙소에 뛰어들어오기 15분전에 종적을 감추고 이틀동안이나 갈멜 수녀원의 깊숙한 방에 숨어 지냈다. 윤보선 대통령이 16일 밤 10시 30분 특별녹음방송을 통해 "장면 총리는 신변이 보장될 테니 빨리 나와 사태를 수습하라"고 촉구했을 정도였다. 국가가 존망에 처한 위기에서 국정의 책임자가 보여준 이러한 소극적 자세는 비난받아 마땅하며 그가 확고한 위기대처의지만 갖고 있었더라도 미국의 계속된 민주당정권 지지성명과 더불어 5·16군사혁명은 실패로 끝났을지도 모른다. 이러한 사실들은 장면 자신이 스스로의 투쟁을 통해서 지도자가 된 것이 아니라 파벌의 대표로 추대된 즉 '만들어진' 수동적 지도자로서의 한계가 드러난 것이다. 그는 결코 위기상황을 과단하게 대처하는 결단성 있는 리더십을 구사하지 못했다." 김호진, 앞의 글, 246쪽.

고에 따르면 장면의 불참은 병원장의 제지에 따라 불가피하게 참
가하지 못한 것이었다.169) 또한 그가 테러를 두려워해 이 회합에
참석하지 않았다는 위 글의 지적은 1956년 저격 기도에 대한 정
보를 입수했음에도 1956년 9월 28일 민주당 전당대회에 참여해
암살을 모면한 "부통령 저격사건" 당시 장면이 취한 행동-왼손
피격에도 불구하고 연설을 마친-과 상치한다. 이 사건 후 장면
은 자신의 심경을 밝힌 글에서 불길이 번지는 초원에서 병아리들
을 구하기 위해 자신의 몸을 던져 깃털 속에 병아리를 보호한 어
미 닭의 이야기를 예화로 들며 국민의 권리를 대변하기 위해 자
신의 身命을 바칠 것을 다짐한 바 있다.170) 부정적인 평자도 인정

---

169) "한씨는 그 길로 장박사가 누워 있는 병원으로 달려갔다. 가보니 넥
　　타이를 맨 채로 장박사는 침대에 누워 있지 아니한가. 얼굴엔 수심
　　이 가득했다. "어떻게 된 거요?", "꼭 좀 나가 봐야 하겠다고 사정해
　　도 원장이 안 내보낸 거 한참 승강이를 벌였지만, 못 나간다는 거야.
　　차도 철수시키고 나가려면 퇴원 수속을 하라는군 그래." 운석기념회
　　편, 앞의 책, 487쪽.
170) 장면, 1957, 「나의 心境. 나의 신변身邊」『新太陽』3, 28~29쪽. "어미
　　닭과 병아리는 그 세찬 불의 홍수가 지나 간 다음 광야에는 아무 것
　　도 남은 것이 없었다. 모든 것은 타버렸다. 그 타버린 잿더미 속에는
　　어미 닭의 사체도 있었다. 이렇게 황량해진 광야에 어떤 행인이 지
　　나가다가 언뜻 눈에 띠인 어미 닭의 사체를 보고 그 타버린 사체를
　　들어보았다. 거기에는 하나의 놀라운 異績이 발견되었다. 까맣게 타
　　버린 어미 닭 나래죽지 속에서 병아리들이 살아서 튀어나온 까닭이
　　었다. 어미 닭은 그 무서운 불길 속에서 병아리들을 자기의 몸으로
　　보호하였던 것이다. 실로 인간의 정신을 초월하고도 남음이 있는 갸
　　룩한 어미 닭의 소행이 아닐 수 없다고 본다. 나는 이 신화를 말하는
　　의의를 설명하지 않는다. 다만 오늘 이 세대에 처한 정치가나 일반
　　국민이나 모든 사람들이 이 어미 닭과 같은 정신을 스스로 배워야할
　　것이라고 믿는다. 때는 이미 이러한 신화가 신통해 지고 신화의 교
　　훈을 체득해야 할 세대가 되었음을 나는 한스럽게 생각한다. 일부
　　정치가임을 자부하는 사람들의 마음이 부패하였고, 말할 수 없는 도

하는 그의 인품으로 보아 이 글에서 천명된 장면의 의지는 신뢰할 수 있다 하겠다.

다음으로 장면은 군사쿠데타 직후 잠적하여 위기상황에 관해 아무조치도 취하지 않았는가? 이 논란 많은 문제에 대해서 여태껏 주목되지 못한 장면 자신의 해명을 통해 적어도 군사쿠데타 저지의 실패가 그만의 책임이 아니라는 점을 지적함으로써 반론에 대하고자 한다.171)

사세 부득이 그 자리를 피했다. 반도 호텔에 군인이 들어오기 전 불과 10분 앞서였다. 가야 할 목적지를 정하고 나선 것은 아니다. 우선 길 건너 미 대사관으로 가보려 했으나 문이 절벽으로 잠겨 있었다. 무교동 골목으로 빠져 청진동으로 달려가 한국일보사 맞은편 미 대사관 사택의 문을 두드렸다. 어떤 엄명이 내렸는지 문이 열리지 않았다. … 잠시 피신해 정세를 보기 위해서 아무도 짐작 못할 혜화동의 수도원으로 가 보았다. … 혹자는 겁에 질려 꼭꼭 숨어만 있던 것처럼 알려져 있으나, 사실이 그런 것만은 아니다. 거기서 무엇을 어떻게 했는지는 아직 말할 단계가 아니므로 보류해 둔다. … 쿠데타가 지난 지금 말할 수 있는 것은 장도영이 양다리를 짚지 않고 처음부터 굳세게 나갔거나 매그루더를 만난 윤 대통령이 진압할 뜻을 표시했다면 5·16정변은 결코 성공되지 못했을 것이다. 윤 대통령은 이러한 사태가 벌어지기를 바랐던 바이고, 먼지 내통을 받았을 때에도 기대히고 있었던 일이었기 때문에 "올 것이 왔다"는 말을 하게 되지 않았던가. 윤 대통령의 이러한 심사를 나는 도저히 이해할 수 없다. … 5월 18일, 나는 정식으로 사임을 발표했다. 내가 사임을 결정하게 된 직접적인 동기는 윤 대통령의 태도를 알았기 때문이다. 쿠데타를 지지하는 태도를 처음에는 알지 못했으나 17일경에는 알게 되었다. 미 대사관으로부터 윤씨의 태도에 대한 연락을 받았다. 윤씨가 그렇게 나오는

탄 에 국민 생활은 위기에 처하여 있는데 일부의 인사들은 私利에 혈안이 되었음을 알고 있는 바, 더욱 이 신화가 그들에게 주는 의의 크다고 본다."
171) 장면, 운석기념회 편, 「인생 회고록」 앞의 책, 94~95쪽.

한 자기들은 별 도리가 없다는 것이다. 그는 군사쿠데타를 지지할 뿐 아니라 쿠데타 진압을 방지하기 위해 온갖 방법을 쓰고 있음을 알았다. 대통령이 김모 비서를 1군사령관 李翰林에게 보내어 쿠데타 진압을 저지하도록 했다. 국군 통수권을 쥐고 있는 대통령의 태도가 이러한 것을 알고는 쿠데타가 진압되리라는 희망을 포기하는 수밖에 없었다. 나라의 운명은 결정되었다.

내각 수반이었던 장면이 군에 영향력을 행사할 수 있는 길은 군에 대한 예산 통제권이 주된 수단이었으며, 실질적 군 통수권은 대통령에게 있었다. 주지하다시피 쿠데타 당시 윤보선 대통령의 행동과 제2공화국 출범 한 달도 안된 상태에서 준비된 쿠데타의 배후는 향후 究明되어야할 미해결의 과제이다. 그의 증언이 사실이라면, 군사쿠데타 저지하지 못한 것이 그만의 책임이 아니라는 점은 분명하다. 적어도 그는 군사쿠데타 발발 3개월 뒤인 8월 16일 "나의 心境을 말한다"라는 글을 신문에 기고해 헌정 중단의 전 책임을 자신에게 돌리며 국민 앞에 진솔하게 사과하는 책임정치를 구현한 정치가였다. 아마도 그는 한국의 헌정사상 자신의 정치행위에 대해 책임을 진 유일한 정치가일 것이다.[172]

어느덧 5·16으로부터 만 3개월이 되어 갑니다. 내가 총리직을 사퇴하면서 응당 국민에게 내 심경을 전하여야 될 줄은 알았으나 기회도 만만치 않고 또 물러나는 처지에 말할 염치도 없는 것 같아서 침묵을 지켜 왔던 것입니다. 이제 8·15를 맞이하게 되니 가슴속에 회포를 금할 수 없으며 생각 가는 대로 존경하는 동포 여러 문께 보내는 글을 몇 자 적어보기로 하겠습니다.

동포 여러분! 청년학도들이 흘린 고귀한 피의 값으로 이루어진 4월혁명 이후 국민의 절대한 신임과 기대 밑에서 民主黨이 집권하게 되었을 때 국민전체로서나 민주당 자신으로서나 새시대의 앞길에 대하여 한없는 꿈과 희망을 가졌던 것입니다. 그러나 집권

---

172) 장면, 1961. 8. 15, 「나의 心境을 말한다」 『東亞日報』.

구 개월 미만에 모든 것이 뜻한 바대로 속히 이루어지지 못하여 가혹한 현실은 환멸과 초조를 불러내고 마침내 의회정치의 중단이라는 중대한 사태를 가져왔으니 이에 대한 모든 책임은 응당 민주당이 짊어져야 할 것이오 특히 영도의 책임을 가졌던 본인의 두 어깨에 전적으로 있음은 두말 할 것도 없습니다. 솔직히 말해서 민주당정권은 일을 잘 해보겠다는 의욕에서 불타고 있었던 것만은 사실입니다. 錯雜多端한 환경 밑에서 과거에 누적된 잔재를 쓸어냄과 함께 새로운 건설을 급속 추진해야 할 이중의 지난한 과업을 수행해 보려고 본인과 본인의 동료들은 그야말로 침식을 잊을 정도로 밤낮을 가리지 않고 苦心勞作한 것은 숨김없는 사실이었습니다. 그러나 이 짧은 기간 내에 소기의 성과를 올리지 못하고 결과적으로 국민의 커다란 기대에 부응되지 못하였으니 이제 와서 해방 십육년 간을 온갖 고난을 극복하면서 장래만을 믿어 온 삼천만동포에게 무슨 말로써 사과해야 할지 알지 못하며 아울러 4월혁명의 꽃인 학도제군에게나 지금은 해산되어 버린 구 民·參 兩院의 선배동지 여러분이며 십육년을 독재에 항거하여 피눈물의 싸움으로 집과 몸을 희생하여 온 전민주당 당원 여러분 앞에 충심으로 사과하는 바입니다.

이상에서 밝힌 바와 같이 장면은 피동적으로 정계에 "징발"된 수동적 지도자가 아니라 뚜렷한 소명의식을 갖고 정계에 투신한 능동형의 정치인이자, 자신의 정치철학을 공사간에 일관되게 관철한 稀有이 실천적 정치가였다. 또한 그는 파벌의 이익만을 대변하는 꼭두각시형의 "형식적" 지도자로서 4·19혁명에 편승해 내각 수반에 오른 것이 아니다. 그는 대한민국의 국제적 승인이나 한국전쟁 시의 유엔군 파병 등 국가의 존망이 걸린 위기상황 타개에 괄목할 만한 업적을 쌓음으로서, 그리고 반독재 투쟁을 통해 聲望을 높임으로서 성장한 인물로 미래의 한국을 이끌 차기 지도자로 주목받던 그의 경쟁상대들에 비해 출중한 자질을 갖춘 대표적 정치가로서 합헌적 절차를 거쳐 집권한 정치가였다. 사실 장면의 정치가로서의 자질 시비의 주된 요인인 5·16군사쿠데타 진압 실패는 기본적으로 한국 사회 자체의 후진성에서 기인한 것으로 한 사람의 정치가에게 그 책임을 묻는다는 것은 무의미한 일일 것이다. 적어도 그는 자신의 정치행위에 책임을 진 책임정치의 구현자였다는 점은 높이 평가해야 한다고 본다.

8. 맺음말

본고에서는 기존 연구에 보이는 장면의 인간적 특성, 지도력, 치적 및 사상에 대한 부정적 이미지가 5·16군사쿠데타의 필연성 내지는 정당성을 옹호하려는 결과론적 시각에서 기인한 事後(post-factum) 해석이라고 보아 이의 비판적 재검토를 통해 기존 연구의 부정적 장면상을 수정함으로서 올바른 장면 이해에 一助하려 하였다. 여기에서는 기존의 결과론적 장면 연구들이 범한 오류를 수정하기 위한 필자 나름의 장면 연구 방법론과 장면관을 피력함으로써 결론에 대하고자 한다.

먼저 평가의 척도 문제이다. 오늘날 우리의 현재적 지향점이 근대 국민국가의 수립에 있다면, 그것은 정치적으로는 다원적 민주사회의 확립과 효율적 관료제도의 정착을, 경제적으로는 시장경제 체제에 입각한 민간 자율의 경제 발전을 통한 국민소득의 증대를, 사회적으로는 평등주의적 사회체제의 확립과 대화와 관용의 정신의 보급을, 문화적으로는 합리주의 실용주의와 같은 가치관의 보편화를 의미한다고 정의할 수 있다. 또한 근대 국민국가는 민족을 단위로 형성되는 것이 이상적이며, 나아가 그것은 단독으로 존재하는 것이 아니라 국제사회 속에서 다른 국민국가

들과의 교류와 협력을 통해 국제적 지위를 확보해야만 한다. 그
렇다면 정치가로서의 장면의 치적과 사상이 한국의 근대 국민국
가 수립과정에, 나아가 그 지향점에 어떠한 영향을 끼쳤는가가
평가의 핵심이 되어야 할 것이다.

그렇다면, 주지하다시피 그는 정치적으로 자유당 일당 독재에
맞서 국민참정권의 회복에 공헌한 민주투사요, 제2공화국의 내각
수반으로서 다원적 민주사회의 확립을 도모하였으며, 최초로 관
료의 공채제도를 시행함으로서 관료의 전문화와 효율화를 꾀한
바 있었다. 또한 그는 "경제제일주의"를 표방해 장기적인 경제개
발 계획을 입안 실천함으로서, 국민 소득의 증대와 국부의 증강
을 도모하되, 이를 관 주도형이 아닌 민간 자율의 방식으로 실천
하려 하였다. 사회적으로도 그는 자유당 독재체제 하에서 위축되
어 있던 이익집단들과 사회단체들의 분출하는 이익 추구욕구에
접해 이를 권위주의적 방식으로 억누르지 않고 대화와 협력을 통
한 자율적 해결을 종용하는 사회정책을 구사한 바 있다. 이 밖에
도 그는 이승만 체제하의 반공주의적 무력통일론의 차원을 넘어
서는 남북한의 화해와 협력을 통한 통일 기반 조성과 유엔 감시
하의 남북한 자유선거를 통한 통일을 제기하는 등 합리적인, 그
리고 국제적 지지를 얻을 수 있는 분단 해소 노력을 전개함으로
써 진정한 국민국가 수립을 모색하였다. 나아가 그는 신생 대한
민국 건국과정에서 유엔의 한국 승인을 얻어내는데 결정적 역할
을 수행한 바 있었으며, 이승만 정권 시에 왜곡되었던 한일관계
의 정상화를 시도하는 등 국제사회에서 대화와 협력을 통한 관계
재정립을 시도함으로서 한국의 국제적 지위와 위상을 제고하려
하였다.

이와 같이 장면은 다원화된 시민사회의 확립, 민간 주도형 경

제건설, 관용과 대화의 정신, 합리적 통일방향의 제시, 국제사회에서의 위상 제고 등을 보편적인 방향과 원칙 하에서 실천하려한 이상적·선각적 정치가였다. 그러나 그의 이상과 꿈은 군부쿠데타에 의해 좌절됨으로써, 이후 장면과 제2공화국에 대한 평가는 부패·무능한 정치가이자 정권으로 왜곡·선전된 바 있었다.

그러나 현재 우리 사회가 지향하는 바가 오랜 권위주의 정부의 통치의 유산을 탈피해 다원적 시민 사회, 민간 자율의 경제구조, 화해와 관용의 정신을 통한 국민 통합에 있다면, 장면과 민주당 정권에 대한 평가는 精神史的 차원에서 이러한 제도와 가치들을 한국사상 최초로 실천하려 했던 정치가이자 정권으로 평가되어야 마땅하다고 본다. 왜냐하면 민주주의에 입각한 다원화된 시민 사회의 구현을 다시 한 번 시도하고 있는 오늘의 우리에게 장면의 정치사상은 우리의 앞길을 이끌어 주는 이정표이자 좌표로서 기능하기 때문이다. 즉 그가 우리에게 맛보여 준 자유민주주의와 자율에 기반을 둔 시민사회의 경험은 어둡고 긴 군사독재의 터널을 지나오는 동안 한국민주주의 운동이 그 지속성을 유지할 수 있게 해준 한국민 모두가 공유한 희망의 기억이었다. 따라서 장면이라는 역사적 인물의 功過를 논함에 있어 그 공은 장면에게 돌리고 허물은 그를 에워쌌던 당시 우리 사회 전체의 후진성 내지 미숙성에 돌려야 마땅하다고 본다.

제3장

민주당 정권의 경제정책에 관한 연구

김 기 승

순천향대학교 국제문화학과

1. 머리말

제2공회국은 1960년 8월 19일 장면 총리기 국회로부터 인준을 받은 때부터 1961년 5월 16일 군사쿠데타로 무너지기까지 9개월 정도 지속되었다. 이에 비해 제2공화국 민주당 정권을 무너뜨리고 등장한 군사정권은 30여 년 이상 지속되었다. 민주당 정권은 4·19혁명에 토대를 두고 민주주의적 절차를 거쳐 성립된 정권이었음에도 불구하고 쿠데타를 통해 형성된 장기간의 군사정권 체제 하에서 역사의 그늘 속에 가려져 있었다. 1961년 5·16 이후 형성된 군사정권 체제는 '절차'의 불법성을 가리기 위해 '목적'과 '결과'에서 정당성의 근거를 확보하고자 하였다. 이를 위해 5·16 이

전의 역사를 부정과 극복 대상으로 파악하였다. 특히 그들 자신이 파괴했던 민주당 정권에 대해서는 극히 부정적인 모습으로 부각시켰다. 이러한 인식이 30여 년 이상 지속되었기 때문에 9개월로 단명한 민주주의 정권은 파벌투쟁으로 시종한 부패 무능한 정권이라는 이미지가 고착되었다.

민주당 정권에 대한 일반적 인식은 경제정책 분야에 대해서도 동일하게 나타났다. 예를 들면 장면 정권이 '경제제일주의'를 표방했고 경제개발 5개년계획을 수립했다는 사실 자체는 인정했다. 그러나 장면 정권은 실천의지도 없었고, 지도력도 없는 정부였기 때문에, 진정한 의미의 경제개발은 군사정권에 의해 처음으로 시작되었다는 식이었다. 이러한 인식은 이승만 정권과 장면 정권기에 경제정책의 수립에 참여했던 인사에게서조차도 확인된다.[1]

지금까지 학계에서도 장면 정권의 경제정책에 대해서는 거의 주목하지 않았다. 민주당 정권의 경제정책에 대한 최초의 학술적 연구는 1998년 유광호에 의해 이루어졌다. 그는 장면정권기에 구상되거나 실시되었던 경제정책 자료를 새롭게 발굴하여 그 내용을 자세하게 검토하였다. 그리하여 장면정권기의 경제정책은 이승만 정권의 경제정책의 문제점을 극복하고 새로운 대안을 제시한 것이었으며, 그것은 군사정권 경제정책 수립의 토대가 되었다고 그 의의를 높게 평가하였다.[2] 그러나 유광호의 연구는 개개 정책의 내용을 소개하는데 중점을 두었다. 따라서 그 경제정책이 구상 또는 수립되는 배경, 개개의 경제정책을 관통하는 장면 정권 경제정책의 기본적 구조와 정서를 해명하는 데는 미흡했다.

---

1) 태완선, 1972, 『한국의 경제─과거, 현재, 미래』, 광명출판사, 53쪽, 57쪽.
2) 유광호, 한국정신문화연구원 현대사연구소 편, 1998, 「장면정권기의 경제정책」『한국현대사의 재인식 5─1960년대의 전환적 상황과 장면정권』, 오름.

특히 민주당 정권의 경제개발계획에 대한 그의 논의는 민주당 정권에서 완성한 <제1차5개년 경제개발계획> 원안이 아니라 완성되기 전의 <경제개발 5개년 계획수립요강>에 토대를 둔 것이다. 그는 민주당 정권의 <제1차 5개년 경제개발계획>은 문서화되지 않았다고 보았던 것이다.

장기경제개발계획은 경제정책의 성격과 방향을 집약적으로 표현하고 있다고 볼 수 있다. 따라서 민주당 정권의 경제정책에 대한 평가에서는 민주당 정권의 <제1차 5개년 경제개발계획>의 존재 여부를 확인하는 것이 중요하다고 할 수 있다. 본고에서는 제2공화국의 <제1차 5개년 경제개발계획>의 실체를 확인하는 작업과 이를 군사정권의 경제개발계획과 비교함으로써 제2공화국의 경제정책의 역사적 의미를 밝히고자 한다.

제2공화국의 경제개발계획에 대해서는 그 실체를 인정하면서도 그것의 역사적 의의에 대해서는 낮게 평가하는 것이 일반적인 연구 경향이다. 이것은 실체 확인 작업이 미흡했고, 따라서 그에 대한 본격적 연구가 미진했기 때문이다. 지금까지 제2공화국의 경제개발계획에 대한 연구는 9개월의 단명 정권인데다가 경제개발계획의 실체 여부에 대한 불확실성 때문에 본격적인 연구가 진행되지 못했다. 기껏해야 군사정부의 경제개발계획을 연구하는데 대한 보조적인 혹은 부차적인 연구로서는 다루어졌을 뿐이다.3)

---

3) 한국의 경제개발과 고도성장에 대한 연구 과정에서 제2공화국의 경제개발계획을 취급한 연구로는 Stephan Haggard, Byung−Kook Kim and Chung−In Moon, "The Transition to Export−Led Growth in South Korea: 1954~1966", *The Journal of Asian Studies,* Vol.50, No.4 (November 1991) ; 기미야 다다시(木宮正史), 1991. 12,『한국의 내포적 공업화 전략의 좌절』, 고려대학교 박사학위논문; David H. Satterwhite, "The Politics of Economic Development: Coup, State, and the Republic of Korea's First Five−Year Economic Development Plan(1962~1966)", Ph. D.

이러한 연구를 통해 제2공화국에서 제1차 5개년 경제개발계획이 수립되었으며, 그 과정에 대한 대체적인 규명이 이루어졌다. 그리고 민주당 정권의 경제개발계획에 대한 평가도 이루어졌다. 그러나 연구 대상과 방법이 군사정권의 경제개발계획에 중점을 두어 제2공화국의 경제개발계획에 대해서는 정당한 평가가 이루어지지 않았다. 제2공화국의 경제개발계획은 이승만 정부로부터 군사정부의 경제개발계획으로 이행하는 과도기적 성격을 갖는다는 관점에서 주로 파악되었다. 즉, 안정 위주에서 성장 위주로, 균형 성장 전략에서 불균형 성장 전략으로, 민간기업 주도의 공업화에서 정부 주도의 공업화 경제개발 정책으로 이행하는 과도기적 단계에 위치한 것으로 보았다. 이러한 변화의 방향과 목표는 제2공화국의 경제개발계획에서 나타나지만, 정부 주도의 수출지향형 공업화를 통한 고도성장이라는 구체적 실천 전략은 군사정권의 경제개발계획에서 비로소 시작되었다고 보았다.

이들의 연구는 공통적으로 민주당 정권과 군사정권의 경제개발계획 차이를 정권의 경제성장 의지의 차이로 설명했다. 이런 맥락에서 제2공화국의 경제개발계획은 고도 경제 성장 실천 의지가 상대적으로 부족한 것이었다고 낮게 평가되었다. 이러한 근거로는 군사정권의 경제개발계획과 대비되어 경제성장률을 7.1%보다 낮은 5.6%로 설정했다는 점, 정부가 주도하여 실시하겠다는 실천의지가 부족했다는 점, 공업화 추진 전략도 상대적으로 취약했다는 점, 주체적 의지보다는 미국측의 의도를 많이 반영했다는

Dissertation, University of Washington, 1994 ; 이완범, 정신문화연구원 편, 1999, 「제1차 경제개발 5개년 계획의 입안과 미국의 역할, 1960~1965」『1960년대의 정치사회 변동』, 백산서당 ; 박태균, 2000, 『1956~1964년 한국 경제개발계획의 성립과정』, 서울대학교 박사학위논문 등이 있다.

점 등이 제시되고 있다.

제2공화국의 경제정책을 본격적으로 연구했던 박진희는 유광호와는 달리 경제개발계획을 수립한 것 자체는 평가했지만, 실천의지가 애초부터 없었다고 함으로써 기존의 부정적 평가를 답습하고 있다.[4]

이렇듯 기존의 연구에서는 제2공화국의 경제개발계획의 내용에 대한 구체적인 분석 작업이 이루어지지 않았다. 군사정권의 고도 성장 전략과 비교하는 관점에서 경제계획의 전략과 방침에 대해서만 관심이 집중되었다. 따라서 제2공화국의 경제개발계획은 완성되지 않았다든가, 실천의지가 부족했다라고 보고 있다.

그러나 이러한 평가는 제2공화국과 군사정권의 경제개발계획에 대한 평면적 비교에 의거한 잘못된 평가이다. 민주당 정권이 연평균 경제성장률을 5.6%로 설정한데 비해 군사정권은 7.1%라는 고도성장을 계획했다는 비교는 전혀 잘못된 비교이다. 민주당 정권의 경제개발계획과 군사정권의 경제개발계획은 정권이 다르다고 해서 질적으로 다른 계획이 아니다. 그것은 뿌리가 하나인 나무에 뻗어난 두 개의 가지와 같으며, 동전의 앞면과 뒷면의 관계와 같은 것이다. 두 계획의 같은 점과 차이점은 두 계획에 대한 엄밀한 사료 분석을 통해서만 실체를 확인할 수 있다. 지금까지의 연구에서 두 계획에 대한 비교 작업은 외면적이고 평면적인 분석에 머물고 말았다. 따라서 기본적인 사실에 대한 오류는 물론이고 잘못된 평가가 이루어지고 있는 것이다.

본고는 제2공화국의 경제정책을 경제개발계획 중심으로 그 내용을 충실하게 복원하는 데 일차적 목적이 있다. 그리고 이를 바

---

4) 박진희, 1999, 「민주당 정권의 '경제제일주의'와 경제개발 5개년계획」 『국사관논총』 84.

탕으로 군사정권의 경제개발계획과 비교 분석하고자 한다. 필자
는 당시에 작성된 경제계획 관련 자료를 집중적으로 분석하는 방
법을 취하고자 한다. 이것은 기존의 연구가 갖고 있는 선입견과
기본적인 사실에 관한 오류를 제거하기 위해서이다. 또한 필자는
민주당 정권에 대한 군사정권의 부정적 평가의 영향을 피하기 위
한 방법으로 '사실 스스로 말하게 한다'는 자세를 취하고자 한다.
이러한 접근 방식은 민주당 정권의 '정치적 패배'라는 결과가 민
주당 정권에서 일어난 역사적 사실에 대한 객관적 평가를 방해할
소지를 방지하기 위함이다.

 본고는 먼저 제2공화국의 경제정책의 기조와 방향에 대해 탐구
한다. 다음으로 경제개발계획의 실체를 확인한다. 그리고 제2공
화국에서 작성한 경제개발계획 관련 문건에 대한 내용을 분석한
다. 이러한 작업 위에서 군사정권의 경제개발계획과 비교 검토할
것이다. 이 때의 비교 작업은 내용 비교를 통한 표면적 차이의 인
식에 있지 않다. 오히려 민주당 정권의 경제개발계획이 군사정권
이 수립되면서 어떠한 변화를 겪게 되는가에 초점을 두고자 한
다. 군사정권의 경제개발계획의 연원을 찾는 작업의 일환으로 파
악하는 기존의 접근법과는 정반대로 접근하고자 한다. 본고의 관
심은 경제개발계획의 구체적 작업 과정에서 제2공화국의 경제개
발계획이 군사정권에 의해 어떻게 변질되고 왜곡되는가를 밝히
는데 있다.

2. 경제정책의 기조

1) 경제제일주의 천명

제2공화국은 출범 직후부터 경제문제를 최우선의 과제로 삼는 '경제제일주의'를 정책 지표로 내세웠다. 장면 국무총리는 1960년 9월 30일 민의원 본회의에서 행한 시정연설에서 정부의 경제정책의 기조를 다음과 같이 설명했다.

> 경제부문 행정에 있어서는 사회복지의 증진을 대목표로 하여 급속한 경제성장을 도모하는 경제제일주의를 실천하려 합니다. 신정부가 기도하는 바는 첫째로, 과거 부패정권이 취해온 관권경제와 불균형한 산업구조 등을 지양하는 것이 급선무입니다. … 둘째로 농어촌 중심의 투융자계획을 증대하고 소득증가를 도모해서 위축된 중소기업의 건전한 운영을 조장함으로써 균형적 산업구조의 형성을 촉진하려는 것입니다.[5]

또한 1961년도 예산편성 지침에서는 경제제일주의 정책의 목표를 다음과 같이 밝혔다.

> 4월혁명 과업의 완수와 경제자립의 목표 달성을 촉진하기 위하여 부패된 관권경제를 일소하고 경제제일주의를 표방하며, 계획성있는 자유경제체제 하에 국민경제의 균형된 발전을 이룩할 수 있는 제반 시책을 단계적으로 실현하는 방향에서 … 예산을 편성한다.[6]

---

5) 1990, 『한국재정 40년사, 제1권 예산자료』, 한국개발연구원, 385쪽.
6) 위의 책, 381쪽.

제2공화국의 민주당 정권이 내세운 경제제일주의 정책은 경제면에서 살펴보면 관권경제의 부패로 인한 산업구조의 불균형을 지양하고 급속한 경제성장을 도모함으로써 자립적 국민경제체제를 수립하는 것이었다. 그런데 경제제일주의는 4월혁명 과업의 완수와 관련되어 일컬어지고 있다. 이것은 4월혁명을 계기로 성립된 민주당 정권이 당시의 경제 문제를 시대적 과제로 인식하고 있었음을 말해 준다.

1960년 11월 정무원 사무처에서는 여론조사를 실시하였다. 이 조사에서 응답자의 70% 이상이 가장 시급한 과제가 경제 문제라고 응답하였다. 이를 근거로 민주당 정권이 내세운 경제제일주의는 독자적 정책이 아니라 '대중 추수주의적' 정책이라고 비판하는 견해가 있다.7) 그러나 민주당 정권의 경제제일주의 정책의 채택은 출범 직후부터 시작된 것이다. 따라서 여론조사 결과는 오히려 경제제일주의의 천명이 시대적 과제를 정확하게 인식하고 있으며, 그것이 국민의 인식과 궤를 같이하고 있음을 나타낸다고 보는 것이 온당할 것이다. 민주당 정권이 내세운 경제제일주의는 나름대로의 현실 분석에 기초하여 해결책을 제시했던 독자적인 정책 방향이었다.

민주당 정권에서는 당시를 경제적 위기의 상황으로 진단했다. 김영선 재무부 장관은 1961년도 예산안에 대한 제안설명에서 '구 정권이 남겨 놓은 積蔽'를 官權經濟로 인한 부의 偏在, 경제성장 둔화, 저축과 투자의 부족, 산업구조의 불균형과 농업소득의 低位, 국제수지의 불균형, 원조의 감축, 인플레 요인의 잠복 등 7가지를 열거했다. 특히 그는 당시의 국고 채무가 2,700억환, 정부출

---

7) 김정원, 김성환 외, 1984, 「제2공화국의 수립과 몰락」『1960년대』, 도서출판 거름, 80쪽.

자기관의 부채가 413억환이며, 국제수지가 수입 2억 8천만불 수출 1천 9백만불로 적자폭이 무려 2억 6천만불에 달한다고 하였다. 이러한 국제수지의 역조는 대부분 원조에 의해 보전되고 있는데, 원조는 급격히 감소하고 있다고 하였다.8) 민주당 정권은 빚더미에 앉아 미국의 원조로 연명하는 고사 위기의 정부를 인수한 셈이었다. 이러한 위기의식에서 경제는 여러 정책 부문 중의 하나가 아니라 민주당 정권, 나아가 4월혁명으로 성립된 민주주의 국가의 존망이 달려 있는 문제로 인식되었다.

민주당 정권의 경제제일주의는 국방과 외교 분야에도 적용되었다. 그리하여 외교는 '경제외교' 위주의 정책을 취했는데, 여기서 외국으로부터 원조와 차관을 들여오는데 중점을 두게 되었다. 국방정책의 내용은 경제제일주의의 특성을 이해하기 위해 살펴볼 필요가 있다.

장면 국무총리는 1960년 9월 30일 국회에서 행한 시정연설에서 국방과 외교 분야에 대해 다음과 같이 말했다.

> 국토방위를 위한 군사면에 있어서는 … 두 번째로 군의 조직과 편성의 검토·조정을 하고 인사와 군수체제의 개선을 도모하여 국방 예산의 합리적인 절약을 기하고자 합니다. … 네째로 우방과의 공동 방위의 테두리 안에서 년차적으로 減員을 실시할 계획이며, 이 계획 아래에서 군의 장비를 정예화하도록 추진하고자 합니다.9)

이처럼 출범 초기부터 민주당 정권은 경제제일주의를 천명하면서 재정적자 문제를 해결하기 위한 하나의 방법으로 국방비 절감과 군의 減員을 정책으로 채택했다. 그리고 국방 문제를 우방국가 특히 미국과의 공동 방위 체제를 강화하는 방향에서 해결하

---

8)『한국재정 40년사, 제1권』, 387~388쪽.
9)『한국재정 40년사, 제1권』, 384쪽.

고자 하였다. 5·16군사쿠데타의 배경이 되었던 민주당 정권의 감군 계획은 연차적으로 실시한다는 것이었는데, 1961년도 중에 약 10만명을 예정하고 있었다.[10]

이러한 감군 계획은 북한과의 체제 경쟁을 무력·군사적 측면에서보다 경제적 측면에서의 경제력 경쟁으로 인식이 바뀌게 된 것과 관련된다. 1960년 12월에 있었던 종합경제회의에서 김영선 재무부 장관은 '경제적 잠재력'에서 현재 남한은 북한에 뒤져 있다고 하면서, '자유경제와 공산사회 경제간의 경제전쟁'에서 승리해야 한다고 역설하였다.[11] 이어 1961년 2월에 작성된 <경제개발 5개년 계획수립 요강>에서는 다음과 같이 서술되어 있다.

> 한국의 국민소득은 그 수준이나 구성비의 국제적 비교에서 알아 볼 수 있듯이 세계에서 가장 뒤쳐진 단계에 놓여 있다. 이와같은 만성적 정체로서는 당면한 민족적 과제인 승공통일을 可期하기가 어려울뿐더러 정상적인 국제경제적 연대를 유지할 수 없다. … 북한경제는 그 자본재 설비나 산업구조에 있어서 확실히 우리보다 유리한 처지에 있다는 것과 국제경제가 점차로 자유화의 단계에 이르고 있다는 사실을 염두에 둔다면 우리의 惰性的 경제활동으로서는 도저히 세계경제사회의 일원으로서 참여하기 어려움을 인식해야 할 것이다.[12]

이렇듯 제2공화국의 경제제일주의는 경제를 중시한다는 소박

---

10) 「1961년도 예산편성 지침」 위의 책, 383쪽 ; 1960년 10월 미국에 수교한 각서에는 감군 규모 5만 명이라고 하였다. 「한국의 경제개혁방책에 관한 각서, Aide Memoire on Economic Reform Measures in Korea」 『부흥월보』 제6권 제9호(1960. 9·10), 12쪽.

11) 「종합경제회의의 개최와 그 성과」 『부흥월보』 제5권 제11호(1960. 11·12), 13~14쪽.

12) 부흥부 산업개발위원회, 1961. 2, 「경제개발 5개년 계획수립요강」, 7~8쪽. 유광호, 앞의 글에서 재인용.

한 의미가 아니라 당시의 경제현실을 총체적 위기 국면으로 진단하고 그 위기를 타개하기 위한 4월혁명의 민주주의 과제와 국가발전의 기본적 정책 기조로 채택되었던 것이다.

2) 경제정책의 기조: '질서와 발전'

민주당 정권이 경제제일주의를 지침으로 삼고 추진한 일련의 경제정책이 기본적으로 지향하는 바는 무엇인가? 1961년 2월 장면 국무총리는 제1회 추가경정예산안을 국회에 제출하면서 행한 시정연설에서 자신이 추진하는 경제정책의 기조를 다음과 같이 요약 정리했다.

> 이상 경정예산에 관련하여 중요 시책의 몇가지를 말씀드렸거니와 그 모든 것을 관통하는 기조는 질서와 발전이라는 2대 명제에 귀착됩니다. 이 2대 명제는 어떤 개인이나 단체의 창안이 결코 아니고 다만 질서의 재건을 목적으로 하는 혁명과업의 지상명령이라고 하겠습니다.[13]

장면 총리가 말하는 '질서와 발전'이라는 2대 명제의 의미는 정치·사회적 안정을 통한 경제 발전의 추구를 주로 의미하는 것이었다. 따라서 그는 '우리나라 경제 발전에 있어서 정치적·사회적 안정보다 더 긴요한 것은 없다고 생각됩니다.'라고 했다. 그리하여 의견대립과 다툼이 '민주주의의 고귀한 모습'이지만 '상호간의 선의와 협조와 관용'을 바탕으로 질서를 회복하자고 호소했다.

그러나 우리는 장면 총리가 말하는 질서는 정치·사회적 측면

---

13) 『한국재정 40년사, 제1권』, 394쪽.

뿐만 아니라 경제적 의미도 지니고 있음에 유념할 필요가 있다.

> 경제의 발전이야말로 국민과 정부의 지상과업입니다. 그러나 이 분야에서의 선결조건은 먼저 경제적 질서를 정돈하는 것이라고 믿어집니다. … 자유기업주의에 있어서 자원 배분에 합리적 질서가 서는 것은 주로 가격기구를 통해서입니다. 실로 가격제도는 시장에서 표시되는 사회적 수요의 실세와 가용 자원과의 상관 관계를 자동적으로 반영함으로써 합리적인 경제정책의 지표가 되는 것입니다. … 그러므로 신정부는 경제정책의 출발점으로 먼저 가격기구의 정상화를 기하지 않을 수 없고 그를 위하여 환율·금리·공공요율 등의 실세화를 단행하게 된 것입니다.[14]

이처럼 장면 총리는 질서를 경제적 차원에서도 고려했고, 경제질서를 정상화하기 위한 첫 번째 조치로서 환율·금리·공공요금의 현실화 정책을 추진했다고 했다.

김영선 재무부 장관은 민주당 정권의 경제정책 방향을 '경제요소의 현실화와 경제 건설이라는 2대 支柱'로 설명하면서, '과거의 부정과 부패의 온상이었던 비현실적인 모든 경제 요인을 현실화하는 것'을 '경제질서를 정상화'하는 것이라고 하였다. 그리고 환율 현실화의 목표가 경제질서의 정상화에 있다고 하면서, 그것은 부정과 부패의 근원을 제거하여 외환을 절약하게 함으로써 경제자립을 성취하는데 기여할 것이라고 하였다.[15]

위에서 보듯이 민주당 정권이 취한 환율·금리·물가의 현실화 조치는 자유기업주의에 입각한 경제질서를 정상화함으로써 부정부패로 특징 지워지는 '특권적 경제'를 지양하고자 한 것이

---

14) 위의 책, 393쪽 ; 1999, 「국무총리 경제시정연설」『한 알의 밀이 죽지 않고는, 장면박사 회고록』, 카톨릭출판사, 208쪽(이하『장면박사 회고록』으로 약칭함).
15)『한국재정 40년사, 제1권』, 395∼396쪽.

었다. 특권적 경제의 지양은 곧 산업 구조의 불균형 문제와 분배의 불공정을 극복한다는 의미였다. 따라서 장면 국무총리는 1960년 9월 국회에서 행한 시정연설에 '과거 부패정권이 취해온 관권경제와 불균형한 산업구조 등을 지향하는 것이 급선무'라고 하면서, '환율 현실화' 정책과 농어촌 진흥정책과 중소기업 육성책을 실시하겠다고 하였다.16) 말하자면 민주당 정권에서는 특권적 경제체제로 인한 부의 편재 현상을 극복하기 위해 농촌 경제와 중소 기업 육성에 중점을 두는 정책을 채택했던 것이다.17) 농촌경제 안정과 진흥을 위해서는 토지세를 금납제로 개정하고 농민의 조세 부담을 경감하는 조치를 취했으며, 중소기업 육성을 위해 중소기업 전담 금융기구 설립 계획을 수립하기도 하였다.

특히 제2공화국에서는 1961년 2월 6일 국무회의에서 중소기업 진흥을 위한 <중소기업 금고법안>을 의결했으며, 3월 14일에는 <중소기업육성을 위한 종합대책>을 의결하기도 했다. <중소기업육성을 위한 종합대책>에서는 중소기업의 지도와 육성을 총괄하는 중소기업센터를 각도에 1개소씩 설치한다는 계획을 비롯하여, 중소기업협동조합의 창설, 중소기업 전담 금융기관의 설치, 중소기업 경영합리화 촉진법의 제정, 중소기업 신용보험법 제정, 중소기업 제품 공동판매제 실시, 중소기업에 대한 조세 경감 조치 등 다양한 방안들이 제시되어 있다.18) 이처럼 민주당 정권은 경제 질서를 정상화하기 위한 방법으로서 중소기업의 육성을 중시했다.

장면 정권이 제시한 '경제질서의 정상화'는 경제 정책의 입안

---

16) 위의 책, 385쪽.
17) 『국회사』 제37회 정기국회, 5대 국회.
18) 1995, 「중소기업 육성을 위한 종합대책」(1961), 『한국경제 반세기 정책자료집』, 한국개발연구원, 196~197쪽.

및 추진 과정에서도 견지된 원칙이기도 했다. 장면 총리는 4월혁명의 과업은 민주주의적 방식과 절차를 통하여 해결할 수밖에 없으며, 따라서 시간과 기술상의 제약이 따른다 할지라도 그 원칙을 견지해야 한다는 신념의 소유자였다.[19] 민간부문의 자율적 활동과 그에 대한 정부의 유도 혹은 지원이라는 형식은 경제정책 수립을 위해 여론을 수렴하는 과정에서 잘 드러난다. 1960년 12월 15일부터 19일까지 서울에서는 학계 20명, 언론계 10명, 국회의원 21명, 산업계 45명, 각 지방 인사 176명, 금융기관 10명, 기타 23명 모두 305명에 이르는 전국의 인사들이 모인 종합경제회의가 개최되었다. 이 회의는 경제행정기구개편, 재정금융, 산업구조 개편, 공기업, 국제수지, 고용 및 생산수준, 지방개발사업 등 7개의 분과위원회로 나뉘어 분과별로 토의한 후 정부에 건의할 경제정책을 제시했다. 이 때 채택한 <경제발전을 위한 대정부 건의>는 1960년 12월 말『부흥월보』에 공개되었다.[20]

　종합경제회의를 개최하는 의의에 대해 장면 국무총리는 1960년 12월 19일 인사말에서 다음과 같이 말하였다.[21]

　　　과거에 있어서는 여러 가지 정책을 당의 간부 몇몇 사람이나
　　또는 행정부의 간부 몇 사람이 卓上空論으로서 說討를 하고 案을
　　짜서 이것을 행정면에 반영되게 하는 그러한 例가 태반이었을 것
　　이라고 생각됩니다. 그와 같이 공허한 이론만을 가지고 실제 행정
　　을 하자니 이것이 현실과 잘 부합되지 않는 그런 관계로 특히 이
　　번에는 신정부에서는 경제제일주의를 표어로 해서 들고 나온 이
　　상 우리나라의 파탄에 직면한 경제를 재건하는 데 있어서 이것이

---

19)『한국재정 40년사 제1권』, 392쪽.
20)「종합경제회의의 개최와 그 성과」『부흥월보』제5권 제11호(1960.
　　11·12), 7∼29쪽.
21)「종합경제회의의 개최와 그 성과」『부흥월보』제5권 제11호(1960.
　　11·12), 12∼13쪽.

탁상공론에 그치지 말고 실지로 實務에 게시는 여러분 또는 모든
여러 가지 부면에서 실제로 실무자를 지도하시는 여러분 또 해박
한 학식으로서 연구가 깊으신 여러분을 一堂에 모시고 어디까지
나 현실에 기초를 둔 이론과 실제 면을 종합해서 여기에 여러분께
서 결론을 지어 주시는 그것이 한 개의 국책으로 행정면에 이것이
반영되도록 하자는 것에 오늘 여러분이 모이신 의의가 있었든 것
이올시다.

이렇듯 장면 국무총리는 과거의 관권경제를 지양하는 하나의
방법으로 경제정책 결정 과정에서 국민의 여론을 수렴하는 민주
주의적 절차를 중시하였다. 실제로 종합경제회의에서 도출된 여러
경제정책 제안들은 경제정책으로 확정되는 과정을 밟게 되었다.

종합경제회의 후인 1960년 12월 31일자 국무회의에서는 이 건
의안을 '앞으로의 정부 정책 수립에 적극 반영시키기 위하여 각
부처 소관별로' 검토·보고할 것을 지시하였다. 보고 요령은 각
건의안을 '즉시 채택', '앞으로 채택', '참고', '채택 불가' 등 4단
계로 구별하여 보고하라는 것이었다. 부흥부에서는 종합경제회의
성과를 평가하면서, 국민의 여론에 기초하여 정책을 수립하는 것
은 '국민경제의 민주적 건설을 위한 올바른 자세'라고 자평했다.
또한 건의 내용이 유기적 연관성은 없으나 모든 산업 분야에서
조만간에 성취해야 할 과제를 망라했다는 점에서 의미가 있었다
고 보았다.[22]

종합경제회의는 정부가 주도하여 개최한 전국 규모의 경제회
의로서는 최초이며, 민간의 광범위한 의견을 수렴하여 정부의 정
책에 반영하려는 적극적인 의지를 보여주는 것이다.[23] 이 회의를
계기로 장면 정부와 민간 기업인 간의 협력 체제는 보다 더 공식

---

22) 위의 글, 28~29쪽.
23) 『한국경제 반세기 정책자료집』, 195쪽.

화되었다. 즉 1961년 1월 10일에는 경제계 인사 70여명이 회합하여 오늘날 전국경제인연합회의 전신인 한국경제협의회를 창립하였다. 한국경제협의회의 발족은 장면 정부와의 유기적 협조 하에서 추진되었다고 한다. 또 협의회가 장면 총리 집무실이 있는 반도호텔에 위치함으로써 정부와 협의회 인사들간의 자연스러운 협조가 이루어졌다고 한다. 한국경제협의회 발족시 장면 총리는 축사를 통해 정부 정책의 잘못이 있으면 기탄없이 지적할 것을 당부하면서 협의회와 정부의 상호 협력으로 경제발전을 이룩할 것을 역설했다.24)

당시 부흥부 산업개발위원회에서 경제개발계획 입안에 참여하면서 종합경제회의 간사를 맡았던 김입삼은 장면 정권기의 민관 협조체제에 대해 다음과 같이 평했다.

> 사농공상의 질서가 엄격했던 한국 역사 상 '士'로 상징되는 관료 집단과 '工商'으로 상징되는 기업가들간의 협조체제가 이 시절만큼 훌륭하게 조화를 이룬 적은 없다고 본다. 바로 민간 創意의 시장경제가 막 꽃피려는 시기였다.25)

종합경제회의에서 집약된 경제정책에 대한 민간측의 의견은 장면 정권과 그에 뒤이은 군사정권에 의해 대부분 채택되어 시행되었다.26) 이 점에서 경제정책 수립을 위해 여론을 수렴하기 위한 절차는 실질적이고 효율적인 정책 수립에 크게 기여했다고 볼 수 있을 것이다. 이 때 건의된 정책 중 주목할 만한 것으로는 경제행정기구개편 분과위원회에서 제안한 '경제계획원의 설치'와 '부흥부의 건설부로의 개편' 제안이었다.

---

24) 김용삼, 1999, 「김입삼의 경제개발 비사」『월간조선』 4월호, 411쪽.
25) 김용삼, 위의 글, 403쪽.
26) 유광호, 앞의 글, 158쪽.

경제정책의 체계성을 확립하기 위한 중앙부서의 설치는 경제
정책의 '질서'를 수립하려는 의지로 해석될 수 있다. 따라서 '경
제질서의 정상화'를 정책 기조로 내세웠던 장면 정부는 이러한
건의를 수용하여 중앙기획기구를 만들기 위한 '정부기구개편소위
원회'를 설치하였다.27) 뿐만 아니라 경제정책 기구로서 변희용을
위원장으로 하는 '중앙경제위원회'를 운영하기도 하였다.28) 경제
정책의 기획과 각 부서와 정책간을 조정하기 위한 행정 기구는
경제에 대한 정부의 역할을 강화하면서 급속한 경제발전을 추구
하기 위해 1950년대 이후 후진국가들에게서 새롭게 설치되기 시
작한 기구이다. 이것은 국가 전체의 포괄적 정책 목표와 방침을
설정하고 이를 기준으로 정부 부처간의 이견을 조정·중재함으
로써 경제정책의 효율성을 극대화하여 경제발전을 가속화하려는
목적을 가진 기구이다.29) 따라서 경제계획원 설치 계획과 부흥부
의 건설부로의 개편 제안은 경제정책의 '질서'와 '방향'을 분명히
하는 한편, 과거의 회고적 표현의 '부흥' 대신에 목표가 분명하게
제시된 '건설'을 통한 발전의 지향성을 분명히 한 것이라고 하겠
다. 이렇게 본다면 경제계획기구의 설치 노력은 '질서와 발전' 정
책의 한 표현이라고 하겠다.

---

27) 조갑제, 1999년 1월 21일자, 「근대화 혁명가 박정희의 생애, 내무덤
　　에 침을 뱉어라」 368회 『조선일보』. 위원회는 재무부 예산국장 이한
　　빈, 부흥부 기획국장 이기홍 등 4인으로 구성되었으며, 간사는 정재
　　석이었다.
28) 주원, 1997, 『도시와 함께 국토와 함께』, 대한국토도시계획학회, 314쪽.
29) 김영수, 1999, 「경제기획조정기구의 확산」, 미발표 초고본.

3. 국토건설사업 시행

제2공화국은 경제제일주의를 실현하기 위해 1961년을 '경제건설 출발의 해'로 설정하여 정권의 특성이 반영된 경제정책을 본격적으로 추진하기 시작하였다. 즉 1960년은 정치적 민주주의 실현에 중점을 둔 해였다면, 1961년은 이를 바탕으로 과거의 '병폐를 제거하고 혁신적으로 과감한 경제개혁을 단행'하는 해로 인식하였다.[30] 이에 따라 1961년을 '민생 안정 설계하는 경제건설 출발의 해'라고 규정하여, '일하는 나라'·'건설하는 나라'를 만들자는 구호를 내세웠다. 이를 위해 '경제 도약을 가능케 할 첫 요건인 새로운 秩序와 발판을 마련하는 것을 第一課題로 삼고 있다'고 하였다. 이 과제 실현을 위한 방법은 첫째, 국민정신의 혁명을 위한 국토건설사업의 시행, 둘째 경제개발 5개년계획의 수립, 셋째 경제정책 '施政 哲學'의 '안정'에서 '성장'으로의 전환, 넷째 중앙경제계획기구의 설치 및 경제행정기구의 재편 등 4가지였다.[31] 이 가운데 국토건설사업은 국민 대다수와 직접적으로 관련된 사업으로 민주당 정권의 경제 발전 의지와 능력을 국민 앞에 보여주는 시금석과 같은 것이었다. 따라서 민주당 정권에서는 국토건설사업에 심혈을 기울였다.

---

30) 1961. 1, 「부흥부 장관의 신년사」, 『경제조사월보』 제6권 제1호(부흥부), 5쪽.
31) 1961. 1, 「1961년도 국민경제의 전망」, 『경제조사월보』 제6권 제1호(부흥부), 11~12쪽.

1) 국토건설사업 구상

국토건설 사업 구상은 1960년 10월 4일 국무총리 장면 명의로 미국 국무장관 허터에게 수교한 「한국의 경제개혁방책에 관한 각서」에 처음으로 등장하였다. 여기서는 실업자 대책의 일환으로 노동집약적인 산업기반 건설을 적극적으로 추진하되, 일종의 '국토건설봉사단(가칭)'을 조직하여 노동력 문제를 해결하겠다고 하였다.[32] 이 계획은 당시 부흥부 기획국장 이기홍이 미국이 잉여 농산물을 노동집약적인 사업 등에 제공한다는 미공법 480호 제2관에 근거하여 입안한 것이었다.[33] 이 안은 1960년 12월의 종합경제회의에서도 건의되었고, 부흥부와 재무부에서 공식적으로 채택되면서 민주당 정권의 핵심적 정책으로 발전하였다. 그 결과 민주당 정권에서는 11월 28일 국토건설사업 계획을 발표하고, 계획서를 국회에 제출했다. 이어 12월에는 추가경정예산에 국토건설사업비로 280억환을 계상하기로 결정하고, 12월 28일 국무원 제147호로 국토건설본부 설치 규정을 공포했다. 1961년 2월 10일에는 국무원 제149호에[34] 의거 국토건설본부를 설치하였으며, 협조기관을 중앙과 지방에 설치하기로 하였다. 이어 4월 10일에는 '국토건설사업특별회계법'을 제정하여 재정적 뒷받침을 확고히 하였다.[35]

---

32) 「한국의 경제개혁방책에 관한 각서」『부흥월보』 제6권 제9호(1960. 9 · 10.), 11쪽.

33) 이기홍, 1999, 『경제근대화의 숨은 이야기』, 보이스사, 278~283쪽.

34) 1960년 12월 28일 국무원 제147호 국토건설본부 규정을 149호로 개정한 것이다.

35) 1961. 3, 「국토건설사업」『한국경제정책 반세기 자료집』, 197~199쪽 ; 송원영, 1990, 『제2공화국』, 샘터, 200쪽 ; 이용원, 1999년 2월 23일

민주당 정권에서는 국토건설사업을 '황폐화된 국토를 복구하고 이를 발전시켜 우리의 강산을 쓸모 있고 보다 값있게 건설하려는 모든 공공토목사업'이라고 규정하였다.[36] 그리고 사업의 목적과 의의에 대해 다음과 같이 설명하였다.[37]

> 첫째로 사회적 불안을 가중하고 있는 실업자들에게 일터를 마련해 주고 다가오는 춘궁기의 절량농가를 위하여 노임을 살포함으로써 민쟁의 안정에 기여할 것과 둘째로 황폐된 국토를 보전하고 이를 발전시킴으로써 공업화의 터전을 마련하자는 것입니다. … 이상의 두 가지 효과에 못지 않게 중요한 것은 국토건설운동을 통하여 국민으로 하여금 '우리도 하면 된다'는 생생한 신념을 체험으로써 얻게 하자는 데 있는 것입니다. 다시 말하여 경제발전의 횃불을 켜자는 것입니다.

이 국토건설사업이란 공공사업은 직접적으로는 노임 살포를 통해 도시 빈민과 농촌 빈농의 구제 등과 같은 실업자 대책의 일환으로 시행된 것이었다. 그런데 제2공화국은 이 사업을 '국민정신 혁명의 두드러진 본보기'로 간주하였다. 즉 '자조와 봉사 정신 아래 인내와 근면으로써 경제건설에 참여하겠다는 국민의 각성과 결의'를 다지는 사업으로 파악하였다. 따라서 이 사업을 일회적 사업이 아닌 국토종합개발계획의 일환으로 계획하였다. 그리하여 '한국 경제 발전의 장래는 바야흐로 시행될 국토건설사업의 성공 여부에 달려 있다'고 할 만큼 중시하였다. 그리고 국민운동이라는 의미를 부여하여 오천년 역사상 초유의 일로서 '빈곤의

자, 「제2공화국과 장면」 1회 '국토건설사업(상)' 『대한매일』. 이용원의 글은 『대한매일』 1999. 2. 23〜6. 15까지 연재되었는데, 이후에는 연재 회수만을 기록한다.

36) 1961, 『국토건설사업해설』, 부흥부, 3쪽.

37) 1961, 『국토건설사업해설』, 부흥부, 1〜2쪽.

악순환'을 깨뜨리는 계기가 될 것이라고 자부하였다.[38] 특히 부흥부 장관 주요한은 '경제발전의 횃불을 켜자는 것'은 곧 '국토건설운동을 통하여 국민으로 하여금 우리도 하면 된다는 생생한 신념을 체험으로써 얻게 하자'는 것이라고 하였다. 그리하여 '일하자! 건설하자!'는 구호 밑에 국민이 총궐기할 것을 촉구하였다.[39] 말하자면 국토건설사업이 경제발전과 성장에 대한 국민적 자신감과 희망을 불러일으킬 수 있는 의식개혁 운동의 일환이라는 점을 강조하였던 것이다. '하면 된다', '일하자, 건설하자'라는 군사정권이 경제개발계획 추진 과정에서 외쳤던 낯익은 구호는 제2공화국 시기에 이미 등장했던 것이다.

2) 국토건설사업 시행

장면 국무총리는 1960년 2월 9일 추가경정예산안을 국회에 제출하면서 행한 시정연설에서 국토건설사업에 대해 다음과 같이 설명하였다.

> 실업자의 가동과 농촌 소득의 증대와 국토의 보존 및 사회자본의 증대를 연결하는 국토건설계획이 또한 그 조속한 실시를 기다리고 있습니다. 그 주요 내용은 美剩餘農産物을 주로 한 400억환의 재원으로 연인원 약 4천 500만명을 동원하여 치산, 치수 등 공공사업을 하는 것이며, 한편 소양강 댐, 춘천강댐, 남강댐 등을 건설하는 것도 동 계획에 포함되고 있습니다.[40]

---

38) 1961. 2, 「국토종합개발의 구상을 특집하면서」 「4294년도 국토건설사업의 개요」 『경제조사월보』 제6권 제2호, 1쪽, 10쪽.
39) 1961, 『국토건설사업해설』, 부흥부, 2쪽.
40) 『한국재정 40년사, 제1권』, 394쪽.

국토건설사업 예산 400억환의 사업별 예산 내역을 살펴보면, 수리사업 158억환, 치수사업 56억환, 조림사업 12억환, 사방 사업 24억환, 도로사업 35억환, 도시토목사업 20억환, 댐(소양강댐, 남강댐, 춘천댐) 건설비 48억환, 행정비와 예비비 47억환이었다. 400억환의 지출 계획은 270억환은 현금으로, 130억환(1천만불)은 미공법에 의한 잉여농산물로 현물 노임을 지급하도록 되어 있었다. 이러한 예산 배정은 곧 장면 내각의 국토건설사업에 대한 실천의지를 표명한 것이었다.

국토건설사업의 추진 주체는 국토건설본부였다. 본부장은 국무총리가 직접 담당하도록 하였으며 사무장은 부흥부 사무차관이 당연직으로 맡았다.[41] 이것은 당시 장면 정부가 국토건설사업을 얼마나 중시했는지를 말해 준다. 국토건설본부의 조직은 다음과 같다.[42]

> 본 부 장 : 장면 국무총리
> 기획부장 : 장준하(사상계 사장)
> 관리부장 : 신응균(국방부 차관보)
> 사회홍보부장 : 이만갑(서울대 교수)
> 기술부장 : 최경열(토목학자)
> 간   사 : 박경수

국토건설본부의 조직은 관민합작적 조직으로 되어 있었다.

국토건설본부 종합지도부장(후에 기획부장으로 개명)이었던 장준하는 1961년 2월 초 서울대학교에서 행한 강연에서 국토건설사업의 원칙 4가지를 다음과 같이 밝혔다.[43]

---

41) 1961. 2,「국토건설사업관계규정」『경제조사월보』제6권 제2호, 11쪽.
42) 송원영, 앞의 책, 198쪽 ; 이기홍, 앞의 책, 282쪽.
43) 1961. 2,「국토건설사업에 관한 토론 및 강연 요지」『경제조사월보』

첫째 국토건설을 하자면 국민 여론을 존중하여야 한다. 따라서 국
민 여론에 따른 국민운동을 전개할 것.
둘째 원조 국가의 요구와 우리의 필요성이 일치되는 점만 종합적
으로 취급한다. 즉 국가 이익에 부합되도록 해야 한다.
셋째 원조 물자를 재생산될 수 있는 사업에 쓸 것 따라서 자손 만
대에 부끄럽지 않은 사업을 이룩해 보자.
넷째 국민에게 희망을 줄 수 있는 사업, 국민 앞에 내놓을 수 있는
사업 즉, 금년내로 완성시키는 사업에 집중시켜 보자.

국토건설사업을 총괄하는 국토건설본부의 조직과 원칙을 살펴
볼 때, 국토건설사업은 관민이 협조하여 추진한 '국민운동'으로서
의 성격을 띠고 있었다고 하겠다.

국토건설사업을 현장에서 실질적으로 이끈 조직은 국토건설요
원이었다. 국토건설 현장에서 지휘 감독 역할을 맡았던 국토건설
요원은 새롭게 충원되었다. 즉 국무원 사무처에서는 '병역을 필한
30세 미만의 대학졸업자'를 대상으로 사무직 1,614명, 기술직 452
명(여성 21명 포함)의 요원을 선발했다. 선발된 요원은 1961년 1월
9일부터 2월 27일까지 교육을 받았다. 국토건설사업은 1961년 3월
1일 국토건설대 발대식을 신호로 본격적으로 시작되었다.[44]

장면 정부에서 핵심사업의 하나로 추진한 국토건설사업은 사
회의 커다란 반향을 일으켰다. 특히 국토건설 요원의 공개 채용
과 그리고 그들을 3개월 후에 공무원으로 채용한 것은 공무원 공
채 제도의 최초 시행으로서 관료제에 새로운 활력을 불러일으켰
다고 평가받고 있다.

국토건설사업 중 다목적 개발사업은 국토종합계획의 일환으로

제6권 제2호, 34쪽.
44) 정헌주, 「민주당 정부는 과연 무능했는가」『장면박사 회고록』, 613쪽 ;
이용원, 앞의 글 2회. 이 때 국토건설요원을 교육한 인물로는 함석헌,
박종홍, 유달영 등이 포함되었다고 한다. 이기홍, 앞의 책, 285쪽.

서 장기간의 계속 사업으로 하였다. 그러나 기타 사업의 기간은 3월부터 10월까지 계획하였고, 농촌 지구 사업은 3월부터 6월까지, 도시 지구 사업은 춘궁기 전후에 실시하도록 하였다. 그리하여 도로사업은 3월부터 10월까지, 도시토목사업은 6월부터 10월까지로 계획하였고, 조림사업·사방사업·치수사업은 3월부터 5월까지 수리사업은 3월부터 6월까지로 계획하였다.[45] 말하자면 국토건설사업은 단기간에 성과를 거둘 수 있는 사업을 초기에 집중적으로 시행하였다. 이렇기 때문에 실제적 반향이 곧바로 나타났으며, 이내 국민적 공감을 얻은 '국가적 사업'이 되었다. 국토건설사업 본부장으로 총책임을 맡았던 장면 국무총리는 후일 회고록에서 국토건설사업은 국민에게 '새로운 희망을 약속해 준' 사업으로 민주당 정권의 자랑할 만한 업적 중의 하나로 손꼽았다.[46]

따라서 군사정권도 국토건설사업을 계승하여 계속 시행할 수밖에 없었다. 1961년 7월 군사정권에 의해 작성된 <혁명정부 경제청서>에서는 국토건설사업에 대해 다음과 같이 언급했다.

> 400억환의 예산으로 지난 봄에 착수된 국토건설사업은 가장 긴급한 국가사업이므로 혁명정부는 이를 계속 추진함은 물론 제2회 추가경정예산에도 6억 4천만환을 계상하여 추가사업을 선정함으로써 재정자금에 의한 자본 형성과 고용의 증대를 기하고 있다. 이에 국토건설사업 추진실적을 보면, 6월 30일 현재 계획의 약 55%에 달하는 진척상황을 보여 연인원 1천 4백만명에게 고용 기회를 마련하여 주는 등 커다란 성과를 거두고 있다.[47]

---

45) 1961. 2, 「4294년도 국토건설사업의 개요」『경제조사월보』 제6권 제2호, 5쪽.
46) 『장면박사 회고록』, 88쪽.
47) 1991, 「혁명정부 경제청서」(1961.7.) 『한국재정 40년사』 제3권, 한국개발연구원, 576쪽.

이와같이 사업 착수 4개월 만인 6월말까지 55%의 성과를 나타 낸 것은, 7개 사업 중 3개 사업이 5월까지, 1개 사업이 6월까지 완료하는 것으로 계획이 수립되었기 때문이다. 따라서 국토건설사업의 실적은 실질적으로는 군사정권에 의한 것이라기보다 민주당 정권에 의한 것이라고 할 수 있다. 그런데 군사정권에서는 1961년 3월부터 1961년 12월까지 총투입비 376억원, 연고용인원 2,569만명에 달하였다고 국토건설사업의 실적을 자랑스럽게 보고하였다.[48] 그러나 국토건설사업은 군사정권에 의해 계승되었다기보다는 홍보와 전시용으로 왜곡되고 변질된 것이었다.

민주당 정권에서 추진한 국토건설사업은 실업자 구제와 국토개발이라는 경제적 관점에서만 구상되고 시행되었던 것만은 아니었다. 국토건설사업을 시행할 본부 요원들은 사업 경험을 통해 국가의 기간 요원으로 양성한다는 계획도 갖고 있었다. 국토건설 요원 양성은 4·19혁명 이념을 구현할 민주 국가 건설의 중심 세력을 양성한다는 장기적인 전망을 갖는 것이었다. 국토건설사업을 실질적으로 이끌었던 장준하는 다음과 같이 말하였다.

> 그 때 2천여명의 대학 출신의 국토건설 요원을 6개월 동안 각 농촌에서 일하게 한 다음 중앙 관서에 기용할 계획이었으며, 그 다음 해부터는 1년간씩 전국을 순회시키며 건설 사업과 지방 실정 파악을 아울러 하도록 할 작정이었다. 이렇게 하여 3년 후에는 우선 지방의 각 군수들로부터 모두 국토건설 요원으로 대체할 방침이었지만 ….[49]

---

48) 1961. 3, 「국토건설사업」『한국경제 반세기 정책자료집』, 199쪽. 이 중 수리사업이 예산과 연고용인원 면에서 가장 많아 148억원, 1,286만명의 인원이 동원된 것으로 되어 있다.
49) 장준하, 장준하선생 10주기 추모문집 간행위원회 편, 1985, 「사상계지 수난사」,『장준하문집 3』, 도서출판 사상, 38~39쪽.

말하자면 장준하는 4·19혁명의 전위대였던 대학생들을 국토건설 요원으로 선발하여 민주국가 건설의 지도적 인재로 육성하고자 했다. 그리고 이러한 인재들로 지방 행정을 담당하게 함으로써 국가를 일신할 계획을 갖고 있었다. 그리하여 국토건설운동이 국민운동 차원으로 발전할 것을 기대했던 것이다. 그러나 그러한 기대는 5·16군사정권에 의해 좌절되었다. 그는 1972년 「사상계지 수난사」에서 만일 민주당 정권이 지속되거나 군사정권에서 국토건설사업을 제대로 계승하여 추진하였다면, 조국근대화나 새마을운동과 같은 사후약방문격의 처방은 없었을 것이라고 했다.[50]

4. 〈제1차 5개년 경제개발계획〉 수립

1) 경제 개발계획 의지 표명

대한민국 정부 수립 이후 한국 경제에 대한 최초의 체계적인 개발계획의 수립 작업은 외국기관에 의해 이루어졌다. 유엔한국부흥단(UNKRA)은 6.25전쟁 중 전후 복구 사업을 위해 네이산(Nathan)협회에 용역을 주었다. 이에 네이산협회에서는 1953년 3월 「한국경제재건계획」(일명 「네이산보고서」)을 발표했다. 한국인에 의한 경제개발계획은 1958년 3월 송인상 부흥부 장관의 발의로 부흥부 산하에 산업개발위원회를 설치하면서 수립 작업이 시작되었다. 산업개발위원회 위원장은 부흥부 장관이 당연직 위원장이었으며, 朱源 정위원이 위원장 서리를 맡아 실무작업 책임을 맡았다. 이 위원회에서 <경제개발 7개년계획>의 전반기인 <경제개발 3개

---

50) 장준하, 「사상계지 수난사」, 위의 책, 38쪽.

년계획(1960~1962)>을 완성한 것이 1959년 3월이었다. 그러나 이승만 대통령은 '경제계획' 의미를 사회주의적 계획경제의 의미로 오해하여 극히 부정적이었다고 한다. 그리하여 <경제개발 3개년계획>이 시작되는 해인 1960년이 4개월이 지난 4월 15일에 이르러서야 국무회의에서 의결되었다. 그러나 그 조차도 4·19혁명으로 실시되지 못했다.[51]

  장면 국무총리는 국무총리에 당선되기 2개월 전부터 경제 성장의 중요성을 인식하고 있었다. 그는 1960년 8월 18일 아이젠하워 대통령에게 보낸 서한에서 정치 경제적 개혁이 긴요함을 역설하면서 경제성장은 새로운 정부의 핵심정책이 될 것이라고 했다.[52] 장면의 경제에 대한 관심이 경제 안정이 아니라 경제 '성장'이었다는 점에 주목해야 한다. 이런 이유로 제2공화국은 출범 직후부터 '경제제일주의'를 내세우면서 경제개발계획 시행 의사를 밝힌 것이다. 제2공화국의 경제개발계획에 대한 윤곽이 처음 나타난 것은 1960년 10월이었다. 장면 국무총리는 1960년 10월 4일 경제개발계획 의지를 표현한 「한국의 경제개혁방책에 관한 각서」라는 외교 문서를 미국무장관 허터(Christian A. Herter)에게 보냈다. 장면 국무총리는 이 각서의 전달 공함에서 다음과 같이 말했다.[53]

  본 각서는 오늘날 한국이 직면하고 있는 긴박한 경제사정과 한

---

51) 「장기 경제개발계획을 위한 제 시도」『경제조사월보』제6권 제3호 (1961. 3), 2~13쪽 ; 주원, 앞의 책, 301~309쪽 ; 유광호, 앞의 글, 123~124쪽 ; 김용삼, 1999, 「김입삼의 경제개발 비사」『월간조선』4월호, 410쪽.

52) David H. Satterwhite, 1994, "The Politics of Economic Development : Coup, State, and the Republic of Korea's First Five−Year Economic Development Plan(1962−1966)", Ph. D. Dissertation, University of Washinton, pp.308~309.

53) 「한국의 경제개혁방책에 관한 각서」『부흥월보』6~9(1960. 9 · 10.), 9쪽.

국정부가 과감하게 수행하고자 하는 개괄적 개혁 방안을 제시하
고 있습니다. 또한 여러 가지의 경제적 애로를 극복하는 데 필요
한 몇 가지 대책과 아울러 이러한 광범한 개혁을 신정부가 강력히
수행해 나가는 데 소요될 재정적 부담도 동시에 밝히고 있습니다.
… 따라서 우리는 귀국의 증여 원조가 현수준에서 유지되어야 할
것은 물론 이에 더하여 새로운 경제개발사업을 추진하는데 소요
되는 특별 경제원조와 경제안정기금을 마련하여 줄 것을 간절히
요청하는 바입니다.

장면 국무총리는 1960년 10월 경제 개혁과 경제개발계획 의지
를 표명하면서 이에 필요한 원조를 미국측에 공식적으로 요청했
다. 이 때 수교한 각서에는 이미 5개년 경제개발계획이 언급되고
있고, 산업기반 시설 건설에 집중할 경제개발계획을 세우고, 자금
동원을 위해 국방비 감축을 계획하고 있음을 밝혔다. 그리고 당
면 문제로서는 실업자와 농촌 빈곤의 문제를 크게 의식하고 있으
며, 구체적인 사업 계획으로서는 국토건설사업 실시, 중소기업 육
성 방침, 노동 집약적 산업 육성, 국제수지 개선 등이 언급되고
있다. 여기에는 이미 제2공화국의 제1차 5개년 경제개발계획의
대체적 골격이 나타나고 있다. 그리고 경제개발 자금을 주로 미
국의 원조나 차관으로 충당할 계획임을 보여 주고 있다. 이 때 미
국에 요청한 지원액은 경제개발 지원비 4억 2천만 달러, 행정개
혁 비용 8천만 달러를 합쳐 모두 5억 달러였다.

제2공화국에서의 경제개발계획 수립 작업은 제1공화국에서와
마찬가지로 부흥부 산하 산업개발위원회에서 추진되었다.54) 민주
당 정권이 수립되면서 산업개발위원회 위원 일부가 교체되었
다.55) 이승만 정권 시기 위원장이었던 주원 이하 몇 사람이 교체

---

54) 산업개발위원회는 1958년 봄 대통령령에 의해 부흥부 산하 자문기
　　관으로 설립되었다. 이에 대해서는 이완범, 앞의 글, 23면 참조.
55) 민주당 정권의 산업개발위원회 위원은 울프 박사 외에는 이승만 정

되었고, 새로운 인원이 충원되었다. 위원장은 부흥부 장관이 당연직 위원장이 되었다. 새롭게 충원된 위원은 재무부 이재국장 김종대, 성균관대학교 교수 임원택, 홍성유 등이었다.[56] 이 때 산업개발위원회에서 김입삼은 재정과 조세 부문, 한국은행에서 파견된 이경식은 거시경제 부문을 맡았고, 최각규는 재무부 수습행정관으로 파견 나와 있었다고 한다.[57] 민주당 정권에서 산업개발위원회는 이승만 정부에서보다 위상이 강화되었다. 부흥부 산하 기관이라는 형식은 동일했다. 그러나 장면 국무총리의 지시로 경제개발계획 입안 작업은 오위영 무임소 장관 책임 하에 진행되었다. 따라서 오위영 무임소 장관이 추천한 김종대 부위원장이 실무 책임자가 되어 경제개발계획을 입안했다.[58]

1960년 12월 장면 정부는 국회 답변을 통하여 '자유당 정부가

부의 산업개발위원회 위원과 큰 차이가 없으며, 이를 근거로 제2공화국 경제개발계획 의지 부족을 주장하는 견해가 있으나 이는 잘못이다.

56) 주원, 1997, 『도시와 함께 국토와 함께』, 대한국토도시계획학회, 302쪽.

57) 이용원, 1999. 2. 23~1999. 6. 15, 「제2공화국과 장면」『대한매일』, 경제개발계획(하, 5회).

58) 김종대와의 인터뷰(1999년 9월 10일, 한남동 한남클럽) ; 1961년 3월 13일 산업개발위원회에서는 미국인 고문 찰스 울프 박사를 초청하여 경제개발계획에 대해 토론했다. 이 때 투자 순위와 이윤율에 관한 문제가 제기되었는데, 울프 박사는 이에 대한 답변서를 3월 16일 보냈다. 울프 박사가 보낸 답변서 수신자는 산업개발위원회 부위원장 김종대라고 되어 있다. 이 점에서도 산업개발위원회를 실질적으로 이끈 인물은 김종대임을 알 수 있다. 김종대는 필자와의 인터뷰에서 경제개발계획 작성은 산업개발위원회 당연직 위원장인 부흥부 장관과는 별도로 오위영 무임소 장관의 직접적인 지휘를 받았다고 했다. 오위영 무임소 장관이 경제개발계획 작성을 지휘했다는 이러한 증언은 1961년 5월 오위영 장관이 경제개발계획을 국무회의에서 보고했던 사실과도 부합한다.

수립해 놓은 3개년계획을 7개년 계획으로 연장하기 위한 연구에 착수하는 일방, 장기개발계획의 입안과 집행·감독을 전담할 부(部)의 신설을 고려 중에 있다'고 했다.[59] 이것은 이미 산업개발위원회를 통해 장기적인 경제개발계획을 수립하는 작업을 진행하고 있음을 밝힌 것이다.[60] 이 시기 제2공화국에서는 경제발전을 위한 각계의 의견을 수렴하는 작업을 수행했다. 그것은 이른바 종합경제회의 개최인데, 1960년 12월 15일부터 19일까지 열린 이 회의에는 각계 인사 305명이 참석했다. 이 회의는 행정기구 개편, 재정 금융, 산업구조 개편, 공기업, 국제수지, 고용 및 생산 수준, 지방개발사업 등 7개 분과위원회로 나뉘어 진행되었는데, 경제발전을 위해 정부에 건의하는 정책이 망라되었다.[61] 여기서 제안된 주요 정책들은 경제개발계획에 반영되었다. 이것은 민주당 정권의 경제개발계획이 광범한 여론 수렴을 거친 결과임을 말해 준다.

2) 경제개발계획의 원칙과 방침 수립

제2공화국에서는 1961년 초부터 경제개발계획 수립을 서둘렀다. 왜냐하면 경제개발계획의 시작 연도를 1961년으로 잡았기 때문이다. 부흥부 장관은 1961년 신년사에서 새해의 주요 경제정책

---

59) 『국회사, 제37회 정기국회』, 5대 국회.
60) 박진희와 박태균은 민주당 정부의 경제개발계획이 1961년 3월 이후에야 시작되었다고 했으나 이것은 잘못이다(박진희, 앞의 논문, 283쪽 ; 박태균, 앞의 논문, 163쪽). 민주당에서는 1961년 2월 이미 산업개발위원회 명의로 「경제개발 5개년계획 수립요강」을 확정했다.
61) 「종합경제회의의 개최와 그 성과」 『부흥월보』 5~11(1960. 11·12), 7~29쪽.

은 '중앙경제계획기구의 설치', '국토건설사업의 시행', '1961년을 시작으로 하는 장기경제개발계획의 수립' 3가지임을 밝혔다. 민주당 정권에서 내세운 1961년의 구호는 '경제건설 출발의 해'였다. 이를 통해 '안정'의식에서 '성장'의식으로 국민의식 혁명을 이룩하여 '일하는 나라', '건설하는 나라'로 혁신한다고 하였다. 여기서 장기경제계획은 '나열주의를 지양하여 주요한 애로부문 타개를 위주로 하는 요소공격식 접근을 취할 것이다.'라고 했다. 그리고 이러한 관점에서 이미 경제정책이 시행되고 있다고 하면서 전력 개발을 위한 투자를 예로 들었다.[62]

제2공화국에서 과거의 균형성장론 대신에 불균형 성장 전략을 채택하겠다는 방침은 일찍부터 확립된 것이었다. 이러한 전략 채택은 이승만 정권의 경제개발계획을 비판한 토대 위에서 마련되고 있었다. 제2공화국의 경제정책에 중요한 역할을 담당했던 김영선 재무부 장관은 일찍부터 이승만 정권의 경제개발 3개년계획에 대해 비판적이었다.[63] 민주당 정권이 성립된 후 산업개발위원회에서는 <경제개발 3개년계획>을 비롯한 기존의 경제개발계획에 대해 종합적으로 검토하는 작업을 진행했다. 이 작업 내용은 1961년 3월 부흥부에서 발행하는 기관지 『경제조사월보』에 공개·발표되었다.[64]

여기서 <경제개발 3개년 계획>의 문제점으로서 첫째 경제개발

---

62) 1961. 1, 「신년사」; 「1961년 국민경제의 전망」『경제조사월보』6~1, 5쪽, 8~12쪽.

63) 김영선, 1960, 「경제개발 3개년 계획안 분석」『사상계』3월호, 80~87쪽.

64) 1961. 3, 「장기경제개발계획을 위한 제시도」『경제조사월보』6~3, 2~13쪽 ; 이 글에서는 「경제개발 3개년계획」뿐만 아니라 그 이전에 있었던 「네이산 보고서」, 「타스카 보고서와 한국 재건부흥계획」도 검토하였다.

모형 구상에 있어서 과거의 경향치 분석에만 기초하고 있으며, 둘째 경제구조의 기본적 애로 부문을 등한시하는 등 형식적 매너리즘에 빠져 있으며, 셋째 민주적 절차를 거치지 않아 국민의 전체적 의견을 결집하지 못했다고 지적되었다. 그 결과 새로운 경제개발계획의 원칙과 방향을 다음과 같이 정해야 한다고 하였다.[65]

> 그러므로 앞으로 장기개발계획을 수립함에 있어서는 변동하는 내외 정세를 참작하는 동시에 이제까지의 경험을 살려서 의욕적이면서도 실천성 있는 계획지표가 되도록 각별 노력하여야 할 것이다. 그러므로 현하의 만성적인 구조적 불균형을 깨뜨리고 종국적인 자립 자활의 수준에 도달하기 위하여는 적어도 20년 내지 30년의 장기간이 소요될 것이므로 이러한 장기적 관점(Long - run perspective)에서 수차의 5개년계획에 반복 계속되어야 할 것이다. 다만 처음의 제1차 내지 제2차 계획에 있어서는 주요 애로부문 내지 전략 부문에 대한 이른바 요소 공격식 접근(Leading sector approach)을 취함으로써 뒤이어 결과할 가속도적 성장의 도약대를 마련하여야 할 것이다.

이처럼 민주당 정권에서 추진하는 경제개발계획은 20~30년의 장기적인 전망 히에서 1차 연도에는 도약 딘계를 준비하기 위한 요소 공격식 접근법을 취할 것을 밝혔다. 그리고 '현재 작성 중에 있는 제1차 5개년계획은 이와같은 현실의식에 입각'하고 있다고 하면서 제1차 5개년계획의 '3가지 지도원리'를 다음과 같이 제시하였다.[66]

> ① 전력, 석탄 등의 전략적 부문에 대한 중점적 투자를 통하여 산업기반을 구축하고,
> ② 유휴자원을 최대한으로 활용하여 국토의 개발과 고용의 확대

---

65) 1961. 3, 「장기 경제개발 계획을 위한 제시도」『경제조사월보』6~3, 13쪽.
66) 위와 같음.

를 꾀하고,

③ 농업생산력을 증대하여 국민경제의 구조적 불균형을 시정하는 데 둔다.

　이러한 원칙과 방향에 따라 산업개발위원회에서는 1961년 2월 「경제개발 5개년계획 수립요강」이라는 문건을 작성하였다.[67] 이 요강을 토대로 1961년 3월 13일 산업개발위원회에서는 부흥부 특별고문 자격으로 내한한 미국의 찰스 울프 박사와 함께 경제개발계획에 대해 토론하였다. 이 때 브리핑은 김립삼이 맡았다고 한다. 산업개발위원회에서의 토론 후 찰스 울프 박사는 3월 28일자로 부흥부 장관 태완선에게 보고서를 작성하여 답변했다.[68]

3) 경제개발계획의 실체

　장면 국무총리는 1961년 4월 12일 참의원 본회의 답변에서 '정부는 외국의 전문가와 연구하여 강력하게 추진할 5개년계획을 세우고 실천이 되면 경제계에 대변모를 가져올 것으로 생각한다.'고 답변했다.[69] 이 답변은 적어도 4월말에는 <제1차 5개년 경제

---

67) 산업개발위원회, 1961. 2, 「경제개발 5개년계획안 수립요강」, 한국개발연구원 소장.

68) 찰스 울프 박사는 1961년 3월 3일 경제개발 5개년계획 수립을 돕기 위해 부흥부 경제고문 자격으로 내한했다가 4월 3일 한국을 떠났다 (1961, 『경제조사월보』 4, 5월호, 200쪽). ; 경제개발계획 수립요강에 대한 그의 견해에 대해서는 찰즈·울프, 「한국 경제개발 5개년계획에 관한 관견」 『경제조사월보』 6~3(1961. 3), 14~59쪽 참조.

69) 『국회사』, 제38회 국회, 5대 국회 ; 장면 국무총리 자신도 후일 회고록에서 4월에는 계획 초안을 완성한 것으로 회고하고 있다. 『장면박사 회고록』, 88쪽.

개발계획>이 완성되었음을 뒷받침하는 것으로 보인다.[70] 왜냐하면 한국측 대표가 5월 9일 미국 워싱턴의 AID를 방문하여 대한 원조 책임자 캐어리 과장을 만났을 때 경제개발 계획안을 제출했기 때문이다.[71] 또 민주당 정권의 <제1차 5개년 경제개발계획>은 문서화되어 1961년 5월 12일 오위영 장관에 의해 국무회의에 보고되었고, 동일자로 부흥부 명의로 발표되었다는 기록이 있다. 이러한 사실과 계획의 일부 내용은 당시의 언론에도 보도되었다고 한다.[72] 그런데 1961년 5월 13일자 『조선일보』에는 '민주당 내각 경제5년계획 윤곽 판명'이라는 제목의 기사가 게재되었다. 이 기사에 따르면 5월 12일 오후 오위영 무임소 국무위원이 오후 반도호텔로 장면 국무총리를 찾아가서 5개년계획에 대해 협의했다고 했다. 이 때 협의된 5개년 계획의 윤곽의 일부가 신문에 보도된 것으로 보인다. 이 때 신문의 보도 내용은 각 부문별 목표액을 구체적으로 제시되고 있다. 따라서 이 시점에서는 완성된 계획서를 갖고서 보고했다고 할 수 있다. 그런데 이 신문 기사에 의하면 '양 중진의 협의'라고 했다. 따라서 공식적인 국무회의를 거쳐 의결된 것은 아니었던 것으로 보인다. 신문보도 기사에서는 "이에 대한 계획적 정리는 불원간 정부와 민주당 기구를 통해 명백히

---

70) 정헌주는 4월말 완성되었다고 하였다. 정헌주, 「민주당 정부는 과연 무능했는가」 『장면박사 회고록』, 618쪽. David H. Satterwhite는 5월에 완성된 것으로 보고 있다. 1994, "The Politics of Economic Development : Coup, State, and the Republic of Korea's First Five—Year Economic Development Plan(1962—1966)", Ph. D. Dissertation, University of Washinton, 333쪽.

71) 정헌주, 앞의 글, 618쪽.

72) 「부흥부 발표 1차 5개년계획의 개요」(1961. 5. 12) 『한국경제 반세기 정책자료집』, 207쪽 ; 조갑제, 1999년 1월 20일자, 위의 글(367회) 『조선일보』. David H. Satterwhite는 5월 10일 인준되었다고 하였다. David H. Satterwhite, 위의 글, 342쪽.

할 것"이라고 보도되었다. 따라서 산업개발위원회에서는 5개년계획에 관련된 문건을 완성했고, 그것을 국무회의의 의결을 거쳐 공식적으로 채택하는 과정을 밟고 있었다고 생각된다. 아마도 국무회의 상정을 위해 장면 국무총리와 오위영 무임소 장관이 협의했던 것으로 생각된다. 따라서 제2공화국의 경제개발 5개년계획이 국무회의의 의결을 거쳤다고 보는 것은 추가적인 자료 확보가 필요하다고 하겠다. 그러나 5월 12일의 시점에서 국무회의에 회부할 만한 형태의 문건이 완성되었다고는 할 수 있을 것이다. 현재 1961년 5월 12일 장면 국무총리와 오위영 무임소장관이 협의했던 제2공화국의 <제1차 5개년 경제개발계획> 원자료는 아직 발견되지 않고 있다.

그동안 제2공화국의 <제1차 5개년 경제개발계획>의 내용은 1961년 5월 군사정권 수립 후 건설부 시안으로 작성된 문건이라는 데에는 의견이 일치되고 있다. 따라서 제2공화국과 군사정권의 경제개발계획을 비교하는 대부분의 논자들은 건설부안을 제2공화국의 경제개발계획으로 간주했다.[73] 그러나 아직도 민주당 정권의 경제개발계획이 확정되지 않았다고 보는 견해도 있다. 경제정책을 연구한 유광호는 민주당 정권의 <제1차 경제개발 5개년계획>이 완성되지 못했다고 보고, <경제개발 5개년계획수립요강>을 주요 자료로 사용하여 민주당 정권의 경제개발계획에 대해 연구했다. 이완범은 민주당 정권의 경제개발계획은 확정된 안도 없었으며 실천 준비도 없었고, 차수도 없는 중기적인 것이었다고 보았다.[74]

---

73) 기미야 다다시, 박진희, 박태균의 앞의 연구들은 모두 건설부 시안으로 발표된 문건이 민주당 정권의 경제개발계획과 동일한 것으로 보았다.
74) 이완범, 앞의 논문, 35~39쪽.

박태균은 5·16군사정변 이후 건설부 시안으로 발표된 <제1차 5개년 경제개발계획>이 민주당 정권의 경제개발계획이라는 증거로서 장면 정권의 경제 고문 울프 박사의 증언과 미국측의 평가를 제시하였다.[75] 민주당 정권의 산업개발위원회 위원으로 참여했던 김립삼도 건설부 시안이 바로 민주당 정권의 경제개발계획이라고 증언했다. 그러나 이러한 증거는 후대의 증언에 의한 것이다.

필자는 당시에 나온 자료를 토대로 1961년 5월 건설부시안으로 발표된 <제1차 5개년 경제개발계획>이 민주당 정권의 경제개발계획임을 밝히고자 한다. 5·16 직후 군사정변 세력은 민주당정권에서 경제개발계획 작업을 추진한 산업개발위원회가 소속된 부흥부를 곧바로 건설부로 바꾸었다. 그런데 1961년 5월과 7월 <제1차 5개년 경제개발계획>이 건설부 시안이라는 이름으로 세상에 알려지게 되었다. <제1차 5개년 경제개발계획(건설부시안)> 문건은 2가지가 있다. 하나는 1961년 5월 건설부 명의로 등사판으로 인쇄한 문건이고,[76] 1961년 7월 21일 발행한 『경제조사월보』 1961년 6월호에 활자화되어 발표된 문건이다.[77] 이 두 문건을 대조한 결과 몇 군데 문장과 도표 내용을 고친 것을 제외하고는 전적으로 동일하다.

등사판으로 인쇄된 5월의 건설부 시안은 건설부 내부 문건으로 보이는데, 5·16 직후 그동안의 작업 결과를 서둘러 묶어 낸 것으로 보인다. 이 문건 작성 일자가 5월로 명시되어 15일 내에 새롭

---

75) 박태균, 앞의 논문, 163쪽.
76) 건설부, 1961년 5월, 『제1차 5개년 경제개발계획』(상, 하). 본 연구에서는 장면연구회를 통해 입수한 김립삼 소장본을 참고하였다.
77) 1961년 6월호, 「제1차 5개년 경제개발계획(건설부시안)」『경제조사월보』 6, 9~190쪽.

게 작성하는 것이 물리적으로 불가능하다는 점에서 민주당 정권
의 경제개발계획 작업성과를 그대로 반영하고 있다는 추정이 가
능하다. 이 건설부 시안이 민주당 정권의 경제개발계획임을 입증
하는 단서는 <제1차 5개년 경제개발계획(건설부시안)> 특집호로
간행되『경제조사월보』에서 찾을 수 있다.『경제조사월보』를 통
해 <제1차 5개년 경제개발계획(건설부시안)>을 공개·발표한 사
람은 월보의 편집 겸 발행인인 건설부 종합기획국장 김종대였다.
그는 1960년 5월 부흥부 산업개발위원회 재정금융위원 겸 간사장
이되었으며, 12월에는 부위원장이 되었다.[78] 그는 민주당 정권 시
기 산업개발위원회에서 <제1차 5개년 경제개발계획> 작성의 실
무 책임자로 활동하였던 인물이었다. 그는 자신이 주도하여 작성
한 <제1차 5개년 경제개발계획>을 5·16 이후에 뒤늦게 발표하
게 된 경위에 대해 다음과 같이 말하였다.[79]

> 민주당 정부는 집권 직후 산업개발위원회로 하여금 좀 더 의
> 욕적이고 이론적인 제1차 5개년 경제개발 계획안을 작성케 하는
> 한편, … 산업개발위원회는 원칙적으로 울프박사의 건의를 받아
> 들여 <제1차 5개년 경제개발 계획시안>을 5·16혁명 직전에 대
> 략 성안하였다. … 그 내용을 보면 … 전략부문 중점주의 방법을
> 채택하였다. … 이 계획안은 5·16군사혁명 후 근본적인 변화는 없
> 겠으나 국제수지의 규모나 노동 인구의 취업율 등에는 상당한 수
> 정이 필요하다고 인정되어 국가재건최고회의안 등이 대두하고 있
> 음은 주지의 사실이다. 그러나 본 특집이 수록한 '제1차 5개년 경
> 제개발계획안'은 한국경제 전반에 걸친 추세를 요약하고 또 이는
> 앞으로 성취될 수 있다고 인정되는 한국경제의 목표이므로 뜻있
> 는 문헌이라 할 수 있다. … 5·16군사혁명 후 국가재건최고회의는
> 제1차 5개년 계획안을 별도로 작성하였으며 좀 더 의욕적인 성장

---

78) 金鍾大, 1990,『靜觀自得』, 도서출판 창조, 479쪽.
79) 1961. 6,「제1차 5개년 경제개발계획(건설부 시안) 개관」『경제조사월
   보』제6권 제5호, 2~4쪽.

률을 시도하여 계획기간 중 성장률을 본 시안보다 1% 높은 7.1%
로 책정하였다. 혁명정부가 이러한 규모를 내용으로 하는 제1차 5
개년계획성안의 제반작업을 시작하였음은 주지의 사실이다. 그렇
다고 하여 결코 본 시안이 虛事가 된 것은 아니다. 수차에 걸친 계
획 작업의 산물인 본 시안에 내포되어 있는 제반 자료는 앞으로의
작업에 유익한 자료가 될 뿐 아니라 그 작업에 종사한 실무자들에
게 유일무이한 경험의 기회를 마련함으로써 우리나라가 처음 시
도하는 계획에 커다란 공헌을 할 것이다.

이 글은 5·16 이후 건설부 시안의 형태로 발표된 <제1차 5개
년 경제개발계획>이 민주당 정권에서 마련한 <제1차 5개년 경
제개발계획>임을 분명하게 밝히고 있다. 그리고 이 민주당 정권
의 경제개발계획이 갖는 의의를 4가지로 파악하고 있다. 첫째 한
국 경제 전반의 추세를 요약하고 있다. 둘째 성취 가능한 목표를
설정하고 있다. 셋째 자료적 가치가 높다. 넷째 계획 작성 실무자
들은 한국에서 유일무이한 경험의 소유자이다. 이것은 계획 작성
의 실무 작업에 참여한 인사의 자부심과 긍지의 표현으로서 결국
은 민주당 정권이 마련한 계획이 현실성 있는 것임을 주장하는
내용으로 해석된다.

그런데도 당시 군사정권에서는 국가재건최고회의에서 별도의
경제개발계획 작성 작업을 추진하고 있었다. 그는 『경제조사월
보』에 <제1차 5개년 경제개발계획(건설부시안)> 특집호를 발간
하는 이유를 다음과 같이 말하였다.

국민경제계획은 그 종합성에 비추어 무제한의 책임을 내포하
고 있으므로 정부는 채택 전에 국민에게 토론의 대상으로 널리 공
개할 도의적 책임을 지고 있다 할 수 있다. 이러한 의미에서 많은
수정이 가해지고 있는 <제1차 5개년 경제개발계획(건설부시안)>
을 본 특집에 수록하여 諸賢의 참고에 資하고저 하는 바이다.

　김종대로서는 경제개발계획 작업이란 국민의 의견을 수렴하고 국민의 비판을 통해 공개적으로 추진되어야 하는 사업이라고 생각했다. 실제로 민주당 정권의 경제개발계획은 종합경제회의를 통해 광범한 여론을 수렴하여 작성되었으며, 개발 계획 관련 자료와 작업 성과를 『경제조사월보』 등을 통해 계속적으로 공개되었다. 이에 비해 5·16 이후 국가재건최고회의에서는 소수의 인원이 밀실에서 경제개발계획 작업을 추진하였으며, 게다가 민주당 정권에서 마련한 계획을 변질시키고 있었던 것이다. 이 때에 김종대는 '국민에 대한 도의적 책임'을 자각하였으며, 그 결과 민주당 정권에서 마련한 <제1차 5개년 경제개발계획>을 건설부 시안이라는 형식으로 공개·발표하였던 것이다. 이러한 결단은 국가재건최고회의 안이든 민주당 정권의 안이든 혹은 어떤 정책이든 국민 앞에 공개하여 비판적 검토를 거친 뒤에 채택되어야 한다는 신념에 기초한 것이다. 그 결과 5·16군사쿠데타로 사장될 뻔했던 민주당의 <제1차 5개년 경제개발계획>이 햇빛을 보게 되었던 것이다.

　민주당 정권의 제1차 5개년 경제개발계획을 공개한 건설부 종합기획국장 김종대는 앞서 살펴보았듯이 산업개발위원회 부위원장으로서 민주당 정권의 경제개발계획의 입안 작업 실무 책임자였다. 5·16 직후 그는 국가재건최고회의에 불려나가 산업개발위원회에서 마련한 경제개발계획에 대해 여러 번 브리핑했다. 그러나 국가재건최고회의에서의 작업은 소수 몇몇 사람에 의해 추진되었다. 게다가 민주당 정권의 <제1차 5개년 경제개발계획>을 수정하여 변질시키고 있었다. 이에 대해 김종대는 매우 못마땅하게 생각하였다.[80] 그의 회고에 의하면 박정희 부의장 등은 그의

---

80) 김종대와의 인터뷰(1999년 9월 10일 한남동 한남클럽). 김종대 옹은

경제개발계획 브리핑에 대해 별 관심을 기울이지 않았다고 한
다.[81] 건설부 시안으로 발표된 경제개발계획의 첫 부분에는 5·16
에 관한 언급이 첨부되어 5·16 직후 손질이 가해진 흔적이 있다.
그러나 전반적인 검토가 있었다면 시정되었을 사소한 착오가 발
견된다. 그러나 이러한 사소한 착오의 발견은 오히려 과거 민주
당 정권에서 작업했던 내용이 별다른 수정없이 그대로 편집되었
다는 것을 뜻한다고 볼 수 있다.[82] 또 군사정권에서 건설부 시안

1921년 부산 출생으로 부산상고와 일본 九州大學 법문학부를 졸업
하였다. 1957년 법무부 이재국장, 1960년 부흥부 산업개발위원회 부
위원장, 1961년 건설부 종합기획국장 등을 역임하였다. 김종대옹은
필자와의 인터뷰에서 당시 국가재건최고회의에서 추진하고 있던 경
제개발계획 수립 작업에 군인들이 자신의 휘하에 있던 사람을 끌어
들였다고 하면서, 그 작업 팀의 계획 입안 능력에 대해 회의적인 태
도를 표시하였다. 그는 1961년 7월 건설부가 경제기획원으로 개편되
면서, 농림부 차관으로 자리를 옮겼다가 1963년 官界를 떠나 사업에
헌신하여 효성그룹을 일궈 냈다. 그는 군사정권에서 떠난 이유로 군
사정권이 갖는 토론과 직언이 불가능한 분위기·정실 인사·부정부
패 등을 들었다.

81) 김종대가 국가재건최고회의에 불려나가 경제개발계획에 관해 브리
핑할 때 박정희는 별 관심을 기울이지 않았으며, 오직 박태준만이
수고했다며 자신을 격려해주었다고 했다. 다른 사람의 회고에 의하
면, 김종대 위원장 대리가 경제개발계획안을 브리핑하자 박정희는
"계획이 무어 그래? 강원도의 개발은 어떻게 하고 공장을 몇 개 세
우고 하는 식으로 해야지"라며 핀잔을 주었다고 한다. 김진현·지동
욱, 1966, 「한국 장기개발계획의 내막」『신동아』 9월, 109쪽. 이 두
가지 증언은 박정희가 건설부 시안에 관심이 없었으며, 따라서 건설
부 시안이 군사정변 세력에 의해 윤색되지 않았음을 뒷받침한다고
하겠다.

82) 건설부 시안의 2쪽에는 5·16군사정변의 사실과 혁명공약이 간략하
게 서술되어 있다. 인구증가율에 대해서는 2.2%(7쪽), 2.74%(22쪽, 26
쪽), 2.88%(63쪽) 등 서로 다르게 표시되어 있다. 이 착오는 하권 <정
오표>에 바로잡도록 표시되어 있다. 이것은 나중에 『경제조사월보』

이 있음에도 불구하고 별도의 경제개발계획을 수립했다는 것은 역설적으로 건설부 시안이 군사정권과는 관계없는 민주당 정권의 산물임을 반증하는 것이라고 할 수 있다.

5. 경제개발계획 관련 문건 분석

1) 「한국의 경제개혁에 관한 각서」의 내용

장면 국무총리는 1960년 10월 4일 경제개발계획 의지를 표현한 「한국의 경제개혁방책에 관한 각서」라는 외교문서를 미국 국무장관 허터(Christian A. Herter)에게 보냈다. 이 문건은 김영선 재무부 장관의 지시에 의해 이기홍 부흥부 기획국장이 작성하여 국무총리의 결재를 받은 것이다. 차균희 부흥부 차관은 미국을 방문했을 때 이 문건을 미국에 전달했던 것이다. 이 사실은 '한국의 경제적 도약을 위한 탄원'이라는 이름으로 홍콩의 영문 잡지에 보도되었다.[83] 이 문건은 제2공화국의 경제개발계획에 대한 의지를 대외에 알리는 문건이었다고 볼 수 있다. 미국에 수교된 각서는 머리말과 맺음말을 포함하여 5개 장으로 구성되었다.[84]

에 활자화되어 발표될 때에는 그 동안 인구 통계의 부정확성 때문에 많은 어려움을 겪었다고 하면서 2.88%로 통일되어 표기되었다. 이러한 점은 건설부시안이 과거의 작업성과를 엄밀한 검토없이 그대로 편집했다가, 그 후에 오류를 발견하여 <정오표>를 추가했다가 활자화될 때 최종 수정한 결과로 생각된다. 건설부, 1961. 5, 『제1차 5개년 경제개발계획(시안)』.

83) 이기홍, 1999, 『한국근대화의 숨은 이야기』, 보이스사, 259~262쪽 ; 「한국의 경제개혁에 관한 각서」『부흥월보』6~9(1960. 9·10), 9쪽.
84) 「한국의 경제개혁방책에 관한 각서」『부흥월보』6~9(1960. 9·10.), 9~

머리말에서는 그 동안의 미국원조 정책에 대한 포괄적인 재검토가 필요함을 강조했다. 원조가 소비재 중심이어서 산업기반을 조성하는 기초사업 부문에 대한 개발 사업 투자는 적었다는 것이다. 그러면서 신정부는 한국경제를 '개발의 도약단계'에까지 밀어올리고자 하고 있으며 이에 필요한 비용을 최대한으로 자신이 부담할 결심이 서 있음을 밝혔다.

2장 「한국경제의 특성과 구조적 불균형」에서는 한국경제의 문제점으로 실업자 문제, 농촌의 빈곤, 거액의 무역 적자, 만성적 인플레이션, 공공행정의 난맥상, 국방비의 과중한 부담, 빈약한 사회기반 시설 등 7가지를 열거했다.

3장 「경제적 제 애로에 대한 제반 시책」에서는 이러한 문제에 대한 대책을 제시했다. 실업자 대책으로서는 노동집약적인 산업기반 건설, '국토건설봉사단(가칭)' 설치, 중소기업 육성 등을 제시했다. 농촌 대책으로는 '농촌개발청'을 설치하여 지역사회개발 사업을 추진하겠다고 했다. 국제수진 개선을 위해서는 저렴한 노동력을 이용한 수출 진흥에 힘쓰며 광산물 수출과 외자 도입을 연계하고, 한일 관계 정상화를 도모하겠다고 했다. 이어 인플레이션 대책, 공공행정 개혁, 사회기반 시설 확충 등에 대해 언급했다.

여기서 제시된 대책 중에서 가장 주목할 만한 것은 국방 대책이다. 신정부는 국방비 지출을 절약하여 5만명 정도의 감군을 단행하겠다고 했다. 그리고 미군이 한국에서 군납을 증진시켜 줄 것을 요청했고, 군인에게 직업훈련을 실시하고 군인을 건설 인력으로 활용할 계획임을 제시했다.

4장 「자본 소요액」에서는 한국경제가 전후 복구에서 성장과 개발의 시대로 접어들었음을 강조했다. 그리고 과감한 경제개발계

24쪽.

획을 조속히 추진하여 한국경제를 도약 단계로 끌어올려야 할 당위성을 역설했다. 이를 위한 원조나 차관을 요청했다. 경제개발을 위한 시설 투자는 5년간 4억 2천만불이 소요되는데, 이 중 년간 2천만불은 방위지원 자금으로 6천만불은 특별증여나 차관으로 제공해 줄 것을 요청했다. 또한 부패 방지를 위한 공무원의 봉급 인상과 공무원 감원 등 행정개혁을 성공적으로 추진하기 위해 경제안정이 필수적이라고 하면서 경제안정기금으로 2년에 걸쳐 8천만불의 증여 원조를 요청하였다.

이 각서는 원조 요청에 중점을 둔 것이라고 볼 수 있다. 그러나 여기서는 이미 5개년의 경제개발계획이 언급되고 있고, 경제개발이 산업기반 시설 건설에 집중할 계획을 세우고, 내자 동원을 위해서는 국방비 감축을 계획하고 있음을 밝혔다. 그리고 당면 문제로서는 실업자와 농촌 빈곤의 문제를 크게 의식하고 있으며, 구체적인 사업 계획으로서는 국토건설사업 실시, 중소기업 육성 방침, 노동 집약적 산업 육성, 국제수지 개선 등 경제개발계획의 대체적 골격이 언급되고 있음을 알 수 있다. 그리고 경제개발 자금을 주로 미국의 원조나 차관으로 충당할 계획임을 보여 주고 있다.

2) 「경제개발 5개년계획 수립요강」 분석

1961년 2월 산업개발위원회에서는 「경제개발 5개년계획 수립요강」이라는 문건을 작성했는데, 이것은 제2공화국의 <제1차 5개년 경제개발계획>의 기본적 토대가 되었다. 이것은 등사판으로 인쇄된 내부 문건으로 21쪽으로 구성되었으며, 미국인 경제고문 찰스 울프 박사의 주요 검토 자료로 활용되었다. 필자는 한국개발연구원에 마이크로필름으로 소장된 것을 복사하여 참고하였다.

이 문건은 「신 장기 개발계획 작성의 필요성」, 「구 3개년 경제계획의 작성방법에 관한 반성」, 「신 장기 개발계획의 지침」, 「신 장기 개발계획의 계획작성방식」 등 4장으로 구성되었다. 산업개발위원회에서는 과거의 경제개발계획 관련 자료를 비판적으로 검토한 바탕 위에서 신경제개발계획의 지침과 방식을 마련했던 것이다.[85]

1장 「신 장기 개발 계획작성의 필요성」에서는 '4월혁명에 의하여 성립된 신정부가 한편으로는 민주적 정치체제의 기반을 강화하고 또 한편으로는 경제제일주의에 의한 경제발전의 급속한 추진을 기도하고 있음은 공지의 사실이다'는 말로 시작했다. 그리고 후진경제의 초기 발전단계에 있어서 '정부의 계획적 유도'가 중요함을 강조했고, 정부의 개발계획과 경제행정은 일관성과 종합성을 요하므로 '종래와 같은 무정견하고 할거주의적인 행정 방식으로는 소기의 성과를 거두기 어렵다'고 했다. 이어서 '장기경제계획은 경제제자원의 합리적인 배분을 가능케 함으로써 급속한 경제발전을 촉진하는데 반드시 필요하다'고 했다. 여기서 장기경제개발계획은 정부의 계획에 의한 급속한 경제발전을 추구한다는 방향이 제시되어 있다.

급속한 경제발전의 필요성으로 거론되는 이유는 두 가지인데, 첫째는 한국의 국민소득이 세계에서 가장 낮은 편에 속한다는 점이고, 둘째는 자본재 설비와 산업구조에 있어서 북한보다 열등하

---

85) 산업개발위원에서 과거의 경제개발계획을 검토한 문건은 「장기경제개발계획을 위한 제시도」라는 제목으로 『경제조사월보』 6~3(1961. 3), 2~13쪽에 수록되어 있다.

다는 점이었다. 국민의 생활 수준을 향상을 위한 것이 첫 번째 필요성으로 제기되었고, 그 다음으로 북한 경제보다 우위에 서야 한다는 것이 두 번째 필요성으로 강조되었던 것이다.

2장「구 3개년 경제계획 작성방법에 관한 반성」에서는 '우선 과거의 경향치를 산출하는 기준기간이 된 과거 6년간은 기간이 짧고 전후의 부흥 과정이었기 때문에 한국경제의 정상적인 상태로 볼 수 없다'고 했다. 이승만 정권의 <경제개발 3개년계획>은 '각부문의 균형적 성장이란 형식에 치우쳐서 경제의 동태적인 면이 경시되었고, 정부의 주체적인 의욕을 표시하기에는 미흡한 점이 있었다'고 비판하였다. 그리고 그것은 '과거의 경향치를 연장하여 장래에의 추세선을 상정하는 방법'에 지나지 않는다고 평가하면서 '기본적인 애로부문 타개에 중점을 두는 것이 한국경제 계획 수립 방침에 요구된다'고 하였다. 과거의 경제개발계획이 있음에도 불구하고 장기경제개발계획을 다시 작성해야 하는 이유를 밝힌 것이다.

3장「신 장기 개발계획의 지침」에서는 경제개발계획의 방침과 중점 분야에 대해 서술하였다. 우선 '신 장기개발계획은 정부 자체가 직접적인 정책수단을 보유하는 부문에 계획의 중심을 두고 그것이 민간 부문에 미치는 누적적 파급 효과와 아울러 민간 부문의 자발적 활동을 기대하며 이것에 필요한 유도정책을 감안하기로 한다'는 방침을 밝혔다. 여기서 정부는 산업기반 구축에 중점을 두고, 나머지 부분은 민간 기업이 주도하는 형태로 계획을 추진한다고 했다. 정부와 민간 기업의 역할 분담에 대해 언급하고 있는 것이다.

신 경제개발 5개년계획의 중점을, 첫째 전력, 석탄 등 전략적 부문에 대한 중점 투자를 통한 산업 기반 구축, 둘째 유휴자원을 최대한으로 활용한 국토 개발과 고용 확대, 셋째 농업생산력의 증대를 통한 국민경제의 구조적 불균형 시정에 둔다고 하였다. 그리고 비료, 시멘트, 인견사, 정유 및 철강 등 수입대체산업을 건설하여 국제수지를 개선하며, 국토건설사업을 종합적 국토개발계획으로 발전시키며, 다각영농과 농업협동조합 육성, 도로·항만·통신·상하수도·주택 등 사회기반시설의 병행 추진 등을 열거하였다.

마지막으로 「신 장기 개발계획의 계획작성 방식」에서는 '제1차 5개년계획은 한국 경제의 기본적 애로부문 타개를 꾀하는 요소공격식 접근 방법에 그 중점을 둘 것'이라고 했다. 구체적 작성 방법은 먼저 계획 기간 중의 연차별 투자계획량을 책정한다는 것이다. 그리고 이에 따라 '전략 부문의 성장 곡선을 상정한 후 누적 방식으로써 연차별 소요 투자액과 고용 증대량의 최적 규모를 산출하는 동시에 여타 부문에 있어서는 변량 간의 상관 관계를 거시적으로 파악하여 국민경제 총체로서의 적정 성장 과정을 추정하고자 하는 방식을 취한다'고 했다. 이 방식에 따르면, 경제개발계획 작성에 가장 중요한 것은 계획기간 중의 연차별 투자 계획이며, 그 결과에 따라 목표 연도에 얼마나 성장할 것인가에 달려있다고 볼 수 있다. 이 계획은 제2공화국에서 독자적으로 설정한 계획에 의거하여 작성하겠다는 것이다.

그런데 산업의 부문별 계획을 작성하는데 필요한 수치는 기존의 <경제개발 3개년계획>에서 사용되었던 것을 최대한으로 활용하겠다고 했다. 과거의 경제개발계획을 비판하고 새로운 계획을 작성하면서도 과거의 계획에서 유용한 자료를 활용하겠다는 것이다.

1961년 2월 <경제개발 5개년계획 수립요강>을 작성한 부흥부 산업개발위원회에서는 이것을 울프 박사에게 보여 자문을 구했다. 태완선 부흥부 장관은 1961년 3월 4일 찰스 울프 박사에게 수립 요강에 대한 정밀하고 충분한 평가를 요청하면서, 2가지 사항에 대해 특별한 의견을 구했다. 첫째, 불균형 성장 전략과 균형 성장 전략에 대한 이론적 평가를 요청했다. 둘째 정부의 경제 기구 개편안에 대한 평가도 요청했다.[86) 이것은 산업개발위원회에서 이미 확정된 상태에 있는 불균형 성장 전략과 경제기구 개혁안에 대한 평가를 요청한 것이었다.

울프는 1961년 3월 28일 보고서를 제출하였는데, 그 제목은 「한국 경제개발 5개년계획에 관한 관견」으로 모두 4편으로 구성되어 있다.[87) 울프의 견해는 제2공화국의 경제개발계획 수립에 대부분이 반영되었다. 따라서 자세하게 소개할 필요가 있다.

제1편 「한국 경제현황과 신 오개년계획」에서는 한국 경제의 경제성장률에 대해 언급하면서 저성장 사실보다는 성장률 저하 현상을 역전시키는 것이 급선무임을 강조했다. 또 북한과의 경쟁을 지나치게 의식하기보다는 국민의 복지와 만족도에 유의해야 한다고 하였다. 국민 소득에 대한 우선적 고려는 수립 요강의 취지와 같은 것이다. 그는 한국의 시장 기능의 불완전성과 경직성을 극복해야 한다는 점을 특히 강조했다. 그는 한국인들이 과도한 국방비 부담과 미국의 소비재 중심의 원조 정책에 불만을 품고 있는데 대해 비판적 의견을 피력했다. 그리고 1957년부터 1960년까지 도매물가 지수가 20% 이상 상승되었음을 지적하면서, 경제개발을 위해서는 물가의 안정이 필수적임을 강조하였다.

---

86) 찰즈·울프, 1961, 「한국 경제개발 5개년계획에 관한 관견」 부록 1 『경제조사월보』 3월호, 25쪽.
87) 찰즈·울프, 앞의 글, 14~59쪽.

그의 입장은 감군을 통해 국방비를 절감하여 이것을 경제개발
계획 자금으로 사용하려는 의도를 경계하는 것이었다. 또 과도한
투자를 통해 급속한 경제성장을 추구하는 의도를 견제하면서 물
가안정에 바탕을 둔 적정 규모의 성장을 추구해야 한다고 제안했
던 것이다.

제2편 「균형 성장 대 전략부문 중점 성장(불균형 성장) 개념의
평가」에서는 불균형 성장이론을 집중적으로 소개했다. 로스토우
(Rostow)의 역사적 관점에서의 불균형 성장이론, 자원부족을 강조
하여 희소자원의 특정 부문 집중 투자를 강조하는 싱가(Singer)의
이론, 경영 능력과 판단 결정 능력의 부족으로 인해 특정 부분에
중점을 두어야 한다는 허쉬만(Hirschman)의 이론을 소개했다. 그러
면서 울프는 싱거와 허쉬만의 불균형성장 이론이 한국에 타당하
다고 했다. 집중 투자해야 할 분야로 '동력'과 '농업'을 추천했다.

이것은 산업개발위원회에서 채택한 불균형 성장 전략에 찬성
을 표시하는 것이었다. 그러나 그는 여기에 단서를 달았다. 경제
개발이 인플레이션을 유발하는 것을 경계해야 하며, '자립적 경
제성장의 달성'이라는 목표를 1차에서 달성하려고 해서는 안된다
는 것이다. 경제성장을 서둘지 말고 장기적인 계획 하에 점진적
으로 추진하라는 것이다.

제3편 「'신 경제개발 5개년계획 작성 요강'에 대한 몇 개의 제
안」에서는 먼저 1961년을 준비 연도로 하고, 1962년을 계획 시작
연도로 할 것을 제안했다. 이어서 8개 항목에 걸쳐 자신의 의견을
제시했는데, 중요한 대목은 다음과 같다. 첫째 1차 5개년 계획 말
에 도약 단계로 진입하겠다는 성급한 계획을 세워서는 안된다.
둘째, 성장률의 목표는 현실적이고 의욕적이면서 북한 경제를 앞
서는 것이어야 한다. 계획기간 동안 연평균 성장률을 5% or 5.5%

정도로 할 것이며, 1차 연도 4%에서 최종연도 6% or 6.5%로 책정해야 한다. 셋째 자본 투자를 1960년의 13%에서, 1차 13.5%, 2차 13.5~15%, 3차 15~16%, 4차 16.5~18%, 5차 18~19.5%로 수준으로 증가해야 한다. 투자에서는 외국의 원조가 감소되는 것을 감안하여 국내 조세와 국내 저축의 증가에 중점을 두어야 한다고 했다. 그리고 군대를 국토건설사업 등 경제개발 사업에 동원할 것을 제안했다.

그의 제안은 미국의 원조에 의존하거나 국방비 절감에 의한 재원 마련을 지양하고 조세 증수와 저축 증가를 통해 내자 동원에 중점을 두라는 것이었다. 스스로 재원을 마련하여 경제개발계획을 추진하라는 것이 그의 요지였다고 할 수 있다. 따라서 경제성장률을 높게 책정하지 말고 5% 내외의 적정 수준에서 설정하라는 것이었다. 그가 이러한 점들을 강조한 것은 역으로 산업개발위원회 위원들이 급속한 경제성장을 추구하고 있으며, 그에 필요한 재원을 국방비 절감이나 미국의 지원을 통해 해결하려는 의지를 갖고 있었음을 반증하는 것이다.

제4편 「한국의 경제계획기구 개편을 위한 제안」에서, 그는 제2공화국의 경제계획기구 개편안에 대해 인도식으로 각료급으로 구성된 계획위원회 설치를 제안했고, 경제계획청과 같은 별도의 독립된 평가국을 둘 것을 제안했다.

지금까지의 연구에서는 이러한 울프의 제안을 한국측에서 거의 그대로 수용한 것으로 평가하였다. 특히 그의 안정 성장론은 민주당의 <제1차 5개년 경제개발계획>의 기본적 논조가 된 것으로 이해되었다. 그것의 계량적 지표는 그가 제안한 연평균 경제성장률 5~5.5%가 제2공화국의 계획에서 추구한 5.6%와 유사하다는 점이었다.[88] 그러나 불균형 성장 전략과 전략 부문의 선정은 이미 확정된 방침을 울프로부터 확인 받은 것이었다. 그리고 제2공화국의 성장률 5.6%라는 수치는 계획기간 5년간의 연평균 경제성장률이 아니라 기준연도인 1959년부터 목표연도인 1962년까지 8년간의 연평균 경제성장률이다. 민주당 정권에서 계획한 계획기간 5년간의 연평균 경제성장률은 6.1%로서 울프가 제안한 성장률보다 0.5%~1.1%까지 높게 책정한 것이다.[89] 제2공화국 경제개발계획은 울프가 제안한 안정적 성장 의견을 수용하는 형식을 취했다. 그리고 투자 계획도 그의 제안대로 작성했다. 그러나 산업개발위원회에서는 울프가 제안한 계획 기간 중의 연평균 경제 성장률 5% 내외보다 높은 6.1%를 설정했다. 이것은 안정 성장을 바라는 울프의 의견을 수렴하면서도 산업개발위원회가 추구하는 급속한 성장을 추진하려는 의지를 반영한 것이다. 그리고 국방비 절감을 통한 투자 재원 마련 방안은 울프의 의견을 받아들였다. 최종계획에서는 '방대한 군사력의 유지'를 전제로 해서 입안되었다.

미국 경제협조처에서는 울프의 견해가 미국의 정책을 그대로 대변하는 것이라고 평가했다. 미국측에서는 울프가 제안한 5% 성장도 지나치게 낙관적인 수치가 아닌가 의심하였다. 미국측으로서는 미국의 원조자금의 확대를 필요로 하는 고도 성장을 달가와 하지 않았던 것이다.[90]

---

88) 기미야 다다시, 이완범, 박진희, 박태균 등의 기존의 모든 연구는 이 점을 자명한 사실로 받아들였다.

89) 건설부, 1961, 『제1차 5개년 경제개발계획(시안) 상』, 5쪽, 27쪽에는 기준연도 기준으로 5.6% 성장을 계획했다고 했고, 88쪽에는 계획기간 중의 연평균 성장률을 6.1%로 책정했음을 밝혔다.

90) 헨리 샤벨(USOM 기획국 경제고문관), 1961, 「울프 박사 보고서에 대한 논평」『경제조사월보』 3월호, 61~62쪽.

울프 박사의 보고서에 대해 한국측 인사들은 비판적으로 평가했다. 농업은행 조사부장 서경호는 불균형 성장이론의 효율성에 대해 의문을 제기했고, 5.5%의 성장을 위한 재원 확보가 가능한가에 대해 의문을 제기했다. 산업은행 조사부장 이병언과 한국은행 조사부 차장 안종직은 그의 불균형 성장 전략에 원칙적 찬성을 표하면서도, 한국에서 과도한 국방비 부담이 문제가 아니라는 그의 견해는 한국의 상황을 제대로 이해하지 못한 것이라고 비판했다.[91]

3) 건설부 시안의 내용 분석

제2공화국에서 입안한 <제1차 5개년 경제개발계획>은 앞서 살펴보았듯이 1961년 5월 건설부 시안이라는 형태로 완성되었다. 등사판으로 인쇄된 이 책자는 국판 상, 하 2권으로 되어 있으며, 상권 396쪽, 하권 717쪽 모두 1,113쪽에 달하고 있다.『경제조사월보』에 활자화되어 수록된 문건의 분량은 부록 포함하여 9쪽에서 190쪽까지 182쪽이다. 이 경제개발계획은 제1부「총설」, 제2부「계획의 내용」, 부록 3부분으로 구성되었다.

제1부「총설」은 7개의 장으로 나누어 경제개발계획 수립 배경, 목적, 방법 등에 대해 서술했다.

제1장「신 장기 개발계획의 의의와 성격」에서는 제일 먼저 대

---

91) 1961,「울프 박사 보고서에 대한 논평」『경제조사월보』 3월호, 60~61쪽 ; 안종직은 중점 투자 부문으로 농업을 선택한 것에 대해서는 수긍할 수 없다고 하였다.『경제조사월보』에 울프 박사의 보고서에 대한 찬반 논평이 게재되었음을 볼 때, 산업개발위원회 위원에서도 비슷한 논의가 진행되었을 것으로 짐작된다.

한민국헌법 제84조에 나타난 대한민국의 경제 이념에 대해 언급했다. 대한민국의 경제질서는 사회정의의 실현과 균형있는 국민경제의 발전을 추구하는 것을 기본으로 한다고 하였다. 이로써 장기경제개발계획은 헌법 정신에 바탕을 둔 것임을 밝혔다. 그리고 계획의 의의는 '국민생활의 균등한 향상을 기하는' 것이며, '복지국가 창조라는 國是의 지상명제'임을 강조했다. 경제개발계획의 궁극적 목적이 국민생활의 향상임을 강조하였던 것이다. 5·16군사정변 직후인 5월말 헌정질서가 문란해진 상황에서 대한민국 헌법 정신을 강조한 것이 예사롭지 않다.

이어 '계획의 성격'이 '지도받는 자본주의체제'임을 다음과 같이 밝혔다.

> 한국경제체제는 자유기업제도와 정부에 의한 경제정책의 병존이며 이는 곧 지도받는 자본주의 체제인 것이며 혼합경제 체제를 지향하고 있는 것이다. 혼합경제의 방도는 기업의 자발적인 계산과 그에 따르는 결의를 고도로 존중하며 이에 모순없이 계획의 주체인 정부가 간접적인 통제 방법을 채용한다. … 여기에서 필연적으로 요청되는 계획 성격의 중대한 역점은 다부문 균형적인 성장지향 방노를 포기하고 후진 국가의 특색인 전략적인 애로 부문을 우선 타개하는 요소공격식 접근방식을 시도하기 위하여 정부투자계획을 중점적으로 배정하기로 하였다. … 여기에 따라 국가가 직접 그 실현수단을 보유하는 정부 공공부문에 대하여는 가급적으로 주체적이며 실행가능성이 있는 계획을 작성하고 기본적으로 그 활동을 기업의 창의와 연구에 기대할 민간 부문에 대하여는 예측적인 것으로 입안하여 그 방향을 최대한 효율적으로 유도하게 한다.[92]

이 부분은 민주당안의 경제개발계획의 성격을 집약적으로 나타내고 있다. 여기서 혼합경제 체제 혹은 지도 받는 자본주의 체

---

92) 건설부, 1961. 5, 『제1차 5개년 경제개발계획(시안) 상』, 4~5쪽.

제를 지향하면서 특정 부문에 집중적으로 투자하는 불균형 성장 전략을 채택하였음을 말하고 있다. 그리고 정부와 민간 부문의 역할에 대해서는 전략적인 공공 부문은 정부가 주도하고 기타 부문은 민간이 주도하되 정부가 유도하는 정책을 취한다는 것이다. 1961년 2월에 작성된 「수립요강」과 일치하고 있는 것이다.

제2장 「한국경제의 성장과정」에서는 6·25전쟁 이후 1953년부터 1960년까지의 경제 성장 과정을 개관하였다. 여기서 연평균 4.7% 성장률을 기록했는데, 1957년 이후에는 성장률이 저하되는 경향이 있음을 지적했다.

제3장 「계획 작성의 전제」에서는 인구성장률이 매년 2.88%로 높다는 것과 남북문제 및 외교 관계에 대해 언급하였다. 자유 진영의 일선 교두보로 방대한 군사력을 유지할 수밖에 없는 상황에서 미국이 원조 공여 방식에서 차관 방식으로 정책을 전환하고 있음을 지적했다. 여기서 외국으로부터의 차관 및 민간 외자 도입 필요성이 강조되고 일본과의 선린 외교가 강조되었다. 또한 실업자 문제를 감안할 때 기술 집약적인 산업보다는 노동집약적 산업에 주목해야 한다고 했다.

방대한 군사력의 유지가 기본적 전제로 되고 있는 것은 당초 민주당 정권에서 추진했던 감군 정책이 포기되었음을 뜻한다. 울프 박사의 보고서에 살펴보았듯이, 미국측은 국방비 절감을 통한 경제개발계획 재원 조달이라는 민주당 정권의 계획에 대해 부정적이었다.

제4장 「계획의 목표와 경제성장의 전망」에서는 경제성장의 목표에 대해 서술했다. 우선 성장률에 대해서는 기준연도인 1959년으로부터 목표연도인 1966년에 이르기까지 연평균 5.6%(복리)를 달성하고자 한다고 했다. 이 목표는 과거의 성장률이 5.1%임을

감안할 때 국민과 정부의 비상한 노력이 필요한 것이지만, 달성 가능한 목표임을 강조했다. 국민총생산은 기준연도로부터 목표연도까지 46.8%의 성장을 이룩하는 것으로 책정했으며, 계획기간 중의 산업별 구성비를 제1차 산업 38.5%에서 34.3%로, 제2차 산업 20.1%에서 27.8%로, 제3차 산업 41.4%에서 37.9%로 함으로서 공업화 위주의 성장 전략을 채택했음을 밝혔다. 그밖에 국민총생산에 대한 지출 계획 및 분배 국민소득의 성장에 대해서도 서술했다.

제5장 「정부의 기능과 주요정책」에서 먼저 정부의 기능에 대해서는 정권의 교체에도 불구하고 '민주공화의 국체'는 불변임을 강조했다. 따라서 '경제과정에 대한 정부의 위치 내지 기능은 어디까지나 자유경제적 질서를 지반으로 한 경제계획의 범주를 벗어날 수 없다.'고 하였다. 그리고 한국적인 정치 사회적 상황을 언급하면서 경제 발전을 위해서는 정부의 '영도력'을 갖춘 제도개혁방안이 포함되어야 함을 강조했다. 다음으로 5개년계획의 기본적 과제 5가지를 선정했는데, 이 다섯 가지는 앞서 수립요강에서 제시한 바와 동일하였다.[93] 여기에다가 민간부문에 대한 유도정책으로 조세정책, 신용정책, 가격정책의 중요성을 언급하면서 중소기업 육성의 중요성을 강조했다. 끝으로 정책방향에 대해서는 산업정책, 농어업생산력의 발전, 화폐정책, 국제수지의 개선 4부분에 대해 설명했다.

제6장 「행정조직과 제도상의 개선방향」에서는 행정조직의 개

---

93) 정부 주도의 산업 기반 조성에 대해서는 1) 에너지 공급의 확보, 2) 비료, 시멘트, 철강, 인견사, 정유 공장 등의 기초산업 시설의 확충, 3) 농업생산력의 발전, 4) 유휴자원, 특히 유휴 노동력의 이용(국토건설사업), 5) 사회자본의 확충 : 철도, 도로, 항만 등 수송력의 강화나 통신시설의 확충 등 5가지를 제시했다.

편, 제도상의 개선, 범국민운동의 추진 등 3부분으로 나누어 기술했다. 행정조직에서는 국가의 종합적인 경제계획을 총괄하는 중앙 종합경제계획 기구를 설치하며, 경제를 관리하고 경영과 기술을 지도하는 산업관리본부를 설치하고, 국토건설사업을 포함한 종합국토개발사업을 일원적으로 담당할 국토건설부 설치를 제안하고 있다. 제도상의 개선점으로서는 농어업 부문에서는 생산협동조합을, 광공업 부문에서 중소기업협동조합을 조직하여 중소기업 육성 정책을 추진해야 함을 강조하였다. 기술 축적과 교육제도와의 관계에 대해서는 흥미있는 제안을 했는데, 저급 기술자의 대량 양성이 필요하므로 대학 특히 인문과학 계통의 양적 축소를 기하고 중·고등학교 수준에서의 기술 단기 과정의 필요성을 강조했다.

이 계획에서 주목되는 것은 사회문화적 제약 요인을 없애기 위해 범국민운동을 전개해야 한다고 강조한 점이다. 경제개발을 단순한 경제 정책의 수준에서가 아니라 사회를 전반적으로 혁신하기 위한 국민운동의 형태로 추진되어야 한다는 점을 인식한 것이다. 직장별, 지역별 국민운동 단체를 조직하여 경제발전에의 자발적이고 적극적인 참여가 집단적으로 이루어지고 이것이 사회 전체로 확대되어야 함을 강조했다.

제7장「계획 작성의 방법과 모형」에서는 이승만 정부에서의 3개년계획의 균형 성장 정책을 비판하고 불균형 성장 전략을 채택했음을 밝혔다. 이 부분은 이 계획의 특징을 잘 요약하고 있다.

구 3개년계획 작성 방법이 가지는 전기와 같은 비현실성을 양기(揚棄)하면서 한국경제가 당면한 기초 부문의 애로를 타개하여 장차 자립경제를 이룩할 수 잇는 기반을 조성하기 위하여 제1차 5개년계획에 있어서는 수 개의 기초적인 특정 부문을 선정하여 이를 적극적으로 발전시키는 방법을 택하였다. … 여기서 희소 자원을 집중시켜야 할 특정 부문이란 수익 체증을 가져오는 부문이나 또는 외부 경제를 조성하여 타 산업에 대한 투자를 자극시키는 부문을 말하는 것이다. 이와 같은 관점에서 제1차 5개년계획에서는 전력, 석탄, 비료, 시멘트, 화학섬유, 정유 그리고 농업 부문을 중점 부문으로 선정하였다. … 이들 제 부문을 전략 부문으로 선정하는데 있어서는 외부 경제 효과와 사회적 수익성 그리고 수입 대체도를 주로 고려하였다. … 그리하여 이들 부문에 대해서는 의욕적인 투자 계획을 세워 개별적인 성장 추세를 상정하였다.94)

이러한 방법에 의거하여 연평균 경제성장률을 6.1%로 책정했다. 이렇게 책정한 이유에 대해서는 '먼저 과거의 성장 추세에서 몇 개를 선정하고 이것을 인구성장 추세와 비교하여, 1인당 소득의 증대를 실현할 수 있는 수준에서 정하였다'고 했다. 이 결과 2.88%라는 높은 인구성장률을 감안하여 6.1%(계획기간 중 연복리 성장률)라는 의욕적인 성장률을 상정하게 되었다고 했다. 6.1%라는 성장률이 의욕적임을 강조하고 있다. 그리고 이 정도라야 국민소득의 증가가 실현될 수 있다고 한 것이다. 이 점에서 성장의 목표가 국민소득 증대에 있음을 분명하게 제시한 것이다. 이 수치는 앞서 살펴보았듯이 울프 박사가 제안한 계획기간 중의 연평균 경제성장률 5~5.5%보다는 0.5%~1.1% 높게 책정된 수치이다.

이하 제2부「계획의 내용」은 산업기반의 조성, 여타 부문의 예측과 유도정책, 재정금융의 적정 운영, 국제수지의 개선, 고용의 증대와 국민생활 수준의 향상 5개 장으로 구성되었다. 제1장「산업기반의 조성」은 국가가 직접 투자하는 부분으로 계획의 핵심을 구성한다. 여기서는 에너지 공급 확보, 기초 산업시설 확충, 농어업 생산력 발전, 유휴자원의 이용과 국토 보전, 사회자본의 확충 등의 방안에 대해 구체적으로 설명하였다. 다음 2장부터 5장 부

---

94) 건설부, 1961. 5,『제1차 5개년 경제개발계획(시안) 상』, 83~85쪽.

분에 서술된 계획 중에서 주목되는 것은 국토건설사업이 강조되고 있다는 점, 민간부문의 유도정책에서 중소기업의 육성 강화 정책이 강조되고 있다는 점이다. 그리고 국제수지 개선을 통해 대외 의존도를 줄여 자립경제를 실현한다는 계획을 세웠다. 끝으로 민주당의 경제개발계획은「고용증대와 국민생활 수준의 향상」으로 끝맺고 있다. 이는 계획이 국민생활의 향상에 목표를 둔 것임을 다시 한번 강조하고 있는 것으로 볼 수 있다.

국토건설사업은 1961년 3월부터 실제적으로 추진되고 있던 사업이었다. 제2공화국에서는 1961년을 '경제건설 출발의 해'로 정하고 그 구체적인 실천 사업으로 국토건설사업을 추진했다. 이것은 민주당 정권의 경제개발 의지를 대외에 보여준 것이었다. 이 구상은 이미 1960년 10월 장면 총리가 미국 국무장관에서 수교한 각서에서 이미 나타난 바였다. 그리고 이 사업은 1961년부터 시작하기로 한 경제개발 5개년계획이 늦어지면서 경제개발계획의 '예행 연습'으로 1960년 말부터 계획되어 1961년 3월부터 실천에 옮겨진 것이었다.[95] 국토건설사업은 출발부터 제1차 5개년 경제개발계획의 일환으로 시행된 것이다. 게다가『경제조사월보』1961년 2월호는「국토종합개발의 구상」특집호로 발행되었다. 여기에는 국토건설사업의 개요, 국토건설사업 관계 규정 및 토론 내용 등이 소개되었다. 뿐만 아니라 한국의 국토종합 개발계획안에 대한 구체적 내용 및 외국의 사례에 대한 연구 결과를 수록하였다.[96] 이때 연구된 국토종합 개발계획이 요약되어 경제개발계

---

95) 이기홍, 1999,『경제근대화의 숨은 이야기』, 보이스사, 269쪽.

96) 이 특집호에 수록된 논문의 제목을 살펴 보면 다음과 같다.「4294년 국토건설사업의 개요」,「국토건설사업 관계 규정」,「국토건설사업에 관한 토론 및 강연 요지」,「미공법 480호 제2관 계획 해설」,「한국의 국토종합개발에 관한 기본적 고찰」,「태백산 지역의 종합개발」,「목포·영산강의 종합개발계획」,「경인지구 및 한강 유역의 종합개발」,

획의 내용에 포함된 것이다. 이것은 제2공화국에서 경제개발계획을 실천하려는 의지가 분명하게 반영된 조치라고 볼 수 있다. 울프 박사의 의견에 따라 경제개발계획 시작 연도를 당초의 1961년에서 1962년으로 수정했으면서도, 그에 대한 대안으로 부분적으로 계획을 실행하고자 국토건설사업을 1961년부터 시작하게 된 것이다. 이 사업은 1회적 사업이 아니라 장기적인 종합국토 개발계획의 일부로 우선적으로 착수하는 사업으로 계획된 것이다.[97]

제2공화국의 경제개발계획에서 특징적인 것 중의 하나는 시장 기능의 회복을 통한 중소기업 육성책을 강조했다는 점이다. 계획에서는 민간 부문의 자발적인 참여를 기대하고 있고, 민간 부문에서는 중소기업이 가장 중요하다고 파악했다. 그리하여 민간 기업의 자유로운 경제활동이 가능하도록 시장 기능의 회복을 강조하고 있고, 중소기업의 보호 육성 방안에 많은 지면을 할애하고 있다.[98]

6. 제2공화국과 군사정부의 경제개발계획 비교

1961년 5·16 직후 군사정변 세력에서는 독자적인 경제개발계획안을 마련하고자 하였다. 국가재건최고회의에서는 건설부 시안을 검토했지만, 별도의 계획안을 마련하기로 하였다. 이에 1961년

「뉴딜 정책의 재음미」, 「화란 간척사업의 면모」, 「인다스강 유역의 종합개발」, 「일본의 국토종합개발계획」 등이다. 1961, 『경제조사월보』 2월호, 1~98쪽.

97) 1961, 「4294년도 국토건설사업의 개요」 『경제조사월보』 2월호, 4쪽.
98) 건설부, 1961. 5, 『제1차5개년 경제개발계획(시안) 상』, 295~324쪽.

7월 국가재건최고회의에서는 『종합경제재건계획(안)』을 발표했다. 이 안의 머리말에서는 '건설부에서 작성한 제1차 5개년 경제개발계획과 한국은행에서 작성한 장기종합 경제개발계획 및 기획위원회에서 작성한 장기개발계획을 분석 검토한' 바탕 위에서 작성되었다고 하였다.[99] 이어 경제기획원에서는 8월 초에 작업하여 2개월만인 10월 14일 계획안을 확정했고, 이것을 1962년 1월 <제1차 경제개발 5개년계획>으로 최종적으로 완성하여 발표하였다. 이것은 제2공화국의 경제개발계획을 토대로 작성된 것으로 최고회의안과 박정희의 지침이 기본 골간을 이루고 있다.[100]

1) 서술체제 비교

앞서 살펴보았듯이 제2공화국안의 등사판 인쇄본은 1,113쪽이며, 활자본은 182쪽이다. 이에 비해 국가재건최고회의안의 본계획안은 42개의 도표만 63쪽으로 편집했으며, 이에 대한 해설서를 별도로 간행하여 표에 대해 설명하는 방식으로 계획안을 작성했다. 「종합경제 재건계획(안) 해설」 책자는 국판 54쪽 분량의 활판인쇄 소 책자로 간행되었다.[101] 경제기획원에서 발행한 『제1차 경제개발 5개년계획』 책자는 국판 321쪽 분량이다. 이것은 쪽 당 글자 수를 계산하여 분량을 헤아리면, 제2공화국안보다 1/3정도 적은 분량이다.[102]

---

99) 국가재건최고회의 종합경제재건기획위원회, 1961. 7, 『종합경제재건계획(안) 해설』.
100) 박태균, 앞의 논문, 171~177쪽.
101) 국가재건최고회의 종합경제재건기획위원회, 『종합경제재건계획(안) 부속 제계획표』 ; 1961. 7, 『종합경제재건계획(안) 해설』.
102) 활자와 용지 크기를 비교할 때, 『경제조사월보』에 게재된 건설부 시

이러한 제2공화국과 군사정권의 경제개발계획의 양적 차이는 어디에서 나타난 것일까? 먼저 두 안의 목차를 비교해 보자. 두 계획의 목차를 비교하면 <표 1>과 같다.

<표 1>에서 보듯, 제2공화국 경제개발계획안의 목차는 상세한 데 비해, 군사정부의 계획은 매우 간략한 체제를 취하고 있다. 이것은 단순한 분량의 차이라기보다는 경제개발계획을 어떤 관점에서 어떤 방법으로 다루고 있는가에 대한 차이를 반영하는 것이다.

<표 1> 제2공화국 계획안과 군사정권의 계획 목차 비교표

제2공화국의 경제개발계획안	군사정권의 경제개발계획
제1부 총설 - 1	서문 및 발간사 - 3
제1장 신장기개발계획의 의의와 성격 - 1	1. 한국경제의 성장과정 - 11
제2장 한국경제의 성장과정 - 7	2. 계획작성의 방법 - 14
제3장 계획작성의 전제 - 22	3. 계획작성에 있어서의 가정 - 15
제4장 계획의 목표와 경제성장의 전망 - 27	4. 계획의 목표와 방침 - 15
제5장 정부의 기능과 주요정책 - 45	5. 계획의 개요 - 18
제6장 행정조직과 제도상의 개선방향 - 73	1) 총가용자원과 그 처분 - 18
제7장 계획작성의 방법과 모형 - 80	2) 경제성장과 산업구조 - 19
제2부 계획의 내용 - 97	3) 인구, 노동력 및 고용 - 20
제1장 산업기반의 조성 - 97	4) 국민 총지출 - 20
제1절 '에너지' 공급의 확보 - 97	5) 분배국민소득 - 21
1) '에너지' 수급계획 - 97	6) 투자계획 - 22
2) 전력 - 104	7) 재정, 금융 - 25
3) 석탄 - 125	8) 국제수지 - 29
제2절 기초산업시설의 확충 - 155	6. 계획의 부문별 내용
1) 개설 - 155	1) 농림 · 수산 - 89
2) 화학비료공업 - 165	2) 광업 - 133

안 1쪽의 분량은 경제기획원안의 대략 2.5배 내외로 생각된다. 이 경우 대략 450쪽 분량으로 환산할 수 있는데, 이는 경제기획원안의 320쪽보다 1/3정도 많은 분량이라고 할 수 있다.

<부표> : 66개 본문내 삽입

<table>
<tr><td>

제3절 국민소득의 증가와 소비지출의 구조 - 391
제4절 국민생활개선의 방향 - 394(396쪽)
<부록> 표 224개 별책(1-717)

</td><td></td></tr>
</table>

제2공화국안은 장과 절마다 현상 분석에 입각한 목표 설정, 목표 설정의 근거, 목표 달성 여부, 그것이 경제에 미치는 효과 등에 대한 분석적 접근을 추구하고 있다. 따라서 과제 및 목표를 설정하기까지의 작업 과정을 소상하게 밝히고 있으며, 왜 그러한 목표를 설정하게 되었는가를 설명하는 데 많은 지면을 할애하고 있다. 새로운 전략에 의거한 최초의 계획 수립이라는 점에서 계획 입안자들이 매우 신중하게 그리고 학문적이며 분석적 자세로 접근하고 있다. 서술 문장도 상대방에게 서술의 타당성을 설득하고자 하는 논술형 체제이다.

이에 비해 군사정부의 경제계획은 목표의 내용을 일목요연하게 전달하는데 중점을 두었다. 그리하여 방향과 목표를 제시하고 내용 진술에 있어서는 번호를 부여하면서 간략하게 기술하는 방식을 취하였다. 예를 들어 경제기획원의 계획은 「한국경제의 성장과정」,「계획작성의 방법」,「계획작성의 가정」을 각각 8개, 6개, 5개 항목으로 나누어 각 항목별로 5줄 내외로 간략하게 서술했다. 이러한 서술 형식은 다른 부분에도 준용되었다. 따라서 도표를 제외한 서술 분량은 23쪽, 부표 중 서술 부분 포함 33쪽에 불과하다. 이는 전체 분량의 1/10 정도에 불과한 것이다. 제2공화국안의 경우, 서술 부분이 95쪽으로 전체 182쪽의 절반 이상을 차지하는 것과는 대조적이다.

국가재건최고회의안의 본계획안은 통계표와 도표 중심으로 편집한 소책자이다.『종합경제재건계획(안) 해설』책자에 포함된 도표는 모두 그래프로 처리되어 있는데, 이는 브리핑 용도로 천연색 그래프로 그려진 것을 흑백으로 인쇄하여 편집한 것으로 보인다.[103] 말하자면, 재건회의안은 경제 관련 도표를, 경제에 대해 잘 알지 못하는 사람에게 일목요연하게 해설하는 방식으로 작성되었던 것이다. 해설 책자 끝 부분에는 「약어 술어집」을 첨부하여 어려운 경제 용어에 대한 친절한 설명을 덧붙였다. 이 용어 해설 중 재미있는 부분은 민주당 정권안에서 '요소공격식 접근방법'이라고 표현한 것을 '요새 공격식 접근방법'이라는 군사 용어로 바꾸어 놓은 것이다. 그리고 그에 대해 설명하기를, '적의 요새를 집중적으로 공격하는 것'에 비유하여 설명하고 있다. 이것은 군사정권에서 경제개발 정책에 대해 어떤 식으로 접근하고 있는지를 상징적으로 반영하는 부분이라고 하겠다.

이러한 서술 방식의 차이는 경제개발정책에 대한 접근 태도 나아가 경제 철학과 사상적 차이를 반영한다고 볼 수 있다. 민주당 정권안은 위원회 위원들이 정책의 방향이나 사상적 기초에 대해서까지도 탐구 대상으로 삼고 있다. 말하자면 위원들의 재량 폭이 넓었다는 것을 말한다. 이에 비해 군사정권 안은 목표와 방향이 정해진 상태에서 그것을 실현하기 위한 방법에 중점을 두고 있다. 경제개발계획 입안 작업에 참여한 경제관료와 경제학자의 활동 범위와 성격이 다른 것이다. 민주당안은 현실 분석, 방향 및 목표 설정, 실현 방법의 선택 등 거의 모든 요소에 대한 분석적 탐구를 진행하는 비판적 지성으로서의 역할이 부여되고 있다. 이에 비해 군사정부안 입안 과정에서 경제관료와 경제학자의 역할

---

103) 국가재건최고회의 종합경제 재건기획위원회, 1961년 7월, 『종합경제 개건계획(안) 부속제계획표』; 1961년 7월, 『종합경제 재건계획(안) 해설』.

은 목표에 도달하기 위한 방법 탐구 혹은 어려운 경제 도표와 용어를 쉽고 명쾌하게 정리하는데 초점이 맞추어지고 있다. 말하자면 비판적 지성과 도구적 지성과의 차이에 준하는 것이다.

민주당 정권안은 중점 사업 목표 중심으로 접근하고 있다. 그리고 목표 설정이 경제발전의 내용으로 설정되어 있다. 계량화된 지표보다는 경제의 실질적 내용을 중점적으로 부각시키는 방법을 취했다. 왜 그러한 목표를 설정하게 되었는가의 이유와 배경 설명에 많은 지면을 할애하고 있다. 그러한 목표 설정이 현황 분석에 기초한 현실적인 것이며, 달성 가능한 목표임을 설득하는 논조로 서술되어 있다.

이에 비해 군사정권안은 계량화된 양적 지표 중심으로 계획을 작성했다. 그리고 그것을 과거의 실적, 그에 기초한 추세 및 경향을 예측하고, 그에 비해 목표가 얼마나 비약적인가를 부각시키기 위해 과거와 대비시키는데 중점을 두었다. 말하자면 홍보 또는 과시형의 성격이 농후한 것이다. 따라서 서술 방식과 중점이 과거에는 전혀 잘못되었던 바, 계획 추진에 의해 이상적 목표를 설정했다는 사실을 강조했다. 왜 그러한 목표를 갖게 되었고, 그것이 실천 가능한 것인가에 대한 배경이나 이유에 대한 설명은 거의 없는 편이다. 다만 과거와는 획기적으로 다른 목표이고 그 목표 달성을 통해 전혀 다른 경제가 된다는 점만이 강조되었다. 이것은 군사정권이 경제개발계획을 수립할 때, 과거와의 차별화에 중점이 두어졌음을 뜻한다.

2) 사상적 토대 비교

제2공화국의 경제개발계획은 대한민국 헌법으로부터 서술이 시작되었다. 헌법 정신에 근거하여 계획안이 마련되었음을 밝힌 것이다. 이에 비해 국가재건최고회의안은 국가재건최고회의 부의장 박정희의 지시에 의해 작성했다고 했고, 경제기획원에서 작성한 최종 계획에는 아예 작업의 법적 근거를 제시하지 않았다.

계획의 '성격'에 대해 민주당안은 '지도받는 자본주의 체제' 혹은 '혼합경제체제'를 지향한다고 했다. 그리고 과거 이승만 정부의 균형 성장 전략을 비판하고 공업화 중심의 불균형 성장 전략을 채택하였음을 밝혔다. 구체적으로는 공공 부문에서는 정부의 주도로 민간 부문에서는 유도하는 정책을 취한다고 했다. 이에 대해 군사정부의 계획에서도 '지도 받는 자본주의 체제'를 지향한다고 했다. 동일하게 '지도 받는 자본주의 체제'를 표방했던 것이다. 경제기획원의 계획에서 표방한 '지도 받는 자본주의 체제'라는 개념은 이미 제2공화국의 계획안에서 마련되었던 것이다. 다만 군사정부안에서는 정부의 주도적 역할을 크게 강조하였다. 기존의 경제정책의 실패 원인을 민간 기업의 자유에 맡기는 자유방임정책에 기인하는 것으로 판단했던 것이다. 그리고 두 계획이 모두 불균형 성장 전략을 채택하고 있는 점도 동일하다. 다만 국가와 민간 기업의 역할, 산업별 경중에 대한 구체적인 실천 방안에서는 차이가 있다.

그러나 두 계획의 더 큰 차이는 경제성장의 목적을 어디에 두고 있는가에 있다.

민주당안은 경제개발계획의 궁극적 목표를 국민생활의 향상을 통한 복지사회 건설에 두었다. 계획기간 중의 연평균 경제성장률을 6.1%로 '의욕적'으로 책정한 것은, 2.88%라는 높은 인구증가율을 감안할 때, 그 정도라야 1인당 국민소득이 조금이라도 증가할 수 있기 때문이라는 것이었다. 그러나 군사정부안에서는 국민 복지와 생활 수준의 향상이라는 명시적 목적과 명분이 사라졌다.

두 계획은 계획의 '가정 혹은 전제'에 대해 서술하였는데, 이 부분이 크게 상충되고 있다.

민주당안은 '계획 작성의 전제'를 다음과 같이 설명했다. 남한과 북한은 남북통일을 성취하여 단일민족이 되어야 한다. 따라서 남북이 하나의 경제단위가 되는 것이 민족적 당위라는 점을 기본적 전제로 제시했다. 그렇지만 동서 냉전 상황에서 부득이하게 남한의 독자적인 자립경제를 추구할 수밖에 없다는 것이다. 그리고 이웃나라 일본과의 선린 우호관계의 중요성을 강조했다. 또한 자유진영의 일선 교두보로서 방대한 군사력의 유지가 불가피함을 인정했다. 이것은 당초 감군을 통해 군사비를 절감하고 이를 경제개발에 투자하겠다는 방침이 바뀐 것을 뜻한다. 이렇게 군사비 부담이 과중함에도 미국의 군사원조는 줄어들기 때문에 외국으로부터 차관이나 민간 외자 도입을 증가시키는 방향에서 투자 재원을 확보하고자 했다. 이것이 무상원조 공여 방식에서 차관 방식으로 전환하는 미국의 정책을 존중하면서 자립의 힘을 배양하는 점에서도 부합한다고 했다. 또한 공업화에서 기술의 비약적 발전보다는 노동 집약적 산업의 육성을 통해 실업자를 줄이는 방향에서 추구할 것이라고 했다.

이에 비해 군사정부안은 '계획작성의 가정'으로 5가지를 거론했는데, 그 중 첫째와 둘째 항목이 반공에 관련된 것이었다. 즉 소련과 북한 괴뢰가 세계 적화를 목표로 군사력 강화와 경제 발전을 추구하고 있으며, 간첩 침략을 통해 남한을 적화하기 위해 광분하고 있다고 했다. 북한의 침략을 강조하고 있는 것이다. 바로 이러한 이유로 셋째와 넷째에서는 미국과 자유 우방 여러 나라가 한국의 경제적 자립과 방위력의 강화를 돕기 위해 '현재 수준 이상의 경제 및 군사 원조를 제공할 것이다'라고 했다. 반공정책을 명분으로 미국의 원조 증액을 기대하고 있는 것이다.

민주당의 경우에는 공산독재와는 다른 자유경제체제와 혼합경제체제를 계획의 전제로 삼고 있다고 했다. 그리고 한국은 자유 진영의 일선 교두보이므로 방대한 군사력 유지가 불가피하다고 했다. 그러나 북한과는 단일 민족임을 강조했고, 군사적 대치는 부득이한 것이라는 관점에 의거하고 있다. 이에 비해 군사정부는 북한을 한국의 적화에 광분하는 괴뢰 집단으로 규정하고 있다. 그리고 소련과 북괴가 끊임없이 침략하는 상황이라고 파악했다. 바로 그렇기 때문에 미국을 중심한 자유 진영이 한국에 대한 경제적 군사적 원조를 증대할 것이라고 기대한 것이다.

제2공화국의 경제개발계획은 대한민국 헌법에 명시된 국민의 균등한 경제생활과 국민의 소득 수준 향상을 궁극적 목적으로 하고 있다. 북한과의 경제 경쟁은 단일민족이지만 시대적 상황에 의한 부득이한 선택으로 인식되었다. 이에 비해 군사정권의 경제계획의 궁극적 목적에서는 국민의 소득 수준의 향상이라는 목표는 사라지고 북괴와의 경제전쟁에서 승리하는 점에 중점이 두어지고 있는 것이다.

3) 성장률 비교

지금까지 제2공화국과 군사정부의 경제개발계획의 성장률 목표치는 5.6% 대 7.1%인 것으로 알려졌고, 이를 근거로 군사정부의 계획이 의욕적인 고도성장을 추구했다고 해석했다.[104) 그러나 이것은 잘못된 비교이다. 앞서 보았듯이 민주당안의 5.6% 성장률은 기준연도 1959년부터 1966년까지 8년간의 연평균 경제성장률이다. 계획기간인 5년간의 연평균 경제성장률은 6.1%인 것이다. 군사정권의 7.1%는 1962년부터 1966년까지 5년간의 연평균 경제성장률이다. 군사정권에서는 이 수치만 언급하였다. 기준연도부터 목표연도까지의 연평균 성장률에 대해 군사정권의 경제계획에서는 어디서도 언급되지 않고 있다. 왜 군사정권에서는 연평균 경제성장률 7.1%만 강조하게 되었을까?

연평균 경제성장률을 계산하는 관행적 방법은 기준연도와 목표연도 대비 성장률을 계산하는 것이다. 따라서 이승만 정부의『경제개발 3개년계획』과 민주당 정권의『제1차 5개년 경제개발계획』에서는 공통적으로 성장률을 계산할 때, 기준연도로부터 목표연도까지의 경제성장률은 제시하였다. 이러한 기준에 의해 3년계획은 기준연도인 1958년부터 목표연도 1962년까지 5개년의 평균 5.2%(복리)를 책정했고, 민주당안은 5.6%(복리)를 제시했던 것이다.

그런데 군사정권의 계획에서는 성장률 계산 방법이 달랐다. 우선 기준연도를 민주당안의 1959년과는 달리 가장 가까운 연도인 1960년으로 한다고 했다.[105)

기준연도의 설정 변화가 의미하는 바가 무엇인가? 기준연도 설정의 의미에 대해『경제개발 3개년계획』에서는 다음과 같이 말하고 있다.

기준연도의 결정은 대단히 어렵다. 안정된 계획을 계속적으로

---

104) 기미야 다다시, 앞의 논문, 49쪽 ; 박태균, 앞의 논문, 171쪽 ; 이완범, 앞의 논문, 76쪽.
105) 경제기획원, 1962,『제1차경제개발 5개년계획』, 14쪽.

실현시키기 위하여는 경제변동의 기복이 적은 안정된 연도를 택하여야 한다. 만일 단순히 특정한 연도를 기준으로 한다면 그 연도의 경제규모의 대소가 그대로 차후 연도까지 파급되며 계획 달성의 비교를 어렵게 만들며 더욱이 단기적인 경제변동의 영향이 장래에까지 반영되어 정확한 계획의 실현을 저해할 염려가 있을 것이다.106)

그러나 과거의 경우 적절한 기준연도가 없기 때문에 근접 연도인 1958년을 기준으로 택하였다고 했다.

어느 해를 기준 연도로 정할 것이냐는 문제는 경제 계획 수립에 있어 중요한 의미를 갖는다. 이러한 의미에서 제2공화국의 계획에서는 1959년을 기준연도로 설정하였다. 그 이유를 다음과 같이 밝혔다.

계획의 기준연도를 1959년으로 한 것은 동연도가 과거 연도나 차후 연도에 비하여 가계, 기업, 정부의 경제 활동 분야에 있어서 비교적 안정적 요소를 갖추었고 특히 계획 작성의 기본 자료인 국민총생산액을 비롯한 제반 계수가 확정 자료로서 사용 가능하다는데 그 이유가 있다.107)

말하자면 제2공화국안에서는 한국의 경제가 가장 안정적이면서 계량적 지표가 가장 확실하다고 생각되는 해를 설정했던 것이다.

그런데 군사정권의 계획에서 기준 연도로 설정한 1960년의 경제상황은 어떠했는가?

위에서 제기한 문제에 답하기 위해 먼저 두 계획이 연차적으로 상정하고 있는 성장률을 비교해 보자.

---

106) 부흥부 산업개발위원회, 1960, 『경제개발3개년계획』, 31~32쪽.
107) 건설부, 1961, 『제1차5개년 경제개발계획(시안) 상』, 28쪽.

<표 2> 제2공화국안과 군사정권 경제개발계획의 성장률 비교표(단위 : %)

구 분	1959년 (민주 기준) A	1960년 (민주공백, 군사기준) A	1961년 (민주공백, 군사공백)	1962년 (제1차년)	1963년 (제2차년)	1964년 (제3차년)	1965년 (제4차년)	1966년 (제5차년, 목표년도)	B/A
민주당 정권안	5.2	2.3	6.8(추정)	5.0	5.5	6.1	6.8	6.9	146.8
경제 기획 원안	–	2.3	-0.1	5.7	6.4	7.3	7.8	8.3	140.7
대비	–	–	-6.7	+0.7	+0.9	+1.2	+1.0	+1.4	-6.1

* 국가재건최고회의에서는 1961년의 경제성장률을 다소 낮게 추정했다. 즉 3.9%로 정도로 추정하였다. 그러나 1961년 10월에 작성된 경제기획원안에서는 마이너스 0.1%를 기록할 것으로 추정했다. 이것은 그들 스스로 군사정변에 의한 경제 활동 위축을 감안했음을 말해 준다.

<표 2>를 보면 군사정권에서 기준 연도로 설정한 1960년은 4·19혁명으로 인해 경제성장률이 급격하게 둔화된 해이다. 한국 경제의 정상적 상황을 반영한 해라고 보기 어렵다. 이렇게 성장률이 낮은 해를 기준으로 할 경우에는 동일한 목표를 설정했더라도 1959년을 기준으로 하는 것보다 성장률이 높게 나타날 여지가 있을 수 있다.

<표 2>에서 제2공화국과 군사정권의 성장률 차이는 1961년의 경우 두드러지게 나타난다. 민주당 정권안은 6.8%라는 높은 성장률을 예상한데 비해, 군사정권안에서는 3.9% 혹은 -0.1%를 예상하고 있다. 이것은 5·16군사정변으로 인한 경제활동 위축으로 인해 마이너스 성장이 예상되었기 때문이다. 이 때 기준 연도인 1960년을 기준으로 성장률을 계산한다면, 군사정권의 계획은 5.4%가 된다. 이 성장률은 제2공화국안의 5.6%보다 오히려 0.2% 낮은 수준이다. 따라서 이러한 목표 수치를 제시할 경우에는 의욕이나 혁신성을 과시하기 어렵게 된다. 더구나 5·16군사정변으

로 인한 마이너스 경제성장에 대한 책임 문제가 대두될 수도 있다. 군사정권에서는 기준 연도 대비 성장률에 대해서는 아예 언급하지 않았다. 오직 계획기간 중의 연평균 경제성장률인 7.1%만을 강조하였다.

따라서 민주당안과 경제기획원안의 성장률을 엄정하게 비교한다면, 민주당안 5.6% 대 군사정부안 5.4%가 정확한 비교가 된다. 따라서 지금까지 군사정부안이 7.1%로서 민주당안의 5.6%보다 높게 책정하여 고도성장을 계획했다고 보는 것은 잘못이다. 이것은 기준이 다르게 적용된 잘못된 비교이다.

<표 2>에서 보듯이 계획기간 5년간의 성장률에 있어서는 군사정부안이 민주당안보다 높게 계획했다. 계획기간 5년간의 연평균 경제성장률을 대비한다면, 민주당안 6.1% 대 군사정부안 7.1%가 된다. 군사정부안을 7.1%라고 한다면 민주당안은 6.1%로 대비해야 올바른 비교가 되는 것이다. 따라서 기준연도를 감안한 경제성장률에서는 민주당안이 0.2% 더 높지만, 계획기간만 감안할 경우에는 군사정부안이 1% 더 높게 책정되었다고 할 수 있다.

4) 목표 연노의 절대치 비교

제2공화국안과 군사정부의 계획을 비교할 때 기이한 부분이 있다. 그것은 연평균 경제성장률은 차이가 나타나는데, 목표하는 실적에서는 거의 동일하다는 점이다. 당시 경제개발계획의 주요한 목표 실적은 국민총생산액, 총자본 형성, 실업율 등이었다. 이에 대한 목표가 책정되면 나머지 부분은 계량적 수치에 대한 상호 조정을 통해 자연스럽게 해결되는 시스템이었다. 이 세가지 지표를 서로 비교해 보자.

\<표 3\> 민주당안과 최고회의안의 국민총생산액 계획 비교

(1955년 불변가격 기준, 단위 : 10억환)

구 분	1959년 (민주 기준) A	1960년 (민주공백, 군사기준) A	1961년 (민주공백, 군사공백)	1962년 (제1차년)	1963년 (제2차년)	1964년 (제3차년)	1965년 (제4차년)	1966년 (제5차년, 목표년도)	B/A (%)
민주당 정권안	1164.8	1,192.3	(1273.4)	1,337.7	1411.1	1,499.7	1,599.8	1709.7	146.8
최고 회의안	1,164.8	1,192.3	1,238.0	1,308.5	1,392.2	1,493.8	1,610.3	1,744.0	146.3
대비	–	–	-35.4	-29.2	-18.9	-5.9	+10.5	+34.3	-0.5

* 위의 표 중 (   )안의 숫자는 민주당안에 나타난
경제성장률 6.8%(1961년)를 감안하여 계산한 금액임.

\<표 4\> 계획기간 중 총투자 비교(내·외자별, 산업별) (단위 %)

구 분	내 자	외 자
민주당안	75.1	24.9
경제기획원안	72.2	27.8

구 분	제1차산업	제2차산업	제3차산업
민주당안	14.8	32.7	52.6
경제기획원안	17.2	34.0	48.8

* 건설부안(부록), 578~579쪽 ; 경제기획원안, 59쪽.

\<표 5\> 총자본형성 비교(투자원천별), (1961년 가격 기준, 단위 %)

구 분	민 간	정 부	총자본(10억환)
민주당안	60.4	39.6	3,215.6
경제기획원안	44.4	55.6	3,214.5

* 건설부안(부록), 560~561쪽 ; 경제기획원안, 51쪽.

<표 6> **실업율 비교표** (단위 %)

구분	1959	1960	1961	1962	1963	1964	1965	1966
민주당안	26.1	26.6	24.4	23.1	21.4	19.5	17.4	14.2
경제기획 원안	–	24.2	24.7	22.3	20.7	19.3	17.3	14.8

* 건설부안(부록), 4~5쪽 ; 경제기획원안, 40~41쪽.

<표 3>을 보면 목표 연도인 1966년 국민총생산 목표액은 민주당안이 1조 7천 97억환이고, 군사정권안이 1조 7천 4백 4십억환으로 비슷하며, 기준연도 대비 증가율도 146% 내외로 동일하다. <표 5>를 보면, 계획기간 5년 동안의 총자본 형성 금액도 민주당안은 3조 2천 1백 56억환이고, 군사정권안은 3조 2천 1백 4십5억환으로 비슷하다. 다만 <표 4>에서 보듯이 자본 형성의 내외자 비율이 약간의 차이를 나타내고, 산업별 투자 비율에서는 큰 차이를 나타내고 있다. 총투자액은 동일한데, 조달하는 방법과 투자하는 방법에서만 차이를 보이고 있는 것이다. <표 6>에서 보면, 1966년의 도달하고자 하는 실업율 목표도 14% 내외로 비슷하게 나타나고 있다. 이것은 두 계획이 사용하고 있는 인구통계의 차이를 감안하면 거의 동일하다고 간주해도 좋은 수치이다.

위 세 가지 지표는 서로 비교 가능한 지표이다. 왜냐하면 가격기준이 동일하거나 비율에 관한 자료이기 때문이다. 그러나 다른 구체적 지표는 서로 비교할 수 없도록 되었다. 왜냐하면 민주당안은 1955년도 불변가격 기준으로 계산한 경우가 많은데, 경제기획원의 계획은 대부분 1961년도 가격 기준으로 바꾸어서 양자를 비교하는 것이 불가능하게 되었다. 그러나 다행히 재건회의 안에서는 여유가 없었던지 1955년도 불변가격 기준으로 국민총생산을 계산하였다. 여기서 민주당안과 군사정부안의 국민총생산 절

대액 비교가 가능하게 된 것이다.

<표 3>에서는 1955년도 불변가적 기준으로 민주당 안과 군사정권안의 국민총생산 절대액을 연차적으로 비교해 볼 수 있다. <표 3>에서 보듯이 목표 연도 국민총생산액은 최고회의안이 민주당안보다 약간 높게 설정되었다. 그러나 계획기간 중의 연도별 국민총생산을 비교하면 최고회의안은 3차 연도까지 민주당안보다 적게 나타나고, 4차 연도 이후에나 민주당안을 넘어서고 있는 것이다. 이러한 수치는 계획기간 중 연평균 성장률을 7.1%로 책정했을 때의 경우이다. 역으로 이야기하면 7.1%라는 성장률을 기록해야 민주당에서 책정한 목표를 넘어설 수 있다는 뜻이다. 이렇게 민주당안보다 높게 책정할 수밖에 없었던 이유는, 5·16군사정변을 일으켰던 1961년의 경제성장률이 3.9% 정도 낮게 예상되었기 때문이다. 게다가 연말 경제기획원에서는 -0.1%를 예상하였다. 이에 비해 민주당에서는 5·16군사정변 이전 6.8%를 낙관하고 있었다. 1961년의 예상 경제성장률은 5·16군사정변으로 인해 예정보다 최저 2.9%에서 6.9%까지 낮아지리라고 생각되었다. 이것을 만회하여 민주당 정권에서 설정한 목표에 도달하거나 능가하기 위해서는 민주당안의 연평균 경제성장률 6.1%보다 높은 7.1%를 책정할 수밖에 없었던 것이다.[108]

---

108) 군사정권에서 7.1%의 고도성장률을 선택한 이유에 대해 '과거의 정치적 부패로 말미암은 자본의 낭비와 예상되는 가용 외부자원의 증가를 고려한 때문'이라고 지극히 추상적으로 해설했다(경제기획원, 1962, 『제1차 경제개발 5개년계획』, 14쪽). 이에 대해서는 군사정권 참여자들 사이에서도 구구각각으로 설명하고 있다. 유원식은 북한의 경제성장률을 의식한 것이라고 했고, 백용찬은 일본의 10년 소득배증계획의 7.16%를 기준으로 했다고 했다. 그러나 10년간의 복리 성장률로 소득을 배가하려면 7.175%의 성장률이 필요하다고 한다. 송정범은 실업자를 구제하기 위한 최소치를 기준으로 삼고 기준치

이렇게 고도 성장을 이룩하기 위해서는 투자 재원을 마련하는 방법과 산업별 투자 비율을 조정할 수밖에 없었을 것이다. 조정 결과는 외자 동원 변수가 고정된 상황에서 내자 비율을 높이는 방법이었다. 또 제3차 산업에 대한 투자 비율을 줄이고 제1차 산업과 제2차 산업에 대한 투자 비중을 높이는 방법이었다. 투자의 효과가 늦게 나타나는 사회간접자본 시설에 투자하기보다는 자본 회전율이 빠른 제1차 산업과 제2차 산업에 대한 비중을 증가시키는 방법으로 계획기간 중의 고도성장을 가능하도록 만든 것이다. 군사정권의 고도 성장은 선각자의 지혜로운 선택이 아니라 5·16군사정변으로 인한 저성장을 만회하기 위한 불가피한 선택이었다. 즉 정권의 정통성 문제를 가리기 위해 선택할 수밖에 없었던 막다른 선택이었다.

를 정한 뒤 수출정책을 고려해 보니 국가재건최고회의안의 7.1%와 낮아 널어셨다고 한다(심신현·지동욱, 앞의 글, 110쪽 ; 중앙일보 특별취재팀, 1998, 『실록 박정희』, 중앙M&B, 125~126쪽 ; 조갑제, 1999년 1월 25일, 「내 무덤에 침을 뱉어라」 370회 『조선일보』 ; 이완범, 앞의 논문, 76쪽 참조). 이러한 의견의 불일치는 다른 이유가 있을 가능성을 시사하는 것이다. 유원식이 북한의 경제성장률을 의식했다는 것은 사실로 확인된다. 그러나 그것은 군사정권에서만 고려한 사항은 아니었다. 그러나 국민소득을 기준으로 고도 성장을 했다는 기록은 신빙성이 없다. 왜냐하면 군사정권의 경제계획에서 국민소득은 민주당안보다 감소하는 것으로 되어 있기 때문이다. 실업자 구제를 위한 최소치를 기준으로 했다는 것도 납득하기 어렵다. 왜냐하면 민주당안과 군사정권안의 목표 연도 실업율은 동일하게 나타나기 때문이다.

5) 국민생활 수준 비교

군사정권에 의해 경제개발 5개년계획이 변질되면서 어떠한 결과가 초래되었을까? 그리고 군사정권에서는 고도성장을 어떻게 달성할 수 있다고 생각했을까? 아니면 고도성장의 대가는 무엇이었을까?

이에 답변하기 위해 분배국민소득을 비교해 보자.

<표 7> 민주당안과 군사정부안의 분배국민소득 비교표
(1961년도 가격 기준, 단 59~60년은 당해연도 가격기준, 단위 : 10억환)

구 분	1959년 (민주 기준)	1960년 (민주공백, 군사기준)	1961년 (민주공백, 군사공백) A	1962년 (제1차년)	1963년 (제2차년)	1964년 (제3차년)	1965년 (제4차년)	1966년 (제5차년, 목표연도) B	B/A (%)
민주당 정권안 (1)	1572.7 (64,736.0)	1,778.3 (71,149.0)	2,229.3 (86,695.0)	2,326.3 (87,934.0)	2,438.0 (89,602.0)	2,592.0 (92,650.0)	2,766.6 (96,216.0)	2943.9 (99,651.0)	(132.1)
최고 회의안(2)	–	1,781.5	1,877.6	1,960.3	2,063.1	2,191.5	2,337.3	2,519.2	(134.2)
기획원안(3)	–	1,788.2	2,042.9	2,107.7	2,215.2	2,357.0	2,522.0	2,720.3	133.2
대비(2-1) (3-1)	–	+3.2 +9.9	-351.4 -186.4	-366.0 -218.6	-374.9 -222.8	-400.5 -235.0	-429.3 -244.6	-424.7 -223.6	-45.8

* (   )안은 1인당 국민소득으로 단위는 환임.
** 건설부안(부록), 14~15쪽 ; 경제기획원안, 43쪽.

<표 7>을 볼 때는 주의를 요한다. 민주당안에는 1인당 국민소득이 기록되어 있지만, 군사정부안에서는 1인당 국민소득이 빠져 있다. 그리고 민주당안과 최고회의안에서는 B/A를 계산하지 않았다. 이 부분은 필자가 계산하여 삽입한 것이다. 최고회의안은 국민소득의 구성비만을 본문에서 언급하고 있다.

군사정부안은 민주당안보다 경제성장률은 높았지만, 분배국민

소득은 오히려 낮게 나타나고 있다. 기준연도 대비 목표연도의 국민소득 증가율을 비교하기는 어렵다. 왜냐하면 1959년, 1960년과 1961년 이후는 가격 기준을 달리 하기 때문이다. 따라서 가격 기준이 동일한 1961년 이후를 서로 비교해 보자. 민주당안은 1961년 2조 2천억환에서 1966년 2조 9천억환으로 증가하도록 설계되어 있는데, 비해 최고회의안과 기획원안은 각각 1조 8천억환과 2조환에서 2조 5천억환과 2조 7천억환으로 증가하는 것으로 설계되어 있다. 민주당안은 군사정부안에 비해 분배 국민소득액에서는 절대액으로 볼 때, 시작 연도 및 목표 연도 모두에서 높게 책정되어 있다. 그리고 계획 기간 중 국민소득 절대액의 차이를 보면 민주당안과 군사정부안의 격차는 갈수록 벌어지도록 설계되어 있다. 군사정부안은 계획기간 중 경제성장률을 민주당안보다도 높게 책정했음에도 불구하고, 분배 국민소득에서는 오히려 더 낮게 설계되어 있다.

민주당안은 분배국민소득과 그 변화에 대해 상세하게 설명하였다. 국민총생산에서 간접세와 자본소모충당금을 공제한 분배국민소득은 1959년을 기준연도로 할 때, 목표 연도에는 87.2% 증가한 29,439억환이며, 이 중 피고용자 보수는 계획기간 중 124.2% 증가하고 구성비도 기준연도 40.4%에서 48.5%로 확대된다고 했다. 이것은 개인업주 소득이 감소하고 피고용자 소득과 법인 소득이 증가하기 때문이라고 했다. 분배국민소득에서 직접세 공과금, 기타 조정항목을 제외한 개인가처분 소득도 계획기간 중 약 84% 증가한다고 했다. 그리하여 1인당 가처분소득은 기준연도의 64,933환에서 목표연도에는 94,340환으로 증가하는 것으로 하였다.

이에 비해 군사정부안은 극히 소략하게 분배국민소득의 구성비에 대해서만 언급하는 것을 볼 수 있다. 국민총생산을 기준으로 한 경제성장률은 계획기간 중 6.1%에서 7.1%로 1% 높게 책정했다. 그러나 국민소득에 있어서는 5.7%에서 5.9% 성장하는데 그치는 것으로 설정했다. 성장의 대가에 대한 차이가 연평균 0.8% 정도 차이가 나도록 되어 있다.

이와 관련하여 조세 부담율을 비교해 보자.

군사정부안에서 간접세의 비중이 비약적으로 증가하고 있음은 최고회의안에서 확인된다. 민주당안의 경우 <표4(시안 모델 1-4) 국민경제예산>(부록, 10~11쪽)을 보면 간접세는 1959년 기준연도 1,223억환 대비 목표연도인 1966년에는 27.2% 증가한 1,556억환으로 되어 있다. 이에 비해 최고회의안에서는 크게 증액된 금액으로 1960년도 기준연도에는 2,148억환, 목표연도인 1966년에는 4,202억환으로 되어 있다(이 두 안은 모두 1961년 가격 기준으로 표를 작성했다). 간접세를 무려 2배 이상 징수하는 계획을 하고 있었던 것이다. 따라서 이 안에서는 액수만 표시되어 있고 증감율에 대해서는 언급하지 않았다. 기준연도 대비 목표연도 간접세의 증가율을 계산하면 무려 95.6% 증가한 것이 되는 것이다.

기획원안에서도 이러한 기조는 기본적으로 유지되었다. <부표 1-15 재정수지>(68~69쪽)에 의하면 간접세는 기준연도인 1960년 2,264억환에서 목표연도인 1966년에는 4,086억환으로 책정되어 있다. 약 80.5% 증가하는 것으로 계획하고 있는 것이다. 직접세의 경우를 살펴보면, 민주당안의 경우 14.6% 증가하는 것으로 계획한데 비해, 최고회의안은 42.4%, 기획원안은 83.3% 증가하는 것으로 계획하였다.

노동자의 임금을 비교하면, 군사정권안은 노동자 임금의 절대액과 증가율 모든 면에서 민주당안보다 낮게 책정되어 있다.

<표 8> 피고용자 보수(1961년 가격 기준) 단위: 10억환

구 분	1959년 (민주 A)	1960년 (군사 A)	1961년	1962년	1963년	1964년	1965년	1966년 (B)	B/A
민주당안	632.8	721.2	909.0	959.2	1,036.1	1,148.5	1,287.0	1,432.5	224.2
경제 기획원안	–	688.5	817.2	892.2	931.0	967.3	1,012.7	1,061.6	(154.2)

* 경제기획원안에서 B/A는 도표에 없는데, 필자가 계산하여 포함한 것이다.
** 건설부안(부록), 14~15쪽 ; 경제기획원안, 38~39쪽.

<표 8>을 보면 민주당안과 군사정권안의 노동자 임금의 절대액 편차는 해가 갈수록 커가도록 되어 있다. 그리고 기준연도 대비 증가율을 보면, 민주당은 2배 이상의 임금 상승을 계획하고 있는데, 군사정권안은 50% 내외의 임금 상승만을 기대하고 있다.

국민소득, 담세율, 임금 등에 대한 두 정권의 차이는 국민의 생활 수준에 대한 관심의 정도를 나타낸다고 볼 수 있다. 앞서 살펴보았듯이 민주당에서 추구한 경제성장의 궁극적 목적은 복지사회 건설이었고, 국민의 생활 수준 향상이었다. 이에 비해 군사정권의 경제계획에서는 이러한 목적에 대한 수사적 표현조차도 없어졌다. 군사정권의 고도성장 계획은 국민의 극도의 내핍생활, 즉 희생을 전제로 한 것이다. 그러나 저임금에 많은 세금을 내고 저축하는 내핍 생활의 대가는 무엇인가? 1966년 목표가 달성된다고 하더라도 그것은 민주당 안에서 추구한 정도의 생활수준에 도달하는 것이었다. 또한 그것은 5·16군사정변으로 인한 저성장을 만회하는 수준에 지나지 않는 것이었다. 말하자면 군사정권에서 추진한 제1차 5개년계획은 실질적으로는 군사정변으로 인한 경제위축을 국민의 희생을 통해 만회하고자 한 성격을 지닌 것이었다고 볼 수 있는 것이다.

7. 맺음말

　본고는 지난 30여 년 동안 가려졌고 은폐되었던 민주당 정권의 경제정책의 실상을 가능하면 있는 그대로 드러나도록 하는데 중점을 두었다. 따라서 민주당 정권의 경제정책에 대한 종합적인 역사적 평가보다는 사실의 발견과 사실의 복원에 주력하였다. 그 결과 민주당 정권은 경제정책의 기본 정신과 방향을 나름대로 확립하고 있었고, 그러한 정책기조에 입각하여 국토건설사업을 시행하고 <제1차 5개년 경제개발계획>을 수립하였음을 밝힐 수 있었다. 특히 국토건설사업은 민주당 정권에서 사회 분위기를 일신하기 위해 가장 중점을 두었던 핵심 실천 사업의 하나였다. 따라서 3월부터 5월까지 50%정도 사업을 완결하는 것으로 계획하여 실행함으로써 단기간에 실질적인 성과를 거둔 사업이 되었다. 그리고 민주당 정권의 경제정책은 20~30년을 내다보는 장기적인 전망 하에서 입안되고 시행된 것이었다. 이것은 <제1차 5개년 경제개발계획>의 수립 과정에서 확인되는 바였다.

　장면 국무총리를 중심으로 한 민주당 정권은 9개월 정도 존속한 단명의 정권이었다. 그럼에도 불구하고 4·19혁명이라는 시대적 과제의 해결을 위해 진력을 다한 정권이었다. 이러한 사실은 9개월 동안 장면 정권에서 추진한 경제정책의 기조와 구체적 실행을 살펴 볼 때 확인된다. 장면 정권에서 추진했던 국토개발사업, 제1차 5개년 경제개발계획 등은 정권이 몰락한 이후에도 계승되어 시행되었다. 국토종합개발계획, 경제계획원과 건설부 설치 계획 등 장면 정권기에 구상되었던 정책 역시 군사정권에 의해 현실화되었다. 이러한 점은 장면정권에서 추진한 경제정책이 시대적 요청에 부응하는 것이었기 때문에 가능한 것이었다.

장면정권이 내세운 '경제제일주의'의 시정 방침은 당시의 심각한 경제적 위기의식의 소산이었다. 그리고 '질서와 발전'을 내세워 경제적 질서의 확립을 기반으로 한 경제 발전을 추구하는 정책은 경제의 민주주의 원칙을 천명한 것으로 생각된다. 따라서 장면 정권은 경제정책의 수립에 있어서 다양한 경제 주체의 의견을 광범위하게 수렴하고 그것을 조정·통합하는데 주력했다. 그리고 그러한 역할의 중요성을 절감하였다. 그리하여 종합경제회의를 개최하고 중앙경제위원회나 경제계획원과 같은 경제정책 기구를 설치 또는 구상하였다. 그리고 제1차 5개년 경제개발계획의 구상은 각계의 전문가들로 구성된 산업개발위원회에 맡겼다. 그리하여 경제개발 계획에서도 정부와 민간 부문의 역할 조정에 유의했고, 국토건설사업의 시행은 국민운동 형식으로 추진하였다.

장면 정권은 경제 전문 관료 집단의 정책 결정 참여를 고무하고, 민간 부문의 경제 정책 건의를 폭넓게 수용하면서 경제정책을 구상하는 방식을 취하였다. 이것은 '질서와 발전'을 경제정책의 기조로 채택한 데서 가능한 것이었다. 이를 통해 이승만 정권의 특권적 경제체제 하에서 잠복해 있던 각계의 경제정책 아이디어들이 자유롭게 개진되고, 이를 비교적 충실하게 수렴했던 것으로 보인다. 바로 이런 이유로 이 시기에 구상되거나 실시되었던 경제정책이 이후 시대 경제정책의 토대가 되었던 것으로 보인다. 그러나 장면 정권은 '경제적 질서', 즉 절차와 과정의 민주주의적 원칙을 중시함에 따라 경제정책의 시행과 집행에 있어서 시간적 지체라는 문제를 부득이한 한계로 감수할 수밖에 없었다.

본고에서는 그동안 존재가 의문시되었던 민주당 정권의 <제1차 5개년 경제개발계획>의 실체를 확인하였고, 이를 바탕으로 제2공화국의 경제개발계획 관련 문건을 구체적으로 분석하였다.

제2공화국의 경제개발계획 수립 작업은 1961년부터 본격적으로 이루어졌다. 경제개발계획 수립을 맡았던 부흥부 산하 산업개발위원회에서는 자신들의 작업 과정을 부흥부의 기관지에 계속해서 공개하여 국민의 심판을 받는다는 자세로 계획을 입안했다. 미국의 경제고문 울프 박사와 토론을 거치면서 미국과의 의견 조율 과정도 거쳤다. 이 과정에서는 미국측의 요구와 한국측의 요구가 절충되어 최종 계획에 반영되었다. 당초 1961년을 시작 연도로 하려던 계획이 1962년부터 시작하는 것으로 변경되자, 국토개발사업을 추진함으로써 실질적으로는 경제개발계획을 1961년부터 실천하고자 했다.

제2공화국의 경제개발계획은 1961년 4월말쯤 완성되어 5월 12일 오위영 무임소장관이 장면 국무총리에게 보고하였다. 그러나 이때 보고된 원본은 아직 발견되지 않고 있다. 다만 1961년 5월 건설부에서『제1차 5개년 경제개발계획(시안)』으로 발표된 문건이 제2공화국의 경제개발계획과 다름없음이 밝혀졌다. 이 계획안은 1961년 2월에 작성된「경제개발 5개년 계획수립요강」을 골격으로 삼고 보완된 것이다. 본고에서는 이 건설부 시안을 구체적으로 검토하는 가운데, 기존에 잘못 알려진 사실을 발견할 수 있었다. 그것은 민주당 정권에서 설정한 경제성장률 목표가 2가지로 표시되어 있다는 점이다. 하나는 1959년을 기준 연도로 하여 1966년 목표 연도까지 8년간의 연평균 경제성장률을 5.6%로 책정했던 것이고, 또 하나는 1962년부터 1966년까지 계획기간 5년간의 연평균 경제성장률은 6.1%로 책정했던 것이었다. 이에 대해 지금까지 연구자들은 계획안의 앞부분에 나타난 5.6%라는 수치만 주목했다. 이에 따라 군사정권의 경제계획에 나타난 7.1%와 단순 비교한 결과 제2공화국은 경제성장 의지가 부족했다는 평가를 내렸다.

그러나 군사정권에서 제시한 7.1%의 경제성장률은 계획기간 5년간의 연평균성장률이었다. 군사정권의 기준연도인 1960년 대비 7년간의 연평균 경제성장률을 계산하면, 5.4%가 된다. 그러나 군사정권의 경제계획에서는 5.4%라는 경제성장률에 대해 언급한 기록이 없다. 오직 7.1%만 강조되었던 것이다. 이것은 경제성장률 계산 관행에 어긋나는 의도적 조작 사례이다.

엄밀하게 비교한다면, 기준연도 대비 성장률은 민주당 정권안 5.6% 대 군사정권안 5.4%가 되어야 하며, 계획기간 중 연평균 성장률은 6.1% 대 7.1%로 비교되어야 한다. 이것은 군사정권의 경제계획이 민주당 정권의 계획안을 다분히 의식한 결과이다.

이러한 경제성장률 차이가 나게 된 이유를 탐구하기 위해 필자는 두 계획이 목표 연도에 달성하고자 하는 절대치를 비교해 보았다. 그 결과 국민총생산, 총자본 형성, 실업률 등 기본적 목표가 동일하거나 유사함을 확인할 수 있었다. 연평균 경제성장률의 차이에도 불구하고 목표는 동일하게 설정되었던 것이다. 차이는 총자본 형성에서의 내자와 외자의 비율, 그리고 산업별 투자 비율에서 나타났다. 군사정권에서는 자본회전율이 낮은 사회간접자본에 대한 투자를 줄이고 자본회전율이 높은 제1차 산업과 제2차 산업에 대한 투자 비중을 높였다. 이를 통해 단기간 내에 경제성장률을 제고하고자 했던 것이다. 이것이 마치 공업화 전략 추진 의도가 더 두드린 것으로 해석되었던 것이다.

고도성장의 대가가 무엇인가를 알기 위해 국민소득, 임금, 담세율 등도 함께 비교했다. 이를 통해 국민소득과 임금 부문에서 군사정권의 계획은 제2공화국안보다 절대적으로 낮게 책정되어 있음을 알게 되었다. 두 계획에서 목표한 국민소득과 임금의 격차는 해가 갈수록 벌어지도록 설계되어 있었다. 담세율 또한 군사정권이 제2공화국에서보다 훨씬 높게 책정되어 있었다. 군사정권은 국민의 극단적인 내핍생활을 바탕으로 고도성장을 실현하기 위한 계획을 세웠던 것이다. 따라서 국민소득에 대한 관심은 군사정권의 계획에서는 발견되지 않는다. 이에 비해 제2공화국안에서는 경제성장의 궁극적 목적이 국민 생활 수준의 향상으로 설정되어 있었다.

결국 군사정권에서는 7.1%의 고도 성장을 계획했지만, 목표를 달성한 상태의 국민총생산과 실업률은 제2공화국에서 추구한 목표치와 동일한 것이었다. 이렇게 된 이유는 5·16군사정변으로 1961년의 경제성장이 마이너스 0.1%를 기록할 것으로 예상되었기 때문이다. 민주당 정권에서는 1961년의 경제성장률을 6.8%로 낙관하고 있었다. 군사정권의 7.1%라는 고도 성장 목표는 1961년 군사정변으로 생긴 격차를 만회하기 위한 불가피한 선택이었다.109) 그것도 국민소득의 감소, 저임금, 고담세율이라는 국민의 희생을 전제로 한 계획이었다.

제2공화국과 군사정권의 경제개발계획에 대한 비교는 불법적인 군사정변이 경제의 변화에 어떤 영향을 미치는가를 단적으로 확인할 수 있는 역사적 사례이다.

---

109) 군사정권에서 1962년 1월에 발표한 제1차 경제개발 5개년계획은 1964년 1월 보완계획이 수립되어 수정되었다. 기미야 다다시는 이 변화를 내포적 공업화에서 수출지향형 공업화로 전환한 것으로 평가했는데, 그 전환이 자발적이고 논리적인 귀결이 아니라 상황에 따라 결과론적으로 불가피하게 이루어진 선택이라고 보았다. 기미야 다다시, 앞의 논문, 195~200쪽.

제2공화국 대외정책의 이상과 실제

홍 순 호

이화여자대학교 국제정치학

1. 머리말

1) 문제의 중요성

제2공화국 국무총리로서 장면의 외교적 업적은 5·16군사정변 이후 2공에 대한 총체적인 부정적 평가 때문에 희석되고 있는 것이 사실이지만, 이 시기의 장면 정부의 대외정책은 제1공화국의 연장선상에 있으면서도 변화된 국내외적 환경에 적응하는 과정에서 그 나름의 특성 있는 외교양상을 창출했다. 제2공화국의 외교적 유산은 그 후에 등장하는 군사정부와 제3공화국의 대외정책에 어떤 모습으로든 영향과 원인을 제공했으며 오늘을 사는 우리

에게 많은 교훈을 주고 있음을 인식하지 않으면 안 된다.[1]

제2공화국 9개월 동안 장면 정부가 수행한 대외정책의 업적과 집권초기 천명한 외교원칙 사이에는 큰 괴리가 있으나, 반공·보수주의적인 제1·2공화국(허정 과도정부 포함) 기간의 한국 외교의 틀은 1950년대의 연장선상에서 보면 크게 차이점을 발견할 수 없다. 그 이유는, 1950년대와 마찬가지로 한국외교의 환경적 조건이 국제정치상의 냉전논리에 의해 지배되고 있었으며 대내적으로도 자주적 외교역량을 갖춘 정상적인 정치체제가 구성되지 못하고 있었기 때문이다. 한국은 정부 수립 전후부터 정치·경제·외교 등 모든 분야에서 대미의존도가 점차 심화되어 가고 있었으며, 제2공화국 시기에는 1년도 채 못되는 짧은 기간이었으나 절정에 달하고 있었다 해도 과언이 아니다.

그러나 2공 시기에는 1공과 구별되는 대외정책상의 변화가 시도되고 있었는데, 장면 정부는 민주적 원칙에 입각하여 대화와 타협, 그리고 합리주의적 접근을 기본관점으로 하여 대외정책의 다변화를 도모하고자 했으며, 외교망의 확대와 외교의 다변화를 통해 실리외교와 경제외교를 추진하고 비동맹 중립권 또는 제3세계 국가들과의 관계개선에 새로운 지평을 열고자 노력하는 한편, 대일관계의 정상화를 시도하고, 통일정책에 있어서도 비현실적인 북진·무력 통일 대신 UN을 통한 평화적 수단에 의한 통일정책을 추구하고자 했다.[2] 이는 60년대를 전후한 국제적인 초기 데탕트의 영향에 기인하는 것이기도 하지만, 장면 정부의 위와 같은 정책 방향들은 그 구체적 결실들이 맺어졌느냐의 여부를 떠나 당시의 역동적인 국내외적 상황에서 한국외교의 목표로 설정되었

---

1) 대한민국 건국 초창기 장면 외교에 관한 연구로 홍순호, 2001, 「장면 외교의 명암(1946~1952)」『경기사학』 5.
2) 외무부, 1990, 『한국외교 40년(1948~1988)』, 88쪽.

다는 그 자체로도 의의가 있는 것이며, 이러한 점에서 장면 정부의 존속 기간을 한국 외교정책사에 있어 작은 전기를 마련했던 시기로 평가한 견해3)는 타당하다고 말할 수 있다.

2) "정치가"로서의 장면의 외교 정책 연구과제

장면은 일제 식민지 통치하에서 교육과 종교활동을 통해 청년시절부터 한국 가톨릭 교회를 대표하는, 지성과 덕망을 갖춘 인물로 성장했으며, 해방된 조국이 그의 능력과 식견을 필요로 했으므로 그의 정계진출은 불가피했다.4) 그는 1948년 8월 대한민국 정부 수립에 따르는 유엔 승인외교를 위해 유엔총회 파견 한국대표로 선임되고, 같은 해 말 주미대사로 임명됨으로서 신생 대한민국의 최초의 외교관이 되었다.

초대 주미대사 시절까지의 그의 외교 행태는 이승만의 훈령을 집행하고 건의하는 수동적 입장인 데 반하여, 2공 총리로서의 외교는 근본적으로 상이한 능동적 입장이므로, 2공 시대 정치가로서의 장면 외교정책의 성격규명에 있어서 이 양자의 이질적 요인을 어떻게 해명하느냐도 난제 중의 하나이다.

제2공화국의 정부수반으로서의 장면은 외교정책 결정자로서 뚜렷하게 정책을 부각시키는 외교원칙을 훌륭하게 마련했으나, 그 집행과정에서는 국내외적 정치환경이 그의 외교적 비전을 어둡게 했음을 언급하지 않을 수 없다. 이는 집권 9개월도 채 못 되는 시기에 외교분야보다 더 국내정치분야가 압도하고 있었기 때

---

3) 이범준 · 김의곤(공편), 1993, 『한국외교정책론 : 이론과 실제』, 법문사, 48쪽.
4) 허동현, 1999, 『건국 · 외교 · 민주의 선구자 장면』, 분도출판사, 66쪽.

문일 것으로 사료된다. 이에 대한 일반적 평가는 통치 스타일에 있어 장면의 우유부단한 리더십을 거론하면서 2공 집권기간 전체를 집중적으로 혹평하고 그의 무능을 탓한다. 그러므로 "이는 장면의 인격적인 특성이 그의 정치사회화 과정에서 잘 나타나 있듯이 온화하고 종교적이며 심지어 우유부단하다는 평을 받을 정도였으며 그의 미국유학에서의 교육학 및 신학에의 몰두와 귀국 후의 교육계와 천주교계에서의 오랜 종사는 위의 성격과 곁들여 서구식 민주주의에 대한 규율성이 결여된 맹신을 갖기에 충분했다. 이러한 점은 그의 측근들이 후에 충분히 전하는 바 있다."5)

따라서 그의 외교와 정책을 논하기 위해서는 장면 정부의 통치목표와 과제가 당시 시대상황에서 극도로 제약되어 있었다는 사실을 인정하면서, 그의 지도력, 특히 안보외교의 리더십의 원천을 검토할 필요가 있다.

또 하나의 과제는, 이 연구의 중요한 연구범위와 분야인 2공의 외교정책 결정과정에 대한 실증적 연구가 전제되어야 한다는 것이다. 이에 대한 충분한 연구가 축적되지 않은 상황에서는 외교정책 결정 참여자의 제반 측면을 체계적으로 논하는 데에 한계가 있다. 외교정책 결정에 참여하는 참여자를 규명하기 위해서는 먼저 외교정책의 범주를 정하는 것이 필요하다. 그것은 외교정책의 범주를 어떻게 설정하는가에 따라 참여자의 폭이 결정되기 때문이다. 한 나라의 대외정책은 거시적 외교정책으로부터 미시적 외교정책, 일상적 외교정책과 긴급한 외교정책까지 그 스펙트럼의 폭이 넓으며 외교정책 각 부분의 상대적 중요성이 변화하므로 정책결정 참여자의 폭도 이에 따라 변한다.

한국의 경우 대북한정책과 통일정책을 외교정책(대외정책)의

---

5) 홍자출판사 편, 1966, 『정계야화』 제2권, 333~358쪽.

범주 안에 포함시키는 것이 일반적이다. 남북한 관계와 그와 관련된 통일정책의 중요성과 특수성에 따라 이를 독립적으로 취급해야 한다는 주장도 설득력이 있으나, 남북한 관계와 한국의 대외관계는 서로 분리해서 생각할 수 없다.

또한 외교정책 범주에서 간과해서는 안 될 것은 안보·군사정책이다. 안전보장(national security)은 국방부 소관의 제1의 목표이지만, 이는 또한 외교정책의 제1의 목표이기 때문에 동전의 양면으로 비유된다. 군사력의 뒷받침으로 효율적 외교정책이 가능하며 또한 외교관계의 틀 속에서 군비증강 또는 군축이 가능하기 때문이다.

이 연구에서는 안보·군사 정책에 관해서는 간략하게 논하기로 한다. 왜냐하면 제2공화국에 관련되는 이러한 논의는 순수하게 대미의존체제 하에서의 군사외교문제이므로 본 연구의 전체에서 미국이 차지하는 비중이 너무 크기 때문이다.

2. 장면 정부의 외교적 이상 및 대외정책의 기조

1) 장면 정부의 외교정책의 배경: 1956년 5·15 부통령 입후보에서 1960년 7·29 총선까지

제2공화국의 발족 이후 천명, 실천된 민주당의 정책들 중에서 특히 외교·안보 분야는 장면이 부통령 입후보시의 공약과 부통령 재임 기간 현실의 이승만 독재정치와 관료 지배하에서 왜곡된 경제 운영 및 고립적 대외관계를 초래하는 극단적인 반공·반일 정책 등을 비판하는 가운데서 형성된 것이다. 그 대안으로 장면은 인권옹호, 다원화된 민주사회 건설, 민간 위주의 경제 건설과 공정한 배분구조의 정착, 대일관계의 정상화 등에 관한 정책들을 제안한 바 있었다. 장면이 부통령 시절 구상 제기한 이러한 정책들은 제헌국회의원 등 정계 입문시의 경험, 외교관, 총리, 그리고 '따돌림'만 당했던 부통령직에서의 경험을 통해서 보다 성숙된 정치 외교적 이상을 토대로 하여 더 발전된 형태의 정책으로 제2공화국 출범과 함께 실천에 옮겨지게 된 것이었다.

먼저 장면은 1956년 5·15 정·부통령 선거에서 민주당 공천으로 신익희 대통령 후보(5·5 유세 도중 급서)의 러닝 메이트 부통령으로 입후보했으므로 그의 정강, 정책은 곧 민주당의 그것이었다. 그가 제시한 외교·안보 관계 정책 요지는 다음과 같다. "외교면에서는 고립 탈피를 위한 유엔과 서방제국에 대한 외교 역량 강화와 국제협력을 증진하고, 국방면에서는 정병주의를 목표로 훈련을 강화, 화력을 현대화하며 병무행정의 절대공정을 확보하고 복무기간의 단축과 처우개선을 통해 군사력의 질적 향상을 이룬다"는 것이다.

그는 부통령 취임 뒤(8월 16일) UP 통신기자와의 회견에서 일본과의 관계 정상화를 천명했으며, 18일에는 중앙일보와의 기자회견에서, "인접국인 일본과의 정상적인 대외관계는 시급한 문제이다. 나도 이 대통령이 주장하는 바와 같이 일본이 구보다(久保田) 망언을 취소할 것과 한국내의 재산권 포기를 주요 골자로 하는 선행조건에 변함이 없으나 국제관계란 어디까지나 이성에 입각한 외교이니 만치 과거의 민족적 감정을 일소하고 선린의 우의에 입각하여 국민여론을 통한 대일 우호관계의 촉진을 이룰 수 있도록 하여야 될 것이다"라고 하여 이를 재확인한 바 있다. 대일관계의 정상화를 촉구한 이유에 대해서 장면은 UP기자와의 회견에서, "한국인들이 일본 혹은 공산주의에서보다도 불안과 빈곤이라는 두 개의 위기에 더 관심을 가져야 한다"고 말했고, 이어 "이 나라의 경제조건을 개선하는 것이 한국통일에 대한 제1보가 되어야 하는데 이를 위해 우리는 우리의 모든 국가자원을 동원하고 우호국가들의 경제원조를 유효하게 이용함으로써 국민생활수준을 향상시키는 것이 필요하다"6)고 보았으며, 일본과의 관계 정상화에는 경제성장을 위한 대일 청구권 자금의 활용이 전제되어 있었던 것으로 분석된다.

위의 기자회견을 문제화시킨 국회에서는 18일 당일 '장부통령 기자회견 경고 결의안'을 상정, 9월 16일에는 장부통령의 기자회견을 둘러싸고 국회에서 여·야간의 격렬한 설전이 벌어지던 중 27일 가결, 통과시켰다.

장면이 부통령 취임 초부터 이승만으로부터 극심한 탄압을 받았다는 것은 재론을 요하지 않는다. 장면에게는 외부와 철저히 차단된 채 외국사절의 접견도 허용되지 않았다. 그러므로 고 딘 디엠 베트남 대통령의 방한 때(1957.9.22)나 교황청 포교성장관 Agagianian 추기경의 방한(1958.3.11) 때에도 명동성당에서 겨우 만날 수 있었다. 장면에 대한 저격사건 등 극심한 탄압은 전세계로 널리 알려져 자유세계인들로부터 많은 동정과 격려를 받으면서 차기 대통령후보로 기대를 걸게 했다. 그의 반공·반독재투쟁은 1957년 6월 8일 미국 Seton Hall 대학으로부터 명예법학박사학위를 수여받게 했다.

1960년 2월 7일 민주당대표 최고위원으로 조병옥 대통령후보(2.15. 타계)와 함께 부통령으로 공천, 3·15 부정선거로 낙선된 장

---

6) 1956. 8. 18, 『경향신문』; 1956. 8. 18, 『중앙일보』. 이에 대한 구체적 논의는 장면, 1956, 「민족 갱생의 길―청년과 더불어」『신세계』7월호.

면은 4월 13일 마산사태 수습을 위해 이승만에게 면담을 요청했으나 끝내 거절당했다. 4·19혁명 후 21일 내외신기자회견에서 사태수습은 재선거뿐임을 천명하고, 23일 부통령 사직서를 제출했다.

6월 15일 허정 과도정부하에서 국회가 내각책임제 개헌안을 통과시키고 국회해산에 이은 7·29 민·참의원 선거가 확정되자, 장면은 용산갑구에 입후보하여 당선되었다. 당시 민주당의 선거공약 중 외교·안보정책은 15개항의 공약 중에서 2개항이 제시되었는데, 외교면에 있어서 "평화우호 및 통일외교의 적극화로서 유엔감시하에 자유선거를 실시하여 반공통일을 완수토록 거족적으로 추진하며 비공산지역에 대한 외교활동을 강화하고 대일관계를 정상화한다"고 천명하고, 국방면에 있어서 "국방정책의 쇄신으로서 兵員을 조정하고 복무연한을 2년으로 정상화하여 병무행정의 공정화, 군내기강의 확립, 국방예산의 합리적 절약, 직업군인의 확충 및 대우 개선, 편제의 개혁, 장비의 현대화 등으로 국방정책을 일신한다"고 천명하였다.

특히 7월 12일 장면 민주당 대표 최고위원은 60만 대군을 30만으로 감군 할 것을 언명함으로써 국내외에 비상한 충격을 주었다. 이러한 감군 공약은 민주당의 일관된 주장으로서 장면의 집권 후 그의 안보외교 리더십을 훼손케 하는 큰 물의를 일으켰다.

이상과 같은 장면의 외교정책의 이상은 정계입문 후 4대 부통령 입후보 때부터 7·29 총선에 이르기까지 꾸준히 제기되었던 정책들의 연장선상에서 제2공화국의 외교원칙과 대외정책의 기조를 이루는 골간이 되었다.

2) 제2공화국의 국제정치환경 및 외교원칙

(1) 1960년대 전후 국제정치환경

1960년대에 들어와 이승만 정권이 4·19혁명에 의해 붕괴되고 허정 과도정부를 거쳐 제2공화국의 장면 정부가 출범하는 등 한국의 정치상황은 격렬한 격동을 경험하고 있었지만, 한반도 주변에 형성된 국제정치의 역학관계는 큰 변화 없이 지속되고 있었다. 6·25전쟁은 미·소가 세계를 지배하는 양극화 냉전체제를 국제적으로 심화시켰을 뿐 아니라 분단된 남북한이 미·소 양극체제의 하위체계로서 완결되는 계기를 만들어 냈다.[7] 이러한 한반도 주변에 고착화된 냉전논리와 미국의 하위체계로 존재해야 하는 국제정치상의 역학구도는 그대로 과도정부와 장면 정부의 대외정책을 제약하는 조건으로 작용하고 있었다. 즉 미국은 세계전략상 공산세력의 팽창으로부터 '아시아의 반공의 보루'로서 한국을 보호해야만 했고, 한국은 아직 안보와 경제를 자립적으로 해결할 수 없었으므로 미국의 동북아시아 전략의 틀 속에서 대미의존적 대외정책을 추구해야만 했다.

더욱이 1960년대에 들어서면서 한반도의 국제정세가 과거만큼 완강한 냉전논리에만 지배되는 것은 아니었다. 즉 1956년 제20차 소련공산당대회에서 후루시쵸프(Nikita Khrushichev)가 평화공존을 역설한 이래, 세계정세는 긴장완화를 지향하는 초기의 움직임을 보이고 있었으며, 프랑스의 드골(Charles de Gaulle)은 독자노선을 천명하고 나서는가 하면 제3세계 국가군이 미·소 양국에 의한

---

7) 이택휘, 한국 정치외교사학회 편, 1995, 「제2공화국의 대외정책」『한국외교사 Ⅱ』, 집문당, 341쪽.

세계질서를 비판하면서 민족주의를 내걸고 비동맹운동을 전개하
고 있었다. 허정 과도정부와 장면 정부가 대일관계의 정상화를
시도하게 된 것은 세계적 수준에서의 긴장완화 압력이 미국의 극
동전략에 가해진 결과의 하나이며8), 동시에 허정 과도정부와 장
면 정부가 제3세계 비동맹 국가들과의 관계수립과 대 유엔 정책
에서의 변화를 시도한 배경에도 세계적 차원의 반냉전적 움직임
과 제3세계 국가군의 급부상이 그 하나의 이유로 지적된다. 허정
과도정부는 제3세계 국가들의 급부상에 유의하여 7월 9일 유럽
및 아프리카지역, 중남미 등 우방국가 전반에 걸쳐 정식 국교관
계 수립의 확대를 결정했는데, 이에 앞서 6월 26일 마다가스카르,
30일 콩고(레오폴드 빌), 7월 1일 소말리아를 승인하고 8월 4일
다오메이, 5월 오트 볼타, 7일 아이보리코스트, 11일 차드, 13일
중앙 아프리카, 16일 콩고(브라자 빌)와 키프로스, 17일 가봉을 승
인했다. 여기서 키프로스 외에는 모두 아프리카 신생공화국이라
는 점을 감안할 때, 이들 신생국을 독립과 동시에 승인하였다는
것은 곧 외교관계를 승인하였음을 시사한다.

 이와 같이 국제정세가 냉전논리의 지배 하에서 제한된 긴장완
화의 경향을 보이고 있었던 것과는 대조적으로 4·19혁명 이후의
국내정치상황은 책임과 질서를 결여한 자유와 참여가 주장되었
는가 하면 교과서적인 자유민주주의가 한계를 노정하여 정치적
극한대립과 과격화 현상이 절정에 달했고 나아가 한반도의 긴장
완화를 수반하지 못하는 조건 하에서의 국내정치의 긴장완화 현
상,9) 즉 한반도 분단현실과 이데올로기적 대립구도를 무시한 과

---

8) 윤근식, 김운태 외 편, 1989,「제2공화정 : 긴장완화 속의 보수청권」
　　『한국정치론』(제2권 정판), 박영사, 332쪽.
9) 김용호, 한국정치외교사학회 편, 1990,「해방 이후 군사혁명 전까지
　　의 민주주의의 시련과 갈등 : 위에서 주어진 민주주의─제1·2 공화

격한 민족주의와 반냉전적 개혁주의 그리고 무분별한 통일논의 등이 급격히 분출되고 있었다. 이러한 허정 과도정부의 한계는 제2공화국의 혼란을 이미 예고하고 있었다.

(2) 제2공화국의 외교원칙

7·29 총선에서 승리한 민주당은 곧 신·구파로 분열되어(9월 22일 민주당 구파 분당 선언, 11월 22일 구파는 신민당으로 등록) 치열한 정권경쟁을 전개하는 국면으로 들어가 이러한 경쟁과 대립이 이념적 지향이나 사회경제적 조건에 기초한 것이 아니라 일차적으로 계보적 조직과 직접적인 개인적 이해관계에서 비롯되었다는 점에서, 그리고 그 대립의 파급이 국가건설을 위한 국민적 통합과 효율성의 창출을 결정적으로 저해하게 되었다는 점에서 제2공화국의 대외정책은 이미 그 내부로부터 뿌리가 내리기도 전에 흔들리고 있었다. 외교가 국내정치의 연장이라는 점을 고려하면 우리는 장면 정부의 대외정책 특히 안보외교가 때로는 일관성을 잃고 혼란을 거듭하게 된 원인을 여기서 쉽게 인식할 수 있세 된다.

8월 12일 제2공화국 대통령으로 취임한 윤보선으로부터 지명받아 19일 인준을 받은 장면 국무총리가 23일 조각을 완료함으로써 제2공화국 정부가 출범하게 되었다. 27일 장면은 민의원에서 취임 후 첫 시정연설을 행했다. 4·19혁명 정신을 계승 구현하기 위해 민주당의 정강정책과 선거공약을 충실히 수행하겠다는 8개 항의 시정방침 중에서 외교·국방 부문에서 "9월 유엔총회에 유

국에 나타난 한국 민주주의의 파행성」『한국 민주주의와 민주주의의 갈등 구조』, 평민사, 159~161쪽.

능한 대표단을 파견, 통일안과 유엔가입에 관해 국제여론 환기, 통일안에 있어서 구정권과 달리 유엔 자유국가 노선과 일치하도록 유엔 감시 하에 남북을 통한 자유선거에 의해 통일달성을 주장"한다는 것이고, "한·일 외교관계의 정상화를 위해 양국간의 회담을 재개하고 재일교포의 경제적 지원과 교육지도 등을 적극화하고 교포자본의 국내도입 개방이 급선무"라 했다. 국방면에 있어서 "국군의 군기확립, 일부 부패 숙청, 군의 정치적 중립 확보, 군내 파벌조성 방지 노력, 인사 행정의 신중한 공정을 기한다"고 언명했다.[10]

이에 앞서 24일 장면 정부의 첫 내각의 외무장관으로 입각한 정일형(5·16군사정변까지 계속 유임)은 다음과 같은 요지의 외교정책의 7대원칙을 발표했다. 1) 유엔의 결의 존중, 유엔감시 하에 남북한을 통한 자유선거에 의한 통일정책 수행, 2) 유엔가입의 촉구와 유엔정신에 입각, 국제평화와 안전 유지의 강화, 제15차 유엔총회에서 상기 목적 달성을 위한 초당적 강력한 대표 파견, 3) 전통적인 대미외교관계 계속 유지, 경제 군사 원조의 계속적인 확보, 한미 행정협정 체결 촉구, 4) 선린호혜원칙에 입각, 신의와 상호이해로써 한·일 외교관계의 정상화, 재일교포의 북송 저지 문제 등 현안 해결을 위한 협상 추진, 필요하면 수상 또는 외상급의 고위회담도 개최, 5) 반공진영의 결속과 중립국가군과의 외교 활동 강화, 6) 국민의 해외진출(이민, 유학) 적극 장려, 7) 민간외교의 강화, 육성 등.

장총리와 정외무장관의 외교정책 방침에 대한 국내에서의 반응은 이를 긍정적으로 평가하면서도 통일문제와 관련한 유엔외

---

10) 장면, 1999, 『한 알의 밀이 죽지 않고는―장면박사 회고록』(1967 초판), 가톨릭 출판사, 189~191쪽.

교에 대해서는 회의적인 태도를 보이고 있었다. 그러나 이승만 정권의 외교정책에 비하면 어느 정도 진일보한 면도 있는 것으로 평가되는데, 즉 전체적으로 보면 미국 및 우방들과 기존의 관계를 돈독히 유지하면서도 외교의 다변화와 개방화를 시도하려는 의지를 보여주고 있다는 점이다. 그러나 당시 국내 여론에서도 지적했듯이 이러한 외교정책의 원칙들은 공감되는 면이 없지 않았으나 그 추진에 있어서는 많은 결함을 지니고 있었다. 9월 21일 외무부는 외무자문위원으로 김도연 의원 등 23명을 위촉했으나 동 위원회는 유명무실한 조직으로 실적이 전혀 없었다. 그리고 외무의 전문성이나 외교관의 인사 문제에 있어서 정치적 또는 정실에 의한 임명으로 외교진의 취약성을 노정했다. 따라서 장면의 대외정책 수립과 그 실천에 있어서 구체적인 정책실행방안의 결여와 외교진의 전문성의 미흡과 외교 인력의 부족 등의 문제를 원천적으로 안고 있었으므로 외교의 실제 세계에서는 많은 난관을 겪지 않으면 안 되었다.

3. 장면 정부 대외정책의 명암

1) 대미정책: 한·미 경제원조기술조약 체결

먼저 허정 과도정부에 대한 미국의 내정간섭부터 논하는 것이 필요한 것 같다. 1994년 공개된 미국외교문서에 의하면, 1960년 4월 27일 미국무부는 주한미국대사관에 전문을 보내어 허정 과도정부로 하여금 일본과 관계개선을 꾀하고 미국과 더욱 밀접한 관계를 추구하도록 하는 한편, 송요찬 장군은 한국의 안정과 안보

를 위해 지속적으로 그의 영향력을 행사하도록 할 것을 훈령했
다.11) 이를 예견이라도 하듯, 4월 27일 허정 외무장관은 대통령
대행이 되자마자 그 다음날 매카나기(Walter P. McConaughy) 주한
미대사를 초청, 미국의 내정간섭을 자청했다. 허정은 미대사에게
그가 선정한 내각인선에 대한 미국의 호의적 견해, 계획중인 경
찰, 군대, 방첩대의 개편을 위해 미국 경험에 의한 즉각적인 도움
이 필요하며 한·일 관계 정상화에 대한 미국의 입장을 고려하여
자신이 양국의 정상화를 특별히 바라고 있다고 밝히면서, 일본의
재일교포 북송방지를 위해 미국의 영향력행사를 촉구했다. 이에
대해 매카나기는 충고와 도움에 대해 그가 최선을 다 하겠지만
미국이 한국의 내정에 간섭하는 것처럼 보이지 않아야 한다는 점
을 강조했다.12)

미국무부는 제2공화국을 예고하는 헌법개정안의 통과를 예상,
이미 6월 11일 미국의 대한 개입전략을 마련하여 주한 대사관에
하달했다. 이 전략에 의하면, 새 정부를 이끌 지도자로 장면을 선
택했는데, 그를 대통령으로 삼아 그의 성실성과 국제정세에 관한
넓은 안목을 효과적으로 이용한다는 계산이었다.13)

---

11) *Foreign Relations of the United States*(이하 *FRUS*로 약칭함)*1958–1960, Vol.*
   XVIII, 1994, Washington D.C. : United States Government Printing Office,
   pp.645~646.
12) *Ibid.,* pp.647~650. 4월 28일 미국 국가안보회의에서도 1959년 8월
   한·일 회담 수석대표로 임명되었던 허정의 대일본 협상력을 높이
   평가하고 있었다. *Ibid.,* pp.650~651.
13) *Ibid.,* pp.663~666. 미국이 고려한 총리는 민주당의 신·구 양파에가
   받아들여질 수 있도록 장면과 같은 이북출신이나 그의 측근자는 배
   제하고 활동력과 정치력, 행정력을 갖춘 보다 젊은 사람 중에서 물
   색하는 것이 이상적이라고 믿었다. 장면이 대통령이 되지 않는다면,
   전직 부통령과 야당 당수라는 그의 지위에 적합한 유일한 다른 자리
   인 총리로 선출되어야 하는데, 그렇게 되면 정부의 지도력이 약해지

이러한 미국의 대한정책은 한국정부수립 단계에서부터 지속되어 왔으나, 4·19혁명 이후에는 내정간섭의 정도가 지극히 심했는데 이에 더하여 과도정부 기간 동안이나 장면 정부 초기에는 경제와 안보를 중심으로 하는 대미외교관계는 대미의존 정도를 넘어 거의 자주성을 상실한 면을 보여주고 있었다.

7·29 총선을 계기로 진보적인 정당들과 사회단체들에 의해 활발하게 전개된 통일론은 대부분 자주와 평화를 바탕으로 남북한 교류나 중립화를 표방하고 있었으므로 미국에 대한 부정적 인식을 초래하지 않을 수 없었다. 왜냐하면 민족의 자주는 외세의 배격을 의미했으며, 외세의 배격은 주한미군의 철수가 핵심이었기 때문이다. 따라서 이러한 통일운동은 한반도에서 이익을 확보해야 하는 미국의 목표에 전적으로 배치되었다.

당시 미국 국가안보회의(NSC)가 세운 한반도 통일정책의 핵심은 무엇보다도 미국의 안보이익과 일치하는 조건의 통일을 추구하는 것이었다. 이를 위한 세부지침에는 1) 미국은 북한정권이 합법적이라고 간주하지 않는다는 점을 분명히 하고, 모든 적절한 수단을 통해 남한 내에서는 물론 국제적으로 북한의 위신을 손상시키고 동시에 북한의 영향력과 대북한 승인을 최소화하도록 노력하며, 2) 북한 주민들에게 북한정권을 반대하고 공산주의 원리를 거부하며 미국의 안보이익과 일치하는 조건의 통일을 요구하도록 자극하고, 3) 남한정부에게는 북한에서 반공목표 촉진을 위한 비밀활동을 추진하고 지원하도록 미국이 장려한다는 것 등이

고 민주당 안에 갈등을 초래할 것을 예상했다. 이와 관련, 미 국무성 관리들은 아이젠하워(Dwight D. Eisenhower) 대통령이 방한 중이던 6월 20일 미국대사관에서 그가 주최한 조찬모임에서 장면을 그의 우측 옆에 앉게 하여 두 사람이 대화할 수 있도록 하는 세심한 배려를 베풀기도 했다.

었다. 그럼에도 불구하고 남북한 교류와 자주통일 주장 세력이 확산되고 있었으므로 미국은 긴장하지 않을 수 없었다. 미국무부는 8월 12일 주한미대사에게 보낸 훈령에서 한국에서의 사회분열이나 혁명확산 또는 정권전복 같은 상존하는 위험을 피하기 위해 미국이 한국정부를 지도하고 고무하며 지원해야 한다고 훈령했다. 만약 미국이 이러한 역할을 수행할 수 없다면, 공산주의자들에게 그들의 방법을 취할 수 있는 기회를 제공하게 될 것이라는 우려 때문이었다. 따라서 공산주의 선전자들의 경계를 게을리 하지 않는 감시와 자유세계의 여론이 미국의 행동을 제한하는 바와 같이 민족주의와 민족중심주의에 대한 한국인들의 깊은 감정 역시 미국의 자유로운 행동을 제한하고 있다고 토로했다. 그러므로 미국무부는 8월 20일 주한 미대사관에 훈령을 내려 "장면이 병력 감축이나 한미행정협정에 관한 문제 등을 제기할 경우 한·미 관계에 광범위한 영향을 끼칠 수 있는 이러한 문제들에 대한 '조급한 공개적 견해'는 문제해결을 난처하게 하여 불필요한 어려움을 초래할 수 있다는 점을 강조할 것"을 지시했다.14) 이러한 미국의 입장을 장면은 매우 호의적으로 평가했으나 그러한 평가는 오래 가지 못했는데, 10월 11일 4·19혁명 부상 학생들이 민의원에 난입, 의장단을 점거하는 사태가 발생하자 미국무부와 주한미대사관은 장면에게 정치안정을 위해 필요한 조치를 취하도록 촉구하고, 이에 대해 장면은 그린(Marshall Green) 주한미대사 대리에게 데모금지 법안을 구상, 효과적이고 강력한 대처방안을 마련한다는 희망을 표명했다.15)

---

14) *Ibid.*, pp.693~696 ; pp.706~707에서 그린은 장면이 강력한 인물이 아니어서 자신이 그의 정치적 입장 강화 계획을 세웠지만, 그가 미국의 지시를 받는다는 인상을 주게 될 것을 우려하여 그를 너무 밀어붙이는 것은 현명하지 않을 것 같다는 의견을 국무부에 피력했다.

11월 5일 미국무부는 장면 정부에게 유엔감시하의 남북한 총선을 통한 통일달성 결의를 재확인했으나 혁신세력과 학생들의 통일논의는 중단되지 않았고, 16일에는 연세대 학생들의 학내분규와 관련, 미국인 이사장과 총장서리의 본국소환을 요구하는 데모사태가 미대사관 앞에서 발생, "나라와 학원의 민주화는 달러가 보증해 주지 않으며, 달러가 가져오는 '노예근성'부터 막아야 한다"고 결의했다. 이 결의에서와 같이 4월혁명은 통일운동뿐만 아니라 학생운동에까지 민족주의를 불어넣었던 것이다.16)

시간이 흐르면서 한국의 민족주의 발흥과 장면의 리더십의 문제제기는 끊임없이 이어졌는데 1983년에 공개된 John F. Kennedy Library 문서에 의하면, 매카나기는 주한대사직을 마감하면서(후임 Samuel D. Berger는 4.12 임명, 6.27 신임장 제정) 1961년 4월 11일 국무부에 보낸 건의서에서 2월 8일의 한·미 경제원조협정체결로 미국이 한국의 주권을 침해한다는 비난을 받았고, 그 결과 한국전쟁으로 지연되었던 민족주의가 '한국생활의 중대한 요인'으로 되고 있으며, 그것은 다시 한미행정협정으로 이어지고 있다는 한국의 상황을 보고하면서 미국이 장면의 리더십과 관련하여 더 큰 영향력을 행사해야 한다고 건의하였다.17)

장면 정부의 대미정책 중에서 한·미경제원조협정 체결 문제는 외교영역과 경제영역에 동시에 속하는 핵심적 이슈로서 특히 비중이 컸다고 할 수 있는데, 이 의안을 둘러싼 갈등과 야당(신민당)

---

15) 이재봉, 백영철 편, 1996, 「4월혁명, 제2공화국 그리고 한미관계」『제2공화국과 민주주의』, 나남, 99~104쪽.

16) 고영복, 1983, 「4월혁명의 의식구조」『4월혁명론』, 한길사, 85~129쪽.

17) John F. Kennedy Library, March 21, 1961 "Special Intelligence Estimate, IV 42−61 : Short Range Outlook in the Republic of Korea" ; April 11, 1961; "McConaughy to Secretary of State".

의 반대에 대한 장면의 태도는 비교적 강경했다. 신민당이 동 협정 제3·4·6조가 한국주권을 침해하는 굴욕적인 내용이라고 반대했던 것은 장면의 변명과는 달리 사실에 근거한 반대였다.[18] 즉 장면 정부는 이승만도 지속적으로 거부해 왔던 환율인상문제에서 미국의 압력에 굴복했을 뿐만 아니라, 10월 12일 부흥부에서 신환율책정에 대비하는 잠정조치로 11월 이후부터 ICA 자금을 4배 이상 인상 책정하도록 하는 특별방안을 수립함으로써 당시까지의 650 대 1 공정환율은 사실상 폐지되었고, 1960년 10월 25일 한미경제회담에서 환율을 1000 대 1로 하여 61년 1월 1일부터 실행하기로 하고 경제원조는 1억 8천만 달러로 합의했다. 더 많은 원조를 받아내기 위해 원조자금 지출에 관한 미국의 감독을 받아들이는 동시에 총예산 중 원조자금의 비중을 52%로 만들었다. 장면은 신민당의 반대를 '북한괴뢰의 파괴음모'와 연관시킴으로써 갈등을 더욱 격화시켰다.[19] 결국 민의원에서의 토론은 여야합의(신민당이 제안한 양해사항을 첨부하는 조건으로)를 거쳐 2월 28일 가결되었다. 그러나 "Yankee! Go Home!"을 외치면서 동 협정 반대투쟁을 격렬하게 전개했던 반대투쟁학생단체(11개)와 사회단체(17개)들은 "파국적인 한국경제의 약점을 이용, 미국이 강요하는 편무적 불평등 조약"인 이 협정의 철회를 계속 요구하고 있었다.[20]

대미관계의 측면에서 볼 때, 장면 정부는 이승만 정권에 비해

---

18) 1961. 2. 21, 『동아일보』. 이 협정의 제3조는 "원조안에 대해 미국이 무제한적인 관찰과 검토의 권한을 가진다", 제6조는 "미국의 원조기관원(USOM)에 대해 면세특권을 부여한다"는 내용이었다.

19) 1961. 2. 15, 『조선일보』. 내용상의 논란이 되었던 것은 앞에 지적한 조항뿐만 아니라 동 협정의 원문이 영어로만 작성되었다는 사실에도 있었다.

20) 손호철·정해구, 백영철 편, 1996, 「제2공화국 시민사회와 사회운동」 『제2공화국과 한국민주주의』, 나남출판, 294~295쪽.

더욱 심화된 종속관계를 보여 주었으며, 미국의 영향에 무기력했던 이른바 미국에 의해 심각하게 침투된 체제의 특성을 농후하게 가지고 있었던 것이다.

장면 정부는 3월 국가보안법을 보강하고 반공법과 데모방지 규제법 제정을 발표함으로써 통일운동과 데모에 강력하게 대처할 뜻을 비추었으나 이것은 오히려 '2대악법 반대투쟁'이라는 조직적인 반발을 초래, '장정권 규탄대회'로 이어졌으며, 4·19혁명 1주년 기념일에는 "반혁명적 보수야당이 외세와 결탁, 4월혁명을 중도에서 정지시키고 말았다"는 '4·19혁명 시국선언'이 발표되고 "외세는 물러가라" 구호마저 거리낌없이 등장하게 되었다. 이와 같이 4·19혁명 기념일을 맞아 한국에서 정치적 위기가 발생할 수 있다는 분석은 미국의 정보기관들이 공동으로 작성한 한국의 정세에 대한 전망 평가서에 잘 개진되어 있다. 이 평가서는 앞으로 1~2개월(4·5월) 사이에 한국에서 중대한 정치적 위기가 발생할 가능성이 있는데 그 요인으로 장면 정부의 정치적 취약성, 국민의 경제적 불만, 미국에 대한 불만, 통일문제를 지적했다.[21]

이같이 민족주의의 발흥, 자주적 통일운동과 반미운동을 효과적으로 저지하지 못한 장면에 대해 미국은 한국의 정치적 안정과 미국의 안보이익의 지속적인 확보를 위해 허약한 장면 정부를 대체할 강력한 군사정권을 필요로 했으며, 미국이 장면 정부의 대안으로 계획했던 군사정부는 박정희 주도 쿠데타는 아니었던 것이 분명함에도 미국은 합법적인 장면 정부를 지지한다고 공식적으로 표명하면서 쿠데타를 저지 또는 반대하지 않았다.[22] 장면의

---

21) 이재봉, 앞의 글, 106~107쪽에서 1961. 3. 31일자로 미국무성, CIA, 육·해·공군 그리고 합동참모본부의 정보기관들의 공동평가서를 상세히 소개하고 있다.

22) JHKL, May 15, 1961(83년 공개), "Green to Secretary State". 미국은 쿠

대미정책의 최대의 과오는 정권안보에 대비한 대미안보에서 미국을 너무 신뢰했다는 것이다.

결국, 미국은 이승만 독재정권의 붕괴과정에서는 한국이라는 미국의 민주주의의 'show window'를 통한 그들의 이익을 지키기 위해 극심한 내정간섭의 정당성을 주장하였고, 장면 정부의 몰락과정에서는 '반공 보루'를 통한 이익을 확보하기 위해 내정 불간섭 원칙을 내세웠던 것이다. 즉 워싱턴과 서울의 미국 관리들은 5·16군사쿠데타 발생 직후 새벽 3시경 장도영 육군참모총장이 매그루더 유엔군 총사령관에게 박정희의 쿠데타 시도를 보고하며 쿠데타 진압을 위해 미국에게 지원 요청했으나 그는 거절했다는 것이다. 또한 미국 관리들은 쿠데타 발생 직후 박정희의 친일경력과 공산주의 전력을 알고 있었으나 그가 한국전쟁 이후 확실히 반공주의자로 변했으며 친공 또는 반미의 증거가 전혀 없음을 파악하고 장면 정부의 내정에 간섭을 주저했던 것이다. 이리하여 4·19혁명에 힘입어 미국의 기대와 지지를 받고 제2공화국의 수반인 국무총리가 된 장면은 집권 9개월도 채 못되어 철석같이 믿었던 미국으로부터 외면당했고 4·19혁명은 제2공화국의 붕괴와 함께 끝내 미완으로 흐르고 말았다.

데타의 조짐을 미리 알고 있었음에도 불구하고 적극적으로 경고하지도 지지하지도 않았다. *FRUS, 1961~1963, Vol. XXII. Northeast,* pp.456~457에 의하면, J. F. Kennedy 대통령에게 보낸 CIA의 Allen W. Dulles 국장의 1961. 5·16 보고에 의하면, 미국은 적어도 쿠데타 한 달 전인 4월 21일부터는 박정희와 이범석에 의해 주도되는 정부전복 기도를 위한 두 개의 쿠데타 움직임에 대해 정확히 알고 있었다. 박정희의 최초 쿠데타 의사와 준비는 4월혁명 전 1960년 2월이다. 한국 군사혁명사 편찬위원회 편, 1963, 『한국 군사혁명사』 제1집(上), 205~206쪽 : 1960년 5·8 계획 참조.

2) 대일정책: 한·일 회담 재개 및 국교 정상화 시도

이승만의 강경한 반일정책으로 답보상태에 있었던 한·일관계는 맥아더 총사령관의 압력과 중재(good office)로 장면의 제2대 국무총리 시절인 1951년 10월 20일 도쿄에서 제1차 회담이 시작되어 제4차 회담(1958.4.10.~1960.4.15.) 이후 4·19혁명으로 중단된 후, 앞서 언급한 바와 같이 허정 과도정부에서 한·일 관계 개선의 조짐이 보이기 시작했다.

제2공화국을 출범시키면서 장면과 정일형이 각각 시정방침과 외교원칙에서 밝힌 바와 같이 장면 정부의 대일정책의 기조는 맹목적이고 감정적인 반일보다는 호혜평등 원칙 위에서 한·일간의 현안을 해결하고 이를 바탕으로 양국간의 국교를 정상화하겠다는 것이었다. 시정방침에서 경제제일주의를 표방한 장면 정부가 경제발전을 위해서는 부족한 국내자본과 점점 삭감되는 미국원조만으로는 민주당의 선거공약 실천이 불가능하므로 일본과의 국교정상화를 통해 대일청구권에 기초한 상환 및 경제협력을 도모하지 않을 수 없었다. 한편 당시의 한국 경제상황을 보면, 장면 정부 출범시 국가경제는 악화 일로를 걷고 있었는데, 1960년 1인당 국민소득은 81달러, 실질경제성장률은 -1.0%였고, 인구증가율은 2.9%를 밑돌았으며 국가예산의 거의 반은 미국원조에 의존하고 있었고, 수입이 수출을 10배 이상 초과하여 극심한 무역적자현상을 보이고 있었는가 하면, 실업률은 23.7%에 달하고 있었다.

여기에 미국은 대외원조를 줄이고 동북아시아에서 미국이 떠맡고 있던 역할을 일본과 분담하기 위한 방안을 찾고 있었는데 이를 위해 한·일관계 정상화는 긴요했으며, 일본도 한국전쟁 덕택으로 1961년까지 고도성장에 따른 과잉생산문제 해결을 위한 해외시장을 찾고 있었다. 일본경제성장의 배후에는 1960년 5월 19일 미·일 신안보협력조약(1954년 미·일 상호방위지원조약에서 규정한 일본방위능력 발전에 필수적인 일본경제 안정에 힘입어 가능해졌다) 체결로 일본의 국민 총생산액은 1960년에 1954년과 비교하여 2배가 되었고 일본 자위대는 20만 6천명의 병력에 이르고 있었다. 1952~1957년까지의 일본의 경제성장과 미·일 협조관계 및 동반자 관계가 강조되어 양국은 1960년 1월 19일 공동성명에서 "양국은 미국이 일본생산품의 가장 큰 구매자이고 또 일본이 미국 생산품의 두 번째로 가장 큰 구매자라는 사실에 주목한다"라고 분명히 밝힌 것에 유의할 필요가 있다. 이 조약에서 일본은 동아시아에서 국제안보와 평화유지 관심을 미국과 같이 하면서 자신의 노력과 미국의 원조로 무력침공에 저항할 능력을 발전 유지시킬 것을 선언하고 일본의 영토와 시설을 사용할 수 있는 권한을 미군에게 허용했다. 미·일 동반자 관계는 1961년 케네디와 이케다 회담에서 재강조되었다. 미국에게는 앞으로의 한국방위분담을 위해 한일간의 국교정상화가 절실했던 것이다.[23]

9월 6일 장면 정부는 일본외상 고사카(小坂善太郞)를 단장으로 하는 친선사절단을 해방 후 일본 고위인사의 방한으로는 처음으로 공식적으로 입국시켜, 7일에는 이들과 친선관계 수립을 위한 공동성명서를 발표하고 한·일회담 개최에 합의를 보았으며 이들 일본사절단을 영접하는 자리에 과거의 친일인사들을 참석시킴으로써 말썽이 나자 정일형 외무장관은 친일파의 시효는 이미 지나갔다고 해명하기도 했다.[24]

---

23) 김영식, 1993, 『한반도 문제의 역사적 성격 : 현대한국외교사 1920－1980』, 대왕사, 182~184쪽. "동반자 관계"(equal partnership)라는 용어는 사실상 미일관계가 의존관계에서 대등관계로 변해가는 것을 의미하며 이 용어는 안보를 위한 분담을 강조하기 위해 사용된 용어다.

이와 같은 한국 측의 지나친 접근과는 반대로 일본측은 장면내각을 이른바 '知日내각'이라 평하고 은근한 접촉을 하면서도 다른 한편으로는 북한과의 재일동포 북송 협정을 연장하기에 급급하였다. 이에 대한 국내의 반응은 장면 정부가 일방적 양보를 감수하면서까지 국교정상화를 서두르는 우를 범하고 있다는 비판이 고조되기 시작했다.

장면 정부는 10월 25일 도쿄에서 제5차 한일회담을 개최할 것을 제의하여 동의를 얻었다. 한국 측은 고려대 총장 유진오를 수석대표로, 일본측은 외무성 고문 사와다(澤田廉)를 수석대표로 대표단을 구성, 우호적인 분위기에서 예비회담이 개최되었다. 일본은 이 때 그간 중단되었던 재일동포 북송을 위한 회담을 재개하자고 북한 적십자측에 제의하는 이중성을 보였다(1959.8.13. 북한·일본의 양적십자 간에 체결된 calcutta 협정으로 12월 14일 1차로 975명의 재일동포가 북송되기 시작했다). 장면 정부는 10월 28일 이에 대해 일본정부에 엄중 항의했다. 국내여론은 비등하기 시작했고 일부에서는 한일회담 중지를 주장하기까지 했다. 그러나 장면 정부는 예비회담과 북송저지 문제를 분리하여 각각 대응하기로 방침을 세워 회담을 진행해 나갔다. 이런 와중에 양측 수석대표는 비공식 회합을 통해 어로, 평화선, 재산청구, 선박 등 4개 분과위원회의 설치를 합의하고 각 위원회별로 본격적인 예비교섭에 임하기로 했다.

그러나 재일동포 북송 문제가 보다 구체화되고 양측의 주장이 첨예하게 대립되면서 회담은 난항을 거듭했다. 일본측은 종래의 평화선 불인정 입장을 재천명하면서 평화선에 관한 어로협정 체결을 제의하는 한편 재산청구권 문제에 관해서도 일정한 정도의

---

24) 이택휘, 앞의 글, 363~364쪽.

경제원조라는 명목으로 제공할 것을 주장했다. 이에 대해 한국측은 현 평화선 고수 범위 내에서 양국의 이익을 도모하는 어로협정은 가능할 수도 있다는 점을 시사하는 한편, 재산청구권 문제에서 증여 형식의 보상은 수락할 수 없음을 명백히 했다.[25]

이같이 양측이 팽팽히 맞서는 가운데 일본측의 협상태도에 변화가 나타나게 되는데, 그 동안 논의되어 오던 의제의 우선 순위와 회담방식을 벗어나 모든 문제를 정치적으로 타결, 먼저 국교정상화부터 실현하자는 것이었다. 일본측은 회담을 고의로 지연시키면서 성의 없는 태도를 보이고 있었는데 그 이유는 첫째로 장면 정부의 저자세 대일 외교에 고무되어 회담을 그들에게 유리하게 이끌려는 계략이 있었으며, 둘째로 장면 정부가 안정성을 결여하고 있으므로 또 다시 어떤 정변이 재연되어 붕괴될 것을 우려했기 때문에 시일을 지연시켜 가면서 사태를 관망하고자 한 것이다. 이같이 장면 정부를 취약한 정부로 본 데에는 상이학생들의 의사당 점거 사건이 일본측을 크게 자극시켰기 때문이다. 일본의 태도는 매우 교활하여 12월 19일 이케다(池田) 수상은 중의원에서 2개의 한국을 전제로 한일회담을 진행한다는 대한정책을 운운하면서 한편으로 장면총리에게 국교정상화를 촉구하는 전문을 보냈다. 이케다의 두 개의 한국 발언은 즉시 우리 외무부에서 반박했는데, 이 발언은 11월 20일 총선에서 사회당의 현저한 진출을 의식했기 때문인 것으로 분석된다. 재일동포 북송 중지 요구가 끝내 받아들여지지 않고 일본의 회담에 대한 무성의한 태도, 그리고 현안 타결방안이 일관성을 결여하자 국내에서는 국민적 분노가 격앙되기 시작했으며, 민의원 본회의에서는 장면 정부의 대일협상 태도를 구걸외교로 규정, 비판을 가하기까지 했다.

---

25) 앞의 글, 363~364쪽.

회담 개시 2개월간 4분과위원회 설치 합의 외에는 아무런 성과도 거두지 못하자 한국 대표단은 일단 회담을 중단하고 12월 21일 귀국했다.

한편, 회담이 난항이었음에도 불구하고, 장면 정부의 민주당 인사들은 정치자금을 조달하기 위해 중석판매계약을 고의로 일본상사와 결탁하는가 하면 일본상인들을 비밀리에 입국시켜 이면교섭을 전개시킴으로써 민간차원의 교류의 움직임은 급속도로 움직이고 있었다. 11월 16일 일본 내 재벌과 유력 기업인들로 구성된 일본 민간경제시찰단이 방한했다. 표면적으로는 단순히 우호통상을 위한 친선방문으로 알려졌으나 실제로는 장면 정부가 이를 환영하여 일본의 민간 자본을 끌어들이는 전주곡이요, 경제교섭의 양성화를 의미하는 것이었다(12월 1일 해방 후 처음으로 부산 - 博多간 한·일 정기해상항로가 취항했다).26) 이에 대해 신민당과 재야가 반대운동을 벌이자 장면은 1961년 1월 23일 일본경제시찰단 환영위원회를 해체하고 일본자본도입도 결사적으로 반대한다면 보류하겠다고 언명했다. 한·일 예비회담은 1월 25일 도쿄에서 재개되었으나, 일본측은 경제시찰단 파견시 한국정부의 환영태도와는 달리 야당과 일반 시민단체들의 반대로 좌절된 것에 매우 감정적으로 회담에 임했다. 회담은 처음부터 이견이 노정되어 답보상태에 빠져 있었는데, 결국 3월에 들어와 미국 케네디(John F. Kennedy) 대통령 정부의 적극적인 주선으로 한·일 교섭이 활발해지리라는 관측이 나도는 가운데 5월 6일 일본 자민당 중의원 의원(野田卯一 외 7명, 수행원 3명)이 내한하고, 동시에 일본 외무성 아시아국장 이세키(伊關)가 방한하여 김용식 외무차관과 회합, 5월 말까지 에비회담을 끝내게 되면 9월 본회담을 개최하여 가을까지

---

26) 1960. 11. 11, 『동아일보』.

는 한·일관계를 매듭짓기로 합의함으로써 회담 분위기가 무르익어 가는 듯했으나 5·16군사정변으로 무산되었다.

장면 정부의 대일 저자세 외교를 더욱 저자세로 만든 것은 신민당과 재야세력의 반대투쟁이 여러 요인 중에서 하나로 지적되기도 하지만, 향후 대일관계 개선의 돌파구를 마련한 것은 부인할 수 없는 사실이다.

3) 대 유엔외교 및 통일정책

이승만 시대에 금기의 대상이었던 통일논의는 허정 과도정부 출범 직후인 5월 27일 당시 조선일보 논설위원이었던 고정훈의 남북한 문화교류론에서 발단하여 사회당의 서상일의 지지로 통일논의로 확산되었다. 이러한 통일논의의 접근은 장면 정부에 이르러 최대한 허용되었던 시민적 자유에 힘입어 7·29 총선을 계기로 정당, 사회단체, 언론, 학원 등 여러 수준에서 폭넓고 활발하게 제시되었다. 특히 장면 정부의 이러한 내적 여건에 편승한 북한의 '남북연방제' 안이 장면 정부 출범 직전인 8월 14일 제시되었다. 최소한 열흘간 매일 남한을 향해 방송된 김일성의 이 제안은 통일문제에 관해 신생 장면 정부를 더욱 보수적이며 방어적인 자세를 취하도록 위축시켰으며 장면 정부의 탄생에 따라 새로이 전개되는 정국을 또다시 자기 소모적인 통일논의의 늪 속으로 빠져들게 했다.[27]

통일문제에 관한 장면 정부의 입장은 8월 24일 정일형 외무장관에 의해 발표된 제2공화국 정부의 외교원칙 1항에서 "… 유엔

---

27) 김학준, 1975, 「제2공화국 시대의 통일논의」『국제정치논총』제15호, 73~85쪽.

결의를 존중하여 한국 전역에서 유엔 감시하의 자유선거를 실시함으로써 한국의 통일을 이룩하는 원칙을 고수한다. …”로 되어 있다. 여기서 주목되는 것은 종래의 “유엔 결의에 의하여”라는 어구와는 달리 “유엔 결의를 존중하여”라는 어구를 사용했다는 점이다. 정외무는 그 변경의 이유로서 제 15차 유엔총회에서 15개 아시아, 아프리카 신생국이 유엔에 가입하게 되면 거의 100개국이 되므로 58개의 회원국을 상정하고 세워진 통일방안은 제고되어야 하며, 만일 유엔총회에서 용공적 결의가 채택되는 경우에 대처하기 위해서임을 지적했다.[28] 아시아, 아프리카 신생국에 대한 이해가 결여된 장면 정부의 일부 지도자들은 국제사회와의 외교를 염두에 둘 때 지극히 방어적인 자세였다는 비판을 면하기 어렵다.

이같이 장면 정부의 통일문제에 관한 보수성과 소극성이라는 본질에 있어서 ‘북진통일의 포기’를 제외하면 장면 정부의 접근 태도는 본질적으로 이승만 정권과 동일하다. 차이가 있다면 국내 경제건설보다 통일에 정책의 역점을 두었던 이승만 정권과는 달리 장면 정부는 통일문제는 오히려 부차적인 위치로 내리고 ‘선건설 후통일’의 논리였다는 점이다. 그리고 통일문제에 대해 신중성을 보인 것은 인정되나 그 신중성의 바탕 위에서 통일문제에 대한 국민의 열망과 관심을 흡인하는 창조적 프로그램과 북한의 통일논의 공세에 대한 논리적 반박이나 대안이 결여되어 있었다는 것이 지적되어야 한다.

장면 정부는 9월 20일에 개최되는 제15차 유엔 총회에 대비하여 9월 15일 임병직 대사를 해임하고 임창영 대사를 임명, 유엔총

---

28) 외무부 외교연구원, 1966,『통일문제』제1집, 321쪽. ‘용공적’에 대한 이러한 우려는 1960년 9월 19~21일 그의 민의원 답변에서 뚜렷이 나타난다. 이에 대한 상세한 논의로, 김학준, 앞의 글, 84~85쪽 참조.

회파견 한국 수석대표로 정일형 외무장관, 박준규 민의원의원(신민당) 등으로 대표단을 구성하여 11월 1일 정일형이 먼저 뉴욕으로 출발했다. 임창영 유엔 대사는 출국 전부터 기자회견에서 실언을 거듭했는데, 유엔에 도착 후에도 기자회견에서 실질적으로 한국통일과 유엔가입을 희망에 불과할 뿐이라는 취지의 발언을 함으로서 장면 정부의 확고한 유엔정책이 무엇인지 의구심을 자아내었다.

제15차 유엔총회에서 한국문제(통일문제와 유엔가입안) 토의는 긴급문제로 부각된 콩고문제와 중공의 유엔가입안 다음에 토의될 것으로 국내에 알려졌으나, 산발적으로 출국한 대표단이 11월에 도착했을 때에는 이미 1961년 3월, 4월에 상정하기로 결정되어 있었다. 정일형의 귀국 후, 유엔총회에서 아프리카 신생국 대표들로부터 한국문제에 대한 지지 획득에 성공했다는 보고는 12월 18일 박준규 의원이 정외무의 보고가 허위이며 반대로 중립국 지지외교에 실패했다고 비난, 폭로함으로서[29] 대표단의 유엔총회 외교를 의심케 했다.

이에 앞서 10월 22일 한국문제를 "'오스트리아식 중립화'의 조건으로 해결하는 가능성을 가장 신중히 검토해야 한다"는 맨스필드(Mike Mansfield) 미상원의원(민주당원내 부총무)의 「극동보고서」 중의 건의사항 끝부분 제6항이 발표되자, 그가 11월 대통령선거에서 민주당이 승리하는 경우 거론될 수 있는 국무장관후보의 한 사람이라는 풍문과 함께 국내에 큰 파문을 던졌다. 맨스필드의 구상은 국내 혁신계 중립론자들이나 서울대생들의 민통연맹 등을 고무시킨 것이 사실이다. 11월 2일 장면은 오스트리아식 중립화 방안을 배격하는 한국정부의 공식입장을 5개항의 성명으로

---

29) 국회사무처, 1971, 『국회사』, 제헌국회-제4대 국회, 149쪽.

발표했다.[30] 동시에 장면은 미대통령 후보들에게 한국의 중립화 거부를 전문으로 발송했다. 이에 대해 미국무성도 한국통일문제에 관한 조사 보고서를 발표하면서 장면 정부의 통일에 관한 기본 입장을 지지하며 중립화론을 무시하는 듯한 태도를 보였다.[31]

국내외적으로 한국통일문제가 논의되고 있는 가운데 11월 11일 북한은 유엔 감시하의 총선거에 반대하고 김일성이 8월 14일 제안한 '남북조선연방제'를 재확인한 대 유엔 각서를 제15차 유엔총회에 제출한데 이어 19일에는 최고 인민회의 상임위원장 최용건의 이름으로 연방제를 다시 내놓고 24일에는 최고 인민회의의장 최원택의 이름으로 7개항의 제안[32]을 남한국회가 심의할 것을 요구했다. 북한의 이러한 제의를 장면 정부는 즉각 거부했으나, 북한과의 협상을 주장한 민통과 혁신계의 지지를 받았다. 더욱이 일부 국회의원들(서민호, 정해영, 박준규, 양일동 등) 간에 이에 동조하는 여론도 나타났다.[33] 61년 1월 6일 장면은 기자회견에서 남북교류론의 위험성에 대해서 경고하는 성명을 발표했다.

국내의 통일논의를 다시 한 번 가열시킨 것은 1961년 4월 12일

---

30) 그 요지는 한국과 오스트리아아는 전략저, 지정학적, 그리고 국내외적 여건에 있어 근본적인 차이가 있고 한국의 정치·사회·문화적 제조건이 오스트리아보다 뒤떨어져 있으므로 중립화론은 부적절하다는 입장을 명백히 지적했다. 한국혁명 재판사 편찬위원회, 앞의 책, 216쪽.

31) 1961. 11. 6, 『한국일보』.

32) 1) 남북조선을 통한 UN 감시하 총선 거부, 2) 남북조선의 정치제도로서 남북연합체 조직, 3) 연방제안을 수락할 수 없다면 순수한 경제위원단 설치, 경제협조와 교류 실시, 4) 남조선의 몰수·무산분배의 토지개혁 실시, 5) 자유로운 우편·기자교환, 6) 쌍방의 병력을 10만 또는 그 이하로 축소, 7) 남북협상회의 즉시 개최. 외무부 외교연구원, 앞의 글 『통일문제연구』, 36~37쪽.

33) 1961. 1. 4, 『동아일보』 ; 1.15, 『경향신문』.

제15차 유엔총회 정치위원회의 '남북한동시초청안'(북한조건부)의 가결이었다. 당시 유엔은 아프리카 신생국의 대거가입과 중립을 표방하는 아시아, 아프리카 비동맹 중립국가군의 발언권이 강해져 미국의 유엔 지배권이 도전받고 있었는데, 이런 상황에서 인도네시아가 남북한 동시초청안을 제기하고, 이 안의 통과 가능성이 높아지자 주 유엔 미국대사 스티븐슨(Adlai E. Stevenson)은 유엔의 권위와 직능을 수락한다는 조건 하에 북한을 초청할 것을 제의했다. 이 스티븐슨 수정안은 99개 회원국 중 59대 14 및 기권 27(궐석 3)로 가결되었다. 장면은 다음날 특별성명을 통해 "북한이 이 획기적인 결의의 모든 조건을 전적으로 성실히 충족시킬 것을 요구한다"고 발표했지만, 유엔총회(후기 회의)에서 새로운 사태의 진전에 따라 3월 22일부터 다시 파견되어 활동한 정일형을 단장으로 한 한국대표단이나 주 유엔 한국대표부도 전혀 예상치 못했으므로 총리실과 외무부도 경악하고 당혹해 했다.

당시 한국측이 갈팡질팡한 증거로서 처음에 정일형은 스티븐슨의 제안을 반대한다고 12일 오전에 언명했으나, 이 제안이 채택된 13일에는 '대한민국의 승리'라고 발표했음을 들 수 있다.[34] 그러나 이 안이 채택되었으나 북한측의 반응이 없자 4월 14일 유엔 정치위원회는 일본대표가 북한대표를 기다릴 것 없이 한국대표를 토의에 참석시키자는 제안을 44대 14, 기권 18표로 채택했다. 17일 북한은 유엔총회 의장에게 서한을 통해 북한대표의 참가와 동의 없는 어떤 결의도 받아들일 수 없다고 주장하면서 참가를 거부했다.

이와 같이 북한은 한반도문제에 관한 유엔 결정의 권능을 부정하면서도 한국문제 논의에 참석을 요구하는 모순된 입장을 보여

---

34) 1961. 4. 13~14, 『동아일보』.

왔는데 이는 궁극적으로 한국으로부터 유엔의 영향력을 제거시키려는 것이었다.

　장면 정부 하에서 정당, 사회단체와 대학생들을 포함한 다양한 세력이 자유로운 통일논의를 전개함으로써 북한의 대남 통일공세를 자극했으며 장면 정부는 이러한 시대의 요청에 좀더 과감히 대처해야 했을 것이며, 정치인, 언론, 학원도 이승만 독재정치로부터 모처럼 쟁취한 자유와 민주주의를 더욱 향유하기 위해 물리력과 정치도구에 의존하지 않은 장면 정부를 매도하기보다 그러한 방향으로 이끌었어야 했을 것이다.

　장면 정부의 대유엔외교는 국내통일논의와 맞물려 유엔을 통한 다양한 외교(유엔가입, 외교망 확대, 제3세계 국가군의 지지확대)를 효과적으로 추진하지 못하는 결과를 초래했다.

4) 대 제3세계 및 비동맹권 외교

　제3세계의 비동맹 중립주의란 제3세계의 정치 외교적 이념과 행태(외교노선)로서 이는 국제법상의 개념이 아니라 정치적 개념이며, 또 비동맹정책(Non - Alignment Policy)이란 대부분의 제3세계 국가들의 공통적인 외교노선으로서 여기에는 냉전이라는 비교전적이면서도 대결적인 국제관계에서 자국의 대외적 자주노선과 국가이익을 보호하려는 의미가 아주 강하게 반영되고 있다. 반면에 이들 제3세계 국가들은 유엔이나 국제회의 등에서 흔히 새로운 블록의 과시인 듯한 단결된 모습을 보임으로써 하나의 새로운 블록화의 가능성도 보여주고 있었다.

　건국초기에 있어서 이승만 정권은 외교의 기본원칙은 반공·반일이었는데 이러한 외교원칙하에서 한국은 냉전외교로 상징되는 덜레스적 세계관(냉전외교)을 고수하여 제3세계의 존재를 인 정하지 않았으며 오직 서방국가와의 외교가 전부였다. 제3세계외 교의 중요성은 이미 허정 과도정부에서 충분히 인식하여 장면 정 부 출범 이전까지 아프리카 신생국의 독립과 함께 10개국에 대해 즉각적인 국가승인을 하고 국교수립 단계는 제2공화국의 과제로 떠넘겼던 것이다.

장면 정부는 출범과 함께 발표한 외교원칙에서 제3세계 외교의 중요성을 강조했으나, 이것은 당시 국제정치의 새로운 데탕트 초 기에 당연한 추세였다. 또한 미국 및 서방 일변도 외교에서 벗어 나 자주적 입장에서 외교의 다변화를 경주해야 할 필요성이 더욱 높아지고 있었다. 국내적으로는 북진통일 대신에 평화적 방법에 의한, 그리고 유엔을 통한 통일논의가 확산되어 가고 있었으며, 그러한 평화통일 기반 구축을 위해서 중립국 내지 비적성 공산권 국가들과의 외교관계 구축이 긴요했었다. 더욱이 1960년 아프리 카 17개 신생국들이 대거 유엔에 가입함으로써 종래 미국이 주도 하던 유엔의 판도가 크게 변화하여 제3세계 국가들의 수적 우세 가 미국을 위협할 정도에 이르렀다.

따라서 정부는 유엔총회에 대비해서 외무부에 국제협력국을 신설하고 중립국 포섭의 적극책으로 주 태국대사관을 외교 센터 로 하여 비동맹 중립국 중에서 중요한 위치에 있는 인도를 비롯 하여 미얀마, 파키스탄, 실론, 인도네시아까지 우호관계를 수립하 려고 노력했다. 그러나 제3세계, 비동맹 중립권 외교의 중요성을 충분히 인식하면서도 대 아프리카 외교에 있어서는 국교수립, 외 교사절 교환 등 기본적인 외교채널도 갖추지 못했다. 장면 정부 는 9개월간 Mali(9.12), Senegal(9.30), Nigeria(10.12), Mauritania(12.5) 의 국가승인 외에 국교수립 노력을 전혀 하지 못했다. 다만 제15

차 유엔총회에서의 한국문제 토의에 대비하여 임창영 유엔대사를 단장으로 하는 친선사절단을 콩고, 세네갈 등 서부 아프리카 8개국에 순방 파견했을 뿐이다.[35] 그리고 중남미외교의 일환으로 니카라구아 특별사절단(5명)이 정부초청으로 내한하여 수교 및 경제협력을 논의한 바 있다.

장면 정부의 대 제3세계권 내지 비동맹권 외교가 부진했던 요인은 먼저 이승만 정권에서부터 제3세계 또는 비동맹 중립주의를 "용공적"인 것으로 적대시한 부정적 시각의 접근태도가 장면 정부의 외교적 사고에 부분적으로 상존하고 있었다는 점에서 찾을 수 있다. 다음으로 아시아·아프리카 블록의 세력증대라는 국제환경의 변화에 따라 장면 정부가 시도한 제3세계 외교는 제2공이 너무 단명한 탓에 그 외교접근이 더욱 전개되지 못했으며, 제2공은 외교정책쇄신과 외교활동전개를 구체화시키지 못한 채 붕괴되었다.[36] 끝으로 외교비용이 많이 소요되는 제3세계 외교는 미국 원조에 지탱하고 있었던 당시의 상황에서는 한계가 있을 수밖에 없었다. 미·소 강대국의 이데올로기적 대립구도 속에서의 외교의 다변화는 현실적으로 그 행동반경에 원천적인 제약이 주어져 있었으며, 다변외교가 자칫 탈미국화 또는 반미주의로 비침으로써 미국의 대한정책과 그 역할을 위축시키고 나아가 한국안보와 경제에 부정적 효과를 가져올 가능성이 있었던 것이다.[37] 이는 그만큼 장면 정부가 정치, 안보, 경제적으로 미국에 거의 절대적으로 의존되어 있었다는 사실의 반증이라 할 수 있다.

---

35) 외무부,『한국외교 40년 : 1948~1988』, 286쪽 ; 국회사무처, 앞의 책, 4~6대 국회, 323쪽.

36) 홍순호, 1993,『한국 국제관계사 이론 : 시대상황의 역학 구조』, 대왕사, 514쪽.

37) 허만, 1988,『한반도와 외교정책론』, 교육과학사, 139쪽.

4. 외교망의 확대 및 외교의 다변화 시도

1) 이상과 실제

국내정치의 소요와 장면 정부에 대한 통일안보 외교에 대한 도전과 위협은 장면 정부가 출범하면서 발표한 7대 외교정책이 이상론에 불과한 것으로 그 실행의 박차를 가할 여유를 박탈하는 것이었다.

제2공화국의 대외정책 중에서 외교망의 확충과 외교의 다변화를 논하는 연구자는 거의 없다. 한국에서의 제3세계 외교, 외교의 다변화, 외교망의 확충을 거론할 때 대부분의 연구는 그것이 5·16군부정권에 의해 현대 한국외교사상 최초로 시도되었다고 말하고 허정 과도정부나 장면 정부에 의해서 구상 촉진되었다는 주장은 찾아보기 어렵다. 그 이유 중의 하나는 대체적으로 1960년대를 전후한 시기를 국제정치적으로 데탕트의 시작으로 보고, 장면 정부가 구체석으로 시도한 다변직 외교밍의 확대는 주시하지 않았기 때문이다. 더 정확히 말해서 앞의 장에서 본 바와 같이 대 아프리카 외교에 관심을 두고 아프리카 신생국의 출현과 함께 가장 초보적 외교관계인 국가승인의 절차를 시작한 것은 허정 과도정부였다. 따라서 장면 정부는 대 제3세계 외교를 통해 제2공화국 외교의 이상을 실현하고 서유럽 제국과의 기존관계의 심화 확대를 기도했던 것이다.

장면 정부의 아프리카 신생국들과의 외교는 뉴욕의 그들 대표들을 통한 외교가 한국 유엔 대표부에 의해서 착실히 진행되었다. 유엔가입문제와 통일문제와 관련된 북한과의 대결외교에서 아프리카 신생국들과의 협력관계는 초보단계를 넘어서 국교수립의 단계에 있었으나 국내정치와 관련하여 구체적으로 대 아프리카 접근의 시기 설정이 어려웠다. 그들 신생국들이 모두 상주대사관 설치를 요구한 반면, 장면 정부는 예산관계상 주영·주불대사로 하여금 겸임대사를 임명함으로써 외교관계 수립을 원했으나, 이것마저 국내정치 우선에 밀려 시기를 기다리던 중 5·16군사정변을 당했다.

특히 통일문제에 있어서 장면 정부 출범 직전부터 계속적인 북한의 통일공세는 국내 정당, 사회단체, 학원으로 반응, 더욱이 신민당 소장파 민의원의원들은 '남북한간의 경제교류'를 주장하는가 하면(1961.1.5) 이에 대응하여 장면은 반대성명을 발표했다. 윤보선 대통령도 무분별한 통일론의 경계를 천명했다. 1961년 5월 9일 서민호 민의원 부의장은 기자회견에서 통일전 제조건으로 남북체육인의 출전을 제시하기도 했다. 더욱이 1960년 11월 1일 민족통일연맹은 장면 총리에게 통일문제 논의를 위해 미·소를 방문할 것을 요구하기도 했다.

이와 같이 국내외로부터 통일문제에 대한 협공은 장면 정부의 외교정책 수행에 있어서 우선순위에서 외교망의 확대나 외교의 다변화 정책은 뒷전에 밀릴 수밖에 없었으며 이는 다변화외교나 외교망확충을 사실상 불가능하게 하는 주된 요인으로 지적된다. 외교의 다변화란 대미·대일 편중외교에서 탈피하여 서유럽, 중남미, 중동 아프리카 지역으로의 외교망의 확대를 의미하는 것이고 이는 막대한 외교비용을 수반하는 것인데, 국가예산의 52%를 미국원조에 의존하는 장면 정부로서는 이를 감당할 재원이 없었던 것이다.

2) 외교망의 확대와 외교의 다변화 시도

외교망의 확대의 관점에서 이승만 정권 하에서는 중국(대만), 미국과 유엔에 대사급을, 태국, 필리핀, 영국, 프랑스, 서독, 일본, 제네바에 공사급, 그리고 뉴욕, 샌프란시스코, L. A., 호놀루루, 홍콩, 시드니에 총영사급을 두어 외교공관을 유지한 것이 전부였으나(2 대사, 1 대표부대사·2 대표부공사, 5 공사, 6 총영사), 장면 정부는 외교의 질을 높이고 다변화외교를 추진하기 위해 공사급 공관장을 대사급으로 승격하기로 주재국과 합의(일본 제외)하고, 덴마크(10.12), 스위스(10.15), 포르투갈(11.28), 그리스(1961.4.5), 벨기에(1961.5.2 ; 비상주교환합의), 이탈리아·호주(총영사에서 대사급으로 격상)에 대사급 외교관계수립에 새로이 합의하여 각각 대사를 파견했다.

이와 같이 이승만 시대에 16개에 불과했던 외교공관을 22개로 확대시킨 장면 정부의 외교의 다변화와 외교망확충의 노력은 1960년 12월 6일 태완선 부흥부정무차관(외 4명)을 서독에 파견, 아데나워 수상과 회담하여 대한경제협력을 요청한 바 있는데 2월 12일 아데나워 수상은 대한경제원조 용의를 표명, 3월 18일 한·독 기술원조협정을 체결했다. 이는 장면 정부가 심화된 대미의존 경제에서 탈피하려는 적극적 다변화 노력의 일환으로 평가된다. 이밖에 한·필리핀무역협정(1961.2.24), 비이민 여권사증 수수료 면제 협정(1960.11.8), 소포우편협정(1960.7.5), 한·중 무역협정 (1961.3.3) 체결로 아시아 지역협력을 기도하고 한·덴마크 상표 등록협정, 한·불 상표상호등록협정(1961.2.1), 한·이탈리아 특허권 상호보호 협정(1961.3.7) 등을 체결, 서유럽지역과의 대외무역으로 다변화를 도모했다.

　아시아지역협력차원으로는 1960년 정일형외무가 세라노 필리핀 외상을 서울에 초청, 동북아시아 안보에 관한 공동성명을 발표하고 1961년 1월 1일 ECAFE 제3차 지역내무역추진회의(방콕), 제9차 내륙운수 통신분과위원회에 한국 대표를 파견하고, 1961년 1월 19일에는 마닐라에서 한·중·일·필리핀 외상이 모여 공동이익에 관한 공동성명을 발표했다. 제7차 아시아 민족 반공대회(마닐라, 5.2)에는 한국수석대표로 유진산이 참석하여 아시아 민족의 반공결속을 다짐했다. 또 국제지역사회개발회의를 서울에 유치하여 한·미·이디오피아·이란·필리핀·탕가니카·태국 등 7개국과 라오스·소말리아·통일아랍공의 미고문단이 참가하는 큰 규모의 국제회의도 주재하는 등 외교적인 도약을 시도했다. 그리고 국제기구와의 협력으로 UNICEF와의 특별기금원조협정과 IAEA와의 기술원조협정이 4월 21일과 5·16군사정변 전날인 5월 15일 각각 체결되어 국제전문기구와의 국제협력도 적극적인 자세를 보였다. 5·16군사정변 닷새 전인 5월 10일 그간 공석 중인 이탈리아 대사에 장발 서울대학교 미술대학장(장면의 실제)을 임명했으나 군사정변으로 취소되었다. 이 외교관 인사는 장면 외교에서 대표적인 정실인사로 많은 물의를 자아내었다.

　국제정치적 데탕트 조류와 함께 장면 정부가 구상하고 실현하려 했던 외교정책은 통일논의로 안보외교적 지도력의 결함을 노정하면서 많은 정치외교적 소모를 초래했으나, 집권 후반기 어느 정도 체제의 안정도 이룩되어 가는 과정에 있었으므로 본격적인 제3세계 외교를 접근하려고 했으나 장면 정부는 이를 실현하기에는 너무나 단명했다.

　5·16군사정권인 제3공화국의 대외정책을 평가함에 있어서 흔히 3공이 한국 현대외교사상 제3세계 비동맹외교와 외교망 확대

를 처음으로 시도했다는 주장은 잘못된 견해이며, 장면 정부에서 구체적으로 추진했다는 실증은 앞에서 논한 바와 같다.

5. 맺음말

1) 장면의 안보외교적 리더십 문제

리더십의 문제는 국가가 안보외교적 위협에 직면했을 때 그 중요성이 더욱 부각된다. 외교와 외교정책은 국력을 배경으로 추진되고 국내정치의 연장선상에서 집행되므로 고차적인 리더십이 요구된다. 이러한 리더십의 시험은 항상 변화하는 국제정치적 환경을 인식하는 지적 요소와 그 인식적 지식을 국가적 목적에 봉사하게 하는 실천적 요소로 구성된다. 또 지도자의 안보적 실천능력은 두 가지의 가능성을 갖는데, 하나는 시대착오적인 국제질서를 타파하고 새로운 질서를 창조하는 혁명가적 접근이고, 또 하나는 불필요한 분쟁이나 전쟁을 방지하면서 안보외교정책을 국제적 변화에 분별력 있게 적응시키는 현상관리자적 접근이다.[38]

4·19혁명 후 한국사회가 요구한 것은 전자의 길이었으나, 허정 과도정부가 이를 수행하지 못함으로서 장면 정부는 전·후자 모두를 수용해야 하는 난관에 직면하게 되었다. 상황적으로 제약되어 있었던 장면 정부의 국내 정치 상황에서 제기된 책임내각제의 신화는 "상징적 국가대표로서의 대통령", "상징적 국군통수자로서의 대통령"이 "국정에 관하여 초연한 존재"임에도 불구하고 제

---

38) 강성학, 한승조 편, 1988, 「안보외교정책과 리더십」『리더십 이론과 한국정치』, 민족지성사, 231쪽.

2공화국의 윤보선 대통령과 장면 국무총리는 이 문제에 대해 갈등하고 있었다.[39] 외교문제와 국군통수권 문제에서의 최고지도자들 사이의 갈등은 곧 국가안보외교정책의 큰 위기요인이 될 수 있다는 데에 문제가 있었다. 또 장면 정부가 제시한 사회의 민주화와 경제건설은 7·29 총선에서 공약했던 4·19혁명 정신의 구현과 경제건설의 청사진을 마련하는데 있었지만 혁명입법과정에서 치자나 피치자의 정치의식면에서 한국사회에서 서구민주주의 실현 가능성에 대한 심한 우려를 자아내게 했다. 더욱이 한·일회담 재개, 한·미 원조기술협정 체결 등은 경제건설을 위해서 필요불가결한 자금원이 될 수 있는 상황임에도 불구하고 비등하는 여론과 대중의 반대 시위는 곧 대미·대일 외교를 저해하는 결과를 초래하게 됨으로써 안보외교의 딜레마를 연출했으며, 미국 맨스필드 상원의원의 오스트리아식 중립통일안, 국내혁신계의 통일안, 일부 대학생의 통일논의는 정국을 걷잡을 수 없는 상황으로

---

39) 중앙일보사, 「광복 50년, 한국을 바꾼 100인」『월간중앙』1995년 1월호 별책부록, 320쪽. 이 문제는 윤보선·장면 당사자간의 직접적인 갈등이 아니라 민주당 신·구파 의원들간의 논쟁이었다. 11월 26일 민의원 예산결산위원회에서 국방부 예산을 심의하는 과정에서 국방장관 권중돈에게 민정구락부 소속의 이찬우 의원의 질의에서 발단되었다. 사실 국군통수권 문제는 헌법상으로는 대통령에 부여되어 있는 것 같지만 내각책임제하에서는 정치적인 책임은 국무총리에게 있으므로 실질적인 통수권은 총리에게 있는 것 같기도 해서 해석이 구구했다. 그러나 내각책임제이므로 오히려 정당소속을 갖지 않는 대통령에게 통수권을 귀속시키는 것이 헌법상의 규정으로나 국군의 엄정중립을 위해 타당하다는 의견도 있다. 이에 대해 장면은 11월 30일 기자회견에서 "헌법상 대통령에게 통수권이 주어져 있다 하나 대통령에게는 계엄령 선포 거부권만이 있을 뿐, 그밖에는 의례적인 통수권만이 부여되어 있을 뿐이다. 군인사, 행정, 작전 등의 통수권은 총리에게 있다"고 언명했다. 이에 대해 구파에서나 윤대통령으로부터 이의제기가 없어 이 논쟁은 끝났다.

몰아 갔다. 이에 대한 장면 정부의 대응방식에서 안보외교적 리더십의 결여가 노출되었으며 더욱이 남북한의 긴장이 항상 지속하고 있는 상황 하에서 정군 및 감군제의는 대미 군사·안보외교의 최대 허점을 노정 했던 것이다.

안보외교적 리더십은 어떤 특정한 독트린에 있는 것이 아니라, 자기 시대에 당연히 간주되는 사유적 틀을 극복하고 창의력을 적용시킬 수 있는 지성적 용기에 있다. 즉 안보외교정책상의 리더십이란 선동이나 도덕적 설교에 있는 것이 아니라 주어진 상황 속에서 합리적 정책과 이성적 정책을 선택하는 지혜와 용기에 있는 것인데, 장면 정부는 안보외교정책이 국가존망과 관련되는 가장 중대한 과제임을 소홀히 한 것 같다.

당초 민주당은 7·29 총선에서 10만 감군을 선거공약으로 내걸었다. 이에 대해 북한군과의 군사적 균형이 깨진다고 많은 비판이 있었지만, 국군문제에 있어서 장면은 수보다는 질에 무게를 두고 정예군대를 위해 10만 감군을 공약했던 것이다. 정군 및 감군안의 저의는 한국의 안보가 전적으로 미국에 의해 보장되어 있으므로 60만 대군을 반 정도 감군한다면 막대한 재정절약으로 경제건설에 유용하게 사용될 수 있다는 단순한 논리였다. 장면 정부 감군논의는 작전 지휘권을 장악하고 있는 유엔군 총사령관 즉 미국방성과의 충분한 논의 없이 민주당이 1956년 정·부통령 선거공약에서부터 주장했는데 장면이 집권한 후부터는 당연히 대미 군사외교를 통해 얻은 결과로서 감군을 논의했어야 했지만 미국측의 반대로 5만 감군안으로 변경한 것이 미군당국과 다시 3만으로 감군계획을 합의한 것이 1960년 12월말이었으며, 이것 역시 직업군인에 한하여 더 축소하여 시행했던 것이다. 12월 27일 감군은 사실상 완료됐다.

장면 정부는 한 마디로 말해 6·25전쟁으로 과대성장한 군부를 너무나 몰랐기 때문에 단명내각으로 최후의 날을 맞은 것이다. 국방장관, 정무차관, 사무차관 중 한 사람이라도 군부출신을 등용했어야 했음에도 당료출신 우선과 파벌안배 인사원칙을 선행시켰으며, 군부를 아는 그의 참모 당료들과 견해를 같이 하여 군부 통제 수단을 마련했어야 하는데, 쿠데타 첩보에 전전긍긍하면서도 군부를 방임했다.[40] 장면은 대미 안보외교를 소홀히 했을 뿐만 아니라 보다 중요한 정권안보를 등한히 했다. 정권안보에 큰 타격을 받은 것은 1960년 12월 30일 통과된 특별법에 의해 선거부정 및 경찰의 잔혹성 관련자는 자동케이스 1,500명, 조사케이스 40,000여명에 달해 이들을 소외시켰기 때문이다. 그럼에도 불구하고 장면 정부는 민중의 혐오대상 경찰서장 등 4,500명을 숙청하고, 경찰관의 80%를 다른 직책 또는 다른 지방으로 전보 조치했다. 고급관리도 5,000여명을 해직하고 7·29 총선 때 낙선한 당원들을 각도의 국과장에 임명했다. 이는 장면 정부가 출범부터 혁명정신을 망각하고 날이 갈수록 정부기관과 국영기업체의 요직에 당원을 기용, 부패정권, 정치세력이 혁신세력과 보수세력으로 양극화되어 데모사태의 지속에도 이를 해결하지 못한 정권안보 리더십의 결여를 지적하지 않을 수 없다.

그러나 일반적으로 말하는 그의 강력한 리더십의 결여에 대해서 신상초는 "4월혁명을 계기로 톱 리더로 등장한 장면은 반독재 투쟁을 통해 민주적인 지도자로서 단련된 인물이지만 단군 이래의 자유를 누리게 된 국민 대중은 그 자유를 행사하는데 책임을 느끼지 못했고 또 제이해의 항쟁이 너무도 혹심했던 상황하에 집권하였으므로 강력한 리더십을 발휘치 못하고 너무도 단명으로

---

40) 한용원, 1993, 『한국의 군부정치』, 대왕사, 207~208쪽, 200~201쪽.

끝났다"고 술회하면서 이승만의 카리스마적 리더십이나 박정희의 혁명적 리더십도 우리 사회에서는 이러한 지도자들 모두 시험제(濟)라고 해도 과언이 아니다라고 갈파하였다.[41] 그러나 강력한 리더십이 곧 독재적 리더십과 동일한 것으로 생각했던 장면은 안보외교적 리더십은 발휘될 수 없는 것이었다.

제2공화국 정부수반으로서 장면의 정치적 대응양식은 이상과 같은 지도력의 문제를 떠나서도 안보외교 정책과 관련하여 중요한 의미를 갖는다. 그 이유는 첫째로 2공은 그 권력구조면에 있어서 내각제를 채택하여 신대통령주의적 경향이 농후했던 반독재 투쟁시절에 거의 맹신에 가까웠던 책임내각제에의 신화를 제도적인 면에서 우선 실험해 보았다는 점과, 둘째로 권력 담당자인 장면이 혁명세력이 아니었으므로 환경적인 제약으로 싫건 좋건 간에 장면 정부에 씌워진 환경적인 제약조건이 있었다는 것이다. 따라서 자연히 정당, 사회단체 및 학생세력 등 정치체계 내의 압력집단의 영향력을 충분히 의식하지 않을 수 없었으므로 안보·외교정책 수행에 지대한 영향을 받았기 때문이다. 즉 장면 정부의 시기는 서구민주주의 통치방식의 한국정치풍토에의 이식 가능성 여부의 난제에 대해서 시금석적인 시사를 경험적으로 투영된 시기였다. 그러므로 제도로서의 서구식 민주주의 속에서의 정치적 대응양식은 과연 어떠했으며 정치현상의 어떤 측면이 이러한 제도를 단명하게 만들었나를 검토해 보면 서구식 민주주의에서도 적어도 그것이 한국사회에 이식되는 과정에서는 어떠한 정치적 조치들을 필요로 하는가에 대한 간접적 시사도 아울러 추적해 볼 수 있다.

---

41) 신상초, 1966, 「우리 국가에 필요한 정당 리더쉽－창조적 지도자」 『사상계』 3월호, 55쪽.

장면 정부에서의 정치외교적 과제는 제약된 상황 속에서도 사회의 민주화와 경제건설을 동시에 추구하면서 실현불가능한 유엔을 통한 평화통일까지 추진한다는 이상주의에 빠져 있었다. 그런데 이의 이행에 대한 국민들로부터의 기대 가능성, 즉 역할에 대한 기대와 정치현상 자체의 문제파악과의 사이에는 간과할 수 없는 하나의 차이가 내재하고 있었다. 그것은 문제해결에 있어서 시간적 차원의 차이이다. 장면 정부는 민주사회의 건설이나 경제건설은 모두 일정한 시간이 필요한 것으로 파악하고 있었는 데 반하여 대중의 기대에는 "지금 당장 그리고 한꺼번에"라는 절박성이 깃들여 있었다는 데서 큰 차이점을 엿볼 수 있다.42) 그럼에도 불구하고 장면 정부의 통치양식은 이에 대한 적절한 설득력이 부족했다. 서구식 민주주의에서도 책임과 원칙 그리고 국민의 이에 맞는 체질개선과 노력이 선행되어야 하는 등에 대한 명백한 원리를 인식시키지 못했다. 여기서도 우리는 장면의 통치성격의 모호성을 보게 되는데 이는 그대로 자유방임적 그것이었다.

또한 당시의 국민의 정치의식 속에도 병리현상이 분명히 내재하고 있었다. 즉 독재정권 타도에서 세운 눈앞의 성공에 지나치게 자만한 탓으로 정치투입에의 자제를 몰랐던 것이 사실이다. 더욱이 1956년 대통령선거시의 야당의 슬로건이었던 "못살겠다 갈아보자!"는 구호는 대중이 대정부 기대에 있어서 지나치게 성급하고 유토피아적인 시간관을 심어 준 것이었다. 즉 이승만 정권만 물러나면 민주사회든 경제건설이든 자동적으로 그리고 당장에 이루어진다는 정신상태였던 것 같다. 이러한 통치행태의 과제에의 상반된 이해는 걷잡을 수 없는 정치사태를 낳고 말았다. 민의원 의장단석 점거사건이 그 단적인 예이지만, 이러한 사태에

---

42) 한승조 편, 1988, 『리더십 이론과 한국정치』, 민족지성사, 61~63쪽.

직면한 장면 정부는 속수무책이었으며, 설상가상 격으로 1961년 3월 22일 혁신계를 중심으로 남북 데탕트를 요구하는 횃불데모가 일어나며 곧이어 4월에는 민족통일 전국학생연맹 학생들이 중심이 되어 남북한 학생회담론(5월내 판문점에서 개최)이 튀어 나왔다. 한국에서 가장 중대한 문제라고 할 수 있는 통일문제에 대한 소수 국민계층의 직접적인 간섭이다. 즉 통일안보외교를 위협하는 것이었다.

2) 교과서 민주주의 정부의 "정치가"로서의 한계

한국 역사상 단군이래의 자유와 민주주의를 이식시키기 위해 자기희생을 각오한 장면은 틀림없이 소신과 신념이 있는 '정치가'였다. 이해관계에 따라 간에 붙었다가 쓸개에 붙었다 하는 정치인은 결코 정치가라 할 수 없다.

이런 점에서 장면은 후진국의 정치지도자로서는 부적합한 인물이었다. 일제시대에 그는 일제가 창씨개명을 강요하자 다마오까 쓰도무(玉岡勉)라고 창씨개명했다. 그는 그의 뇌리에 한국인으로서의 정신만 정확히 하고 있다면 창씨개명을 했다 해서 일본인이 되는 것은 아니라는 지론을 각인하고 있었다. 무엇보다도 학교를 지켜야 한다는 사명감이 그의 창씨개명의 이유 중 하나이기도 했다. 가톨릭재단인 동성상업학교 교장으로서 창씨개명에 항거함으로써 학교경영의 화 또는 폐교 당할 지 모르는 상황에서의 결단이었다. 그가 가톨릭 평양교구에서 5년간 봉사할 때 숭실전문학교가 신사참배 거부로 폐교 당한 것을 목도했기 때문이었다.

훗날 해방·독립을 맞게 되면 창씨개명이 문제가 되어 친일파라 규탄을 받게 될 지도 모를 일이었지만, "한 사람이 희생됨으로써 수많은 인재를 양성할 수 있다면 이보다 더 다행한 일이 어디 있겠느냐?"하는 것이 그의 소신이요 지론이었다. "한 알의 밀알이 땅에 떨어져 썩음으로써 많은 열매를 거둘 수 있다"고 말한 성서 구절을 그는 생의 철학으로 삼고 있었던 것이다.

후진국으로서 특히 한국과 같이 파벌로 분열되어 항상 상호투쟁해야 한다는 것은 인간의 심성을 상당히 사악하게 만드는 것인데, 장면이 리더십을 제대로 발휘하지 못한 것도 그의 종교적인 신앙심으로 인한 투철한 종교인으로서의 성품 때문이었다는 사실을 인식해야 한다. 정상적인 지도력을 발휘하기 위해서는 때에 따라 격렬한 투쟁도 벌여야 하고 때로는 엄한 질책도 퍼부어야 하나, 장면은 그렇게 하지 못했다. 결국 지도력이 약화될 수밖에 없었으며 흔히 이를 우유부단 또는 무능으로 매도하는 구실을 주었던 것이다.

장면처럼 고차적인 자유민주주의 신봉자는 정치가 고도로 발전된 선진국의 지도자로서는 적격자라고 할 수 있으나 한국과 같은, 더욱이 제2공화국과 같은 정치적 후진국 지도자로서는 한계가 있다.

장면 정부가 충직하게 고수한 자유민주주의의 원리 원칙은 통치권력, 즉 자유당의 권위주의적 지배로부터 야당세력의 대정부비판 또는 반대의 자유를 합리화하고 옹호하는 데에는 유익한 이념이었던 것은 틀림없지만 그들 자신이 통치권력을 획득하고 정부를 운영함에는 지극히 불편한 이념이었다는 것은 부인할 수 없다.

장면 정부는 서구 민주주의의 이념과 제도를 수정할 정도로 창의적이고 대담한 정부도 아니었다. 그러므로 그들이 이승만 정권에 대한 현실비판과 부정의 논리를 그대로 허용 방치한 결과로 장면 정부의 효율성은 물론 국민 대중의 지지를 바탕으로 한 민주적 정통성(4·19혁명을 계승하겠다는 의지)마저 상실하게 된 것이다. 이것은 장면 정부가 자유민주주의가 얼마나 훌륭한 이념이며 제도인가를 인지했을 뿐 그것이 진정으로 어떠한 장단점을 가지며 어떠한 환경 여건 속에서 성장 발전할 수 있는 지에 대해서는 명확한 현실인식을 터득하지 못했다는 것을 반증하는 것이다.

따라서 대한민국 건국 후 겨우 12년 밖에 안 된 후진적 신생국으로서의 장면 정부나 국민대중이 분단상황 하에서의 민족주의적 과제를 수행하는 데 전력을 경주해야 할 단계에서 서구식 의회민주주의와 사회복지의 공약을 순조롭게 성취 실현할 수 있는가 하는 것은 당시의 한국적 상황 하에서는 이상론에 불과한 것이다. 같은 맥락에서 장면 정부의 외교정책 역시 1960년대 국제 데탕트 초기의 세계적 국제기류에 편승하여 대 비동맹 중립권 외교의 구상이나 외교망의 확장 계획 역시 국가예산의 반 이상을 미국 원조에 의존하는 국가로서는 한계가 있음이 당연하다. 더욱이 경제발전을 위해 무리한 대일 정상화 추진과 불평등 조약인 한·미 경제원조기술조약의 체결은 현실주의적인 접근으로 불가피성은 인정되지만 무한한 지유의 허용으로 대외정책에 대한 국민대중의 간섭(데모)과 야당의 대정부 과격 비판 등은 결과적으로 자유민주주의가 장면 정부의 안보외교 리더십을 훼손시킴으로써 결국 쿠데타를 획책, 기회만 엿보고 있던 박정희 세력에게 정부붕괴의 기회를 제공한 것이다.

장면 정부는 비록 단명내각으로 정부 출범 당시 제시한 외교원칙들이 이상주의적 정책이었다고 비판받고 있으나, 한국 외교사상 최초로 제3세계 외교를 구상 실현하려 했으며 비록 미국원조 수혜국으로서 대미의존도가 심화된 국가재정임에도 불구하고 대미의존 탈피를 위해 다변외교를 적극적으로 시도한 점, 대일관계

정상화의 돌파구를 마련한 것 등은 1공화국과 비교해서 외교적
진취성을 띤 장면 정부의 대외 정책이 특징이라고 규정할 수 있
을 것이다.

일본 정계의 제2공화국관

다카사키 소지(高崎宗司)

쓰다주쿠(津田塾)대학

1. 머리말

1960년의 4월혁명을 배경으로 8월 23일에 탄생한 장면 정권은 다음과 같은 특징을 갖는 것이었다. ① 권위주의로부터의 탈각 및 민주주의 제도화가 지향되고 의회 중심의 정치운영을 실현시켰음에도 불구하고 그것이 리더십을 약화시키고 결과적으로 정치적 불안정을 초래하였다. ② 다원적 외교의 추진을 내걸었다. ③ 자본주의 세계경제의 틀 속으로 들어가면서 이루어질 경제건설이 지향되었다. ④ 신체제의 구축을 지목하는 다양한 대중운동이 분출했는데 그것들은 반정부운동으로부터 나아가 통일문제를

과제로 삼음으로써 정치적 불안정을 가져오게 되었다.[1]

　이보다 앞서(1954년 11월 10일) 미국과 일본은 "공산주의에 대항하기 위해서도 일본경제를 진흥하는 것의 최대 급무임이 넌지시 확인되고", "여태까지 방위 제1주의의 태도로 임한 미국이 아시아의 자유와 번영을 위해서는 무엇보다도 아시아의 경제발전이 필요하다는 점을 인식"한 吉田·아이젠하우어 공동성명을 발표하였었다.[2]

　그리고 이와 같은 사고방식은 그 후 이른바 로스토우노선이라는 형태로 공식화되었다. 上原一慶 외, 『東アジア(아시아) 近現代史』(有斐閣, 1990, 187~189쪽)의 깔끔한 요약에 의하면 그것은 다음과 같은 것이었다.

　"특히 아시아에서는 아시아·아프리카의 '연대'의 핵인 중국에 대항할 수 있는 경제성장의 실례를 만드는 일이 초미의 과제로 간주되었다. 로스토우에 의하면 1950년대 중반의 아시아 민중은 소련의 경제적 성공과 중국의 경제 건설 계획에 '지나치게 영향을 받고 있기' 때문에 아시아에서 '자유세계'의 경제성장의 실례를 만들고 공산주의자들의 이론에 대항할 만한 경제성장 이론을 제시하는 일이 요청되었다."

　이러한 시각에서 장면 정권 즉 제2공화국의 특징을 좀더 집약한다면, 그것은 '경제제일주의'와 '민주정치의 구현'이었다.

　그런데 그것들은 1961년 5월 16일, 박정희 등에 의한 군사쿠데타로 미완으로 남겨진 채 부득이 좌절하여 버렸다. 그 뉴스를 들은 장면의 장남 張震은 "우리나라의 민주주의가 30년은 후퇴한다"고 생각했다고 한다.[3] '30년'인지 어떤지는 제쳐두더라도 "민

---

1) 森山茂德, 1998,『韓國現代政治』, 東京大學校 出版會, 71~76쪽.
2) 吉田茂, 1998,『回想十年 1』, 中公文庫版, 267쪽.
3) 김용삼, 1999. 3,「탄생 100주년－장면의 67년의 생애」『월간 조선』,

주주의가 후퇴한"것만은 틀림없다.

본고는 일본의 정계(정치가와 관료의 세계)가 제2공화국의 성립으로부터 종언에 이르는 한국을 어떻게 보고 있었는가를 밝히고자 한다.

참고로, '일본인의 조선(한국) 관'에 관한 연구는 『近代日本人の(의) 朝鮮認識に(에) 關する(한) 硏究文獻目錄』(園部裕之 편, 綠蔭書房, 1996)이 간행될 정도로 많은데 현대 일본인의 조선(한국) 관이라는 주제가 되면 몇 가지밖에 없다. 특히 '일본 정계의 제2공화국관'이라는 주제로 말하자면 이것을 정면으로 취급한 선행연구는 단 하나도 없다는 것이 現狀이다.

그러므로 여기서는 일본의 대표적인 정치가·관료가 제2공화국을 어떻게 보았는지를 검증한다. 史料로서 정치가에 관해서는 주로 국회의사록, 관료에 관해서는 잡지논문을 사용한다.

마지막으로, 제5차 일·한회담의 일본측 수석대표 澤山廉三(외무성 고문)가 제2공화국을 어떻게 보고 있었는지를 알 수 있는 史料는 찾아지지 않았으므로 언급하지 못했음을 미리 말해 둔다.

2. 정치가

1) 池田수상

일미안보조약 반대운동에 의해 岸信介내각이 무너지자 대신해서 '低姿勢'와 '소득배증 정책'을 내건 池田勇人 내각이 성립되었다. 1960년 7월 19일이었다(제1차 내각은 1960년 12월 8일까지,

---

217쪽.

제2차 내각은 1963년 12월 9일까지, 제3차 내각은 1964년 11월 9일까지 계속되었다).

정치문제 대신 경제문제를 간판으로 내건 것은 안보반대 운동에 상징되는 반체제운동으로부터 체제를 지키고, 나아가서는 반체제운동을 해체할 것을 강하게 의식한 것이었다. '경제성장에 의한 勝共'을 구상하였다고 말해도 되리라. 그러한 과제의식은 池田내각보다 약 1개월 늦게 성립한 장면 내각의 그것과도 공통되는 것이었다.

그러나 池田은 일한교섭에 소극적이었다. 허정 과도정권이 池田수상에게 "친선사절단을 이끌고 방한할 것을 요청했을" 때에도 池田는 가지 않았다.4)

신문기자인 石川眞澄에 의하면 구태여 일본이 손을 대지 않아도 한국은 "저만큼 교육정도가 높고 경제적으로 발전할 가능성을 갖고 있기" 때문에 머지않아 북한에 대해 남한 쪽이 "경제적인 우월성을 보이게 되면 정치정세도 안정되고 일한관계도 정해져 간다"고 생각하고 있었던 탓이다.5)

또 비서관이었던 伊藤昌哉에 의하면, 한국에는 "근면하고 교육정도가 높은 훌륭한 노동력이 있다. 이것이 자본과 결부되면 반드시 번영할 것이 틀림없다. 그리고 일본이 이룩한 바와 같은 경제성장 정책이 실현되면 마치 東獨에서부터 西獨으로 유입되는 사람들이 많은 것처럼 북한에서부터 남한으로의 이동이 일어날 것이다. 아니면 그것이 발생하지 않다고 해도 북한은 그 강경한 전체주의 정책을 약화시키지 않을 수 없게 될 것이다"6)라고 예측

---

4) 鄭一亨, 1984. 10, 「왜 박정권의 한일회담을 반대했나」『신동아』, 275쪽.
5) 後藤基夫・內田健三・石川眞澄, 1982, 『戰後保守政治の軌跡－吉田內閣から鈴木內閣まで』, 岩波書店, 206쪽.
6) 1985, 『池田勇人とその時代－生と死のドラマ』, 朝日新聞社, 208쪽.

하고 있었기 때문이다.

실지로 池田은 後述하는 小坂방한에 관해서도 소극적이었다. “장면 신정부가 만들어지고 나는 좋은 기회다, 한국과의 문제를 이 기회에 현안을 다 一掃하고 싶다는 염원으로써 외무대신(외무부 장관)으로 하여금 저쪽과 교섭시킨 결과, 외무대신이 오시면 어떻습니까 하니 외무대신을 가게 한 까닭입니다”[7]라고 하는 정도였던 것이다. 小坂은 “당초 방한 찬성”이었던 池田이 그 후 “점점 소극론”이 되고 小坂의 의원사직을 건 설득으로 “가게 하마(行って貰おう: 네가 가서 나에게 이익을 주었으면 좋겠다는 뜻이 깔림)”라는 이야기가 나왔다고 증언하고 있다.[8]

1960년 12월 15일, 일·한회담 한국측 수석대표 유진오의 방문을 받고 “장차 정치적 해결을 필요로 하는 시기에 있어서의 총리의 배려를 요청”했을 적에도 池田은 “양국간에는 과거 오랜 기간에 걸친 복잡하게 얽힌 문제가 있으므로 바삐 다그쳐도 무리할 것이니 시간을 두고 천천히 이야기를 나누고 싶다”고 대답한 것으로 전해지고 있다.[9]

池田은 1961년 5월 16일, 한국에서의 쿠데타 당일, 국회에서 자유민주당 대표단의 한국방문에 대해 질문을 받고 있었다. 그 때도 “가능한 한 많은 사람들, 또 각계 인사들과 의견을 교환하고 또 한국의 경제사정, 민생사정도 십분 조사해주었으면 좋겠다. 이렇게 나는 부탁을 한 것이올시다. 앞서 小坂외무대신이 가셨을 때에 장면씨한테서 메시지를 받고 있었으므로 野田단장에게 내

---

7) 1961. 2. 4,『第三十八回國會衆議院豫算委員會議錄』제3호, 12쪽.

8) 小坂善太郎, 1981,『あれから これから－體驗的戰後政治史』, 牧羊社, 144~145쪽.

9) 前田利一, 1961. 1. 24,「日韓第五次會談再開－財産請求權と漁業問題とをハカリに」『世界週報』, 58쪽.

메시지도 위탁하고 한국방문에 관해서는 십분 알고 있었던 것이
올시다"10)하고 무미건조하게 답변하기에 머물고 있다.

일·한회담에 대해 신중하였던 池田이 적극론으로 전환한 것
은 5월 16일의 쿠데타와 6월 20일의 일미수뇌회담 사이의 짧은
기간이었다. '親朴派'인 吉田茂 전직 수상이 岸信介 전 수상, 石井
光次郎 전직 부총리와 연락하고 "미적지근한 池田수상을 설득했
기" 때문인 것이라고11) 말해지고 있다. 일미회담 때에는 일한조
약의 체결에 적극적인 자세를 보이라는 뜻으로 풀이된다.

2) 小坂외상

1960년 7월 19일에 제1차 池田내각의 외상으로 취임한 小坂善
太郎(1960년 12월 8월에 성립한 제2차 池田내각에서도 외상으로
유임하고 1962년 7월 18일에 퇴임)은 일·한회담에 적극적이었
다. 小坂은 "외교면에서는 아마추어고 吉田茂 전직 수상의 직계
인 만큼 吉田 - 池田외교의 '심부름꾼'이 되지나 않을까"하는 평
가를 받고 있었다.12) 그러나 이 시기 小坂은 일한관계에 관해 가
장 적극적으로 움직였던 것이다.

8월 13일에 윤보선이 대통령에 취임하자 小坂은 그 날 중에 각
료급 인물을 수석으로 하는 친선사절단을 한국에 파견할 것을 발
표하였다.13) 그것에 대한 장면 민주당 최고대표위원(동월 23일에

---

10) 1961. 5. 16,『第三十八回國會衆議院豫算委員會議錄』제22호, 6쪽.

11) 大岡越平, 1962. 1,「『自由韓國』を守る－日韓會談の問題點をさぐる」
     『中央公論』, 287쪽.

12) 무기명, 1960. 7. 31,「發足した池田內閣－低姿勢で總選擧準備に專心」
     『朝日ジャーナル』, 75쪽.

13) 8. 14,『朝日新聞』.

총리에 취임) 등의 반응은 "너무 이르다"는 것이었다.14) 외무부 장관이었던 정일형도 우리들은 시기상조라며 거부하였는데 그 뒤에도 "연거푸 수상 대신에 외무대신이 친선사절단으로 온다"고 하며 "그들이 사죄 사절단이라는 것을 간접적으로 들었으므로" 받아들이기로 했다고 회상하고 있다.15)

하지만 정일형이 일한 사이에는 여러 가지 어려운 문제들이 있는데 그 "해결의 절차에 관해 일치할 수 있을 만한 선을 찾아내기 위해 우선 수상 또는 외상끼리의 회담을 여는 편이 좋다고 생각한다"16)고 말하고 있었던 것도 사실이다.

"신정권이 발족하고 이들 정부 要路의 사람들이 한결같이 일한 관계 개선에 관해 적극적인 견해를 표명하신 것은 참으로 기쁘게 여겨진 바입니다. 저로서는 이 기회에 일한관계 타개의 실마리를 열기 위해 윤 대통령을 비롯, 한국 신정부의 要路에 계시는 분들을 만나 뵙고 친근히 일본 정부 및 국민의 경축의 뜻을 전달하는 것은 時宜適切한 일이라고 생각하오며 … 서울을 방문키로 결정한 바올시다."17)

덧붙이면, 久世有三은 小坂에게 "하가치 사건이나 아이크 방일 저지에 의해 실추된 對米 신용의 만회가 된다"는 계산이 있었다고 보고 있다.18) 또 평론가 藤島宇內는 이승만 하야 직후 매거더 주일 미국 대사가 岸내각에 대해 제의를 하며, "'한국' 신정권에 祝意를 보내라. '한국'에 대한 경제원조를 고려하여라. 재일조선인의 북조선에로의 귀국을 1960년 11월 13일을 기한으로 삼아 어

---

14) 8. 15, 『朝日新聞』.

15) 앞의 논문, 275쪽.

16) 8. 25, 『朝日新聞』.

17) 1960. 8. 31, 『第三十五回國會衆議院外務委員會議錄』 제2호, 2쪽.

18) 1960. 9. 27, 「小才の利く計量政治家・小坂善太郎」 『エコノミスト』, 36쪽.

떻게든 중지하여라 등 몇 가지 조항을 제시하였다는 사실이 있다고 한다"고 전하고 있다.19) 아무튼 미국에 대한 배려가 있었던 것도 사실일 것이다.

8월 15일 小坂은 東京 駐日韓國代表部에서 열린 한국 독립 축하연에 출석하였다. 외상이 출석한 것은 전후 처음 있는 일이었다.20)

한국 민의원이 장면의 국무총리 지명에 동의한 9월 19일, 小坂은 "참으로 자유민주주의의 나라로서 재건에로의 第一步를 내디디기에 이른 것"을 '환영'하고 일한국교 정상화가 실현될 것을 희망하였다.21)

한편, 小坂은 9월 6일에 스스로 방한하였다. 그리고 「도착 성명」 속에서 다음과 같이 말하였다. "한국과 일본은 예로부터 가장 친근한 이웃 나라로서 손에 손을 잡고 나아가야 할 사이임을 믿습니다. 然이나 불행히도 양국 관계가 이러한 本然의 모습으로부터 동떨어진 것은 몹시 유감입니다. 다행히 한국 新지도자 분들이 과거에 집착하지 않고 앞을 내다보고 싶다고 말씀하고 계시는 것은 우리로서는 깊은 감명을 받은 바입니다."22) 일본의 조선 식민지 지배에 대한 모호한 '유감'의 의사표명마저도 後段에 의해 한층 희미해지고 있다.

나아가, 귀국 시의 기자회견에서는 "일한 양국에 있어서 현재 가장 중요한 것은 양국이 경제적으로 번영하는 일이라고 생각한다. 경제발전이야말로 공산주의에 대한 최량의 대책이다"라고 말했다.23) 로스토우노선을 확인한 것이라 하겠다.

---

19) 1961. 3, 「『日韓交涉』の思想と現實」『思想』, 131쪽.
20) 무서명, 1960. 8. 28, 「すすむ日韓の人物交流－李垠氏の歸國も實現するか」『朝日ジャーナル』, 77쪽.
21) 1960. 9. 19, 『朝日新聞』.
22) 9. 6, 『朝日新聞』.
23) 9. 7, 위와 같음.

小坂은 제2공화국을 무엇보다 먼저 '日韓關係의 改善'을 지향하는 정권이라고 이해하고 있었던 모양이다. 1960년 12월 15일에 열린 중의원 외무위원회에서 小坂은 "9월의 6일에 京城으로 가서 윤보선 대통령, 장면 국무총리, 정 외무대신 등을 만났습니다만, 마음속으로부터 일본과의 우호친선을 진행시키고자 하는 기분을 갖고 계신 것을 느낀 바올시다"라고 방한의 성과를 밝히고, 10월 25일부터 시작된 일·한회담의 예비회담에 관해 "아주 우호적인 분위기 속에서 협의가 이루어지고 있는 듯하오니 해가 바뀜과 동시에 本會談에 이를 이행하게 되지 않을까"하는 예측을 피력하고 있다.24)

또한 12월 20일에 열린 참의원 예산위원회에서도 한국의 신정권은 舊 정권 즉 이승만 정권과는 달리 "사물을 아주 합리적으로 판단하고 게다가 아주 對日친선이라는 것을 기초에 두고 문제를 다루고자 하고 있으니", "竹島 문제에 관해서도 저는 이것은 합리적인 선에서 해결이 가능하리라고 생각하고 있습니다"25)하고 낙관적인 전망을 말하고 있다.

일·한회담 타결의 전망과 관련해서, 1월 15일의 『朝日新聞』이 민의원에서 야당의 질문에 대해 장면 총리가 "이승만 라인은 국제법에 위반하고 있다는 혐의가 있으므로 이것을 끝까지 관통해 가는 것은 몹시 어렵다는 것을 언명하였다"고 전한 적이 있었다. 이와 관련해, 그러한 사실이 있었는지 어떤가, 하는 질문이 나왔을 때도 小坂은 "저도 그 보도를 신문에서 읽으며, 아주 합리적인 기초에 서서 사물을 생각하는 장면 정부에 경의를 표한 바올시다. 따라서 그것에 관해서는 실은 문의를 해보았습니다마는 아무

---

24) 『第三十七回国会衆議院外務委員会議録』제2호, 1960. 12. 5. 5쪽.
25) 1960. 12. 20, 『第三十七回國會衆議院豫算委員會議録』 제4호, 4쪽.

래도 이 점에 관해서는 쉽사리 言明을 얻지 못하는 것입니다. 하지만 어쨌든지 간에 일한관계를 개선하자는 긍정적인 자세로 저쪽이 나서고 계신다는 점에 관해서는 이 기회에 되도록 양국의 관계 개선에 이바지하고자 생각하고 있는 것입니다"라고 답변하였다.26) 같은 로스토우노선을 채용하기 시작한 한국측의 사고방식·자세는 小坂에게 있어서 '합리적'이었다.

野田卯一를 단장으로 하고 田中角榮·田中龍夫 등을 단원으로 하는 자유민주당 제1회 한국방문 議員團이 1961년 5월 6일부터 12일에 걸쳐서 방한한 후, 小坂은 더욱 낙관적이 되었다. 5월 15일에 열린 중의원 예산위원회에서는 "경제적으로 양국이 협력관계를 갖게 될 전제로서 한국측의 민심이라는 것이 일본에 대해 오랫동안의 여러 가지 경위도 있어서 반드시 좋지는 못한 상태에 있다는 것은, 이것은 커다란 요소인 셈입니다. 그렇지만 이번 의원단의 방한을 계기로 하여 이 점이 아주 풀려 가고 있는 중이다, 아주 空氣가 好轉되어가고 있다는 것이 이러한 문제를 생각하는 경우에 유력한 뒷받침이 되리라는 것은 말할 수 있다고 생각하는 것이올시다"27)라고 말하고 있다. 그러나 일본의 조선 식민지 지배를 '여러 가지 경위'로 치부하였던 것, 의원단의 방한으로써 "이 점이 아주 풀려 가고 있는 중"이라고 평가하였던 것 등은 小坂의 역사인식의 취약성을 보여주고 있다.

5월 16일에 박정희 등에 의한 쿠데타가 일어나자 국회 예산위원회에서 "이러한 정세를 미리 알기 위해 萬全을 기했는가, 그렇지 못했는가"하는 질문이 나왔다. 이에 대해 小坂은 "혹시나 하면 一周年에 못미치고 四月革命의 再來와 같은 상황이 될지도 모른

---

26) 1961. 2. 13, 『第三十八回國會衆議院豫算委員會議錄』 제10호, 15쪽.
27) 1961. 5. 15, 『第三十八回國會衆議院豫算委員會議錄』 제21호, 8쪽.

다는 점에 관해서는 여러 가지로 염려는 했었던 것입니다. 그러
나 겨우 이 위기도 극복하고 여러 가지 법률 관계의 것들을 정비
해 가지고 바야흐로 경제관계의 개발이라는 일에 나서는 단계에
이르렀던 것이기 때문에 이웃 나라인 우리로서는 一衣帶水의 땅
이기도 하고 해서 가능한 한 한국경제의 伸長, 또 한국의 民生에
기여함으로써 우리들은 자유를 사랑하고 평화를 사랑하는 국민
으로서의 책무를 다해야 한다, 이러한 마음으로 보고 있었던 까
닭입니다"28)라고 답변하였다. 혹하면, 四月革命을 완성시키고 제
2공화국을 군사쿠데타로부터 수호하기 위해 보고 있기만 하는 것
이 아니라 실지로 지원하는 일이 필요했었는지도 모른다.

3) 여당 의원

여당 즉 자유민주당 내에서 한국에 강한 관심을 안고 있었던
정치가(吉田 이외는 국회의원)로서는, 吉田茂, 岸信介, 石井光次
郎, 佐藤榮作, 船田中, 野田卯吉, 田中龍夫 등이 알려지고 있다.
그들은 어쩌한 제2공화국관 혹은 일한관계에 대한 견해를 갖고
있었던 것일까?

(1) 吉田茂

吉田茂 전 수상은 당시 이미 정계를 引退하고 있었는데 池田수
상이나 小坂외상의 정치상의 스승으로서 영향력을 행사하고 있었
다. 小坂의 방한 계획에 즈음하여 吉田은 당초 "젊은 사람은 좋구

---

28) 1961. 5. 16,『第三十八回國會衆議院豫算委員會議錄』제22호, 2쪽.

나. 그 기세로 그냥 가거라"며 격려하고 있었으나 池田이 신중론으로 기울어지자 "중요한 외교정책에 있어서 총리의 의견에 어긋나는 것은 좋지 않다고 생각한다"고 말하고 방한을 중지하도록 충고하였다. 그러나 小坂은 이 만류를 뿌리치고 방한하였다.[29] 小坂도 이제 스스로의 길을 걷기 시작하고 있었다고 말할 수 있겠다.

(2) 岸信介

岸信介 전 수상은 한국에 가까운 山口縣을 선거구로 하고 있었다. 그런 관계도 있고 해서 수상 재임 시, 이승만 대통령에게 特使를 파견하고 일·한회담을 촉진시키고자 한 일이 있었다. 또 허정 잠정내각 수반 겸 외무부 장관도 "岸수상을 한국에 초빙하는가?"하는 기자의 질문에 대해 "오고 싶다면 기꺼이 받아들이겠다"고 답변하고 있었다.[30] 그러한 관계도 있고 해서 岸는 한국에 대해서 이만저만 아닌 관심을 갖고 있었다. 1960년 7월에 수상을 그만둔 뒤에도 "부산까지 공산주의가 침투해왔을 때의 일본의 지위를 생각할 적에 특히 근접한 中國地方의 山口縣 등에서 본다면 참으로 治安上 중대한 문제라고 생각한다.", "일본과 한국의 국교가 정상화하고, 그리고 상당한 경제원조를 일본과 미국이 함께 하고 한국의 경제 기초를 만들어주지 않으면 안 된다"는 발언을 하고 있다.[31] 이른바 '부산 赤旗論', '경제원조에 의한 勝共論'이다. 후자는 池田이나 小坂과도 공통되는 것이었다.

---

29) 小坂, 앞의 글, 144~145쪽.
30) 1960. 5. 8, 『동아일보』.
31) 大岡, 앞의 논문, 284쪽.

(3) 石井光次郎

石井光次郎 전직 부총리의 『回想八十八年』에는 「日韓交涉再開
を導く(를 이끌다)」라는 一節이 있는데, 이승만 정권기의 한국측
과의 왕래에 한정되고 있다. 제2공화국기인 1961년 4월에 石井이
자유민주당 내에 설치된 일한문제 간담회의 좌장에 취임한 사실
에 대해서조차 언급하고 있지 않은 것이다.32) 한국에 대한 관심
은 의외로 희박했었는지도 모른다.

(4) 佐藤榮作

池田과 나란히 되는 실력자 佐藤榮作(岸信介의 實弟, 1964년에
는 수상에 취임)은 1961년 4월쯤 日中문제보다 일한문제가 先決
이라고 주장하기 시작하여, 일한문제 간담회의 설치를 추진하였
다.33) 그 무렵 佐藤이 한국의 정치가나 재계인, 즉 여당 민주당의
간부인 李哲承의원, 金義昌 조선석탄공단총재, 朴興植 興韓방직
사장 등과 비교적 빈번히 접촉하고 있었던 것34)도 영향하고 있었
으리라.

(5) 船田中

船田中 자유민주당 政調會長은 四月革命 직후인 1960년 4월 26

---

32) 1976, カルチャー出版社, 416~419쪽.
33) 4. 23, 『朝日新聞』 ; 7.
34) 1998, 『佐藤榮作日記』 제1권, 朝日新聞社, 437쪽, 469쪽, 481쪽.

일, "이승만을 대신해서 민주정치를 시행한다는, 그러한 聲望이 있고 또 역량이 있는 정치가가 있을까요?"하는 잡지 기자의 질문에 대답하면서, 許政·張勉·兪眞午라는 세 사람을 거명하였다. 그리고 張勉에 관해서는 "민주당의 지도자로서 민주당 내의 進步派를 대표하는 정치가이며, 이 사람은 일본에도 많은 知己를 갖고 있고 그의 사고방식은 어디까지나 민주정치를 해가자는 신념을 갖고 계시는 분입니다"라고 답하고 있다.35) '민주정치의 발전'이라는 관점에서 장면을 평가한 희귀한 예이다.

1961년 4월 21일에도 잡지 기자의 질문에 대해, "일한문제 특별위원회, 혹은 調査會와 같은 권위 있는 조직을 (자유민주)당내에도 만들어 일한국교의 정상화 문제를 시급히 타개해 가자는 결정이 났던" 것을 "대단히 바람직한 일이라고 생각합니다"라고 평가하였다. 그리고 "만약 조선반도가 적화되는 일이 생긴다고 한다면, 일본의 민주정치라는 것도 금새 방해를 당하고 위기에 처하게 될 것입니다"라고 말하였다.36) '부산 赤旗論'은 단지 岸만의 것이 아니었던 것이다.

(6) 野田卯一

野田卯一을 단장으로 하고 田中龍夫·田中角榮 등을 단원으로 하는 자유민주당 제1회 한국방문 의원단은 1961년 5월 6일부터 12일에 걸쳐 한국을 방문하였다. 서울 도착 시의 기자회견에서는 "한국의 防共노력을 찬양하고 금후 양국의 적극적인 협력친선을 강조했다."37) 하지만 野田 등의 귀국 직후에 박정희에 의한 5·16

---

35) 1960. 5,「韓國の政變と安保審議」『民族と政治』, 9쪽.
36) 1961. 5,「最近の國際政局と日本當面の課題」『民族と政治』, 25쪽, 27쪽.

쿠데타가 일어났다. 그것에 관해서 野田은 "작년 4월혁명 이후 정권을 담당한 민주당이 파벌투쟁을 밤낮으로 일삼아 혁명후의 사태를 수습하는 입법, 행정 조치를 척척 해치울 수 없었기에 각 방면이 불평을 갖게 돼 군사내각을 待望하는 목소리가 있었음"을 사실로서 인정하면서도, "政局은 자그마한 움직임은 있었을지언 정 대체적으로 안정될 방향으로 향해 가고 있었다. 또 … 國運이 점차 오름세를 타려던 참이었다. 이런 때에 있어서 政變이 일어 난 것에 대해서는 시기적으로 보아도 뜻밖이며 奇異하다는 느낌 이 깊다"[38]고 말했다. 이것은 결코 예상이 빗나간 것을 억지로 변 명한 것은 아니다. 그는 쿠데타를 정당화할 수 없었던 것이리라.

(7) 田中龍夫

한국방문 의원단의 한 사람이였던 田中龍夫 중의원 의원(山口 縣 출신)은 군사 쿠데타 직후(5월 20일)에 열린 아시아 외교 간담 회에서 강연하여, 장면 정권을 부쩍부쩍 국민경제를 풍요롭게 만 들어줄 것이라는 기대와는 반대로 오로지 低姿勢만으로 밀고 나 감으로써 아주 취약하나는 인상을 주었던 것을 비판하고, 나아가 "그이 즉 장면에 대해서는 정말로 힘찬, 게다가 순결한 반공 민족 주의라는 국민의 기대에도 불구하고 정권을 잡고 난 다음부터는 심상치 않게 그 주변에 정치 브로커들이 따라다니기 시작하고 있 소. … 장면 내각의 약 3분의 1정도의 사람들이 혹자는 朴(興植?) 의 회사에 있던 사람이라든지 혹자는 朴이 돌보아준 사람이라든

---

37) 野田 저·발행, 1961, 『自由民主黨第一回韓國訪問議員團歸國報告』, 4쪽.
38) 위와 같음, 38〜39쪽.

지 親日系의 사람들이 많은 바입니다. … 한국의 친일적인 實業
界 분들은 불행히도 한국 속에서는 참으로 대중으로부터 지탄받
고 있는 사람들이 많다”고 말을 이었다.39) 일본이 장면을 둘러싼
‘親日派’와 결부하는 것을 문제삼아 “이것은 일본에도 상당히 책
임이 있다고 생각합니다”40)라고 말한 것은 드문 경우였다.

또한 일찍 한국군을 파악하는 조치를 취했어야 했는데, “거의
아무 일에도 착수하지 않았을 뿐더러 國防대신도 참모총장도 8개
월 사이에 각 세 번씩 경질하였다. 결국 國軍에 대해 전 정권과
달리 거의 관심을 가질 수 없었던” 것, “이것이 장면 국무총리의
커다란 失政”41)이라고 지적하였다. 발전도상국에 있어서의 軍의
중요성, 장면 정권을 무너뜨린 것이 군부였다는 것에 비추면 的
確한 평가라고도 할만 하지만 事後에 얻어진 견해일 것이다.

그런데 田中 또한 ‘國土의 防衛’라는 관점에서 일·한회담에
적극적이었다. 거기에는 조선전쟁 시의 인식이 얽혀져 있었다.
“당초 北鮮(조선민주주의인민공화국에 대한 멸칭) 쪽의 작전은
한 달로 부산을 함락시켜버리고 한거번에 餘勢를 몰아 山口縣에
서부터 일본 국내도 공산당이 마주 호응하고 봉기할 상태였으므
로 일본에 대한 침략도 가능하다는 형세였다.”42) 당시는 자유민
주당의 국회의원이 이렇게 妄信할만큼 북조선이나 공산당에 대
한 공포심이 강했던 것이다.

1961년 4월 11일 岸·石井·船田·田中 등은 제5차 일·한회

---

39) 1961. 6, 「韓國を訪問して－今度の韓國クーデターに關する私の判斷」
    『民族と政治』, 47～48쪽.
40) 위와 같음, 48쪽.
41) 위와 같음, 50～51쪽.
42) 1961. 12, 「日韓問題の背景と池田·朴會談の史的意義」『民族と政
    治』, 32쪽.

담 수석대표인 澤田廉三과 회담하고 日中관계의 타개보다도 일
한관계의 타개를 우선할 것, "일본의 평화와 안전을 확보하기 위
해서는 한국과 대만이 공산 진영 세력 하에 들어가는 일은 절대
로 막지 않으면 안 된다"는 입장에서 "일본측이 상당한 양보를
해서라도 장면 내각에 대한 특별 지원에 나서야 한다는 의견에
일치되었다고 전해진다."[43)]

　'반공을 위한 경제원조론'은 당시 자유민주당의 지도자들에게
있어서 공통된 견해였던 것이다. 그러나 실제로 '특별 지원에 나
서'기 시작한 것은 박정희 군사정권이 되고 난 다음의 일이었다.

4) 야당 의원

(1) 일본 사회당 의원들

　帆足計는 장면 정권 성립 직후에, "이승만의 정권이 무너지면
서 좀더 상식이 있는 새 바람이 불기 시작했습니다"라고 평가하
면서, "평화통일이라는 것이 점점 일정에 올라가기 시작하고 있
습니다"라는 인식을 나타냈다.[44)] 그리고 細迫兼光도 "기본적인
문제나 정식 국교의 개시는 북조선을 포함한 통일 조선의 성립을
기다리고서 이를 행한다는 방식으로 변경하지 않으면 안 된다고
생각합니다"라고 말하며, "남북의 평화적 통일은 그리 멀지 않다"
고 덧붙였다.[45)] 또 松本七郎도 "지방정권적인, 아주 한정된 정권
과 국교 정상화하는 것"은 "결국 지금의 분열을 고정화하는 역할

---

43) 1961. 4. 20, 『每日新聞』.

44) 1960. 8. 31, 『第三十五回國會衆議院外務委員會議錄』 제2호, 5～6쪽.

45) 1961. 2. 21, 『第三十八回國會衆議院會議錄』 제8호, 84쪽.

밖에 다하지 못한다는 것이 된다"라고 말하고 있다.[46]

한편 山本幸一은 衆議院本會議에 있어서의 수상의 所信표명 연설에 대한 대표질문에 있어서 일·한회담은 "일본, 한국, 대만, 필리핀, 미국을 연합시키는 조약", 즉 동북아시아 조약 기구 (NEATO)의 결성을 꾀한 것이 아니냐고 질문하고 있다.[47]

그런데 그 후 帆足은 장면 내각에 관해, "아주 불만스러우니, 그것은 하나는 역시 경제의 불안정, 극도의 생활난, 그것에 대한 진지한 答案이 나오지 못하고 있는 것은 아닌지. 또 재계의 刷新에 관해 여태까지 기성 정치가에 대해 總불신임이라는 슬로건을 들고 민중들은 데몬스트레이션을 하고 있는 상황이올시다"라고 말하며, 비교 대상으로 한 북조선에 관해서는, "생활도 거의 안정되었습니다. 또 스탈린주의에 대한 비판 등도 그 동안에 행해지며 북은 북 나름대로 안정된 良識있는 사회주의 정권으로서 성장해가고 있습니다"라고 평가하고 있다.[48]

일본 사회당의 의원들은 장면 정권을 불안정 정권, 김일성 정권을 안정 정권으로 보고, 일·한회담에 관해서는 첫째로 "통일 조선의 성립을 기다리고서 행해야 한다.", 둘째로 "NEATO의 결성을 꾀하는 것"이라며 반대하고 있었던 것이다.

그것은 "일·한회담은 침략적 군사 블록인 동북아시아 군사동맹을 만들어", "조선의 평화적 통일을 방해하고 조선의 분열을 永久化"하는 음모라고 본 북조선 수상 김일성의 발언[49]이나, "장면 괴뢰 그룹은 정권을 잡고 나서 미제국주의의 지지 아래 계속 군비를 확장하고 인민의 膏血을 짜 왔다. 이것도 작년 4월에 추방된

---

46) 1961. 3. 17, 『第三十八回國會衆議院外務委員會議錄』 제9호, 5쪽.
47) 1960. 12. 12, 『第三十七回國會衆議院會議錄』 제6호, 25쪽.
48) 1960. 12. 15, 『第三十七回國會衆議院外務委員會議錄』 제2호, 8쪽, 10쪽.
49) 1961. 4. 6, 『朝日新聞』.

이승만 그룹과 전혀 똑같다”는 중국의 『人民日報』[50]의 논평과 궤를 같이하는 것이었다.

더욱이, 오늘날에 있어서는 그것을 가지는 것이 정치가들의 大勢가 되어 있는 ‘조선 식민지 지배에 대한 반성’이라는 시점에서, “중국, 조선에 대한 우호관계 수립을 위해 우선 사죄부터 시작해서 재출발하겠다는 그러한 마음을 먹을 수 있어야만 된다”고 정부에 대해 要望한 이는 당시는 細迫한 사람이었다.[51]

또한 사회당의 기관지 『月刊社會黨』을 보니, 장면 정권이나 한국을 논한 문장은 한편도 찾아보지 못한다. 그다지 관심이 없었던 것이리라.

그럼에도 불구하고 1961년 5월 16일에 박정희에 의한 군사쿠데타가 일어났을 때 河野密는 다음과 같이 말했다. “우리들이 가끔가다 주워듣는 정보만이라도 우리들은 이 장면 정권이 안정적 이라고 생각지 않았었다. 사실 그 안정되지 못하다고 생각되는 부분으로서는 장면 정권 하에서도 여전히 부정·비리의 자취가 끊이질 않고 있다. 이러한 것이 국민의 불만을 사고 있다. 또는 농촌을 중심으로 하는 궁핍이 심상치 않게 만연해 있다. 이러한 사실을 보고 장면 정권이라는 것은 지극히 불안정하다고 우리들은 판단하고 있었던 것이올시다.”[52] 여기서 볼 수 있는 것은 민주 정권이 군사쿠데타에 의해 무너뜨려진 것에 대한 분노가 아니라, 장면 정권 불안정론의 정확도가 군부에 의해 증명된 데 대한 공연한 자랑과 같은 것이었다.

---

50) 1961. 5. 21, 『朝日新聞』.
51) 1961. 2. 21, 『第三十八回國會衆議院會議錄』 제8호, 84쪽.
52) 1961. 5. 16, 『第三十八回國會衆議院豫算委員會議錄』 제22호, 3쪽.

(2) 일본 공산당 의원들

'불안정한 남(자본주의)', '안정된 북(사회주의)'이라는 도식을 그리고 "남북의 평화적 통일은 가깝다"는 전망에 의거해서 일·한회담을 반대한 것은 일본 공산당 의원들도 마찬가지였다.

須藤五郎은 전 자유당 정책위원장 張暻根의 일본 밀입국 문제와 관련해서, "장면 자신도 머지않아 한국에 몸둘 데가 없어진다, 조만간 일본에 망명해야 할 운명에 놓여 있기에 그 사전 공작을 위해 이 밀입국 사건과 암암리에 관계하고 있다고 말해지고 있습니다"라며, 장면 정권은 "4월까지 갈지 못 갈지 모른다. 바로 그러니까 4월까지에는 어떻게든 일·한회담을 타결하려고 遑遑汲汲해 하고있다고 말하지 않으면 안 됩니다"고 비판하는 한편, 북조선의 한국 원조 제안에 관해서는 "이것은 훌륭한 문서입니다. 온 세계 그 누구라도 공감해야 할 그런 문서입니다"라고 높이 평가하고 있다.53)

또 川上貫一도 "일·한회담이라는 것은 가까운 장래에 남과 북의 통일정부가 만들어지면 모두 다 들어지게 될 셈이지요"라고 말하고 있다.54)

북조선의 5개년 계획(1957~1961)이 "좌절에 가까운 형태로 4년째로 종료된 것"55)이나, 이미 1960년에는 "북조선의 현실적 생활은 역시 그 나름대로 고생이 많다는 이야기가 歸還者로부터 재일조선인에게 여러 형태로 전해졌던 것"56) 등을 알고 있는 현재

---

53) 1960. 12. 20, 『第三十七回國會衆議院豫算委員會議錄』 제4호, 10~11쪽.

54) 1961. 3. 1, 『第三十八回國會衆議院外務委員會議錄』 제6호, 18쪽.

55) 藪內正樹, 伊豆見元 등, 1998, 「對外貿易の步みと現狀」 『北朝鮮―その實態と軌跡』, 高文硏, 96쪽.

56) 小川嘉之, 1960. 11. 15, 「韓國・北朝鮮・日本―歸還者をめぐる諸問題」

우리들이 볼 적에는 그들의 북조선에 대한 평가는 두드러지게 후한 것이었다.

(3) 민주사회당 의원들

竹谷源太郎은 1960년 8월 31일의 중의원 외무 위원회에서, "일본의 대표부를 받아들이지 않았다. 또 일본인에게 한국 행을 인정해주지 않았다. 또 무법적으로 선을 그은 李라인에 있어서 평화적인 어민을 억류하고 되돌려 주지 않았다. 혹은 어선을 몰수한다. 그러한 나라(한국)를 도대체 독립국가로서 명확하게 승인을 한다는 태도에 대해 나는 많은 의문을 갖는다"라고 말하고 있다.57) 한국 측이 그러한 방침을 취한 역사적 배경을 생각지도 않고 다만 근시안적으로 '國益'을 주장하는 것에 지나지 않았다.

3. 관 료

1) 前田利一 외무성 아시아국 北東아시아課長

당시 일본 정부의 제일선에서 한국문제와 씨름하고 있었던 것은 동북아시아과장인 前田利一이었다. 그는 京城제국대학 졸업생으로, 조선어도 할 수 있었기에 한국에 대해서는 남다른 관심을 갖고 있었다. 1960년부터 1961년 사이에 세 번에 걸쳐 時事通信社가 발행하는 주간지 『世界週報』에 기고하고 있다.

『世界週報』, 53쪽.
57) 1960. 8. 31, 『第三十五回國會衆議院外務委員會議錄』 제2호, 16쪽.

장면이 수상에 취임하자 前田은 "同氏의 평상시의 對日문제에 대한 이해력 있는 태도로 인해 일본의 朝野는 호감과 기대를 가지고 이를 환영하였다"고 썼다. 또 "빈곤과 경제불안에 대처하는 일이 장면 내각에 부과된 최대 문제라고도 말해지고 있다"면서 "경제의 안정 없이는 정치의 안정도 기할 수 없다. 일본으로서도 이 점을 충분히 인식하고 무슨 형태든 응분의 기여를 할 수 있는 방법을 저쪽과의 협의 아래 생각해 내는 것이 바람직하다고 믿는다. 한국의 건전한 성장이 일한 양국을 포함한 자유민주주의 진영의 입장을 강화하는 것이다"고 논했다.58) 장면을 일본에 '이해력 있는' 사람이라고 보고 "경제의 안정 없이는 정치의 안정도 기할 수 없다"는 관점에서 "자유민주주의 진영의 입장을 강화하기" 위해 '기여'를 하자는 사고방식은 정부·자유민주당의 입장과 완전히 일치한 것이었다.

1960년 10월부터 열린 일한예비회담에 관해서는 장면 정권 수립 이후 한국에는 "일본과의 우호친선을 요구하는 기운이 급속히 대두하였다"고 규정하고 "상당한 수확을 거두어 장차 토의의 진척을 위해 바람직한 기초를 마련해 낼 것은 부정키 어려운 형세라 하겠다"59)라고 말했다. 그리고 그 증거로 1960년 12월 15일의 비공식 회담에서 한국 측이 어업문제에 관해 처음으로 상당히 구체적인 제안을 한 것을 들었다.60)

장면 정권 붕괴후인 1961년 11월에는 동년 3월에 청구권 및 어업 문제에 관해 과거 10년간 전혀 행해지지 않았던 실질적인 토의가 시작되기에 이르렀다는 것, 5월에는 나머지 한 달로 예비회

---

58) 1960. 9. 13, 「新しい日韓關係のために」, 46~47쪽.
59) 1961. 1. 24, 「日韓第五次會談再開—財産請求權と漁業問題とをハカリに」, 54쪽.
60) 위와 같음, 58쪽.

담을 중단시키고 그 후 일한 쌍방이 각각 국내조정을 행한 뒤 9
월쯤에 本會議를 열어 "大局的 견지에 선 정치적 해결을 도모하
는 것이 적당하다"고 판단되는 데까지 이르렀었던 것을 보고하고
있다.61)

　더욱이 박정희 정권에 관해서는 "쿠데타 직후의 비상사태에 있
어서는 정치·경제의 여러 정책에 있어서 일부 과격함에 이르는
조치도 취했다"고 일부 비판 섞인 글도 쓰고 있는데, "시책이 중
점을 두고 있는 경제의 건설, 민생의 안정, 일·한관계의 조기 정
상화 등의 정책은 장면 전 정권 시대에도 내걸어진 것으로, 한국
의 일반 국민들도 이를 지지하고 있어 또 장차 성립할 文民정권
도 비슷한 정책을 답습할 것이라는 것은 거의 확실하다"62)고 기
본적으로는 평가하고 있다. 군인 정권과 문민 정권의 차이나 민
주주의 정권과 독재 정권의 차이를 무시한 前田의 이러한 논의
또한 정부·자유민주당의 정치가들과 마찬가지였던 것이다.

2) 기타 관료들

(1) 『國際週報』의 집필자들

　외무성 아시아국 북동아시아과의 課員들이 집필하고 외무성
정보문화국이 발행하고 있던 주간지 『國際週報』는 그들의 제2공
화국관을 아는데 있어 가장 유익한 史料이다. 그러나 '取扱注意'
의 잡지로 내부발행 하였으므로 일본의 국회도서관 등에서도 볼
수 없다. 그 일부가 早稻田대학 도서관에서 열람할 수 있을 뿐이

---

61) 1961. 10. 31, 「第六次日韓會談開く －諸懸案とその係爭点」, 26～27쪽.
62) 위의 논문, 27쪽, 30쪽.

다. 참고로, 이하 소개하는 『國際週報』에 게재된 여러 논문들은 모두 '아시아국 북동아시아과'의 이름으로 쓰여져 있다.

1960년 4월 19일호에 실린 「馬山デモ(데모) 事件」에서는 3월에 행해진 대통령 선거에 있어서의 민주당의 "못살겠다", "갈아보자"는 슬로건에 착목하여 "'못살겠다'는 말로 국민의 생활난을 강하게 호소하고 '갈아보자'는 문구로 독재정치에 대한 도전의 절박한 국민의 결의를 나타낸 것이라고 보아진다"고 쓰고 있다.[63] 사태의 파악은 정확했다.

5월 10일호의 「李承晩政權の(의) 退陣と(과) 許政新內閣の(의) 發足」에서는 5월 3일에 공표된 新내각의 기본방침을 소개하고 있다. 거기에는 對日관계의 정상화를 도모하고 당면해서 한국쌀의 수출을 포함해 대일 무역의 확대·개선을 도모할 것 등이 포함되고 있다. 그리고 新國務院(일본의 내각에 해당)의 라인업을 소개하고 "3명만 빼고 모두 일본에서 고등교육을 받은 자들뿐이다"라고 쓰고 있다.[64] 관심은 역시 내각이 친일적인지 아닌지에 쏟아졌던 것이다.

8월 9일호에 게재된 「韓國の(의) 總選擧とその(와 그) 後の(의) 政情」에서는 민주당의 승리에 관해, "이것은 同당이 선거의 요소라고 불리는 地盤, 看板, 가방이라는 '3방'을 겸비한 유일한 정당인 사실에 의한 것은 말할 나위 없으나 일반적으로 국민들이 보수, 반공, 친미적인 정당을 지지하고 苦節 12년에다 萬年野黨의 관마저 띄던 민주당에게 '한번 시켜보아라'는 생각으로 기우러진 것이 同당 승리의 근본적 원인을 이루는 것이라고 보아진다"라고 분석하고 있다.[65] 이들 평론은 당시 저널리즘에도 공통되는 것이

---

63) 4쪽.
64) 2~3쪽.
65) 5쪽.

었다.

8월 23일호의 「張勉新內閣の(의) 發足に至る(에 이르는) 韓國政界の動き(의 동향)」에서는 "擧國내각과는 거리가 있는 요소가 있음에도 불구하고, 한편 금후 구파가 야당적 입장으로 돌아설 가능성이 지극히 강하므로 政局의 지속적 안정에는 상당히 의문이 있으며 게다가 신생 한국이 직면하는 경제상의 困難에 눈길을 돌릴 때 장면 신정권의 전도에는 용이치 않는 難問이 가로놓여져 있다고 보아야 할 것이다"[66]라고 냉정하게 쓰고 있다.

그리고 9월 20일호의 「第二次張勉內閣の(의) 發足に至る(에 이르는) 韓國政界の動き(의 동향)」에서도 "「거국내각」의 組閣에 성공, 일단 안정 정권의 실현을 보게 되었다"고 평가하는 한편, "이 연합내각의 출현을 가지고 신구 양파의 관계가 원만히 해결되었다고 판단하는 것은 무計"라고 적고 있다.[67] 그들은 이른바 '상황 파악'을 하고 있었던 것이리라.

또 10월 18일호의 「韓國學生の(의) 國會亂入事件をめぐる(을 둘러싼) 韓國政界の動き(의 동향)」에서는, 직접적인 동기는 부정선거 관계자에게 내려진 판결에 대한 불만에 있으되, "그 연유된 원인은 이들 학생 데모대가 내건 슬로건으로써도 알 수 있듯이 정권을 담당하는 민주당이 당내파 투쟁에 골몰하고 국민의 요망은 자꾸 등한시되는 경향이 짙어지고 자칫하면 정치가 국민으로부터 유리하고 있는데 있는 모양이다"라고 분석하고 "내각의 전도는 아직은 계속 多難"이라고 내다보고 있었다.[68] 한국의 정국이 불안정하다고 인식하고 있었던 점에서는 외무관료도 여당 정치가도 야당 정치가도 차이는 없었던 것이다.

---

66) 16쪽.
67) 7쪽, 13쪽.
68) 16~17쪽.

(2)『世界の動き(세계동향)』의 집필자들

외무성 정보문화국 국내 광보과가 발행하고 있었던 월간지『世界の動き』에는『國際週報』에 게재된 논문이 일반대중 용으로 간결하게 재정리되고 무기명으로 실려 있다. 당연하지만 그 基調는『國際週報』와 똑같다.

4·19혁명 직후에 발행된 6월호에 게재된「韓國の(의) 政情急變」에서는 許政정부에 의해 "자유로운 민주주의 정치에로의 문은 열릴 것이다"라며 민주주의에 대한 기대도 표명하고 있다. 그러나 한국쌀의 수출을 위해 早期에 일·한교섭을 개시한다. 일본인 기자의 한국 입국을 허가한다. 서울에 일본 대표부가 설치된다. 등의 사항들이 한국 당국자의 말로서 전해지고 있는데, "아무튼 일본과의 관계를 적극화하려는 종전에는 볼 수 없었던 의욕이 한국측에서 감지된다"69)는 식으로 오히려 일·한관계의 진전에 대한 기대로 넘치고 있다.

장면 내각의 성립에 즈음하여 10월호에 게재된「韓國新しい時代に入る(한국 새 시대에 들어서다)」가 "과연 신선하고 新공화국의 출범에 알맞다. 특히 각내에 鄭외상을 비롯 知日派가 많아 금후 일·한관계 개선이 기대된다"70)고 쓴 것도 마찬가지이다.

제2차 장면 내각에 관해서는 11월호의「韓國新政府早くも(벌써) 改組」가 "일단 연합내각으로서 안정화의 소지를 만드는데 성공했다고 말할 수 있다."고 하면서도 "전도는 계속 多難할 것으로 관측되고 있다"71)고 조건부를 달았다.

---

69) 8쪽.
70) 19쪽.
71) 13쪽.

5·16에 즈음하여서는 1961년 7월호의 「韓國における軍人のク─デター」에서 무너뜨려진 장면 정권에 관해, "발족이래 여당내의 대립이 화가 되어 院內에서 과반수의 우세를 유지하면서도 소신의 수행으로 직진할 수 없었다. 이 때문에 정부는 자꾸만 국민의 비판의 대상이 되고 또 야당의 공세 앞에 低자세를 취하지 않을 수 없었던"72) 점을 비판하면서도, "곤란한 정치정세 속에서 4월혁명 이래의 중요 현안과 씨름하고 … 바야흐로 그 유일한 간판이라고 할 만한 국토건설 사업을 본격적으로 착수할 기세였던"73) 것은 평가하고 있다.

다만, 1961년 10월호의 「その後の(그 후의) 韓國の政情」에서는 "장면 국무총리가 평안도 출신이었으므로 張都暎(暎)씨를 비롯한 같은 도 출신자들이 많이 등용되고 이것이 情實 人事라며 同정권 공격의 재료가 된 것은 주지하는 바와 같다"며 "죽은 자에게 채찍질을 하는"듯한 짓을 하고 있다.74) 전체적으로 경제의 안정과 민주화를 위해 악전고투하고 있었던 장면 정권에 대한 눈길은 차가운 것이었다.

(3) 『外務省調査月報』의 집필자들

外務省大臣官房 국제자료부 調査課가 발행하는 『外務省調査月報』의 1960년 10~11월호에는 경제국 아시아과의 中村泰夫가 「韓國經濟槪觀」을 연재하고 있다. 주로 1959년의 자료에 근거하고 기초적 사실을 기술한 것이다. "외국 원조는 감소하는 경향이

---

72) 7쪽.
73) 위와 같음.
74) 17쪽.

므로 이에 대신할 외자의 도입이 희망되고 있다”는 것75)이나, 1960년 가을에 한국쌀 3만톤을 일본에 수출하는 계약이 성립한 것은 “국제 수지의 개선과 穀價 하락 방지 등의 의미를 갖는 것 외에 한국의 자립경제 건설 노력의 일환이라고 보아진다”76)는 것 등을 지적하고 있다. 또 “산업의 원동력인 電力은 극도로 부족하며 경제발전을 위해서는 電源 개발이 목하의 급무가 되고 있다”는 것77)이나, “한국이 직면하는 여러 문제들 가운데서 가장 위급한 것은 자본의 부족”78)이라는 것이 강조되고 있다.

이러한 분석을 전제로 삼아 中村는 장면의 시정 방침 연설 (1960년 9월 30일)에서 제시된 ① 농민생활의 향상, ② 중소기업의 육성 강화, ③ 실업자 구제, ④ 기간 산업 확충 등의 중점적 시책의 수행에 있어서도 “재정상 지극히 困難한 문제에 직면해 있다”고 평가하고 “최근의 원조 삭감이 가져온 타격은 수년 후에 더 명료한 형태로 나타날 것”이라고 예상하고 있다.79) 그러나 일본에 의한 긴급 재정 지원의 필요성은 주장되지 않고 있다.

1960년 12월호에는 아시아국 북동아시아과의 森田芳夫가 「數字からみた(로 본) 在口朝鮮人」을 기고하고 재일조선인의 실대에 관해 해명하고 있다. 森田는 1961년 5월호에도 「竹島領有をめぐる(를 둘러싼) 日韓兩國の(의) 歷史上の見解」를 발표하고 “일본의 竹島 영유 주장의 근거는 역사상 및 국제법상 의심의 여지가 없는 것”이라고 적었다.80) 어느 글도 제5차 일·한회담의 진전을 점찍고 일본측의 주장을 강화시키기 위한 작업이었다.

---

75) 1960. 10, 70쪽.
76) 73쪽.
77) 79~80쪽.
78) 1960. 11, 87쪽.
79) 1960. 11, 89쪽.
80) 23쪽.

(4) 『調査月報』의 집필자들

內閣官房內閣調査室이 발행하는 『調査月報』의 1960년 10월호에는 S·O의 논문 「韓國における(에 있어서의) 政治的變革の(의) 記錄」이 게재되고 있다. 거기서는 제1차 장면 내각의 각료에 관해 특히 신파 11명은 "모두 大物級으로 보아지며 사고방식도 합리적이고 정책맨(정책담당자)으로서는 높은 수준의 인물이라는 평가를 받고 있었던 것"이나, 일본의 고등교육을 받은 자가 14명의 각료 가운데 11명이나 되고 "이 사실은 정부 내에 知日派가 큰 비중을 차지하고 있음을 보여주는 것으로서 주목되었던" 일 등을 소개하고 있다.[81] 이것 또한 新내각이 친일내각이 될 듯한 사실에 대해 기대감을 표명한 글이었던 것이다.

5·16군사쿠데타에 즈음해서는 1961년 10월호에 게재된 S·O의 논문 「韓國クーデターと(쿠데타와) 軍事政權」이 장면 내각의 "무능함을 비난하는 국민의 목소리는 강했고 쿠데타의 최대의 요인은 軍이 말하는 대로 정치의 부패와 경제적 곤궁에 있었다"[82]고 마무리짓고 있다. 박정희 등의 쿠데타를 정당화하는 것이라 할 수 있겠다.

---

81) 33쪽.
82) 1쪽.

4. 맺음말

자유민주당계의 정치가와 관료들은 전반적으로 한국을 북조선 나아가서는 공산주의권에 대항할 수 있을만한 陣地로서 강화시키기 위해 경제원조의 필요성을 주장하였다. 또 장면 정권을 '친일파'의 집단으로 보아 對日정책의 개선을 기대하였다. 한편, 사회당·공산당 계의 사람들은 장면 정권을 불안정한 머지않아 붕괴하고 공산주의의 북조선에 흡수통일 되는 것으로 보고 있었다. 둘 다 공산주의·자본주의 대결의 도식으로써 제2공화국을 파악하고 있었던 것이다.

바꾸어 말하면, 제2공화국 나름대로의 경제제일주의, 민주정치 구현에로의 노력을 이해하고 지원한다는 큼직한 방침 아래 일·한관계, 나아가서는 조선(한)반도 전체와 일본과의 관계 개선을 도모한다는 전략이 빈곤하였던 것이다. 그것 또한 박정희 등에 의한 군사쿠데타를 허락한 원인의 하나라고 말할 수 있을지도 모른다.

하지만 그럼에도 불구하고 쿠데타를 정당화시킬 수는 없다. 왜냐면 장면은 4월혁명 1주년의 '위기'를 모면하고 정국의 소강상태를 얻어내 年來의 숙원이었던 당칙 개정에 의해 조직의 강화를 도모하고 '장면의 민주당'을 구축하는데 성공하였으며 당분간 안정된 자세로 공약인 '정치·경제의 자유민주화 정책'을 추진하는데까지 가 있었던 것이다.83) 또 1961년의 예산 연도부터 "바야흐로 질서를 회복하고", 5월에 들어서면서 "국토건설 사업의 진척과 함께 바야흐로 意氣가 되살아 난듯이"84) 보여지고 있었기 때

---

83) 金定漢, 1961. 5. 23,「張勉政權の新たなスタート―黨則改正で指導
　　權を強化」『世界週報』, 45쪽.

문이다.

 "민주당 정권은 군사쿠데타를 일으킨 사람들이 주장한 것과 같은 결코 부패 무능한 정권은 아니었고, 오히려 역사의 새로운 도약을 잉태케 해준 정부"였던 것이다.85) 거듭 말하였거니와, 당시 일본 정치가들은 그것을 이해하지 못했던 것이다.

*(   ) 안은 역주임. '일·한', '조선' 등의 용어는 원문 그대로 두었음.

84) 무기명, 1961. 5. 23, 「韓國クーデターの內幕―昨年の下克(剋?)上事件がきっかけ」『世界週報』, 45쪽.
85) 조광, 1996, 「한국현대사에서 제2공화국 민주당 정권의 의미」『21세기 한국 사회와 종교』, 카톨릭 출판사, 480쪽.

제**6**장

제2공화국 정부·국회의
일본관과 對日論調

– 한일관계, 한일통상, 한일회담, '在日僑胞'를 둘러싼 담론 –

정 대 성

1. 머리말

본고는 제2공화국기 한국의 정부 및 국회가 갖고 있었던 일본에 대한 이미지와 대일정책 결정과정에서의 논의를 발췌하고 분석하고자 하는 글이다. 따라서 본고는 역사전개에 있어서의 다양한 각계각층의 복잡다단한 여러 움직임들에 관해서 실증적으로 서술하는 것을 목적으로 삼지 않는다. 본고는 오히려 필자 나름대로의 문제의식의 개진이 우선될 것이며, 다음 단계의 연구로 이어질 기초적 준비작업의 성격을 띤다.

본고에서는 제2공화국기를 四月革命 후 통일된 국민국가를 수
립해 나가고 의회정치와 민주주의적 민족경제를 발전시켰을지도
모를 소중한 시기이며 한국 근현대사의 또다른, 아쉽게 놓치고
만 결정적 기회의 하나였다고 보는 입장에 서려 한다. 물론 제2공
화국 당시는 非혁명적·반혁명적 요소들이 도사리고 있었으며
또 식민지 지배의 여러 가지 복합적 후유증과 6·25전쟁과 냉전의
열병으로 온 나라가 위독한 상태에 놓여 있었다. 우리는 성급한
당위론이나 기존의 고정관념에 포박되어서1) 자칫하면 제2공화국
이 처해 있던 그 당시에 있어서의 '발전단계'라는 역사적 조건을
도외시하기 쉽다. 더구나 도식적 반영론이나 환원론에 빠져서도
안 될 것이고, 결과 소급적 사고방식에 의한 선험적 승자 우선론
이나 외래 이론 대입적 사고방식에서 벗어나야 한다.

예컨대 장면 정권의 '친일'이란 성격이 종속이론적으로 확대
해석되는 경우가 있었다. 그러나, 적을 알아야 한다는 한층 높은
차원에서 볼 때 '친일파'라는 비학문적 개념 일색으로써 장면 정
권을 바라보는 것은 비역사적이다. '친일'이라는 말은 '매국노',
'對日협력자', '附日간상배' 등 '민족반역자'를 연상시켜 왔다.2)

---

1) 그 동안 제2공화국에 대한 부정적인 인식이 널리 퍼져 있었다. '과도
  적'·'무능'·'친일적' 등등의 낙인이 찍힌 것은 재야의 전술적 비
  판도 있었겠지만 군사정권의 자기정당화 과정에 있어서의 제2공화
  국에 대한 폄하 공작에서 결정적으로 연유되었음은 말할 나위 없다.
  한편 북한을 비롯한 중국 등의 공산권이나 내외의 진보·급진세력
  들은 제2공화국에 대해서는 "그래도 독재정권이나 군사정권보다 나
  았다"는 견해가 있긴 하지만 남한 정부에 대해 일관해서 '외세 의존
  정권' 혹은 '괴뢰도당'이라는 전략적 本質論을 펴 왔다.
2) 제1차 장면 내각 각료들의 학력을 보면 14명중 11명이 일본에서 고등
  교육을 받은 인사들이었다(1960년 8월 23일, 『조선일보』 또 한승주,
  1983,『제2공화국과 한국의 민주주의』, 종로서적, 125쪽). 신구파가 균
  형을 이룬 제2차 내각도 '지일적'이었다(1960년 9월 13일, 『조선일

그런데 張勉 정권이 비교적 타당한 '知日'정권이었을 수도 있었던 것은 저 '위독상태' 속에서였던 만큼 더욱 그러했던 것이다.

따라서 "전 국민의 협조와 이해 속에서 한일 회담을 타결하겠다고 천명한 장면 내각이 뜻하지 않는 5·16군사쿠데타로 퇴진하게 된 것은" 실로 "역사의 作戱라고 생각할 수밖에 없다."3) 그것은 지나간 과거에만 속하는 일이 아니다. 현재 이 땅에 있어서, 4월혁명과 미국의 아시아정책의 전환을 배경으로 한일관계가 미묘하게 전개되어 있었던 이 시기의 對日외교를 재조명하는 것의 의의는 설명할 나위가 없다.4) 특히 북한 당국 혹은 통일한국이 對日교섭을 어떻게 전개 혹은 재개할 것인가를 선택하는 시점에서 말이다.5)

거듭 말하자면, '무능론'6)·'괴뢰론'·'친일론'의 틀에서 벗어나 제2공화국을 재조명할 필요성이 있을 뿐더러 거기에 내장된

보』). 경력에 있어서, 반일운동을 한 사람은 정일형, 김상돈 등이다. 소론에서는 '친일'과 '지일'의 개념을 나누어서 고찰하고자 한다.

3) 鄭一亨, 1984. 10,「왜 박정권의 한일회담을 반대했나」『신동아』, 287쪽.

4) 조광, 1996,「한국 현대사에서 제2공화국 민주당 정권의 의미」『21세기 한국 사회와 종교』, 카톨릭 출판사, 476쪽(특히 그 각주 10) 참조.

5) 정일형 의원은 1965년 4월 30일 다음과 같이 對정부 질문을 하였다. "늘 얘기합니다마는 자유당 시절 12억불, 민주당 시절에 8억 5천만불 이상, 三民會의 12억 내지 30억불, 민정당에서의 27억불 선을 비교해 볼 때 참으로 3억불이라는 것은 기막힌 헐값이올시다. 헐값이에요(정일형, 앞의 글, 284쪽)." 또 주지하는 바와 같이 한일조약·협정의 재체결의 움직임이 지금 각계각층에서 추진되고 있다(민족문제연구소 지음, 1995,『한일협정을 다시 본다』, 아세아문화사 ; 한국정신대연구회 편, 1997,『한일간의 미청산 과제』, 아세아문화사 ; 李長熙 편저, 1998,『한일간의 국제법적 현안문제』, 아사연). 우리의 아픔은 돈으로 환산할 수 없지만, 일본 당국의 '사과'나 '성의'는 결국 국민적 합의에 입각한 구체적인 利他 행위로 나타나야만 한다.

6) '지도자 부재론'이라 해도 좋다. 예컨대 한승주, 1990,「제1공화국의 유산」『1950년대의 인식』, 한길사, 55쪽.

교훈을 되찾는 작업은 우리의 현대사관을 풍요롭게 하는 동시에 현재와 미래에의 비전과 대안을 세우는 데 도움이 될 것이다.

주지하는 바와 같이 장면 민주당 정권은 제1공화국기의 이승만 정부의 '반일' 정책에서 탈피하려 한 許政 과도정부의 외교정책7)을 발전시켰다. 장면 민주당 정권은 선거 공약 및 첫 출범 시부터 '對日외교의 정상화'는 물론 '재일교포'에 대한 관심의 정책화를 포함하여 현실적·합리적인 한일관계 구축을 도모하였다.8) 그러므로 제2공화국에 있어서의 한일관계 전반에 관한 재검토는 위에 말한 재조명 작업이라는 시각에서 좀 더 폭넓게 시도되어도 좋을 것이다.

하지만, 기존의 연구9)에서는 '의회정치'를 내걸었던 제2공화국 국회의 주체성에 관해서나 四月革命 담당자들 즉 민중의 폭넓은 목소리가 제5대 국회에 어떻게 스며들어 반영되어 있는가 등을

---

7) 허정은 4월 27일 "한일 양국관계의 조속한 정상화를 바란다"고 발표, 일본의 藤山외상이 이를 호의적으로 받아들였고, 일본기자의 한국 입국허가와 일본어부의 일본송환 등을 실행하였다. 이러한 허정 과도정부에 주목한 연구로는, 岩田功吉, 1990, 「韓國の政治危機─1960年」 『歷史學研究』 제611호 등이 있다.

8) 7·29선거 직후 일본 朝日신문 기자의 방문을 받은 윤보선·장면은 "민주당 정권하에서 對日관계 개선을 추진하겠다"고 입을 모았고, 전자는 후자와는 달리 '재일교포' 북송문제를 한일회담 재개와 연관시키지 않을 것을 표명하고 후자는 일본 민간 實業家의 경제사절을 받아들일 것과 '재일교포' 자본가가 한국에서 사업을 일으켜 한국의 失業者 구제와 산업진흥에 도움을 줄 것에 대한 기대감을 밝혔다 (1960년 8월 2일, 『朝日新聞』).

9) 기존연구에 관해서는 조광, 앞의 글(『한알의 밀이 죽지 않고는』 증보판에도 수록) 및 허동현, 「장면의 치적과 정치사상에 관한 연구」 (1999, 『한국민족운동사연구』 23) 참조. 선행연구에 대한 시각에 관해서도 위의 두 글에 힘입은 바 크지만, 필자는 나름대로 독자적인 원근법과 방법론으로써 접근하려 한다.

중심으로 한 연구는 본격적으로 시도되지 않았다.[10]

한국 현대사에 관한 연구에 있어서 '주체성'은 미국·일본의 외교정책에 밀려 종속변수로 간주되는 시각이 지배적이다. 그래서 현대 한국인의 對日觀·對日논조, 나아가서는 대일 정책의 결정과정·효과 등에 대한 분석은 거의 시작단계로서, 극히 狹小한 연구 대상으로 머물러 있는 실정이다. 물론 미국과 일본의 막대한 힘이 지배하는 국제정치·세계경제의 역학관계 속에서 정치적·경제적·군사적·사회문화적 온갖 혼란·궁핍 상태에 빠져 있던 신생 약소국가의 단기 집권으로 끝난 정부·국회에 대해 특별한 역할이나 성과를 기대하기란 힘들 것이다. 그러나 그렇다고 과소평가 되어야만 하는 것은 아니다.

예를 들어 회의가 너무 시간을 낭비한다는 비판도 당시부터 있었고 지금도 있지만[11] 민주주의 원칙에서는 국회에서 논의할 것

---

10) 물론 당시 '혁신계'가 선거에 대패해 혁신 야당 보호에 실패한 민주당이 이끈 제2공화국 국회의 대표성에 대한 의문이 제기되기도 한다(한승주, 1986,「제2공화국」『현대한국정치론』, 법문사 등). "제2공화국은 의원내각제였기 때문에 의회의 대표성 취약은 곧 정권 전체의 대표성의 취약을 의미하였다(백영철, 1996,「제2공화국의 의회정치」『건대 사회과학논총』1, 33쪽)." 또 혁신세력들은 "그들의 관심을 의회투쟁에서 비의회적(non-parliamentary)투쟁으로 바꾸었"다(한승주, 1983,『제2공화국과 한국의 민주주의』, 종로서적, 102쪽). 그러나 민주당 및 여타 의원들이 四月革命의 민주 지향성을 비록 소극적이라 할지라도 적어도 '외피적'이나마 대변하였다고 보지 않을 수 없을 것이다.

11) 예컨대 선우종원은 일본의 吉田茂의 『閣議의 要諦』에서 국가가 회의에 시간을 너무 빼앗기다 보면 운영이 제대로 되지 않는다는 말을 인용하면서 각의(국무회의)가 토론의 장소가 아니라고 건의했다고 회상하고 있다(1998,『격랑 80년』, 인물연구소, 242~245쪽). 물론 국회는 각의와는 달리 시간이 더 걸리는 법이다. 참고로 선우는 일본 망명을 끝낼 무렵 자위대 육군 소장 藤原로부터 '군부쿠데타說'에

은 논의하고 넘어가야 함이 正道이며 적어도 제2공화국의 국회는 의원들의 전반적 정치성향이나 당파 구성 등에 문제가 있었다 하더라도 의회 그 자체로서는 헛돌기보다는 정상적으로 운영되고 있었다고 생각된다.[12)

본고에서는 제2공화국의 對日정책 형성의 주체적 요인이라고 할 수 있는 권력층 중심부에 있었던 사람들의 일본관·대일논조를 의회정치의 가장 기본적인 자료인『국회 회의록』·『위원회의록』[13)을 통해 분석하고자 한다. 참고로,『국회 회의록』을 비교적 많이 동원한 연구로서는 일찍이 한승주의『제2공화국과 한국의 민주주의』가 있었는데 거기서는 담론[14) 분석적 방법론에 의한 한국인의 일본관을 대상화한다는 시각은 아니었다.

본고의 구체적 연구 틀로서는 ① 한일관계, ② 한일통상, ③ 한일회담, ④ '재일교포'에 관해 주로 국회의원들이 국회에서 주고받은 담론들에 비쳐진 내재적 논리와 외재적 역학관계를 중점적

　　관해 듣고 있었지만 귀국 후 장면 총리에게 보고를 안 했었다.

12) 송원용, 앞의 책, 147∼148쪽. 데모대들이 국회의사당까지 쳐들어온 사건을 두고 이야말로 정국의 '혼란'이며 장면 정부기 이를 수습하지 못하였다는 비판이 있는데, 어떻게 보면 그 정도로 극도의 '자유'가 주어진 것이며 장면 정부의 민주성의 증거라고도 말할 수 있겠다.

13) 제2공화국 국회는 두 번의 임시회와 한번의 정기회가 열렸다. 제36회 임시회는 1960년 8월 8일 개회, 8월 31일 폐회. 제37회 정기회는 9월 1일 개회, 12월 31일 폐회. 제38회 임시회는 1961년 1월 12일 개회, 5월 3일 폐회. 의장은 白樂濬, 부의장은 蘇宣奎.

14) 'discourse'라는 용어를 일본에서는 '言說'이라고 번역하는 것이 일반적인데 대해 한국에서는 '언술'·'담론'이라고 번역하는 경우를 많이 접할 수 있다. 이 때 '담론'의 어의·용법은, 일상적으로 쓰이는 '담론'과 다르다. 본고에서는 이 단어를 포스트 구조주의적인 함의로 상식적으로 쓰고자 하지만, 그것이 곧 특정 이론의 교조화나 한국사에의 대입 그 자체를 목적으로 삼고자 함이 아님은 말할 나위 없다.

으로 추출해서 분석해 보고자 한다. 이런 연구의 궁극적 목적은, 정치과정이나 교섭과정을 살펴보는 일은 後景으로 처리하되, 각 인사들이 發話한 언어의 <논리구조>와 <사회구성체적 관계성>을 해부하고자 하는 데에 두어져야 하겠지만, 연구의 기초단계에 속하는 본고에서는 전자에 더 역점을 두지 않을 수 없다.

즉 본고의 착안점은, 첫째로 장면총리를 비롯한 장면내각 및 제2공화국 국회가 '무능'했다는 定說에 대한 문제제기로서 그들의 발언 속에 담긴 정치사상과 전략·전술을 신중하게 미시적으로 분석해 보고자 하는데 두어진다. 둘째로 제2공화국이 국정을 혼미상태에 빠뜨려 5·16군사쿠데타의 內因을 제공했다는 부정적 시각에 대한 검토를 시도하여 본고에서는 그들이 얼마나 국회를 의회정치의 원칙에 입각해서 차분히 이끌고 있었는가를 검증하고자 한다. 그리고 세 번째로 본고는, 그들의 담론에 녹아 들어가 있을 그 당시 시대배경과 현실적 사실들이나 계급적·국제적 관계성, 즉 그 담론들을 형성되게끔 만든 사회적 관계성의 분석까지 아직은 닿지 못한다 하더라도 앞으로 그것을 연구해 나가는데 있어서의 선행 준비 작업이고자 한다.

이상과 같은 방법론과 분석 틀 및 안목으로써 이하, <텍스트로서의 제2공화국>에 대한 凹凸化와 되읽기를 시도하는 바이다.[15]

---

15) 이하 인용문 중 [   ]안은 인용자가 보충한 어구이며 […]는 생략을 나타내며, 철자법 등을 일부 고쳤는데 개인적인 語套는—속기자의 오기와 함께—그대로 살렸다.

2. 당시 국회의원들의 일본관 담론

대한민국의 건국기인 제1공화국은 '반일'과 '반공'을 '國是'로 내세웠다. 좌익과 친북세력은 말살 당하고 미국과 이승만 일파는 근대국가 건설의 일군으로서 '친일파'를 재활용하기 시작했다. 그리고 6·25전쟁을 거쳐 그나마 '민족진영' 단결이라는 '공론'에 의한 살아남기를 시도한 '중도파'마저 그 설 땅을 잃었다.16) 이리하여 당시 한국은 미국의 원조 경제 체제 속의 종속성을 벗어나지 못한 채 내적 개혁의 계기들은 억압되고 국가와 사회는 半봉건적 식민지 유제에 규정된 專制와 냉전체제에 얽매인 반공·극우체제로 치달았고, 그런 상황에서 4월혁명이 일어나게 되었던 것이다.

제2공화국 국회의원들의 일본관은 1차적으로는 그러한 정치경제적 토대의 복합적인 반영물이다. 그것은 신생독립국의 경제적 종속성이나 독재정치에 대한 불만을 반영하기도 하고 국민국가 형성 과정이나 급진적 개혁 의지로 인한 反射·견제 의식에 의해 구조화되기도 한다. 다만, 여기서 처음에 확인해 두고 싶은 것은 회의록에 나타난 여러 발언들이 각 개인이 소유한 정치적 신념이나 일본에 대한 관념을 반영하지 않을 수도 있음에도 불구하고 그것이 하나의 담론을 형성하게 된다는 사실이다. 예컨대 지극히 '친일적'인 생각을 갖고 있는 사람이 정치적 입장에 의해 지극히 '반일적' 태도를 내비치게 되는 경우도 있다. 이 경우 그의 '친일적'관념과 '반일적' 담론 사이에는 논리상의 모순이 있지만,17) 담

---

16) 서중석, 1996, 『한국현대민족운동연구 2』, 역사비평사, 302~323쪽.
17) 이러한 '반민족적 민족주의'는 <민중> 속에 남아있는 혈연적 단군민족주의·반일민족주의와 결부되었고, 국가보안법에 의해 정치적

론은 언어의 관념적 측면과는 달리 그 물질적 측면에 의해 더욱 현실적이며 권력(지향)적이 된다는 사실에 유의해야 할 것이다.

그러면 당시 한국인의 일본관, 그들의 눈에 비친 日本像은 어떤 것이었을까? 당시 한국 사회에서는 '종래의 배일 정책에 대한 반동으로 일어난 일본 붐'이 일고 있었다. "일본 서적, 특히 문학 작품의 번역이 대유행을 이루었고, 일본 가요의 레코드가 판매되는 한편, 일본어 강습소가 곳곳에 문을 열었다.", "민주당 정권 시대의 일본 열기는 터진 봇물 같았고", "일본인들은 알게 모르게 한국을 방문해 戰前 한국 재산의 향방을 탐문했으며, 일본 실업인들은 이권을 놓칠세라 줄을 잡을 은밀한 공작을 했다. 이에 부화뇌동한 한국인들의 볼품 사나운 행동거지도 세간의 놀라움과 손가락질을 아울러 자아내던 시기였다."[18] 이러한 상황에서 국회에 반일론이 반영될 필연성은 충분히 있었던 것이다.

李敎善 의원(무소속, 洪川郡)은 국교 정상화로 인해 '親日派'가 많이 생겨날 것이라는 점에 관해서 "전번에 小坂이가 다녀간 小坂外相이 다녀간 이후에 한국에 일어나는 그 思潮라는 것을 여러분이 아실 줄 압니다"라고 전제하면서, 국교 정상화에 관해 "親日에 대한 思想이 急速度로 늘어가는 이 때에 만일에(국교 정상화를) 한다면 경제적으로 노예가 될 뿐만 아니라 사상적으로 노예가 될 뿐이요. 사상적으로 노예가 될 때에는 정치적으로 노예가 되는 것"이라는 생각을 털어놓았다.[19] 그는 경제→사상→정치라는 순으로 노예화될 것이라고 우려했던 것이다. 錢鎭漢의원(무소속, 종로구 갑)[20]의 말도 비슷한 문맥에서 한국에서의 친일 성향

으로 가동하였다. 그 결과는 자유민주주의와 민족주의의 파행화와 황폐화였다. 서중석, 위의 책, 328쪽.

18) 김동조, 1986, 『회상 30년, 한일회담』, 중앙일보사, 209쪽.

19) 1960년 9월 20일자, 『제37회 국회 참의원 속기록』 제11호, 20쪽.

의 부활을 걱정하고 있다.[21]

朴煥生 의원(사회대중당, 南原郡 갑)도 "우리가 壬亂의 수난은 물론이요 과거 三十六年의 수난을 가지고 볼 때에 그네들은 어디까지나 침략적이었고 그네들은 어디까지나 섬나라의 狹量을 가지고서 우리들을 괴롭혔던 것이올시다. 그 사람들이 오늘날에 있어 가지고 만일에 우리나라에 대해서 어떠한 雅量을 베푼다고 假裝할 것 같으면 그것은 속에 독이 들어 있는 사탕을 우리에게다가 주는 것이 아닌가 생각하는 바이올시다"라고 말했다.[22] "과거의 감정에만 사로잡혀 있어서는 안 된다"는 이중성이 확인되긴 하지만 主調는 '교활한 섬나라 사람들'에 대한 반감과 불신감이었다. 그 이외에도 '임진왜란'과 '일제36년'을 열거하는 시각이 드물지 않았다.

하지만 朴煥生 의원은 일본 사절단을 우리나라에 부르기 전에 오히려 먼저 朱耀翰 상공장관이 일본으로 가야 한다며 다음과 같이 말했다.[23]

> 일본에 있어 가지고 일본정부는 자기 나라의 공업, 상공업을 육성하고 발전시키기 위하여 얼마나 노력을 하고 있는가 갖은 술책을 다하고 있다 이 말씀이에요. 종전에도 누누이 말씀했습니다마는 大正年間에도 그네들이 공업의 발전을 위해서는 免稅조치를 한다, 장려금을 준다 별 짓 다 했습니다. 우리나라에서는 이런 것을 꿈에도 생각을 못하고 있어요. 일전에 우리나라 공업인 몇 사람이 일본을 갔다가 시찰을 하고 돌아온 뒤 그 사람들의 말을 들어보니까 하는 말이 우리나라 行政府가 우리나라의 生産界를

---

20) 한국 사회당의 지도자, 7 · 29에서는 낙선(1960년 7월 30일자, 『경향신문』), 보궐선거에서 당선(10.10).
21) 1961년 1월 14일자, 『제38회 국회 민의원 회의록』 제2호, 11쪽.
22) 위와 같음, 13쪽.
23) 위와 같음, 14쪽.

갖다가 육성하는 꼴을 보면 기가 맥혀서 말이 안 나온다. 한번 우리나라의 상공부장관도 일본 가서 구경시키고 보이고 싶다. 이런 말을 하는 소리를 제가 들었습니다. 그네들을 불러다가 환영회나 열어 가지고 뒤꽁무니에서 어떠한 財閥 … 親日財閥들과 같이 뒷공론할 것이 아니라 우리의 지도자도 일본에 가서서 일본정부에서는 어떻게 하고 있는가 보고 오시라 이 말씀이에요.

이 발언은 일종의 '知日론'으로서 눈길을 끈다. '친일'과 '재벌'의 입장이 아닌 '知日'과 중소 상공업인의 입장에 서서 對日접근을 시도해야 한다는, 정치논리로서는 타당한 의견이다. 이 발언을 일본관이라는 관점에서 본다면, 이는 진보적이고도 적극적·긍정적인 일본관에 속한다.

李忠煥 의원(구파, 鎭川郡)은 일본측이 한일회담에 '성실한 태도'를 보이기 시작한 底意는 무엇이냐면서 역시 '반일론'을 폈다.24) 그는 일본 경제인을 경제적 동물로 간파하고 그 '저의'를 조심스럽게 꿰뚫어 보아야 한다는 선견지명을 지니고 있었다.

"전 국민의 협조와 이해 속에서 한일회담을 타결하겠다"고 천명한 장면 총리(민주당, 용산구 갑)는 이와 같은 불협화음을 어떻게 처리하였을까? 그의 답변은 다음과 같다.25)

現정권인들 어째서 과거의 일본과 역사를 모를 리가 있으며 어째서 국민감정을 모르고 민족정기를 어겨 가면서까지 비굴한 무정견한 그러한 태도로 할 리가 있겠습니까? 그런 말씀이올시다. 우리 감정에는 역시 신중에 신중을 가하고 우리 국가의 체면이나 또 민족정기에 배반되는 일을 하지 않기 위해서 최대의 노력을 지금 하고 있습니다 하는 것만은 분명히 말씀을 드려두겠습니다. 또 여러분이 염려하시고 걱정을 하시는 것이 기우로 돌아가기를 바라는 것이올시다. 그 동안 수석대표로 가 있는 兪鎭午 박사에게서

---

24) 위와 같음, 15~16쪽.
25) 위와 같음, 19쪽.

상세한 보고를 들었고 또 따로 만나서 이러 이렇게 해 달라고 당
부도 했고 … 했습니다마는 정부로서도 국민의 … 여러분의 뜻을
받들어서 어떻게 하면은 이 관계가 다만 우리 국가뿐만이 아니라
일본과 우리나라와 또는 전세계 자유진영에 이바지할 수가 있을
까 그런 원대한 안목으로써 신중하게 다방면으로 이것을 검토해
가면서 지금 최선을 다해서 하느라고 하는 우리올시다.

그리고 의원들의 비판을 '피상적인 관찰로써 지나친 판단'이
내려지는 것이 아닌가 '걱정'하며 그 '취지'에 있어서는 '실수하
지 말라는 노파심에서 좋은 뜻에서 하시는 말씀'으로 감사히 듣
겠다고 답하였다. 즉 표면상 '친일'이라고 비난받는 한일회담에
임하는 정부의 태도는 결코 '반민족'적인 것이 아니라 오히려 '민
족정기'에 입각한 것임은 물론, 한일 양국 나아가서는 '전세계 자
유진영에 이바지할' 것임을 강조하고 있다.

그러나 朴煥生 의원은 계속 이 문제를 물고늘어지며 일본인에
대한 '숭배감', 일본 텔레비전에서 일본말로 대일 정책을 말하는
수치스러운 일, 일본 곱曲에 대한 복잡한 민족감정 등을 털어놓
았다.26) 거기에 보이는 基調는 식민지 경험 및 그 잔재에 대한 거
부감 등에 기초한 '반일론'이라 할 수 있다. 그가 규탄했던 "일본
놈의 曲의(인) '재즈'같은 것에 과거에 도취했던 그러한 무엇인가
모르는 정신"은 일종의 근대성(모더니즘)에 대한 동경심 혹은 추
종으로 볼 수 있다. '재즈'는 원래 일본의 것이 아니고 미국의 흑
인 음악임에도 불구하고 그것이 '일본 놈의 곡'으로 둔갑하였다.
이러한 거친 거부감은 순수한 '민족감정'에서 나온다기보다는 허
위의식으로서의 민족주의에서 나온다고 본다.

아무튼 일본이 '침략근성'을 버리지 않고 있다는 견해, 즉 일본
의 문화적·경제적 재침략에 대한 경계심은 야당의원들의 일본

____

26) 1961. 1. 18, 『제38회 국회 민의원 회의록』 제5호, 53~55쪽.

관에 있어서 대체로 공통적으로 찾아볼 수 있다. 일본이 침략의 대상으로 삼은 나라와 민족들에 대해 마음속으로부터의 사과를 하지 않은 이상 이는 타당한 일본관이었다고 할 수 있다.

하지만 아이러니컬하게도, 일제말기 '친일적'인 행적을 보이다가 건국기에는 대한민국 헌법을 기초하기까지 한 한일회담 수석 대표 兪鎭午의 일본 정세에 대한 파악은 다음의 자료에서 볼 수 있는 바와 같이 그러한 감정 차원을 넘어선 것이었다.27)

> 우리는 우리대로 여러 가지 복잡한 문제를 가지고 있고 일본은 또 일본대로 복잡한 문제를 가지고 있는 중이고 특히 제 시찰로서는 미국에서는 대통령 선거가 실시되어 가지고 극동정책에 대해서는 대체적으로 그냥 그대로 나가지 않고 꼭 어떤 무슨 변화가 있지 않겠느냐 하는 것을 일본측에서 대단히 중요시하고 있는 것과 같이 들었고 미국의 대통령 선거, 일본의 선거, 일본에서도 이번 선거에서 자민당이 거의 三分之二 달하는 표수가 되고 三分之二는 못되었습니다마는 그것은 사실입니다. 그러나 중간파로 있던 민주사회당이 四十석으로부터 七석으로 줄어들고 그리고 사회당이 二十六석이나 늘었습니다. 그런데 이 사회당이라는 사람들은 우리나라하고 이렇게 회담을 하는 것을 좋아하지 않는 사람들입니다. 즉 반대하는데 아직까지 적극 반대로 나오지 않고 있어요. 그러나 좌우간 반대 태세를 표명하고 있고 언제든지 이 한일회남 자체를 가지고 사회당이 일본정부를 공격할 그런 가능성이 내포되어 있는 것입니다.

유진오가 가지고 있던 일본의 對美의존적 외교정책과 정치상황의 변화 등에 대한 인식은 객관적이고 정확하였다. 그리고 사회당에까지 시야를 넓히고 있는 것에서 알 수 있듯이 그는 한때 '동반작가'로 주목되었던 사람답게 '일본'을 한 덩어리로 보는 것이 아니라 사회구성체적인 시각에서 냉철하게 분석하고 있었다.

---

27) 1960년 11월 29일자, 『제37회 국회 외무위원회의록』 제4호, 9쪽.

그런 점에서 유진오의 담론은 '친일'에서 '반일'로 쉽사리 이행하고 '반민족적 민족주의'에 안주한 부류의 그것과는 차별성을 지녔던 것이다.

한편, '재일교포교육실태'에 관한 시찰을 다녀간 薛昌洙의원(민주당, 경상남도)이 일본의 문교위원에게 '神道主義'·'皇道主義'의 부활 가능성에 대해서 물어 보았다는 일화가 있다. 여기에서는 그 당시 한국 국회의원들의 對日 경계심을 볼 수 있다. 그러나 그는 그 질문에 대답한 일본 문교위원의 말을 수긍한다는 당시로서는 이색적이라 할 정도로 이해심 많은 태도를 보여주었다.28)

한편, 당시의 정치인들은 일본을 이용하여 신생 독립국가 한국의 근대화를 이루어 보고자 하였다. 다음과 같은 장면 총리의 발언에도 그러한 특성이 일정하게 반영되어 있다.29)

> 한국의 국민감정 가운데 일본에 대해 대체로 다음과 같이 세 가지 문제가 있다. 그 첫 번째는 36년 간에 걸친 일본통치하에 있어서의 굴욕적인 민족감정과 개인적으로 괴롭힘을 당한 사람들의, 사사로운 감정이긴 하지만 인간적 원한. 두 번째는 새로운 한국의 나라 세우기를 방해하는 공작은 일본을 근거로 하는 朝連30)

---

28) 1961년 2월 22일자, 『제38회 국회 참의원 회의록』, 10쪽. 또 "일본이 다시금 신도주의 경향으로 돌아가는 것은 일본적인 조국의 근원으로 돌아가려고 하는 것이지 침략적인 과거의 황도주의로 돌아가는 것은 아니라는 것을 제 직감으로서 확인한 바가 있었습니다"라고 言明한 것은 이색적인 일이었다. 11쪽.

29) 田中角榮, 1999. 11. 12, 「田中角榮, 訪韓日記」(이하 「訪韓日記」) 3 『新潟日報』.

30) '朝連'은 '재일본 조선인연맹'의 약자인데 8·15 직후에 결성된 이 단체가 1949년 일본정부에 의해 강제해산당한 것은 주지의 사실이다. 여기서 '조련'이라고 적혀있는 것은 1955년에 결성된 '재일본 조선인 총연합회'(이른바 '조총련')를 가리키는 것이다. 통역자의 오역, 田中角榮의 오기 혹은 단순한 오자일 수도 있지만, 아니면 착각을

에 의해 행해지고 있다. 그리고 그 활동과 자금의 기지는 일본이
라는 사실에 대한 반발. 세 번째는 한국이 防共, 反共의 최전선에
있으며 한국의 안전은 곧 일본의 안전임에도 불구하고, 그리고 한
국은 새나라 건설이라는 大業 속에 있으면서 60만의 군대를 가지
고 나라의 총예산의 40%를 국방과 방공에 투입하고 있는데도 불
구하고, 일본은 이 사실을 어떤 마음으로 받아들이고 있는가. 또
일본은 아무 것도 하지 않고 있지 않느냐는 감정. 일본 분들도 여
러 가지 의견이 있을 것이지만, 한국은 反日이 아니다. 세계의 현
실에 눈을 돌려 서로의 힘으로써 서로를 지키고 싶다.

  장면 총리의 이 발언은 1961년 5월 8일 野田卯一(노다 우이
치)31)을 단장으로 하는 일본 자민당 국회의원단(전후 첫 번째 訪
韓團 ; 5월 6일부터 12일까지 7일간 滯韓)이 장면 총리를 방문하
였을 때 한 것이라고 한 방한단원의 일기장이 전하고 있다. 그 일
기장은, 몇 년 후 한일국교 정상화 때 大藏相으로 있었고 훗날 수
상까지 지냈던 田中角榮(타나카 카쿠에이)32)이 대학노트에 적어
두었던 것이라 한다.33)

    할만큼 '조련'의 인상이 강했던 것인지도 모른다.
 31) 1903년생, 1950년 참원의원 당선, 1953년 중원의원, 1951년 제3차 吉
     田내각의 建設相, 賠償廳·북해도개발청 등의 각 장관을 역임, 74년
     三木내각의 경제기획청 장관, 福田派의 장로. 1996,『コンサイス日
     本人名事典』(이하『인명사전』), 三省堂, 970쪽.
 32) 1918년생, 1947년 이래 新潟三區에서 중원의원(90년 은퇴), 1957년
     제1차 岸내각의 郵政相, 1960년 越後交通회장, 1961년 자민당 政調
     회장, 1962년 제2차 池田내각 때부터 1964년 제1차 佐藤내각 때까지
     藏相을 지내 일본의 고도경제성장하의 재정정책을 담당, 1972년 자
     민당 총재, 국가 수상, 소학교 졸업의 학력, 중일국교정상화, '일본열
     도개조론', 록히드 사건 등으로 유명.『인명사전』, 777쪽.
 33) 이 발언에 대해 田中는 다음과 같이 응했다. "한국측의 주장도 이해
     는 간다. 하지만 일본측에도 다소 사정이 있다. 그 첫째로는 일본국
     민은 패전 직후 재일한국인 일부의 전승국민과도 같은 행패와 태도
     에 대해 은밀한 분노를 가지고 있다. 둘째로는 親韓의 태도를 내비

이 발언에서도 엿볼 수 있는 것은 '防共'과 '反共'을 내세워 일본을 궁지에 몰아세우면서 "한국은 반일이 아니다"면서 일본의 호감을 얻어 일본으로부터의 자본과 기술을 유도하려는 전략이다. 이는 그 당시 미·소 냉전하의 국제상황을 교묘하게 활용하고 있는 셈이다. 여기에서 장면 총리가 아량있게 일본을 포용하고, 한국의 민족주의와 근대화의 입장에서 일본을 이용하려고 했음을 엿볼 수 있을 것이다. 하지만, 일본 자민당의 방한단이 한국을 떠나자마자 5·16이 터지게 되었다.

제2공화국 국회의 일본관 담론은 그것이 '반일' 관념에 입각한 것이든 '지일' 입장에 선 것이든 신생국가 한국의 정치경제적 모순의 표상이다. 일본은 통일 한국의 시선에 의해 가장 근본적인 심판을 받아야 마땅했지만, 분단국가·반공국가가 된 한국의 모든 여건은 두드러진 한계성을 내포할 수밖에 없었다. 예컨대 제2공화국 국회의 일본관 담론은 좌익 담론을 억압한 자리에서 이루어졌다. 거기에는 일본에 대한 객관적인 관점이 싹트기 어려웠다. 그 한계성의 책임을 선거에 의해 선출된 민주당 정부나 장면 총리의 것으로만 돌리는 것은 비과학적이다. 담론은 역사·사회적 배경의 한계성과 무관한 추상적·관념적 외부 혹은 인간주체의 정신적 내면에서 생기 할 수 없으며 순수한 진공공간에서 개인적으로 또 우발적으로 발화된 언어들이 아니다. 오히려 그 배경 혹

치면 北鮮(조선민주주의인민공화국)측의 활발한 활동으로써 각기 격파를 당하므로 표면적으로는 조용히 하고 있는 것이다. 요는 재일한국인이 남북으로 二分되고 일본공산당의 활동과 더불어 朝連계의 활동이 너무나도 크기 때문일 따름이다." 그러더니 장면 총리는 '잘 사정을 인정하고 서로의 협력을 기약했다'고 한다(田中角榮, 「訪韓日記」 3). 제각각의 국내정세와 냉전구조(미국의 대아시아 정책)라는 국제정세 속에서 반일감정 대 厭韓감정, 反北전술 대 對共전략이라는 묘한 균형이 균열을 안은 채 서로간에 싹튼 것처럼 보인다.

은 토대의 총체적 모순의 정치과정으로서의 타자의 말의 포섭 혹
은 대화 과정에 가깝다고 보아야 옳다.

역설적으로 들릴지 모르지만, 제2공화국기의 좌익 담론은 한편
에서는 압살 당하면서도 한편에서는 타자의 말로서 포섭되었다
고 가정될 수 있는데, 그것의 본격적인 검토는 다음 논고에 넘기
더라도 이하 제3절에서 어느 정도까지 드러나게 될 것이다.

3. 제2공화국 정부·국회의 對日논조

장면은 국무총리로 인준된 직후인 1960년 8월 19일에 對日정책
을 묻는 기자단의 질문에 대해 다음과 같이 대답하였다.34)

① 국교 정상화에 대해서
　한일 국교 정상화는 나의 지론이며, 이승만의 反日정책이 있
　었고 또 한국 국민 사이에 일본에 대한 反感이 남아 있긴 하지
　만 앞으로는 감정적인 대립을 해소하고 서로 손을 잡고 나가
　야 한다.

② 한일회담에 대해서
　서울에서의 재개에 찬성한다. 하지만 9월중은 약간의 무리가
　있다. 9월 중순 대통령 취임 축하 식전에 일본에서 특사가 오
　는 것은 환영한다.

③ ‘재일한국인’ 북송문제에 대해서
　국교정상화를 방해하는 최대요인이 이 북송문제이다. 회담과
　연결시키는 것은 아니지만 북송문제는 북한에 인적자원을 공

---

34) 1960. 8. 19, 『日本經濟新聞』(夕刊) ; 木村洋一郎, 1997, 「장면 정권하
　　한일관계 연구」, 연세대학교 석사학위논문(28～29쪽)에서 재인용. 번
　　역은 木村씨에 의함.

급하는 이적행위라고 생각할 수밖에 없다.

④ '李라인' 문제에 대해서
李라인 즉시철폐는 생각하지 않는다. 민주당의 공약대로 우선 어업협정을 맺은 다음 해결한다.

⑤ 경제협력에 대해서
일본이 한국과 경제협력을 하고 싶다는데 구체적인 계획을 세워주었으면 한다. 일본 자본 도입은 한국의 외자도입법에 따른 방식이면 기꺼이 받아들인다. 그러나 우리나라로서는 우선 '재일한국인' 자본을 도입하려는 의향이며, 이에 대한 일본정부의 선처를 요청하는 바이다.

여기에 기본방침이 고스란히 들어 있다. 국회에서 토의된 의제들이 여기에 거의 나와 있다고도 할 수 있다. 물론 그 당시 국회 담론의 논리의 틀 안에서이긴 하지만 말이다.

또 장면 총리는 1960년 8월 27일 국회에서의 시정방침연설에서 對日외교방침에 대해 다음과 같이 언급했다.[35]

한일 양국간의 외교관계를 정상화하기 위하여 양국간의 회담을 재개할 것과 재일교포의 경제적 지원 및 교육에 관한 지도 등을 적극화할 것이다. 교포의 자본을 국내에 도입하는 길을 열도록 하는 것이 급무의 하나하고 생각한다.

또 9월 30일의 민의원의 「시정연설」에서도,

한일관계의 정상화, 또한 긴절한 문제이므로 과거 李정권의 對日感情외교를 지양하고, 평등과 상호존중의 원칙 아래 회담을 통하여 현안 해결에 최선을 다하고자 한다.

---

35) 1960. 10,『국회보』30, 5쪽 ; 장면, 1967,『한알의 밀이 죽지 않고는 ―장면 박사 회고록』, 카톨릭출판사, 180쪽.

라 하였다.36) 특히 '대일감정외교를 지양'한다는 말이 눈길을 끈다.

이러한 장면 정부의 對日외교는 1960년 9월 6일 小坂善太郎(코사카 젠타로오)37) 外相의 방한으로 보다 구체화되기 시작하고 그 후 가속화되어 갔다. 그런데 小坂의 '한국 국민의 對日감정을 충분히 존중'한다는 '방한성명'에서 '遺憾'이라는 말이 보일 뿐 사죄의 말이 없어 오히려 한국 국민의 비판을 불러일으켰다.

9월 1일부터 열린 제37회 정기 국회에서 우선 이 小坂 방한 문제부터 시작해서 한·일간의 전반적인 문제에 걸쳐 여러 가지 열띤 논의들을 볼 수 있다. 물론 그 논의들이 당시 국회 담론의 틀을 넘어설 수 없음은 말할 나위 없지만 비록 가장 작은 것이라 할지라도 담론의 균열을 발견하고 그것을 조목조목 제시하고자 한다.

---

36) 장면, 위의 책, 183~184쪽.

37) 1912년생, 근대일본의 실업가·정치가 小坂順造(1881~1960)의 장남, 부친이 창설한 信越化學 고문으로 있다가 1946년 이후 중원의원, 1953년 제5차 吉田내각의 勞相, 초대 국가공안위원장·경제심의청 장관임시대리, 1972년 제2차 田中내각에서는 경제기획청 장관, 1976년 三木내각에서 다시 外相. 자민당 내에서 이론가로 알려져 '사회주의 정치경제 연구소'에 참가한 적이 있다. 동생 德三郎는 日經連·經團連 상임이사, 1973년 제2차 田中내각의 총무장관, 沖繩개발청장관, 1978년 大平내각의 경제기획청장관 등을 역임. 『인명사전』, 449~500쪽.

1) 한일관계(小坂 방한, 국교정상화, 청구권, 평화선 등)

鄭·小坂외상의 '공동성명'에는 "양국 외상은 평등과 주권 존중의 기초 위에서 또한 상호이해의 정신을 가지고 양국간에 개재하는 제반 현안의 해결을 기할 것과 양국간에 협조의 기초 위에선 새로운 관계를 수립하기 위하여 노력할 것에 합의하였다"는 美辭麗句로 장식되었는데 국회에서의 의원들의 對정부 질문은 小坂 일본 외무대신(외무부장관)이 공인으로서 처음 방한하게 된 경위와 과정·절차의 타당·적절 여부 및 小坂의 사과 발언의 미흡함과 그것에 대한 정부의 인식부족 등에 관해 집중되었다.

발언순으로 李仁 의원(무소속, 서울특별시)[38]부터 보기로 하는데, 四月革命 직후의 어수선한 분위기 속에서 "무엇이 그렇게 遑遑汲汲해서 對日문제부터 먼저 들고 나왔더냐"면서 이 문제에 관해 말문을 열었다.[39] 즉 우선 불안정한 정국을 수습한 다음에 對日문제의 처리에 들어가라는 발언이었다. 이 발언에서 항간에 강하게 남아 있던 '반일감정'을 반영하였다는 것과 정치일정에서의 국내정국을 優先하였음을 읽을 수 있다.

이에 대한 장면총리의 답변은 小坂 외상의 방한에 관해서, ① 한국 측에서 일본 외상을 초청하지 않았다는 것, ② 일본측의 예방 의사를 받아들여 한국 측에서도 일본 신정부에 대한 예의를 갖추었을 뿐이라는 것, ③ 小坂 외상이 UN총회 일본대표로 가기

---

38) 제1공화국기에 김성수, 김도연과 함께, 토착지주세력을 배경으로 한 한민당계 인사였다. 진덕규, 1990, 「이승만시대 권력구조의 이해」 『1950년대의 인식』, 20~21쪽.

39) 1960년 9월 20일자, 『제37회 국회 참의원 속기록』 제11호, 참의원, 2~3쪽.

전에 한국을 예방하겠다는 것을 받아 준 것이라는 것, ④ 대일관
계의 수립은 선거운동 때에도 국민 앞에 해 둔 민주당의 공약이
라는 것, 등을 지적하면서 다음과 같이 강조하였다.[40]

> 이번에 일본서 비록 공식으로 그러한 말로나 문자로 표현한 바
> 는 없지만 실지 행동으로서는 자기들이 스스로 먼저 여기에 머리
> 를 굽히고 들어온다는 것은 과거에 모든 것을 갖다가 말하자면 謝
> 罪하는, 謝過하는, 사정하는 의미가 거기에 다분히 포함되어 있다
> 고 우리는 보았습니다. 그래가지고 스스로가, 이 나라가, 이 새 정
> 부가 수립된 데 대해서 경의를 표하겠다고 우리가 공식 초청은 안
> 했지만 잠깐 다녀가면 어떻겠습니까 하는데 대해서 對日문제를
> 正常化시키겠다고 말해 오던 우리 입장으로서 우리는 뭐 집안도
> 뒤숭숭하니 오지 말아달라 해서 모처럼 저쪽에서 호의를 가지고
> 여기에 예의를 다하려고 하는데 그렇게 해서 물리치는 것이 韓日
> 國交를 정상화시키는 옳은 현명한 방법이었던가? 나는 그렇게 생
> 각 안했습니다(밑줄=인용자).

당시 장면 총리가 小坂 외상의 방한을 '사죄하는, 사과하는, 사
정하는 의미'로 해석했던 점이 주목된다. 그리고 '한일국교의 정
상화'를 위해서는 '李博士式'은 현명한 방법이 아니며 "차라리 오
겠으면 … 오면 받겠다"는 것이며, 실지로 小坂 외상을 "환영했다
든지 그런 것 안 했습니다. 오히려 그 사람들은 너무나 한국에서
자기들을 忽待했다는 … 그러한 정도로 冷靜하게 대한 것이올시
다"라고 말했다.

또 정일형 외무부장관(중구 을)의 답변은 한일국교 정상화가
민주당의 공약이며 小坂 방한은 '국제 예의에 과히 벗어나지 않
는' 범위에서 맞았고, 또 '五十萬 한국 漁民의 生命線'을 '빠타'
(교환)한다든지 양보할 의사는 전연 없다는 것이었다.[41]

---

40) 위와 같음, 10~11쪽.
41) 1960년 9월 20일자, 『제37회 국회 참의원 속기록』 제11호, 12~13쪽.

하지만 다시금 李敎善 의원은 小坂 외상 방한시의 '예의' 등을 따졌다. 또한 그는 교포 북송, 평화선 침범, 등에 언급하고 對日접근을 강한 어조로 비판했다.42) 이에 대해 먼저 장면 총리는 "어쩌면 그 분의 말씀이 李博士가 줄곧 해오던 그 말씀을 그저 되풀이 하시는 것으로 생각해서 저 어른은 그저 自由黨의 그저 그 생각을 가지고 계신 분이다, 나는 이렇게 알아들었습니다. 말하자면 일본은 (不俱) 戴天之怨讐다 이런 말이에요. 그 놈들하고 무슨 친선이냐, 그것 도무지 모든 면에 있어서 이것은 원수야 하니 밤낮 그저 원수로 있고 李博士式으로 그저 있는 것이 좋지 않느냐는 이런 말씀으로 알아들었는데 그렇습니까? 안 그렇습니까? 그것 좀 내가 잘못 알았으면 좀 다시 말씀 해주십시오"하고 야유적으로 되물었다.

그러자 의원석에서 이교선 의원이 다시 발언하여, "일본이 제 罪狀을 사과한 후에 들어와야지 자기들 죄악은 똘똘 뭉쳐서 두어두고 입으로만 親善이니 뭐네 하는 것이 됩니까. 그러니 사과를 한 후에 우리가 친선을 하자는 것이지 아주 하지 말자는 것이 아닙니다"하고 蘇宣奎부의장도 "要旨가 그것인 줄 알고 있습니다"고 했다.43)

그것에 대해 張勉 총리는 다음과 같이 못박았다.44)

> 누구도 여기서 몸이 달아서 하자는 것은 아닙니다. 그것은 구별해서 알아들어야지 마치 그저 어떻든지 일본하고 가까이 하는 것은 百害無一利한 것을 아마 新政府에서 그저 自請해서 초조하게 일본하고 親善하려고 하는 것 같은 그러한 語調의 말씀인데 그런 것은 아니올시다 하는 말씀을 드리는 것이고 또 過去式으로

---

42) 위와 같음, 18~19쪽.
43) 위와 같음, 24쪽.
44) 위와 같음, 24쪽.

그냥 뭐 아주 載天(戴天 ; 불구대천) 之怨讎가 되어서 영 대면을
안할려면 얘기가 간단하고 쉬운 것입니다. 그런데 그렇게는 나는
할 필요가 없다. <u>저 사람들이 저렇게 자기가 먼저 머리를 숙이고
自進해서 오는 바에는 자기네들도 다 마음에 참 자기 '프라이드'
가 있어서 표현을 못했는지 모릅니다마는 먼저 머리를 숙이고 들
어온 것으로 나는 보았습니다. 그리고 과거는 하여간 잘못되었으
니 앞으로 잘 지내자는 의미로 온 것으로 우리는 해석을 했습니
다.</u> 그렇다면 이것을 正常化해주는 것이 우리의 입장으로서도 너
그럽고 (운운)(밑줄＝인용자).

　여기서 '먼저 머리를 숙이고 自進해서 오는' 小坂 외상이라는
말이 주목된다. 장면 총리는 小坂 외상이 '먼저 머리를 숙이고 들
어 온 것'으로 보고 그것을 긍정적으로 평가하고 있음을 알 수 있
다. 또 이승만 정권 시기의 '過去式' 반일외교는 지양되어야 하고,
국교 정상화로 나아간다는 기본방침을 재확인한 것이다.

　하지만 10월 1일의 '제2공화국 경축사'에서는 "36년에 걸친 그
들의 침략의 쓰라린 기억이 아직도 완전히 가시지 않은 우리들의
국민감정을 이해하면서"라는 표현을 삽입하였다.[45] 국내 정세와
'국민감정'을 감안해서 표현이 탄력성 있게 수정된 것이 아닌가
한다.

　청구권문제[46]에 관해서는 상연 총리는 다음과 같이 말했다.[47]

　　청구권 문제에 대해서는 일반청구와 또는 문화재에 대한 청구
　이러한 것이 있는 것이올시다. 여기에 대해서는 우리가 … 또 선

---

45) 장면, 앞의 책, 187쪽.
46) 샌프란시스코 강화조약에서 '非교전국'이라는 이유로 調印國에서
　　배제된 한국은 그러나 非調印國의 特例權利를 규정한 21조에 따라
　　財産請求權이란 합법적인 권한을 가졌다. 1965,『사상계』증간호,
　　145쪽.
47) 1961년 1월 14일자,『제38회 국회 민의원 회의록』제2호.

> 박의 청구가 있습니다. 일반청구에 대해서는 <u>한국이 日本治下에</u>
> <u>있는 동안에 여러 가지로 피해를 받은바 많은 것이니 여기에 대해</u>
> <u>서 일본이 이것을 補償하는 의미에서 우리의 要請을 들었다고 하</u>
> <u>는 것을 말하고 있는 것입니다. 여기에 대해서는 우리가 요청하는</u>
> <u>액수와 일본정부에서 생각하고 있는 액수하고는 상당한 거리의</u>
> <u>차가 있는 줄로 알고 있습니다.</u>
>   그러나 이것도 차차 지금 얘기를 진행 중에 있는데 <u>전에는 이</u>
> <u>런 문제에 대해서는 이것을 案件에 올리기도 거부했던 것이 이제</u>
> <u>는 안건에 올려 가지고 얘기하자 하는 정도로 되어 있습니다.</u> 아
> 직 구체적으로 깊이 들어가서 까지는 지금 논의가 되지 않고 있습
> 니다(밑줄=인용자).

장면 총리는 '청구권 문제'를 '피해'·'보상'의 차원에서 파악
하고 있었다. 즉 적어도 이 부분에서는 일제의 대한제국에 대한
침략 행위 자체의 '불법성(제국주의 시대의 국제법이 근본적으로
불법이었다는 의미에서의 불법성)'에 대한 인식이 명확히 드러나
지는 않고 있다. 또 그 '액수'에 관해서는 피차간에 상당한 차이
가 있지만 일본측 태도의 변화를 신중하게 읽어 내고 있었던 것
이다.[48]

柳珍山 의원(구파, 錦山군)[49]은 "本의원도 일본국과 우리나라
사이에 과거에 역사적인 그 숙원과 宿憾만을 항시 되풀이하고 이
것을 스스로 해소할 줄을 몰라 가지고 언제나 양국간의 국교 정
상화를 거부하려고 하는 의사는 추호도 없는 사람"이라고 전제하
면서도 일본에 대한 거부감을 표명했다. 그리고 장면 정권의 對

---

48) 그런데 장면과 小坂 사이에 '8억불'선이 성립되려 했다고 한다. 김경
　　래, 1964, 「對日청구권의 문제점」『국회보』3 5, 78쪽. 또 이승만 대통
　　령은 "일본이 36년간 한국을 지배했으니 36억불은 내야지"라고 말했
　　다고 한다. 같은 쪽.
49) 1905년 부유한 지주 집 태생. 일본에서 대학을 나왔으며 청년운동을
　　했었다. 신민당 중앙지도부에서 간사장 역임. 장면과 정치적 협상을
　　벌임.

日접근을 졸속적이라고 지적했다.50) 동시에 그는 '壬辰倭亂' 때의 피해도 포함해서 논하고 있다. '감정'의 문제가 아니라고 하면서 결국 국민감정의 문제로 귀착시키고 있다.

또 柳珍山 의원은 노일전쟁 후 일본이 동양에서 盟主적인 입장에 있을 수 있도록 알선한 것, 38선을 그은 것 등의 책임이 미국에 있다고 논하면서, 對美 외교관계에 있어서 획기적인 시책을 강구하여 그것으로써 對日관계를 타개해 나갈 용의가 없는지 묻고 있다.51)

朴浚圭 의원(구파, 達城郡)은 '한일관계에 관한 결의안'을 제출하면서 건의 이유를 개진하였다.52) 여기서도 '六億' 내지 '十億'이라는 액수를 거론하면서 그것을 '賠償' 혹은 '血債'라고 부른 것이 눈길을 끈다. 또 장면 정부에 대한 '친일' 이미지, 그 對日외교에 있어서의 '躁急症'을 지적하고 있고 한일관계에 있어서의 '합리적인 문제해결'을 인정하면서도 역시 對共문제, 경제재건, 민족정기 등을 망각해서는 안 된다고 강조하였다.

'결의안'의 제출 이유에 관해서는 朴煥生 의원도 대강 비슷한 견해를 가지고 있었다. 그러나 그는 전날 "장 총리 말씀이 일본과 과거에 교전했던 미국이라든가 영국이라드가 하는 나라도 다 과거를 잊어버리고 지금은 정상적인 국교를 하고 하는데 우리는 과거의 무슨 감정에만 사로잡혀 가지고 그렇게 할 필요가 없지 않느냐"하는 말에 대해서 이의를 신청하였다.53)

결국 對정부 질문에 나선 의원들의 공통된 기본 의견은 국교 정상화를 추진하긴 하되 저자세 외교를 그만두고 국가의 위신을

---

50) 1961년 1월 14일자, 『제38회 국회 민의원 회의록』 제2호, 6~7쪽.
51) 위와 같음, 8~9쪽.
52) 1961년 1월 18일자, 『제38회 국회 민의원 회의록』 제5호, 42~47쪽.
53) 위와 같음, 50~51쪽.

세우고 민족정기를 살려야 한다는 것으로 요약될 수 있다.

2) 한일통상(경제문제)

장면 내각은 미국의 원조 삭감과 극동정책의 변경으로 말미암아[54] 출범 시부터 일본과의 무역확대를 주장해 왔다. 이에 小坂 외상 환영연에서 이태용 상공장관은 한일간 무역확대를 요구하였고,[55] 또 정일형 장관은 1961년도 민간무역수출을 1960년도의 3,000만불(대일 수출 1,500만불)에서 5,000만불(대일 수출 3,000만불)로 확대할 계획을 언급하였다. 그리고 주일대표부 嚴堯燮 대표대리는 10월 4일 한일회담과는 별도로 한일통상회담의 개최할 정부 의사를 小坂 외상에게 전달하였다. 이것은 대일 경제정책에 있어서의 장면 정부의 정치·경제 분리 전술이었다.[56]

한일통상 및 경제문제는 그 당시 식민지적 파행성과 6·25전쟁 戰禍의 후유증에 시달리고 있던 한국경제의 보호와 재건 및 대일 무역 역조의 해결책에 집중되었고 이를 국회에서도 논의하지 않을 수 없었다. 국회는 정부의 정치·경제 분리론에 대해서 대체로 냉담했다.

李教善 의원의 질문에도 그런 시각이 나타나 있다.[57] 구체적인

---

54) 당시 한국은 수입대금의 70%를 미국 원조에 의존하고 있었다. 또 1959년 미국은 재정감축정책을 채택하여 유럽과 일본에게 저개발국에 대한 원조의 분담을 요청하였다.
55) 장면은 박홍식을 일본으로 보내 大平正芳 관방장관을 만나게 했으며, 정부는 8월 17일 三菱무역회사 대표들에게 비자를 발급했다. 또 장면은 柳東璡(대한전력 사장)이나 카톨릭 신자들의 도움을 받았다. 이정식, 1986, 『한국과 일본』, 교보문고, 74~76쪽.
56) 木村洋一郞, 앞의 글, 66~67쪽.

숫자를 열거해서 한일통상협정에서 3대 1로 정해 놓은 무역 역조를 한국쌀로 메워 주어야 함에도 일본이 이를 어겼다면서 과거 통상에 있어서 無誠意를 보인 일본이 앞으로 통상을 한다고 하더라도 성의를 보일 리가 없다고 단정짓고 있는 것이다. 그리고 "日本말을 아는 사람이 있어 가지고 일본사람이 第一인 것 같이 생각하고 있는 이 때에, 만일에 일본하고 (통상)한다면 수많은 親日派가 생길 것입니다"라고 하면서 일본과 친일파에 대한 경계 논리를 펼치고 있다.

이교선 의원의 대일관과의 관계에 있어서는 논리일관 되고 있지만, 외국과 교역을 터서 팔아먹으려려야 팔 물건이 별로 없는 당시 상황에서 국민 경제를 재건하고 외화를 획득하여 국부를 증진한다는 국가적 목표와 '반일'일변도는 양립되는 형편이 아니었다. "對日 무슨 貿易을 한다든지 하는 점에 있어서도 지금 우리나라의 생산하는 쌀이라든지 또는 水下資源이라든지 또는 地下資源이라든지 그 대부분이 석탄이며 뭐 광석이며 이런 것이 다 일본으로밖에 팔아먹을 데가 별로 없는 것이올시다. 그러면 이것을 다 일본으로 팔아서 거 弗貨라도 획득을 하고 하는 것이 좋지, 밤낮 싸우고 우리가 消化를 못하고 하며는 거 또 우리에게 이로운 것이 별로 없을 줄 압니다"라고 말하면서 장면 총리는 한일통상에 대한 다음과 같은 관점을 피력하였다.58)

實業者(실업가)들의 얘기를 들으면 역시 일본하고 對日通商을 하루 바삐 열어야 우리나라 經濟界에 도움이 되겠다는 것을 나는 如出一口로 듣고 있습니다. 하니까 그 분들은 장사하는 사람들이 다 자기네들 이익을 위해서만 말인지 모르겠습니다마는 그래도

---

57) 1960년 9월 20일자, 『제37회 국회 참의원 속기록』 제11호, 19~20쪽.
58) 1960. 9. 20, 위와 같음, 24쪽.

그 사람들도 다 國家經濟面에 있어서 나라를 생각하고 우리 國富
를 갖다가 增强하자는 의미에서 하는 것으로 알고 對日通商 또는
外交를 정상화하는 것이 우리나라에 實利를 거두는 면이 있을지
언정 해롭다고는 나는 보지 않습니다. 그러니까 그것은 그러한 信
念으로 나가고 있는 것이올시다.

여기서는 장면 총리가 명백하게 '實業者'·'장사하는 사람들'의
대변자가 되어 있는 모습을 볼 수 있다. '實業者'가 먼저 국가경
제를 일으켜야지 국부를 증강하고 실리를 거둘 수 있으며 그 때
서야 '失業者'를 구제할 수 있다는 낙관적인 실용주의·功利主義
에 입각한 경제 발전을 전망하는 手順을 읽어 낼 수 있다.

정일형 외무부장관도 '國民經濟와 國內産業의 保護發展을 保障
하고 助長하는 限度內에서 통상을 해야 한다는 것', '우리나라 경
제이익 증진을 위해서 수출 증가를 도모하며 국제 수지의 불균형
을 가급적 교정해 보자는 것'이라는 두 가지 원칙을 천명하였
다.59) 그런데 이러한 교과서적인 대책으로는 해결되지 못할 암초
가 대기하고 있었다. 일본정부가 일본자본 도입의 대가로 계속
제기해 오던 '평화선' 문제가 그것이다. '경제제일주의'를 내건 장
면 정부는 '국민경제와 국내산업의 보호발전'을 언급하면서도 이
문제에 대해 타협적으로 접근하려 하고 있었다. 이에 대해 국회
의원들은 어떤 반응을 나타냈을까?

앞서 한일관계 항에서 본 것처럼 對日강경론을 펼친 柳珍山 의
원이지만 이 문제에 관해서는 오히려, "평화선 문제는 애당초 처
음부터 국민에게 솔직히 밝혀 가지고 이것은 국제법상 위반이었
고 또는 우리 힘으로서는 이것을 막을 수도 없고 이것을 가지고
우리가 고집하다가는 일본의 경제원조를 받을 희망이 희박해"진

---

59) 1960년 9월 20일자, 『제37회 국회 참의원 속기록』 제11호, 24쪽.

다라고 말하는 등 융통성 있는 태도를 보이기까지 하였다.60) 즉 그는 정부 입장을 받아들여 일본의 경제원조를 받기 위해서는 평화선 문제를 양보하지 않을 수 없음을 인정하고 있었다.

그런데 진보계 의원들은, 다음 錢鎭漢 의원의 발언과 같이 일본 자본으로부터 국내 경제를 보호하자고 주장하며, 정부의 경제정책의 외세의존성을 비판했다.61)

> 일본과 경제협력을 한다. 거기에도 여러 가지 방법과 … 여러 가지가 있겠습니다. 우리는 우리 경제가 우선 主體性을 찾아서 외국의 원조를 능히 우리 本意대로 소화할 수 있는 체제가 선 뒤에 외국원조가 문제가 되겠습니다. … 日本의 民間資本을 도입한다 그렇게 되면 그 결과는 뭐가 되겠느냐? 결국 일본의 金融資本이 우리나라에 와서 산업자본화해 가지고서 우리 국민은 그 일본자본주의에 … 하나의 隸屬되고 마는 것입니다. 왜냐하면 우리나라 자신이 경제적인 주체성을 세우지 못했기 때문에. 그러면 북쪽은 정치적으로 露西亞의 위성국이 되고 남쪽은 경제적으로 일본의 위성국이 된다는 이 앞날을 내다볼 때에 실로 이 민족의 운명이 슬픕니다. 여러분, 우리가 四·一九革命 피를 흘린 뒤에 여기에 무슨 개혁이 있습니까? 무슨 혁신이 있습니까? 의연히 돈 있는 사람 勢道있는 사람 잘 살고 오늘날 失業者는 가두에 범람하고 이 국민이 전부가 희망을 잃다시피 보이는 것입니다. 이 때에 우리가 무조건하고 일본 사람을 끌어들여서 여기에다가 그들의 돈을 가지고 모두 시설한다, 우리의 民族資本은 고갈해지고 민족자본은 외국자본 때문에 완전히 압력을 받아서 전부 위축되어 버리고 국민이 일본자본에 하나의 예속될 때에 남북통일은 완성 안 됩니다. 남한은 완전히 일본이요, 북은 완전히 소련이 되어 가지고서 결국 이 민족의 장래는 대단히 암담하다고 생각합니다. 그러면 만약에 장 정권이 앞으로 일본과 경제 교류를 한다, 좋습니다만 우선 우리나라의 경제체제를 국민이 납득할 수 있도록 계획을 해주어야 되겠습니다.

---

60) 1961년 1월 14일자, 『제38회 국회·민의원 회의록』 제2호, 10쪽.
61) 위와 같음, 11쪽.

여기서 錢鎭漢 의원은 남북통일을 가로막는 것으로 판단하여 일본자본의 도입을 적극 반대하고 있으며, 무엇보다 먼저 실업자 대책 등 경제계획을 세워 경제적 주체성을 확립할 것을 촉구하고 있다. 錢 의원은 결론적으로, 일본의 금융자본이 한국에서 산업자본화하여 한국을 영원히 일본의 경제에 예속시킨다고 논하면서 원칙적으로 민간 개인 자본 도입을 반대하는 입장을 밝히고 있다. 그래서 일본 경제 사절단이 오는 것은 확실히 "이 민족의 장래에 대해서 一大 暗影을 던지는 하나의 현상"으로 파악하고, 경제계획을 세울 것을 촉구하였다. 또 對美・對日 외교정책에 있어서 주체성을 확립하기 위해 장면 정부는 서독의 아데나워 정부와 같은 '패기와 정열과 창의'를 가져야 하며, 전국민이 궐기해야 한다고 거듭 강조하였다. 비록 '민족자본'에 대한 개념이나 '우리나라의 경제체제'에 대한 전망과 대안이 막연하기는 하지만, 이는 그 당시 국회에서는 가장 진보적(급진적)인 주장에 속하는 것으로, '민족의 운명'・'민족의 장래'에 대한 충정이 넘쳐흐른다.62)

朴煥生 의원도 '6억불'의 '차관'에 대해서 언급하면서, 경제시찰단을 '코리아하우스'에 모아 놓고 일본 요리로 대접하고 일본

---

62) 한국사회당을 대표하는 그는 '민족'의 관점에서만이 아니라, 거기에는 '계급'의 관점도 가미되어 있었다. "반공을 돕기 위한 경제원조가 한국 국민의 80%를 점하고 있는 노동자・농민의 생활향상에 기여한 바 적었다는 사실은 남북 총선거를 대비하는데 있어서 중대한 문제"라면서 "미국 및 한국에 있어서의 정권의 교체는 한국의 자립경제체제의 확립을 위하여 혁신적인 전환점이 되어야"함을 역설하였다(전진한, 「예산과 외국원조」『국회보』 31 참조). 또『국회보』에서 일본 노동조합운동을 소개하는 등 소수의석에 머물러 고군부투하던 '혁신계'의 일원으로서의 몫을 미약하게나마 지킬 터였다(「세계각국의 노동조합의 동향」『국회보』 32. 단, 연재물로 예정되었던 이 글은 연재 중단으로 인해 '일본노동조합' 부분은 실리지 않았던 모양이다).

말로 대화하고 그들에게 阿諂을 떨 작정인가를 지적하여 "깊이깊이 생각해야 할 문제"라고 비판하였다.63)

그건 그렇고, 국회 논의를 검토해 보면 일본에 대해 요구하는 것이 '청구권'인지 '배상'인지 '차관'인지 그 개념이 정확하지 못했음을 알 수 있다. 또 그것이 한국 경제의 회생에 도움이 된다면 어떻게 도움이 되는 것인지, 방해가 된다면 어떻게 방해가 되는 것인지에 관한 기준을 세우기 위한 생산적인 조사·토론은 볼 수 없었던 것 같다. 다만, 이성을 잃지 않는 신중론을 전개하면서도 '국민감정'에 대해 배려하고 국민적 합의를 조심스럽게 이끌어 내려는 장면 총리의 노력을 위의 인용문에서 읽을 수 있을 따름이다.

장면 총리는 '차관'에 대해서는,

> 정상적으로 국교가 맺어지기 전에는 정부로서 일본정부에 대해서 차관을 갖다 요청을 한다든지 무슨 경제원조를 갖다가 받는다든지 이런 일이 없다는 것을 말씀했습니다. … 다만, 통상을 하는 것을 지금은 국교 정상화가 되지 않고서 통상은 여전히 계속되어 있으니까 그것을 막을 의도가 없다. 이렇게 말한 것뿐이올시다.

라고 말했다.64)

'경제협조'가 아닌 '경제원조'라는 말이 보이지만, 그것이 '국교가 맺어지기 전'이라는 조건부이긴 하되, 조심스러운 부분이었다. '통상'이라는 대등적 관계를 나타내는 부분을 강조하고 있는 듯 보인다. 그런데 한·일간의 '통상'은 대등적 혹은 정상적인 것과는 거리가 멀었다. 한국은 자체 경제를 강화해야만 했고, 일본은 이미 경제적으로 우위를 차지하고 자본의 논리에 의해 직접·간

---

63) 1961년 1월 14일자, 『제38회 국회 민의원 회의록』 제2호, 13쪽.
64) 위와 같음, 20쪽.

접적 시장을 요구하고 있었다.

이러한 불균형 관계는 朱耀翰 상공부장관(중구 갑)으로 하여금 '한일통상'과 '경제협조'는 다른 차원의 문제이며, 일본 재계의 경제시찰단의 입국은 한일외교와 무관하다고 언급하게 하였다.65) 즉, 주요한 장관은 '한국이 일본상품의 시장화되는 폐단이 일어나지 않는 범위내'에서 한일통상과 경제협조가 진행되어야 한다고 전제하면서 사실상 그 추진을 꾀했다. 그러나 당시 상황은 그의 이 교과서적 답변이 '시장화되는 폐단'을 회피하는 데에 얼마나 현실성이 있는지 의심케 하였다.

그러한 회의는 예컨대 張澤相의원(무소속, 漆谷郡)이 일본 경제인의 방한이 大韓商工會議所와 사전 협의 하에 결정되었는지를 따지면서 일본 경제인의 방한이 몇몇 '특수인'들에게 이익을 줄 뿐이라고 꼬집은 데에도 나타나 있었다.66)

또 尹在根의원(무소속, 강화군)도 식민지 시기의 '피값'인, '6億, 10億'에 대해 맹렬한 비판을 전개하였다.67) 그는 '저자세 외교'로 자주성을 팔아먹고 한국경제가 일본의 상품시장이 되고 말 것이라고 비판했다.

그런데 장면 총리는 이러한 비난에 대해 '친일론'을 반박하고 경제 회생에의 현실주의적 입장에 서서 다음과 같이 대답했다.68)

> 現정부인들 어떻게 해서 나라의 앞날을 걱정하지 아니하고 국민의 安危가 어떻게 되든지 상관없이 자기들의 一時的인 物慾에 눈이 어두워서 나라를 팔아먹어 가면서까지 일본놈을 맞아들이려고 한다는 그러한 인상을 주는 지나친 말씀은 앞으로 삼가 주시기

---

65) 위와 같음, 21쪽.
66) 1961년 1월 16일자, 『제38회 국회 민의원 회의록』 제3호, 8쪽.
67) 1961년 1월 17일자, 『제38회 국회 민의원 회의록』 제4호, 10~11쪽.
68) 위와 같음, 14~15쪽.

를 바랍니다. <u>민주당이 과거 오랫동안 對日외교를 정상화시켜야</u>
<u>되겠다고 하는 것을 당의 당책으로서 내걸고 모든 국민에게 이것</u>
<u>을 공약했던 것입니다.</u> 李정권이 너무나 지나치게 감정적으로 對
日 一邊倒로만 나감으로 인해서 과연 우리나라의 所得이 무엇이
었느냐? 또 국제상으로 보아서 우리의 소득이 무엇이 있었느냐?
… 나는 그 소득은 「제로」라고 보고 있습니다. 다른 나라에서도
… 미국도 일본과 交戰을 했고 중국도 일본과 교전을 했고 比律
賓도 일본과 교전을 했고 한 나라들이지만 오늘날에 와서는 다 정
상적으로 국교를 회복해 가지고 모든 것이 本궤도에 올라서 서로
국교를 맺고 있는 것이올시다. 물론 일본놈들이 우리나라에 와서
三十餘年 동안 우리를 식민정책을 써서 우리를 압박하고 우리 뼈
에 사무친 원한이 아직도 풀리지 않은 것은 우리가 다 알고 있는
것이올시다. 언제까지나 이것만을 뼛속에다가 새겨 가지고 영영
원수로 지내자면 또 그것은 별문제 올 시다마는 그렇지 않고 정상
적으로 국교를 맺는다고 하는 것이 무엇이 나라를 팔아먹는 위험
성 있다고 보시는지 나는 못 알아듣겠습니다. 정부에서는 일본과
국교 정상화를 도모하되 <u>절대로 우리나라 主權에 티끌만한 손상</u>
<u>이라도 나오지 않을 程度內에서 오직 우리나라의 國利民福을 위</u>
<u>해서만</u> 국교 정상화를 부르짖고 이것을 추진할 것이지 이 한도를
넘어서는 그런 생각이 추호도 없다는 것을 말씀드리고 너무 지나
친 걱정은 마셔도 좋다고 생각합니다(밑줄=인용자).

장면 총리는 국교 정상화가 민주당의 당책이며 국민에 대한 선
거 공약이었으며, 그것은 우리니리 주권에 손상되지 않을 '程度
內'에서 '오직 우리나라의 국리민복을 위해서만' 이루어진다는
것을 거듭 강조했다. 앞서 본 주요한 장관의 '범위내' 발언과 같
은 맥락이다.

그런데 위의 발화 가운데서 미국·영국 같은 나라가 일본과 교
전했지만 지금 국교를 정상화하고 있다는 부분은 장면 총리의 국
제사회를 주목하는 근대주의적 사고의 무의식적 반영이었다. 장
면 총리의 이러한 태도는 주체적 역사인식의 부족이라는 비판을
불렀다.69) 참고로, 필리핀은 일본의 대외 지불에서 사상 최고 금

액인 1980억 엔(5억 5천만불)을 받았다.[70]

그리고 위에서 본 바와 같은 이의신청이 언론을 통해서도 나타나 결국 일본 재계의 한국경제시찰단 파견은 이루어지지 않았다.[71]

그러나 장면 정부가 '제1차 경제개발 5개년계획'(1962~1966)을 실행하기 위해서는 일본의 원조와 차관이 필요했다.[72] "한국정부는 일본측과 미국의 권고에 어느 정도 양보"해야만 했던 것이다.

더욱이 신생 독립국가인 한국의 경제상태에서 일본과 거래할 수 있는 상품은 별로 없었다. 한국 정부는 일본에 대해 정치외교적인 압력을 가하면서 국익을 이끌어 낼 수밖에 없었다. 1961년 5월의 제1차 자민당 의원 방한단을 맞이했을 때 상공부장관은 한국이 일본에게 내놓을 수 있는 것은 '김과 쌀과 무연탄'이라면서 "특히 김 업자들 35만명은 대개 일본에 우호적이니 이것만큼은 사 달라. 그리고 한국의 자주 경제 확립을 위해 필요한 '기계' 등을 수입하고 싶다"고 말했다. 그리고 장면 총리는 일본의 친북적 태도를 비판하면서 "일본 관료들은 '코뮤니스트'가 아닌지 의아해 하지 않을 수 없다", "일본의 경제번영은 한국군 60만명과 100

---

69) 지금도 결국 우리나라가 일본에 대해 '배상'을 요구할 수 없다는 논리는 '국제사회'라는 근대주의적 관념에서 도출되고 있는 것이다(원용석, 1965, 『한일회담 14년』, 삼화출판사, 73~77쪽).

70) 일본의 對外支拂에 관해서는 1964. 3·5, 「전후 일본의 배상 및 경제협력 실시현황」『국회보』35·36 ; 田中宏, 1993, 「日本の戰後責任とアジア－戰後補償と歷史認識」『近代日本と植民地8－アジアの冷戰と脫植民地化』, 岩波書店, 197~202쪽 ; 박원순, 민족문제연구소, 1995, 「일본의 전후 배상정책과 그 실제」『한일협정을 다시 본다』, 아세아문화사 등 참조.

71) 團伊能(富士精密工業 사장)을 단장으로 하고 1960년 1월 23일 서울로 파견될 예정이었으나 韓國商工會議所로부터 파견중지요청이 전달되어 방한 직전에 중지되었다.

72) 成滉鏞, 1981, 『일본의 대한정책』, 명지사, 257쪽.

만명의 피의 희생에 의해 지탱되고 있다는 현실을 직시해 주기 바란다”면서 당시 냉전구조를 역으로 이용하는 식의 정치외교전술을 쓴 것이다.[73]

　일본 자본에 대해 너무 본원적·원칙적 반발을 한 나머지 일본 손님들을 거부하기까지 한 국회와 여론은 위와 같은 장면 정부의 노련한 작전을 너무나도 몰라주었던 것은 아닌지, 그러면서 모든 책임을 정부에게만 떠넘기고 안이한 무책임 의식에 빠진 것은 아닌지 반성된다.

3) 한일회담

　한일회담 재개의 걸림돌이었던 ‘재일교포 북송문제(일본에서는 ‘북조선귀환’이라고 함)’는 협정 제9조에 의해 그 유효기간은 11월 12일까지로 규정되었으며, 협정갱신기간이 8월 12일이었다. 그래서 그 기한을 앞두고 한국정부의 이른바 ‘스피드 업’ 요청 등에 의해 10월 25일 제5차 한일회담 예비회담이 열리게 되었다. 한일회담이 시작된 후 일본은 북송협정을 1년 재연장하였고, 일본 국회에서 池田勇人(이케다 하야토)[74] 수상·小坂 외상 등은 한국

---

73) 田中角榮, 1999년 11월 13일자, 「訪韓日記」 4 『新潟日報』.

74) 1899~1965, 관료로서 출세하다가 1949년 廣島에서 중의원의원 당선, 제3차 吉田내각 때 藏相이 되어 강력한 재정정책을 추진, 패전 후의 자본주의 부흥의 기초를 마련하였다. 1951년 샌프란시스코 강화회의 전권위원으로서 도미, 1953년 자민당 政調會長, 1954년 간사장, 1956년 石橋내각, 1957년 岸내각에서 藏相, 나아가 通産相 등을 거쳐 1960년 12월 수상 취임, ‘所得倍增’을 제창하고 고도경제성장정책을 추진, 1964년 11월 佐藤榮作를 후계자로 지명하고 사임. 『인명사전』, 82~83쪽.

정부의 38선 이북에서의 Authority(권위·권한)를 인정하지 않는 태도를 표명하기도 하였으나 한국 정부는 한일회담을 중단시키지 않았다.[75]

민주체제하의 외교정책 결정과정에 있어서 가장 중요한 과제는 '의회로부터의 책임성과 제약'이다.[76] 그러므로 정일형 외무부 장관은 국회에서 우선 '국민적 이해'를 호소하였다.[77] 또 장면 총리는 "이번에 우리 대표단이 가서 이 문제에 대해서 전적으로 강력하게 우리 교포들의 법적 지위문제에 대해서 여러 가지로 주장한바가 있는데", "일본 현 정부에서도 이번 한일문제를 다루는데 있어서 좀 이것을 원대한 안목으로 보고서 자기들이 한일회담을 통해서도 거의 드러나게 이것을 표현하는 것이 뚜렷해진 바", "일본의 현 정부도 한국의 국내 정세가 또는 국방태세가 견고해야 공산세력이 일본에 미치는 것을 막을 수가 있다는 그런 신념 하에서 말하자면 반공적 관념 하에서 한국문제를 될 수 있는 대로 有終의 美를 거두도록 성의를 가지고 여기에 대하자 하는 그러한 일본 정부의 태도가 역연히 드러난 바가 있다고 간주"하였다.[78]

이런 발언에서 나타나는 '반공적 관념' 운운은 미국의 극동정책 및 일본의 외교정책에 대응한 한국의 외교전략을 표현해 주고 있다. 그리고 이 문맥에서 '재일교포'의 법적지위 문제에 대해 일본이 여태까지 없었던 '성의'를 보이고 있다고 판단하고 있음을 읽을 수 있다. 그리고 일본 정부가 말하는 '원대한 안목'이라는

---

75) 이원덕, 1996, 『한일 과거사 처리의 원점』, 서울대학교 출판부, 120~121쪽.
76) 정영국, 1996, 「한국의 의회정치와 외교정책」『의정연구』 2-2(통권 제3호), 135쪽.
77) 1960년 9월 20일자, 『제37회 국회 참의원 속기록』 제11호, 25~26쪽.
78) 1961년 1월 14일자, 『제38회 국회 민의원 회의록』 제2호, 1쪽.

것은 결국 안보체제하의 '반공적 관념'을 벗어나는 것은 아니었
다. 장면의 눈이 일본이 그러한 '한일문제'를 '반공'이라는 공통의
이익 아래 고려하기 시작한 태도가 한일회담 교섭에도 드러나고
있다고 간파하였던 것은 정확했다. 하지만, '교포들'의 구체적인
배상 문제는 동아시아에 있어서의 '반공적 관념' 속에 억눌려졌
던 셈이다.

그런데 정일형 장관은 '배상'이 아니라 '보상'의 성격을 띤 '청
구권'의 요구를 추진한다는 생각을 갖고 있었음이 분명하다. 이
역시 현실주의적 측면의 표현이다. 李정권 때 원래 '배상'으로 시
작된 교섭이 점점 '청구권' 쪽으로 후퇴하고 있다. 이 문제는 보
다 자세한 연구가 요구되는 부분이지만, 긍정적으로 보면 합리주
의적 양보의 태도라고 말할 수 있다. 그렇지만 '청구권'이라는 용
어는 제2공화국에게 있어서 일본으로부터 '성의'(즉, 자본)를 얻
어낼 이유의 하나로서 작용했다 해도, 이것은 한일 수교에 있어
서 근본적인 문제의 망각·은폐로 이어졌던 것이며, 지금도 그대
로 남아 있다.79)

이는 야당 의원도 마찬가지였다. 柳珍山 의원은 '선사과 후정
상화'론을 확인했다. 그러나 "배상이 되었든지 청구권이 되었든
지"80)라는 그의 언사에서는 오히려 '배상'인가 '청구권'인가에 대
한 논의마저 잘 되어 있지 않다는 것을 역설적으로 보여준다고
생각된다. 이것은 전문성의 결핍일 수 있고 또 역사관의 문제일

---

79) 한상일, 1995, 「제5차 한일회담 小考」『국민대 사회과학연구』8, 227~
233쪽 등 참조. '배상'이라 함은 일제의 한국 침략통치의 불법성과
重慶임시정부(金九)의 1945년 2월의 對日선전포고를 근거로 하는 것
이지만, 이 두 가지 사실이 모두 '국제사회'의 승인을 얻지 못했던
것이다.
80) 1961년 1월 14일, 『제38회 국회 민의원 회의록』제2호, 10쪽.

수도 있다.

이러한 모순을 내포하며 아슬아슬한 교섭을 거듭하면서 동시에 장면 정부는 대내외적으로 어려운 고비를 넘기고 있었다.

1961년 2월 3일 한국 국회에서 통과시킨 '한일관계에 관한 결의안'은 일본측을 자극했다. 小坂 외상은 일본 국회에서 "일·한 회담의 전도는 낙관을 허치 아니한다"는 답변을 했다. 외무성·자민당에서는 회담의 중단을 내비치는 움직임이 나왔다. 이에 장면 총리가 8일 기자회견에서 "이 결의의 취지는 한국의 주권과 경제권이 침해되지 않으려는 노파심에서 나온 당연한 결론이라고 본다. 이와 같은 진의를 일본측이 이해하면 이것 때문에 한일회담이 停頓상태에 빠질 필요는 없다"고 언명했다. 유진오 대표도 일본측 대표 澤田廉三(사와다 렌조오)[81]에 대해 "이 결의가 회담 촉진의 의미를 갖는 것으로, 우리도 회담 촉진의 기정 방침에 변화는 없다"고 해명했다. 이로써 한일 양국은 3월말까지 절충을 마무리짓고 4월부터 본회담에 들어가자는 합의에까지 이르렀다.[82]

1961년 3월에 들어서서 토의를 재개했는데, 종래 원칙상 대립했던 문제들의 토의를 진행시켜 법적 지위 문제에 대해서는 다른 안건에 비해서 구체적인 진전을 보았다.[83]

---

81) 1888~1970, 전전·전중에 국제연맹 일본국 사무국장, 내각 고문 등을 지낸 외교계의 장로 節藏(1884~1976)의 동생, 제1회 국제연맹 총회 전권수원, '만주국' 대사관 참사관 등을 거쳐 패전 후 1953년부터 UN대사, 일·소 국교회복의 중개역을 맡기도 하였다. 1955년부터 외무성 고문으로 있다가 제4차·제5차 한일회담 수석대표. 『인명사전』, 587~588쪽.
82) 中保与作, 1961. 2. 28, 「韓國の現狀と日本」『世界週報』, 43쪽.
83) 제5차 한일회담 예비회담에 관해서는 정무국 亞洲課, 1961, 『제6차 한일회담 관계자료-한일회담의 개관 및 제문제』, 83~93쪽 참조.

또 鄭毓謨 의원(무소속, 충청남도)이 '현재의 형편과 진전'을 묻자 정일형 장관이 한일회담을 촉진하려는 의사를 재확인했다.[84]

즉, 5·16군사정변 직전까지만 해도 정 장관은 '우리가 기대하던 그 선'의 세부적인 부분이야 어떻든[85] 한일회담의 타결에 대해서 '5월까지 대체로 예비회담을 마칠 예상'과 일본측의 '재래에 없던 성의'에 대한 낙관적인 전망을 갖고 있었다. 실지로, 1961년 4월 26일 자민당 내에 '日韓問題懇話會'가 생겨 5월 6일부터 12일까지 野田卯一의원 이하 자민당 의원단이 장면 총리 등 한국 지도자들과 회담을 가져, "현재의 예비회담을 5월말부터 6월초에 끝내고 3개월 동안 내부 조정을 한 후, 9월에는 정식 회담을 시작하여 현안을 한꺼번에 해결할 것"에 합의하였다.[86]

오해를 무릅쓰고 알기 쉽게 말하자면, 5·16군사정변이 일어나지 않았더라면 한일관계의 정상화 과정이 좀 더 나은 양상을 보였으리라고 짐작시킬 만한 어느 정도 이상의 자료들이 잠재해 있음을 뜻한다 하겠다.

4) '재일교포'

앞서 '한일회담' 부분에서도 엿보인 바와 같이 '재일교포'의 위상은 그리 크지 못했고 오히려 외교 교섭의 한 주제에 불과하였

---

84) 1961년 4월 4일자, 『제38회 국회 외무국방위원회의록』 제12호, 3~4쪽.
85) 高崎宗司씨는 『檢證 日韓會談』(岩波書店, 1996) 114쪽에서 "한국측으로부터 3억달러라는 금액이 제안된 데 이어서 일본측으로부터 「무상원조」라는 명목이 제안됨으로써 한일회담 타결전망이 보이기 시작한 것이다"라고 지적하였는데, '3억달러'는 제4차 회담에서 제시된 금액이다.
86) 吉澤淸次郎, 1973, 『日本外交史 28』, 鹿島平和硏究所, 89쪽.

다.87) 그런 속에서도 장면 총리는 한일회담의 진척과 더불어 '재일교포'의 법적지위 문제에 관해서는 '불원간' 타결될 것이라는 전망을 가지고 있었다.88) 대일교섭의 결과, '영주권'을 부여하는 범위가 샌프란시스코 강화조약 이전부터 거주한 사람으로 제한되어 '불원간' 회담이 타결될 전망이 보이기 시작했던 것이다.

그런데 그러한 對日교섭과 다른 차원에서 제2공화국 국회는 '재일교포'에 대한 그 당시 담론을 내재화하고 있었다.

한국 국회의원들의 '재일교포'관은 이교선 의원의 질문에도 나타나 있다.89) 그는 '재일교포 원조'의 명목으로 책정된 200만불의 사용 방법과 용도를 물었다. 그런 다음, "일본 전재산의 1/5을 한국사람이 가졌다고까지 稱했던 때가 있었다"면서 그 재산의 보호를 호소하였다. 여기서 '재일교포'는 '한국사람'이 된다. 그러나 '일본 전재산의 1/5'이라는 숫자가 어디서 나온 것인지 알 길이 없지만,90) 그 당시는 그러한 '재일교포'의 재산을 보호하고 가능하

---

87) 지금도 그런 경향이 짙은데, '재일교포'는 일본에서도 한국에서도 늘 <주제>이지 <주체>가 아니다. 그 존재는 관념화되어 이른바 '在日朝鮮・韓國人問題'나 '새일교포 문제'로 표상된다. 이것을 소수자의 입장에서 해체하여 똑같은 문제라도 '일본 문제', '한국 문제'로 재구축해 나가야만 한다. 이에 관해서는 윤건차씨 등의 일련의 논의들을 참조할 수 있다.

88) 1961년 1월 14일자, 『제38회 국회 민의원 회의록』 제2호, 2쪽.

89) 1960년 9월 20일자, 『제37회 국회 참의원 속기록』 제11호, 19쪽.

90) '재일교포'의 일본에서의 생활상, 경제활동 및 축재상황에 관해서는 西成田豊, 1997, 『在日朝鮮人の「世界」と「帝國」國家』, 東京大出版會 ; 外村大, 1998, 「戰前期在日朝鮮人における社會的上昇」『社會科學討究』127 등 참조. 일본 사회에서의 재일 조선인의 '상승'은 각종 민족차별 속에서 제한적으로 행해진 것이라고 말하지 않을 수 없다. 우선 직종에 있어서의 제한이 따랐으며 전후에도 오랫동안 아무래도 질적・양적 한계성이 엄연히 있었던 것이다. '1/5'이라는 숫자는 8·15직후 암시장 등에서 이른바 '제3국인들'이 불법적으로 돈벌이를

면 한국에 유치하려는 시각이 농후했던 것이다. 장면 총리도 '재일교포'의 재산반입에 관해서 다음과 같이 언급한 바 있었다.[91]

> 또 교포들에 대한 그 대책에 대해서도 일본의 지금 우리나라 교포들 가운데 상당한 財産을 축적한 분들이 계신 것을 알고 있습니다. 해서 그 분들이 우리나라에 자기들이 모아 논 그 재산을 搬入해가지고 와서 우리나라에서 여러 가지 産業開發 기타에 投資를 하겠다는 것을 간절히 바라고 있는 것을 알았습니다. … 그래서 이것도 한일회담이 열리면 당연히 이 문제가 그 안건으로 올라서 在日교포들의 재산을 한국으로 반입시키는 것을 촉진시켜서 우리가 일본 재산을 한국에 투자하는 것보다도 재일 교포들이 가지고 있는 그 재산을 한국으로 반입을 시켜서 그것으로서 우리나라 산업 발전에 이바지를 시키고자 하는 그러한 생각을 가지고 있습니다. 그래서 이것도 그 방향으로 한일회담 때 이것을 안건으로 삼어 가지고 적극 추진해볼 생각이 있습니다. 그러면 한국사람이 가지고 있는 재산을 자기 故國으로 가지고 와서 우리나라 산업개발에 크게 이바지해 주는 그러한 二重으로 좋은 결과를 가져올 수가 있다 이렇게 생각하는 바입니다(밑줄=인용자).

그래서 국교 정상화 이전이라도 '교포재산'을 '무역형식'이나

하고 있다는 일본의 우익적(부정적) 유어비어가 확산되면서 조자된 것이 무슨 인연인지 한국 국회의원의 귀에까지 들어가 아이러니컬하게도 민족주의적으로 적극적으로 재해석이 된 것이 아닌가 생각된다. 실지로는 대부분의 재일동포들은 나라를 빼앗긴 백성으로서의 객지 생활의 장기화나 '戰時奴隸制'로 인한 임금 미불 등으로 오도가도 못하게 발이 묶인 사람들이었고, '친일파'나 중간적 노무관리직으로 부를 저축한 사람들은 어느 정도 존재는 하지만 비주류적인 부분이다. 그런데 6·25전쟁이라는 동족상잔의 비극 속에서 더욱 아이러니컬하게도 일본의 特需와 더불어 고철업 등으로 자본을 마련하고 몇몇 생업을 전전하면서 부를 축적할 수 있었고 그러한 계층이 형성되기 시작하는 것이 아마도 1960년 무렵을 전·후해서 부터가 아닌가 추측된다.
91) 1960년 9월 20일, 『제37회 국회 참의원 속기록』 제11호, 24~25쪽.

‘차관’으로 들여오는 방법의 가능성도 타진된 적이 있었다.[92] 또 ‘교포’가 일본사람에게 빚을 얻어 가지고 들여오는 경우 외자도 입촉진법의 혜택을 받을 수 없다는 문제가 지적되기도 하였다.[93]

정일형 외무부장관도 재일교포 중소기업체에 대한 융자 자금으로 200만불을 책정하고, 또 재일교포 敎導保護費로서 500억환을 책정하여 지출될 것이라고 말했다.[94] 尹宅重 문교부 정무차관(민주당, 益山郡 을)은 ‘재일교포 교육문제에 대해서는 그야말로 등한시하고 도외시했던’, ‘이승만 정권에도 그 중요성을 부르짖었음’을 언급했다. 그리고 그는 재일교포 교육문제 해결을 위해서 3억 4천만환을 예산에 올렸다고 말했다.[95] 그리고 그는 문교부 당국이 ‘근일중’에 일본에 출장을 해서 문교부 직원으로 하여금 현지 답사를 시키고 재일교포에 대한 모든 문제를 재검토할 계획을 가지고 있다고 밝혔다.[96]

이러한 입장은 ‘재일교포학생 모국 방문에 관한 건’의 심의과정에서도 나타났다.[97] 당시 국회에서는 재일교포 자본가들의 재산 반입을 논하고 있는 한편, 재일교포 학생들의 모국방문 時의 비용 제공을 입법회하는 데 있어서는 위원들의 반대에 부딪치기도 하였다.

하지만, 정일형 장관은 재일교포 학생의 모국 방문은 고국의

---

92) 1961년 1월 19일자,『제38회 국회 외무위원회의록』제1호, 20쪽.

93) 1961년 1월 19일자, 위와 같음, 9~10쪽.

94) 1960년 9월 20일자,『제37회 국회 참의원 속기록』제11호, 26쪽.

95) 1960년 11월 21일자,『제37회 국회 예결위원회의록』제7호, 35쪽.

96) ‘재일교포’ 교육의 중요성 및 그 대책에 대해서는 오천석 문교부장관의 언급이 이미 있었다(1960년 9월 9일자,『제37회 민의원 속기록』제7호, 30~31쪽).

97) 1961년 3월 25일자,『제38회 국회 운영위원회의록』제41호, 尹在根 위원장, 朱壽允위원, 梁一東위원, 金光俊위원, 李燦雨위원 등의 발언.

사회발전상을 교포에게 선전하는 긍정적 효과를 가져오는 것이라고 역설하였다. 또한 그는 더 나아가 일본 사람에게도 신문, 잡지, '텔레비전과 라디오'를 통해서 한국의 발전상을 소개를 하려고 생각 중이며, 在東京 대사관을 통해서 거기에 기술진을 파견해서 그들로 하여금 선전케 할 방침이고, 만반의 준비를 하고 있으며 이것이 통과되는 즉시 곧 진행하겠다고 언급하면서 적극적인 자세를 표시했다.98)

이와 같은 적극적인 태도는 재일교포 교육문제에 관해서 '재일교포 교육실태 시찰 귀환보고'에서 薛昌洙 의원이 이미 표명한 바 있었었다.99)

> 이분(재일교포)들이 앞으로 우리 정부가 책임 있는 것을 안 하면 공산주의자가 되거나 그렇게 되지 않으면 과거 일본정치 하에서 한국어나 영어를 배우는 그런 정도에도 못할 정도로 마음과 언어와 생활에서 조국을 잃어버리는 사람이 되지 않는가 이런 슬픈 느낌을 직감하고 왔습니다. … 그리고 교포들의 요망으로서 우리 학교에 돈을 도와주어야 되겠다. 모국 정부한테 교육자금을 원조해달라는 … 북한 모양으로 원조해 달라는 請도 있었고 그 이외에 대체로는 우리가 모국의 돈을 기대하지는 않습니다. 모국에서 우리 교육에 대한 정신적인 혹은 기술적인 그리고 인적인 그런 관심과 시원을 해주십시오. 지금 모국이 우리보다 더 어려운 것을 우리가 아는데 우리가 어떻게 모국의 도움을 받겠습니까. 이런 눈물겨운 격려와 부탁을 해 왔습니다.

'재일교포'의 '눈물겨운' 목소리가 간접적으로나마 본국 국회에 반영되고 있는 순간이었다. '눈물'로는 '재일교포'문제는 해결이 안 되며 '돈'의 문제라는 것은 인정하고 있는 듯하다. 그런데 그 '돈'을 국민의 세금인 국고에서 끌어내기 위해서 '재일교포'의 공

---

98) 1961년 4월 4일자, 『제38회 국회 외무국방위원회의록』 제12호, 3쪽.
99) 1961년 2월 22일자, 『제38회 국회 참의원 회의록』 제17호, 9~10쪽.

산화 위험을 담론화해야 하는 것이 당시 상황이었던 것이다. '재일교포'가 '공산주의자'가 될 우려가 있으며 한국은 그것을 막아야 된다는 식의 논법은 예컨대 朴亨根 의원이 북한의 자본(七億五千萬圜)이 일본·한국에 투입되고 있는 것을 지적하고 있는 데서도 드러난다.[100]

또 내무위원회에서 兪鳳淳·李玉童 위원이 '以北 공산당'의 '간첩'·'공작'이 일본 즉 '재일교포'를 통해서 들어올 수 있다고 지적하고 그에 대해 李澔 내무부장관이 답변한 바 있다.[101]

그런데 이에 더해서, 朴煥生 의원이 '재일교포'들에 대한 나쁜 이미지가 일본인의 한국관에 관련됨을 지적했다. 이는 한국인의 '재일교포'관을 나타내는 것으로서 시사적이다.[102]

> 그렇기 따므로 對日외교가 等閒해서 이 일본사람들의 우리나라에 대한 우월감을 불식케 하기 위해서는 우리 종전과 같은 그러한 미온적인 재일교포 정책을 이것을 지양하고 앞으로는 적극적으로 문화적인 면이나 경제적인 면에서 우리는 재일교포에 대한 적극적인 시책을 해야 될 때는 돌아왔다고 생각하는 바이올시다. … 現정부에 대해서 對日외교에 일본 … 일괄해서 재일교포에 대한 좀더 적극적인 시책을 해야 된다는 것을 우리는 이 결의에 넣어 가지고 건의를 해야 되겠습니다(밑줄=인용자).

---

100) 1961년 1월 17일자,『제38회 국회 민의원 회의록』제4호, 17쪽.
101) 이와 관련해서, '해방 이후로 처음'인 '在日僑胞 六百名'의 고국방문에 관한 질의, 치안·정보 당국에서의 '査察 檢察'의 전문화와 인사 문제에 관한 질의, 공산당의 違憲性을 확인하는 질의 등이 이루어졌다. 내무위원들은 '재일교포 문제'를 '國體'의 '變更'과 직결해서 관념하고 있었다. 그리고 그 논의를 보면, 부정선거 문제와 대공 문제가 뒤섞여 있다. 이에 대해 이호 내무부 장관은 비교적 냉정한 답변을 보여주고 있다. 1960년 5월 14일자,『제35회 국회 내무위원회 속기록』제5호, 7~24쪽.
102) 1961년 1월 18일자,『제38회 국회 민의원 회의록』제5호, 51~53쪽.

그래서 그는 '한일관계에 관한 결의안'의 4개 항목에 덧붙여 다음과 같은 항목을 넣을 것을 구체적으로 건의를 하였다.103)

> 第五項으로서 일본의 對韓 우월감을 불식케 하고 한국민의 對 日 先入感을 교정시키기 위하여 在日韓僑에 대한 문화적 경제적 적극적인 시책을 감행함과 아울러 국민의 對日 정신무장 강화를 위한 적극적인 시책을 하여야 한다 하는 것을 이 결의안에다 하나 넣어(야 한다).

이 건의가 비록 채택되지 않았다 할지라도 기억해 둘 만한 것이다. 여기서 '재일한교'에 대한 시책과 한국 국민의 '대일 정신무장 강화를 위한 적극적인 시책'이 하나로 묶여지고 있는 것이 눈에 띈다. 다시 말해 이는 '재일한교'를 위한 전문적 조치라기보다는 한국을 위한 대일 정책의 일환이라는 의미를 지니는 것이며, 그 이상도 이하도 아니었던 것으로 보인다. 그러나 이 항목에서 '일본의 대한 우월감을 불식케 하고 한국민의 대일 선입감을 교정시키'고자 한 쌍방향 전략, 및 '재일한교'에 대한 적극적인 자세는 역사 저편에 묻혀지기에는 너무 아까웠다.

그러나 '재일교포'에 대한 담론을 전반적으로 볼 때, 당시 냉전 논리와 對日 외교에서의 국익이 우선된 성격이 짙다. 따라서 '재일교포'의 피부에 와 닿는 동포애적 눈길과 정책 입안은 뒷전으로 미루어졌던 셈이고 위에서 본 박환생 의원과 같은 적극적인 자세는 예외였다.

그런데 정부측에서도 예외는 있었다. 兪鎭午 수석대표가 '재일교포'에 관해 언급한 발언을 一瞥해두겠다.104)

---

103) 위와 같음, 55쪽.
104) 1960년 11월 29일자, 『제37회 국회 외무위원회의록』 제4호, 8~9쪽.

　결론적으로 보아서 이번에 회담을 열어 가지고 양국에 그 분위기가 대단히 호전되는 사실입니다. 가령 일본에 살고 있는 우리 교포들이 찾아와서 모두 이구동성으로 하는 얘기가 다만 일본 관청에 갔을 때 그 사람들이 우리 교포를 대하는 태도도 달라졌을 뿐만 아니라 이웃간에 보통 민간사람의 태도가 달라져서 그 전에 보던 적대시하던 것이 대단히 친절하게 되었다고 하는 말을 듣고 있습니다. 그런 정도로는 대단히 말하자면 성공한 것이 아닌가 생각이 됩니다.

　일본사람들의 교포에 대한 태도 호전과 교포들의 생활상 불편의 감소를 가지고 '성공'이라고 말한 것이 인상적이다. 한일회담의 전체적 한계성을 짚어 볼 때 자화자찬으로 비쳐질 수도 있다. 그러나 그 당시의 교포들의 쓰라리고 쓰라린 절망적인 나날을 되돌아 볼 때 그러한 작은 변화 하나 하나가 소중했던 것은 사실이다. 유진오 대표는 한국의 對日외교에 있어서 무엇보다도 현지에 실지로 살고 있는 민초들에 대한 눈길과 배려가 필요하다는 인식을 터득하고 있었던 것이다. 문학자이기도 한 유 대표의 인문학적 상상력이 돋보인다. 동시에 이는 장면 정부가 추진하던 '知日'의 所致라 하겠다.[105]

　1950년대와 맞닿아 있는 1960 · 1961년의 한국의 어려운 경제

---

105) 제2차 세계대전 당시 '친일'행적이 적지 않았던 유진오가 對日협상의 국가 대표로 나선 것 자체가 역사의 아이러니라고 보는 시각도 있을 수 있겠지만, 당시 '최고의 지성인'으로서 충분한 전문지식과 지적 상상력을 소유한 그가 일본이라는 강적에 임할 수 있었던 것은 적재적소의 인사였고 외교적으로 크게 마이너스는 아니었을지도 모른다. 이러한 시각이 장면 정부전반에 대해서도 넓혀볼 수 있지 않을까? 참고로, 장면 총리가 문교부 장관 자리를 권했는데도 그것을 고사하고 오히려 장면 총리에게 일본과의 수교의 중요성을 역설하여 일본과의 인맥이 있음을 말함으로써 한일회담 대표로 발탁되었던 것이 유진오 대표였다. 「이홍렬 선생님 송부 원고」, 사이버(Cyber) 雲石 기념관, http://unsuk.kyunghee.ac.kr 참조.

사정에 있어서 '재일교포'의 민생향상과 교육정책을 위한 예산책
정이 이루어지는 배경과 과정, 및 그 실천 여부와 효과 등에 관해
서 좀 더 조사해 보아야 일이지만,106) 당시 장면 정부는 ① '재일
교포'들의 공산주의화(북한에 대한 동조)를 막고 <민족주의>화
시키는 일, ② 일본인의 재일한국인(나아가서는 '한국' 자체)에 대
한 인식을 호전시키는 일, ③ 한국인의 일본관을 시정하는 일, ④
돈이 있는 교포들에게는 그 재산 반입을 유도하는 일 등을 동시
에 노렸던 것이다.

'재일교포'라는 소수자에 대한 이 시책들은 당시 장면 정부가
놓여진 국내외 정세와 그에 대응한 정책들이라는 다수자의 과제
와 문제성을 가장 함축적으로 드러내고 있는 셈이다.

4. 맺음말

1961년 2월 3일 국회에서 가결된 '한일관계에 관한 결의안'은
다음과 같은 내용을 제시한 것이었다.107)

① 복잡한 국내외 정세에 비추어 봐서 대일(對日)외교는 '제한(制
限)외교'에서 점진적으로 '전면(全面)외교'로 진전시켜야 한다.

② 평화라인은 국방 및 수산자원의 보존과 어민의 보호를 위해서
존중, 수호되어야 한다.

---

106) 제1공화국 국회에서 '재일교포'에 관해 전혀 언급되지 않았던 것은
아니지만, '재일교포'에 대한 관심이 훨씬 더 높아만 갔었던 것을 보
면 제2공화국에서 시행하려던 <정책>이 적어도 제3공화국 정부의
<대책>보다는 나았을 가능성은 앞으로 충분히 연구되어져야 할 것
이다.
107) 1961년 2월 4일자, 『朝日新聞』.

③ 正式 외교는 양국간의 역사적인 현안문제의 해결, 특히 일본의 강점으로 인한 우리의 손해와 고통이 청산된 후에야 성립될 수 있다.

④ 현행 통상 이외의 한일경제협조는 어떠한 형식이든 간에 정식 외교가 시작된 후에 국가통제 하에서 우리의 경제발전계획과 대조하면서 국내산업이 잠식(蠶食)되지 않을 범위 내에서만 실시되어야 한다.

이것은 한일관계를 둘러싸고 국회에서 전개된 주제를 압축적으로 보여주고 있다. 앞서 본 바와 같이 이 결의안의 심의 과정에서는 사회대중당 박환생 의원에 의해 일본인의 對韓인식 시정을 위한 '재일한교' 원조 문제 및 한국인의 對日인식 矯正문제도 포함되어 있었다. 그러나 결국 그 제안은 채택되지 않았다. 문화·교육 사업에 대한 경시·忽待는 결국 정치에 있어서의 헤게모니 전략의 빈곤을 의미한다.

그밖에도 여러 한계성을 지적할 수 있겠지만, 어쨌든 불과 몇 달만에 결의안의 가결까지 도달한 것은 국회의원들의 노고가 컸을 것이다. 그 내용에 관해서도 상당부분 국민의 목소리가 반영된 것으로 보인다.

첫째, 대일 외교를 '제한외교'로부터 점진적으로 '전면외교'로 나아가야 한다는 것은 물론 당시 '복잡한 국내외 정세에 비추어' 본 결과이지만, 본고에서 검토한 당시 일반화되어 있던 '반일'과 '일제 선호'라는 배반된 감정과 그로 인한 경제적 파급 효과 등을 고려한 것으로도 풀이된다.

둘째, 평화라인의 유지를 천명한 것이 눈에 띈다. 이는 말할 것도 없이 국방과 어민들의 이익을 위한 것이겠지만, 외교적·경제적 요인도 가미되었을 것이다.

셋째, 한일간의 '정식 외교'에 앞서서 '일본의 강점'에 인한 '손해와 고통'의 '청산'이 이루어져야 한다고 한 것은 이것이야말로 대다수 국민의 공통된 합의점이었을 것이다.

넷째, '현행 통상 이외의 한일경제협조'에 대한 규정에서 경제 제일주의의 의지를 함축적으로 읽어 낼 수 있다. 그것을 '정식외교가 시작된 후'로 미루고 '경제발전계획과 대조'하면서 어디까지나 자주적인 경제 발전을 위한 자생력을 양성할 시간 및 방향성을 확보하고자 하였던 것으로 읽혀진다. 또 '국내산업이 잠식되지 않을 범위내'의 한일경제협조라야 된다는 이념을 명시하고 있다. 이것은 정부측에서도 줄곧 주장한 바이다. 이렇듯 이 '한일관계에 관한 결의안'에 정부·국회·국민의 의사가 多聲的으로 어울려졌음을 간과하면 안 될 것이다.

그리고 장면 총리의 취임 인터뷰 때의 대일 정책 구상과 비교해 볼 때 기본적인 구상은 관철되어 있으면서도 '재일한국인의 북송문제'나 경제협력에 있어서의 '재일한국인 자본의 도입' 등이 제외되었다는 것은 재고를 요한다.

무릇 외교정책이란 것은 '거국적', '초당파적'이어야 한다. 이 결의안에서 볼 수 있는 것처럼 제2공화국 시대의 對日논조는 근본적으로 따져 보면 민주당 신·구파간의 또 여야간의 이견 차이는 최대한으로 수렴되었으며 그렇게 큰 균열·괴리는 없었다고 보아도 될 듯 싶다.

그럼에도 불구하고 국회에서는 兩斷된 일본관에 입각하여 對日외교 정책을 둘러싸고 열띤 舌戰이 전개되었다. 본고에서는 그 원인을 다음 두 측면에서 잠정적으로 해석해 본다.

먼저, <관계성>의 반영이라는 관점에서 제2공화국 시기에 전개된 일본관을 분석해 보면 다음과 같다. 신흥 부르주아세력을 대변하는 민주당 신파는 미국의 극동정책의 전환을 재빨리 감지하고 일본 자본의 도입을 끌어냄으로써 하루속히 한국 상공업의 발전을 도모하고자 했다. 이에 비해 기성 세력이나 지주 세력을 대변하는 민주당 구파(신민당) 및 약소 중산층과 서민들을 대변하는 기타 야당(선거에서는 大敗)은 일제로부터의 해방자 미국의 對韓원조에 대한 미련에 매달리고 있었다. 그들은 일본 자본 도입으로 인한 발전이 가져다 줄 이익에서 자기들이 소외·탈락되는 것을 예견했기 때문이다. 그리하여 그들은 좀 더 폭넓은 시야에서 '國利民福' 즉 국익을 도출해 내려고 했다. 이러한 입장 차이가 대일논조 상의 이견을 키워 나갔다.

또한, 대일논조와 일본관의 특성은 <논리성>의 표상이라는 관점에서 검토될 수 있다. 그렇다면, 장면·정일형·주요한 등의 정부 각료들은 모두 보편주의적 근대주의자에 가까웠다. 그러나 여타 의원들은 국수주의적 민족주의자의 색채가 더 짙었다. 전자는 '자유세계 진영'이라는 세계 자본주의의 논리에 순응적이었으며 그러한 보편주의를 앞세우며 민족주의와 민주주의를 생각했다. 여기에서 그들은 일본에 대해 현실적·합리적으로 접근할 수 있었다. 이리한 태도는 '친일'이나 '지일'이라고 불렸던 그들의 학력이나 경력 등과 관련되는 것으로 생각된다. 한편, 후자의 경우는 자국중심적인 사고방식이 優先視되면서 일본에 대하는 태도에 있어서는 피해자의식을 전면에 내세우고 '반일적'인 관점에 서서 對日논조를 전개해 나갈 수밖에 없었다. 그들은 '수교', '반공'에서는 논리의 궤를 같이하면서도 대일 외교의 논리구조에 있어서는 보조를 맞추지 못하여 구체적 외교 정책을 수립하는데 그처럼 시간을 끌도록 만들었다.

하지만 제2공화국 제5대 국회에서의 대일 외교를 둘러싼 논의를 검토해 본 결과, 그들은 沒이성적 정치거래나 空理空論을 일

삼거나 극심한 國會空轉을 가져오지도 않았고, '대일 수교 4원칙'에서 보였듯이 산적된 문제들을 여러 가지 한계성 속에서도 하나하나 풀어 가려던 착실성이 확인된다.

다만, 좀 더 세밀한 분석으로 들어간다면, 의원들이 정치적 비전이나 이미지를 피력하기에 시간을 할애하는 나머지 실무적 전문성은 뒷전에 미루어졌다. 그리하여 그들은 정치적 '부실공사'를 막지 못했다. 야당의 소모적인 대의명분론도 문제였고 무미건조한 교과서적인 답변이나 동문서답에도 문제가 있었다. 예컨대, 정부 입장인 '補償'을 내포한 '請求權'이라는 용어에 대해서 여타 의원들은 '배상'인지 '차관'인지, 그 개념의 범위가 무엇이고 그 액수가 얼마인지, 또 일본 경제의 성장 잠재력과 차후 갖게 될 그 영향력이 얼마만한 것이며 일본 외무성의 노련하고 교활한 외교적 전략전술이 추상적이 아니라 구체적으로 어떤 것인지 별로 조사·논의를 한 흔적을 찾아보기 힘들 정도이다. 그들은 눈앞에 닥친 '청구권' 금액에 관해 어림잡아 '6억'·'10억' 등의 숫자만 되풀이하고 의아해 할 뿐이었다. 물론 '강점'으로 인한 '손해와 고통'의 '청산'이라는 너무나 당연한 합의점은 이루었지만 말이다.

또 '재일교포'에 대한 논의에서는 정부의 '재산반입'·'중소기업 원조'라는 경제적 논의로부터 점점 그들과 보다 밀착된 생활개선·권익옹호와 문화·교육 정책론 쪽으로 확대되어 가는 기미를 보이고 있었다. 이는 일본에 대한 정치외교적 배려와 함께 북한의 교포 포섭 정책에 대한 대항의식 등이 직접적 요인으로 작용하고 있었던 것으로 추측된다. 그러나 '재일교포'에 대한 정확한 인식과 적절한 대책을 세우는 데에는 훨씬 더 많은 시간을 요했을 터이다. 즉 한편으로는 '재일교포'의 재산을 과대평가하면서 그 반입을 우선하려는 민족주의적인 입장을 보이기도 하였는

가 하면, 다른 한편으로는 '간첩'·'공작 기지' 등의 냉전적 표상
도 담론화 되었고, 교육문제 등에 대한 접근도 '반공'·'안보'의식
에 입각한 '對共'정책이라는 관점에서 도출되기도 하였다. 이것은
당시의 한국이 통일된 민족국가를 지향하면서도 그것을 건설하
지 못한 채 미국의 극동정책 아래 분단 반공국가의 성립을 통한
냉전 구조의 과잉적 영향 하에 놓여 있었기 때문이었다.

　그것은 또 '전후 일본'에 대한 구체적이고 정확한 정보의 결핍
에서 유래된 부분도 많았다. 그 정보부족은 대다수의 의원들로
하여금 이른바 '李박사식' 일본관·대일정책론에 머물게 하였던
것이다.108) 그런 의미에서 '지일' 내각이란 표현에서 '지일'의 뜻
이 역으로 재평가되면서 부각되어질 개연성이 있다. 실제로 兪鎭
午 대표나 일본을 시찰한 의원들은 좀더 구체적인 논의를 펼쳐
가기 시작하고 있었다.

　커다란 한계성 속에서 조금씩 가능성이 싹트고 있었던 것이다.
제2공화국기 당시 한국사회는 2원성이 특징적이었으며 '이상'과
'현실'이 뒤섞여 있었다. 그러한 현상은 정부와 국회에 고스란히
나타나게 마련이다.

　국회회의록을 통해서 보더라도, 장면 및 장면 정부의 각 사안
을 둘러싼 담론은 국내정치에서 자유민주주의를 지향했다는 측
면에서는 이상주의였지만, 민족화합이라는 관점에서 보면 현실
지향성을 보였다. 또한 외교와 경제에 있어서 외자 도입에 의한

---

108) 그렇다고 이승만 자유당 정권의 일본관·대일정책을 무조건 몰이성
　　적인 것으로 폄하하려는 것은 아니다. 거기에는 신생 독립·분단 국
　　가로서의 당위성도 포함된다. 하지만, 적어도 四月革命이라는 국내
　　적 계기를 거친 시점 및 동아시아 정세의 격변(베트남전쟁, 일본경
　　제의 부활)이라는 국제사회의 요청에 비추어 볼 때 그것이 時宜를
　　잃어 가고 있었다는 점을 환기해 두는 바이다. 太田修, 1996, 「李承
　　晩政權の對日政策」『朝鮮史研究會論文集』 34 등 참조.

경제제일주의라는 면에서는 현실 지향적이었지만, 民意 수렴에
의한 정책결정이라는 점에서는 '외피적'이나마 理想=＜혁명＞ 지
향적이었다. 그 이상=＜혁명＞이란 의회민주주의의 범위에 머물
러 있었고 그것이 자본주의 근대화론의 연장선상에 자리매김 될
만한 것으로, 四月革命의 시민혁명적 계기들은 잠복되어 있었다
하더라도 말이다. 그것은 일본관 및 대일논조를 통해 살펴본 장
면 정부가 실리적 국익을 지향하던 정부였다는 의미와도 평행적
이다. 즉, 對일본관·對日정책을 포함한 그 외교정책은 실용주의
에 입각한 것으로 평가할 수 있다.

  장면 정권의 계급적 성격을 어떻게 규정할 것인가는 여기서는
후일로 미루겠지만, 민주당 구파가 지주세력을 배후에 두고 있었
는데 비해 민주당 신파인 장면 정권은 신흥 상업자본적 색채가
더 농후하였던 것으로 보인다.109) 이것은 半봉건적 식민지 유제

---

109) 당시 한국에서의 상업자본의 '발전단계'에 관해서는 谷浦孝雄, 1990,
「해방 후 한국 상업자본의 형성과 발전」『1950년대의 인식』, 한길사,
297～331쪽 참조. 谷浦씨는 외국기업의 진출, 정부에 의한 자국기업
보호정책 등으로 특징 지워질 수 있는 한국 자본주의를 '상인자본주
의'라 부르고 보다 튼튼한 산업자본주의로 발전하기 어려운 성격 즉
'가역성'을 분제삼고 있다. 또 梶村秀樹, 「『不正蓄財處理問題』と南
朝鮮の隷屬的獨占資本」(『朝鮮研究月報』26·27합병호 ;『朝鮮研究』
31호) 및 「一九六〇年代初頭の南朝鮮の支配構造といわゆる隷屬資
本」(1977,『朝鮮における資本主義の形成と展開』, 龍溪書舍) 등 일련
의 논문들은 한국자본의 '예속성'과 '민족성'이라는 문제를 한국사
흐름에 입각해서 추구하고 있다. 한편, 이대근씨 같이 한국인 ＜경제
사＞ 연구자인 경우는 '청구권 협정' 자체를 "8·15 이후 막혀 왔던
일본자본의 대한진출에 문호를 터준 제도적인 조치"로 보고, '청구
권자금'의 규모 및 사용법 등 일본자본의 도입과 한일무역 전반에
대해 비판적인 입장에 서는 관점이 지배적이다. 이대근, 1983, 「한·
일 경제관계의 기본성격과 그 실태」『한국민족주의론 Ⅱ』, 창작과비
평사, 352～377쪽.

를 반대하는 시민혁명적 계기의 내포로 해석될 수 있다. 그런데 그 계기가 '외피적'이었다는 것은, 데모규제법이나 반공법을 제정하는 등 혁명적 학생층·민중층에 대해서는 연대하기는커녕 냉전적 경계(境界·警戒)를 지니고 있었음에도 불구하고, 한편으로는 신문·정당등록법이나 집회에 관한 법 등을 개정하여 국민의 기본권을 확대시켰고,110) 나아가 존재구속성으로부터 자유로운 측면에 있어서는 적어도 담론적으로는 상당부분 <他者의 언어>를 多聲的으로 받아들인 흔적이 발견된다는 뜻이다. 자생적 근대로서의 <혁명>의 계기가 자연적 본질로 자리잡지 못하고 외래적인 <냉전>이 인위적으로 대체하고 만 바로 그 자리에서 법제도와 정치·외교 담론의 差延이 모순적으로 현상한 것이다.

그런 속에서 여타 의원들의 질의를 평가한다면, 시종 표면적 공격에 매달렸다는 느낌을 주지 않을 수 없다. 7·29 선거 때부터 이미 분산된 진보 세력을 재조직하는 전략전술이 결핍되어 있었음은 물론이고, 진지전을 내다본 담론적 전략전술이 아쉽다. 그러나 그들도 대체적으로 어느 정도까지는 정부의 정치철학과 정책(의 유난성의 가능성)을 신임할 준비가 되어 있었다고 비추어질 정도로 최대공약수적 담론을 형성해가고 있었다. 즉, 제5대 국회 자체의 담론의 기저를 실용주의적인 성격이라고 규정하고 그에 알맞게 평가할 수 있을 것이다.

그럼에도 불구하고 일본 경제시찰단의 입국 거부 등에서 불협화음이 나온 것은, 장면 민주당 정부가 大상공인을 중심으로 한 산업자본주의화에의 비약에 주안점을 두었던데 비해111) 사회대

---

110) 강만길, 1984, 『한국현대사』, 창작과비평사, 184~186쪽.
111) 장면 정부의 '경제제일주의'에 입각한 국토건설사업의 시행과 「제1차 5개년 경제개발계획」 등에 관해서는 웬일인지 여태까지 본격적인 연구가 거의 없지만, 김기승, 1999, 「민주당 정권의 경제정책과 장

중당 등은 중소 상공인이나 농어민의 입장을 대변하고 있었다는 사실과 관련이 있다. 산업자본주의화라는 것이 피할 수 없는 것이라고 한다면, 장면 정부의 입장을 선험적으로 비판부터 하는 것이 아니라 거기에 <한국형 자본주의>의 맹아를 찾아내는 노력이 우선되어야 하지 않을까?

하지만 역시, 냉전체제 하에 놓인 제2공화국 국회 자체가 그때 진보 세력이 지니고 있었던 힘을 거의 제거한 역학관계 속에서 이루어졌다는 것은 알게 모르게 오늘날까지 이어지는 문제로 내려와 있다. 물론 진보 세력의 전략전술의 미비와 그들의 힘을 선거라는 제도적 장치를 통해서 표면화·實權化해주지 못했던 <민중>의 야누스적 성격 또한 숙고해야 할 일이겠지만 말이다. 즉 일단, 장면 민주당 정권 및 당시 국회의 실용주의를 '외피적'으로나마 한국형의 <시민혁명>이 수행되려던 것으로 포괄적으로 평가한다 하더라도, 그 혁명의 질량 양면에서의 <미발의 계기>의 가능성(과 그 한계성) 및 그것을 규정한 사회적 '발전단계'와 국제관계적 환경 등에 대한 보다 심도있는 분석이, 이론의 기계적인 대입이 아니라 텍스트의 끊임없는 되읽기라는 열린 눈

면」『한국사학보』 제7호, 고려사학회, 251~278쪽 참조. 김기승은 『국회사』(제37회 정기국회, 5대 국회)를 인용하면서 "말하자면 민주당 정권에서는 특권적 경제체제로 인한 부의 편재 현상을 극복하기 위해 농촌 경제와 중소 기업 육성에 중점을 두는 정책을 채택했던 것이다"라고 적으며, 여러 가지 중소기업 정책을 들면서 "민주당 정권은 경제질서를 정상화하기 위한 방법으로서 중소기업의 육성을 중시했다"고 평가했다. 위의 글, 258~259쪽. 그런데 필자는 이러한 성과를 정부와 국회 및 나아가서는 국민 전체의 공동 작업의 결과로 보고 현실 정치의 구체적인 이해관계 속에 놓고 보아야 한다고 생각한다. 어쨌든 설령 장면 정부가 신흥 大상인 자본의 이해의 대변자였다 할지라도 그 경제정책이 '외피적'으로나마 '경제의 민주화'를 지향했음은 틀림없다.

길·손길로써 차분하게 시도되어야 할 것이다.112) 그러한 분석의
실마리는 이미 본고에서 특히는 '재일교포'라는 소수자에 대한
정책 입안 과정의 검토를 통해 역설적으로 가장 의미심장하게 그
한 가닥이 드러나기도 하였다.

  그와 같은 근본적인 문제들과 맞붙어 씨름하기 위해서는, 소론
에서 여의치 않게 후경처리한, 텍스트의 행간과 여백에 가로놓인
<관계성>과 일부러 捨象해 둔 정치과정이나 대외 관계 및 시대
배경(특히 동아시아 정세의 변화)의 여러 계기들 등에 관한 또다
른 논고를 기약해야만 한다.

---

112) 텍스트의 끊임없는 되읽기… … . 본고 또한 그 끝없는 과정의 작은
    한 걸음에 불과하다. 그런데 정보 수집의 미흡이나 사실 오인뿐만이
    아니라 본고에서의 되읽기가 필자의 주관적 억지 읽기로 흐른 구석
    이 있었으리라 생각된다. 또 앞으로의 논의를 활성화시키고자 하는
    나머지 저절로 논의적인 문체가 취해지게 되었다. 독자 제현의 해용
    을 바라며 질정과 교시를 앙망하는 바이다.

제7장

장면과 가톨릭교회, 그리고 시민사회: 이상과 현실

김 녕
서강대학교 교양과정부

1. 머리말:
장면과 제2공화국, 그 이상과 현실

雲石 장면(張勉, 1899~1966) 탄신 100주년이었던 1999년 8월부터 2000년 후반기인 현재에 이르도록 한국 사회에서는 장면 재평가 움직임이 계속되고 있는 것과 때를 같이하여 '박정희 기념관' 건립이 추진되고 있다. 참으로 공교로운 일이 아닐 수 없다. 1999년 8월에 현 김대중 정부는 '박정희 기념관'을 건립하기로 결정했고 그 후 장소가 경북 구미시에서 서울 마포구 상암동 월드컵 공

원 안으로 바뀌어 서울시가 공원부지를 제공하고 기념사업회 측이 성금 5백억 원과 국고 2백억 원으로 건물을 짓는다고 한다.[1] 박정희에 대한 평가는 계속 엇갈린다. "유신은 한국판 총통제"였다는 평가와 "경제개발 성공"은 높이 사야 한다는 평가는 늘 반복된다.[2] 김영삼 정권 말기에 국제통화기금(IMF)체제가 시작되자 일각에서는 그 본질적인 원인이 박정희가 주도한 국가주도형 경제성장모델 때문이라는 지적이 일었었다. 그러다가 최근엔 "박정희 기념관 건립은 반민주 폭거"라며 사회 각층 및 정계 내에서도 비판의 소리가 끊이지 않고 있는 가운데[3] 추진되고 있는 박정희에 대한 기념사업의 정당성 여부는 그의 '개발독재'에 대한 평가 및 장면 정권을 무너뜨린 5·16군사쿠데타에 대한 올바른 평가에 기초해야 할 것이다. 비판적인 시각에서 본다면, 박정희의 '독재'는 5·16군사쿠데타로써 1960년 4·19혁명의 이상과 장면의 제2공화국을 좌초시켰고 그 후 1980년 5·18 신군부에 의한 또 다른 쿠데타의 길을 터 주어 군부독재를 지속시키며 민족사의 전개를 질곡으로 이끌었기에 반민주적이고 반역사적이었다는 평가를 받을 수밖에 없으며,[4] 박정희의 '개발' 역시도 쿠데타 이전 민주당 정

---

1) 2000년 7월 5일, 7월 19일,『한겨레신문』; 2000년 7월 28일,『중앙일보』.

2) 박정희 시대에 대해서 다양한 평가를 제시한 학술대회의 하나로서 최근에 열린 것으로는 2000년 8월 21일부터 23일 사이에 고려대 평화연구소와 미국 하버드대 아시아센터가 공동 주최한 '한국정치사 재조명 국제학술대회'가 있다. 이에 대해서는『중앙일보』(2000년 8월 23일) 참조.

3) 최근 2000년 9월 28일에는 경실련, 녹색연합, 참여연대, 민변, 민주노총 등 전국의 247개 단체가 '박정희기념관반대국민연대'를 결성하여 "김대중 대통령의 건립추진위 명예회장직 사퇴," "기념관 건립 중단," "정부의 기념관 건립지원계획 취소" 등을 촉구했다(2000년 9월 28일,『한겨레신문』). 여야초선의원들을 비롯하여 정계 내에서도 기념관 건립 반대의견이 만만치 않다(2000년 8월 2일,『한겨레신문』).

부의 구상에서 비롯된 경제개발계획을 1962년부터 자기의 것으로서 추진하여 결국 경제개발을 통한 '조국근대화'를 이루어 내기는 했으나 그것은 노동자, 농민, 그리고 국민 일반의 피땀과 민주주의의 희생 위에서 이루어진 것 아닌가?5) 그럼에도 불구하고, 박정희의 경우는 이렇듯 '개발'이라는 명분에 싸여 '독재'라는 본질이 감춰지면서 급기야는 기념관을 짓자는 정책이 세워지는 반면, 장면과 장면 정권의 경우는 어떠했는가? 박정희에 대한 긍정적 평가 속에는 은연 중에라도 5·16군사쿠데타의 '역사적 필연성'에 대한 인정이 전제되고 있지는 않는가? 그렇다면, '쿠데타를 자초한 정권'이라는 오명과 '쿠데타의 역사적 필연성'이라는 주장은 어떻게 관련되는가?

종래의 연구와 저술들은 대체로 장면 정권을 부정적으로 평가하고 있는데, 이는 주로 '결과론적 유추'에 의한 것이 대부분이다. 이 연구들이 공통적으로 지적하는 바는, 장면이 "아무런 정치 활동의 경험도 없이 피동적으로 정치인으로 징발되었기 때문에 자신의 정치적 이상을 주체적으로 관철하려는 능동형의 정치가가 아니라 파벌의 이익을 수동적으로 대변하는 꼭두각시형의 '형식적' 지도자에 머물고 말았다"라거나, "그는 결단력이 결여된 소신하고 우유부단한 인물로서 정치적 반대세력을 아우를 포용력이

---

4) 박정희는 일제 때 만주군관학교를 마치고 일본 육사를 졸업한 후 만주 주둔 관동군 장교로 복무했으며, 일제 패망 후인 1946년에 조선 경비사관학교를 졸업해 장교로 임관되었다. 1948년의 '여수·순천 반란 사건' 때엔 남로당 군내 조직의 한 책임자로서 '반란'이 실패한 후 체포되자 '동지'들의 명단을 군 수사기관에 넘겨주고 자신은 풀려나기도 했다. 이러한 사실에도 불구하고 박정희가 '미화'되는 것은 "역사를 거스르는 일"이라는 지적도 일고 있다(2000년 8월 4일, 『한겨레신문』).
5) 2000년 8월 4일, 『한겨레신문』.

나 위기상황을 관리할 결단력이 결여된 배타적이고 편협하며 소
심하고 무능한 지도자"였다는 식이며, 주로 장면의 리더십 결여
내지는 민주당 정권의 정책수행능력의 결여에서 제2공화국의 붕
괴 원인을 찾았다.[6]

사실 장면과 장면 정부에게 씌워진 그 오명은 5·16군사쿠데타
세력과 그 뒤를 잇는 독재 정권이 자신들의 행위를 정당화하기
위해 날조·과장한 바가 크며, 그들은 장면 정부의 공을 가로채
자기들 것으로 삼았다는 사실은 분명히 강조되어야 마땅하다. 예
를 들면, 거리에서는 데모가 그칠 날 없어 사회혼란이 극에 달했
고, 정치권은 파당싸움으로 날을 지새는 통에 민생과 경제를 내
팽개쳤다는 식의 쿠데타세력의 주장은 날조된 바 크다. 왜냐 하
면, 제2공화국 시기의 데모는 초기에는 무성했으나 쿠데타 직전
에는 안정을 되찾아 가고 있었으며, 정권 차원에서는 경제건설이
라는 시대적 과업을 흔들림 없이 추진했었기 때문이다. 그 예로
서 '국토건설사업'과 '경제개발 5개년 계획'을 들 수 있다. 장면
정부는 정권을 세운지 4개월 뒤인 1960년 12월에 국토건설본부를
설치해 재야 지식인 장준하를 중심에 앉히고 국토건설사업에 매

---

6) 이러한 주요 저술 및 연구들을 정리한 것으로는 허동현, 1999, 『건
   국·외교·민주의 선구자 장면』, 분도출판사, 200쪽 참조. 그 이외
   에도 김성환·김정원·허버트 P. 빅스 외 공저, 1984, 『1960년대』,
   거름 ; 김수진, 「제2공화국의 정당과 정당정치」 ; 백영철 편, 1996,
   『제2공화국과 한국민주주의』, 나남 ; 김영명, 1999, 『고쳐 쓴 한국현
   대정치사』, 을유문화사 ; 김호진, 1994, 『한국정치체제론』, 박영사 ;
   윤근식, 「제2공화국: 긴장완화 속의 보수정권」 ; 김운태 외 공저,
   1999, 『한국정치론』, 박영사 ; 김일영, 1995.6., 「정계의 영원한 초대
   받은 손님: 장면론」 『황해문화』 제7호 등이 있다. 그리고, 조광, 김
   몽은신부 고희기념사업준비위원회 편, 1996, 「제2공화국 민주당 정
   권의 의미」 『21세기 한국사회와 종교』, 가톨릭출판사, 467~495쪽에
   수록된 민주당 및 장면관련문헌 목록도 참고할 만하다.

진했으나, 박정희 군부는 쿠데타 직후 장준하를 쫓아내고 국토건
설사업팀이 입안한 모든 계획을 빼앗아 그 해 말 군부는 이 사업
의 성공을 대대적으로 선전했다. 더욱이, 장면 정부는 당시 유학
파 경제전문가들을 모아 경제개발계획의 청사진을 치밀하게 준
비했으나, 이 프로젝트가 발표되기 직전 쿠데타가 일어나 박정희
군부에게로 넘어갔고, 박정희 정권은 이 프로젝트를 총론의 자구
(字句)만 수정해 박 정권의 공로로 삼았던 것이다. 장면은 노동력
은 풍부하나 자본이 부족한 현실에서 중점육성부문을 선정해 자
원과 기술을 특정 부문에 집중투입, 다른 사업을 유도한다는 이
른바 '불균형 성장이론'을 추진한다는 계획을 기초로 경제발전을
도모할 계획이었지만 5·16군사쿠데타로 모든 것은 수포로 돌아
갔다. 하지만 쿠데타로 경제성장의 신화를 이룬 박정희 정권의
경제개발계획이 사실은 제목만 바꾼 민주당의 경제보고서라는
역사적 아이러니가 알려진 것은 최근의 일이다. 그리고, 경제기획
원 설치 등도 장면 정권의 구상이었으며 군사정권에 의해 현실화
되었을 뿐이었다.

그리고, 정계 진출 이후 장면이 보여준 탁월한 업적들도 재조
명되어야 한다. 1948년 대한민국 정부 출범 직후 유엔총회에 한
국 대표로 참석하여 대한민국이 한반도 유일의 합법정부임을 인
정받고 한국전쟁 발발 후엔 미군과 유엔군을 일찌감치 파병토록
결정적인 역할을 했던 외교적 성과, 그리고, 민주당 창당 이후 야
당 지도자로서 보여준 반독재 투쟁 등은 크게 평가되어야 마땅하
다. 또한, 장면 정부는 이 땅에 처음으로 자유민주주의를 실현했
으며, 공직자들도 청렴했다. 그렇기에 쿠데타 세력이 장면 정부를
부정·부패집단으로 선전하면서 의혹사건을 철저히 조사했지만
아무 것도 찾아내지 못했다. 그리고 수많은 시위가 벌어졌지만

장면 정부는 강권으로 민의를 제압하지 않았고 그 시위들이 스스로 자제할 때까지 인내했다. 그 후 한 세대 동안 지속된 군사독재 아래 혹독한 탄압에 억눌리면서도 우리가 민주주의를 향해 한걸음씩 나아갈 수 있었던 힘의 원천을 우리는 '제2공화국의 민주주의'에서 찾을 수 있지 않을까?7)

한편 어느 누구든지 정치지도자의 사상 내지 소신은 그의 정치적 행동에 커다란 영향을 미치는 것이 당연하다. 특히 장면의 경우에 정치 입문의 동기와 계기는 그의 신앙 및 정치 이념에서 비롯된 바 크다 할 것이다. 이 점을 주목하는 학계의 기존 연구는 별로 없다. 그와는 대조적으로, 한국 가톨릭 교회에서는 장면의 정치가 신앙에 입각한 것이었음을 강조하여, '하느님 정의'가 총리시절 장면의 통치이념이었으며 그를 '사도 정치인'으로 평가하고 있다.8)

본 연구는 이러한 차원의 평가까지도 담아 내면서 장면을 재평가하려고 한다. 그리고, 제목에서도 암시되듯이, 장면 정권 시기에 장면의 종교·정치적 '이상'과 제2공화국의 사회·정치적 '현실'이 일으킬 수밖에 없었던 '갈등'과 그 의의에 특히 주목하고자 한다. 그러기 위해서는 우선, 장면이 '가톨릭 신앙인'이면서 '민주적

---

7) 1999년 8월 26일, 『문화일보』. 더불어, 장면 정부에 대한 기존의 잘못 상식화된 평가를 이렇게 뒤집으며 제2공화국의 복권을 시도한 저작 및 연구로는 허동현, 1999, 『건국·외교·민주의 선구자 장면』, 분도출판사 ; 이용원, 1999, 『제2공화국과 장면』, 범우사 ; 운석기념회 편, 『운석 장면 선생 탄신 100주년 기념 학술회의』(주제: 운석 장면의 생애와 업적) 자료집(1999년 8월 27일, 운석연구회·운석기념회) ; 조광, 1996, 「제2공화국 민주당 정권의 의미」『21세기 한국사회와 교회』, 가톨릭출판사, 468~495쪽. 그리고 『대한매일신문』의 30회에 걸친 특집연재 『제2공화국과 장면』, 1999년 2월 23일~6월 15일. 등을 우선 들 수 있다.

8) 1999년 8월 22일, 『평화신문』.

정치가'로서 '신앙과 정치의 조화'를 모색하면서 자유민주주의를 문자 그대로 한국 정치에 철저하게 구현코자 했던 점에 주목해야 할 것이기에, 장면이 지녔던 신앙관과 정치관을 우선 분석해서 그가 어떤 종교적·정치적 이상을 구현하려 했는지 나름대로의 윤곽을 그려 볼 것이다. 여기에는 그가 상정한 교회와 국가, 그리고 국가와 시민사회간의 이상적인 관계도 포함될 것이며, 장면은 그의 통치의 정당성을 교회와 시민사회로부터 추구했음을 밝힐 것이다. 본 연구는 장면 시기를 분석하는 기존의 연구들에다 이렇게 교회－국가 관계(church－state relations)와 국가－사회 관계(state－society relations)가 결합된 또 하나의 분석적 틀(framework)을 보태려 한다. 그리고 시기상의 분석으로는 주로 장면 정권의 盛과 衰 국면에 초점을 맞추어, '4·19혁명 전후'라고 칭할 수 있는 장면 정권의 전반부 시기 즉, 장면 정권의 盛의 국면에서는 장면의 종교적 이상과 정치적 현실 사이에, 그리고 국가와 시민사회 사이에 바람직한 관계들이 모색되고 기대되었으나, 衰의 국면 즉, '5·16군사쿠데타 전후'라고 칭할 수 있는 장면 정권의 후반부 시기엔 결국 교회와 시민사회로부터의 지지의 철회 내지 상실이라는 결과를 초래했음을 밝힐 것이다. 그리고, 결론 부분에서는 이러한 '이상과 현실 사이의 갈등'에 비추어 장면 재평가의 의의 및 현재의 우리에게 주는 교훈을 정리해 보려 한다.

2. 장면의 종교적 · 정치적 이상

어느 정치가라도 자기 나름의 이상을 지녔을 것이며 현실에서 그것을 구현하려 할 것이다. 장면의 경우는 특히 그러했다 할진대, '가톨릭 신앙과 정치 이념의 조화' 내지 '가톨릭 신앙의 정치적 구현'과 '자유민주주의의 실현' 내지 '4·19혁명 정신의 구현'은 그의 '이상'이자 '정치관'이었고 그의 리더십의 근원이기도 했다. 그리고, 그는 특히 가톨릭 교회와 시민사회로부터 동시에 자신의 정당성(legitimacy)을 인정받고 지지를 얻고자 했다. 명실공히 '신앙과 정치의 조화'를 추구했던 그의 그러한 노력은 현재의 김대중 정부 시기에도 정치인들 및 우리 모두에게 시사하는 바가 클 것이다.

곧 살펴보겠지만 장면의 '정치적 이상'은 곧 그의 '종교적 이상'이기도 하기에, 우리는 종교사회학자인 로버트 벨라(Robert N. Bellah)가 제시한 종교적 이상과 현실 세계 사이의 관계 유형을 원용할 수 있을 것이다. 그는 종교가 '사회적 진보(social progress)'에 기여할 개연성이 가장 높은 조건은 종교적 이상과 현실 세계 사이의 지나친 '융합(fusion)'이나 지나친 '분리(disjunction)'가 아닌 '창조적 긴장(creative tension)'상태라고 보았다. 이런 개념들은 추상성이 매우 높긴 하지만, 종교와 정치 내지 종교적 이상과 정치적 현실 사이의 관계라는, 역시 추상성이 높은 관계를 유형 짓는 데 나름대로 유용할 것이다.[9] 그리고, 이렇게 본다면, 종교적 이

---

9) 이에 대한 설명은 Robert N. Bellah, "Epilogue: Religion and Progress in Modern Asia," Robert N. Bellah(ed.), *Religion and Progress in Modern Asia* (1965, New York: The Free Press), pp.168~229 참조.

상과 현실 세계 사이에는 어느 정도의 '긴장'이 불가피할 뿐만 아니라 오히려 바람직한 것으로까지 여겨진다. 왜냐하면, 그러한 '긴장'은 '창조적(creative)'일 수도 있기 때문이다. 특히 장면의 경우, 그의 가톨릭 신앙 및 자유민주주의의 이상, 곧 4·19혁명의 이상은 교회 – 국가 관계와 국가 – 사회 관계라는 구도 위에서 자리매김 되는 성질의 것이었기에, 우리는 장면과 4·19혁명의 이상에 입각한 교회 – 국가, 국가 – 시민사회 관계를 정리해 볼 필요가 있다. 왜냐 하면, 가톨릭 신앙과 자유민주주의의 결합이 현실 안에서 구현되려면 교회와 국가 사이, 그리고 국가와 시민사회 사이, 그리고 그 양자간의 이상적인 관계가 요구되기 때문일 것이다. 그리고 '이상'의 총체적인 구현을 기대했다면 '현실'과의 사이에서 총체적으로 형성되는 '긴장'도 일단은 자연스러운 것일 뿐만 아니라 바람직한 것으로까지 여겨졌을 것이다.

그렇다면 장면의 종교적·정치적 이상은 좀 더 구체적으로는 어떤 것이었을까? 그리고 종교적 이상과 정치적 이상, 교회와 국가 및 국가와 시민사회, 이들 각각의 이상적인 관계란 어떤 것이어야 할까? 이러한 점들에 대해 하나씩 간략히 살펴보기로 하자.

1) 가톨릭 신앙의 정치적 구현, 이상적인 교회 – 국가 관계

장면에 따르면 그의 정계 투신은 "조국의 복음화를 통해 국가의 민주화를 도모해야 한다는 뚜렷한 소명의식" 때문이었다. 그는 크리스트교 정치가에게는 "양도할 수 없는 하늘이 준 권리를 옹호하기 위하여 그 노력을 집중하고, 종교 및 언론의 자유를 보장하고 국민의 정치적·사회적·경제적 생활의 민주적 발달"을 도와야 할, 그리고 "정당의 정책에 크리스트교 원리를 침투시키고, 정부에 그 실시를 촉구함으로써 나라에 영향"을 주어야 할 소명이 부여되어 있다고 믿었다.[10] 즉 그는 가톨릭 정치가는 "자연법과 크리스트교의 도덕에 대한 이해"뿐만 아니라 크리스트교 정신의 구현을 위해서 "천부의 인권을 옹호하고 종교와 언론의 자유를 보장하고 국민의 정치적·사회적·경제적 생활의 민주적 발달"을 도울 소명을 부여받고 있으며, 이를 위해서 갖가지 장애들에 대처하여 "크리스트교 원리를 따라 깊은 지혜와 굽힐 줄 모르는 결심"으로 싸워야 한다고 믿었다. 그리고 그는 국제주의적인 정치사상을 지녔고 그것을 실천에 옮겼는데, 그러한 사상 역시도 국가를 초월한 인류의 평등과 연대를 지향하는 크리스트교의 신앙에 입각한 것이었으며, 대한민국의 국제적 승인과 한국전쟁에의 UN군 참전을 이끌어 낸 원동력이었다.[11] 덧붙여 그는 비크리스도교 국가인 한국에 크리스트교가 보급되어 "유물론과 공산주의의 그릇된 가치"가 침투하는 것을 막는 "해독제" 역할을 해야만 국가는 번영을 담보할 수 있다고 믿었다.[12]

이렇듯이 장면은 크리스트교 정신의 참된 구현의 관건이 한국의 국가와 사회에 시민의 자각에 기반한 진정한 자유민주주의를 실현하는 것과 결부되어 있다고 보았다.[13] 곧 가톨릭 신앙과 자

---

10) 장면, 운석선생기념출판위원회 편, 1999, 「우리는 무엇을 해야 할 것인가」『한 알의 밀이 죽지 않고는』(증보판), 가톨릭출판사, 142~143쪽.
11) 허동현, 『건국·외교·민주의 선구자 장면』, 213~214쪽.
12) 위의 책, 211쪽.
13) 그 당시 교회도 국가, 합법적인 정부가 되기 위한 유일한 조건은 "국민의 지지를 받아야 한다"라는 점을 강조했다. "성교회에서는 어떤 형태의 정부를 더 좋아하고 어떤 형태의 정부를 덜 좋아한다고 공식적으로 선언한 적은 없습니다. 그러나, 지금까지의 역사적 경험으로 봐서, 만인의 교회인 성교회가 제일 순조로이 그리고 평화롭게 호흡

유민주주의에 대한 신념은 장면에게는 불가분리의 관계였던 것이며,[14] 그의 정치관이었을 뿐만 아니라 기본정신이었고,[15] 그의 '종교적·정치적' 이상이었다. 그렇기에, 정치가 장면의 이상을 이해하기 위해서는 그의 종교적 배경이 먼저 언급되어야만 한다.

장면은 독실한 가톨릭 가문에서 성장하여 가톨릭계 학교를 다녔고 교육학과 신학을 주로 공부하던 미국 맨해튼 대학 유학 시절엔 '프란치스꼬 제3회'에 입회했으며, 1945년 해방을 맞아 당시 노기남 주교의 강력한 권유와 천거에 따라 1946년 미군정이 발족시킨 민주의원과 입법의원에 가톨릭 대표로 참여함으로써 장면은 교육자에서 정치인으로 인생의 행로를 바꾸었다. 김대중 현 대통령 등 200명 이상의 代子를 두기도 했으며, 5·16군사쿠데타로 실각한 후엔 '야인' 장면으로 돌아와 철저한 신앙생활과 종교서적 번역 및 집필에 몰두하다가 1966년에 67세의 나이로 세상을 떠났다. 그가 선종한 후 교회 장상들은 그를 '거룩한 평신도' 또는 '신앙의 정치인'이라 칭송했다.[16] 1966년 6월 장면의 서거 직후『가톨릭신문』에서는 장면을 "티 없는 우리 민족의 정치인이었고 그리스도의 정신에 충만한 진실한 가톨릭인이었다", "자기를

하고 어울릴 수 있는 정체(政體)는 역시 국민의 정부, 국민에 의한 정부, 국민을 위한 정부인 민주주의 정체입니다", "물음―가톨릭은 독재적이고 또 비민주적이지 않습니까?" 1960년 12월호,『경향잡지』, 590~594쪽 ; 문규현, 1994,『민족과 함께 쓰는 한국천주교회사 Ⅱ』, 빛두레, 278쪽.

14) 허동현은 이 두 가지에 국제주의적 요소를 추가한다. 허동현,『건국·외교·민주의 선구자 장면』, 213~214쪽 참조. 그러나 국가를 초월하여 인류의 평등과 연대를 지향하는 그러한 신념도 그리스도교적인 원천을 지닌다고 볼 수 있기에 본 논문에서는 국제주의적 요소를 그리스도교적 요소 안에 포함시킬 것이다.

15) 허동현,『건국·외교·민주의 선구자 장면』, 211~214쪽.

16) 1999년 8월 22일,『평화신문』.

총살하려는 죄수를 찾아 위로와 교훈을 준 산 성인의 생애였다,” “임종을 앞두고 병원에서도 병고와 시름하면서도 으레 그의 화제는 이 나라에 하루 바삐 그리스도의 말씀을 전하는 것으로 일관되어 곁에 있는 이로 하여금 눈시울을 뜨겁게 한 그이가 요안 장면 박사가 아니었던가”라며 애도했다.[17] 그 후 김수환 추기경과 가톨릭 언론의 평가도 역시 단연 긍정적이다. 장면 탄생 100주년(1999년 8월 27일) 기념 미사의 강론에서 김수환 추기경은 “장면 박사는 정치적으로나 종교적으로나 모범적이고 거룩한 분이었다”며 “교회 차원에서 시복(諡福·죽은 뒤에 복자품에 올리는 일) 혹은 시성(諡聖·성인품에 올리는 일)이 추진되기를 바란다”고 했고, “고인은 김대중 대통령을 포함, 200여명의 代子를 두는 등 인품이 뛰어났으며 고인의 모든 생각과 행동은 하느님의 말씀에 바탕을 두고 이루어졌다”고 말했다.[18]

이렇게 정치가 장면에게 있어서 가톨릭 신앙은 절대적인 비중을 차지했으며 늘 본인의 독실한 가톨릭 신앙과 그가 맡게 된 정치를 하나로 일치시키려 했다는 점은 매우 중요한데, 이 점을 우리가 제대로 이해하기 위해서는 일종의 감정이입(empathy)이 필요할 것이다. 그것은 마치 1970년대, 1980년대 남미와 한국의 경우에서 보여졌던 민주화와 인권을 위한 교회의 정치적 개입을 제대로 이해하기 위해선 그것을 우선적으로 ‘종교적 관점’에서 바라보며 그러한 개입이 정권 획득을 지향하는 ‘정치적 동기’가 아닌 교회의 가르침의 실천이라는 ‘종교적 동기’에 의한 것이었음을 놓치지 말아야 한다는 점과도 맥을 같이 한다 할 것이다.[19] 장면

---

17) 1966년 6월 12일, 1999년 6월 20일, 『가톨릭신문』.

18) 1999년 8월 28일, 『문화일보』.

19) 이에 대해서는 Scott Mainwaring & Alexander Wilde(eds.), *The Progressive Church in Latin America*(1989, Notre Dame: University of Notre Dame

의 경우, 그의 정계진출 및 정치적 행적의 동기는 물론 집권이라는 '정치적인 것'이기도 했지만, 그 보다는 오히려 '하나님 나라의 실현'을 포함하는 교회의 가르침에 대한 순종이라는[20] '종교적인 것'이 더 중요했다고도 볼 수 있을 것이다. 장면의 경우는 특히 그랬다고 보아야 할 것이다.[21]

이어서, 교회 – 국가 관계(church – state relations)를 살펴보자. 교회와 국가 사이의 관계(church – state relations)는 교회가 가장 작은 자율성을 지니는 상태에서부터 가장 큰 자율성을 지니는 상태를 지칭하는 순서대로 교회와 국가간의 "(1) 연합(coalition) : 목표와 구조의 완전한 동일성, (2) 협동(cooperation) : 분리된 구조들을 통하여 때때로 동일한 목표를 추구, (3) 경쟁(competition) : 상이한 전략을 사용하여 분리된 구조들을 통하여 유사한 목표를 추구, (4) 갈등(conflict) : 다른 구조들을 통하여 상호 배타적 혹은 적대적인 목표들을 추구"라고 하는 네 가지로 유형화할 수 있다.[22] 역

Press), pp. vii~viii, p.34, 그리고 김녕, 『한국정치와 교회 – 국가 갈등』 1996, 소나무, 25쪽 참조.

20) 교회는 신자들에게 다음과 같이 애국심을 한껏 강조했다. "천주께 대한 진정한 충성과 나라에 대한 참다운 충성과의 사이에는 아무런 모순도 있을 수 없다. 그리고 또한 각각 국가와 교회에 바치는 충성 간에도 그 충성이 정말로 참된 것이라면 상호간에 배치되는 일은 절대로 있을 수 없는 것이다. 달리 말하면, 그 모든 것에 대한 충성은 다만 천주께 대한 충성의 여러 가지 면을 드러내는 것에 지나지 않는 것이다", "한국 가톨릭의 축일, 8월 15일을 맞이하여," 1960년 8월호, 『경향잡지』, 359쪽 ; 문규현, 『민족과 함께 쓰는 한국천주교회사 Ⅱ』, 278쪽.

21) "장면총리는 권력에 대한 집착이나 탐욕을 지녔다고 평가하기 어렵다", 이정희, "제2공화국의 정치환경과 장면의 리더십", 한국정치학회 편, 1995, 『한국현대정치사』, 법문사, 252쪽. "한마디로 말하면 장박사는 정치가가 될 사람이 아니라 신부가 될 사람이었다", 송원영, 1990, 『제2공화국』, 샘터, 73쪽.

사상 교회와 국가는 때로는 국가가 교회를 박해하고, 때로는 교회가 국가를 制御하고, 또 때로는 국가가 교회를 정치적으로 이용하는 등, 서로 배격하거나, 영합하거나, 이용하는 관계를 맺고 지내왔다.[23) 특히 '종교의 자유' 및 '교세의 확장'이라는 교회의 제도적 이익 추구와 교회로부터 정당화(legitimation)를 얻으려는 국가의 이해관계는 서로로 하여금 가급적이면 각자의 영역을 인정하고 갈등을 피하려는 경향, 곧 협조관계를 선호하는 경향을 보이게 마련이다. 그러나, 특히 1970년대, 1980년대에 걸쳐 민주화 운동이 벌어졌던 라틴 아메리카와 한국 등의 경우에서와 같이, '오랜 동맹(old allies)'이었던 교회와 국가는 교회가 군부권위주의정권에 대한 저항세력이 되면 '새로운 적(new enemies)'으로[24) 바뀌게 되어 갈등을 일으키기도 한다.[25) 결국 국가와 교회 내지 정치와 종교는 각자가 서로 협조하는 관계가 일반적이지만, 만일 정치가 국민의 인권을 유린하는 압제 상황이라면 종교는 도덕적 책임을 지고 있는 입장에서 개입할 수도 있다. 그 외의 경우에는 서로의 영역을 지키면서 협조하는 것이 이상적이다.[26) 또한 교회

---

22) Thomas C. Bruneau, *The Political Transformation of the Brazilian Catholic Church*(1974, London: Cambridge Univrsity Press), p.5.
23) 이태재, "교회와 국가", 1985, 『한국가톨릭대사전』, 한국교회사연구소, 156~157쪽.
24) Brian H. Smith, "Old Allies, New Enemies: The Catholic Church as Opposition to Military Rule in Chile, 1973~1979," J. Samuel Valenzuela & Arturo Valenzuela(eds.), *Military Rule in Chile: Dictatorship & Oppositions*(1986, Baltimore & London: The Johns Hopkins University Press), pp.270~303 참조.
25) Thomas C. Bruneau, *The Political Transformation of the Brazilian Catholic Church*(1974, London: Cambridge University Press), p.3. 한국가톨릭교회의 경우는 김녕, 1996, 『한국정치와 교회─국가 갈등』, 소나무.
26) 김수환 추기경이 관훈클럽 초청강연(1995년 12월 20일)에서 정치와 종교의 관계에 대해 밝힌 견해. 1996년 1월 1일, 『가톨릭신문』.

와 국가 사이에 협조관계가 바람직하더라도, 무조건적인 밀착관
계가 되지 않게끔 하는 어느 정도의 긴장이 있어야 할 것이며, 그
러한 긴장은 곧 앞에서 언급한 바 있는, 종교적 이상과 현실 세계
사이의 괴리로 인해 불가피할 뿐만 아니라 오히려 사회적 진보를
가져오는 '창조적 긴장(creative tension)'일 것이기 때문이다. 그리
고, 가톨릭 교회의 지지(support)는 장면의 민주적 리더십 및 정당
성의 근원이기도 했다.

2) 자유민주주의의 실현,
　　이상적인 국가 – 사회 관계

다음으로 자유민주주의는 "자유와 민주주의를 배우고 맛본" 미
국 유학시절부터 일생동안 장면이 그 실현을 꿈꾸어 온 화두였으
며,27) 이의 실현의 계기가 되었던 4·19혁명까지의 12년 기간, 곧
이승만의 제1공화국 시대를 그는 "우리민족과 더불어 영원히 남
게 될 민족의 오점"으로 여겼다.28) 또한 그는 민주주의와 경제발
전이 병행되어야 한다고 보았다. 즉 "선거민과 代議士"들의 의식
개혁과 "개별적·分化的인 시민의 의사와 이익을 공공의 일반의
사 내지 이익으로 통합해 대표"하는 정당과 "노동조합 협동조합
혹은 諸種 단체연합" 등 "사회대중운동"과 같은 제도적 장치의
기능 발휘와 "생산력을 증강하여 근로하는 국민대중에게 공정하
게 분배됨으로써 국민의 생활"수준이 향상되는 경제적 안정은 함

---

27) 장면, 운석선생기념출판위원회 편, "인생회고록",『한 알의 밀이 죽
　　지 않고는』, 36쪽.
28) 장면, "제5회 신문 주간 기념 연설," 211쪽 ; 허동현,『건국·외교·
　　민주의 선구자 장면』, 212쪽.

께 가야 한다는 것이다. 곧 '자유민주주의'는 '다원적 시민사회의 형성'과 그 안정을 뒷받침하는 '경제적 성장'이 병행되어야만 실현된다고 본 것이다.[29] 이렇듯이 정계 진출 이후 이승만 독재에 저항하며 꿈꾸었던 그의 정치적 이상은 "민주정치제도의 재확립"과 자립경제의 수립을 목표로 하는 "경제제일주의"의 정책목표로 구현되었다.[30] 그리하여, 장면 정부는 5·16군사쿠데타 직전까지도 '국토건설사업'을 추진했고 이어서 '경제개발 5개년 계획'을 추진하려 했었던 것이다. 당시 신민당 총재였던 현 김대중 대통령도 "정치인으로서 장 박사는 진정한 민주주의와 지방자치를 실천하기 위해 노력했고, 경제개발 5개년 계획을 입안해 국민이 고르게 잘사는 사회를 구현하고 국토건설 계획을 세워 많은 실업자를 흡수하려 했던 신념과 사명이 투철한 지도자였다"고 추앙했으며,[31] 장면 탄신 100주년 기념미사의 추모사에서는 "약한 정부론"에 대해(장면 정권 당시 민주당 소속이었던) 김 대통령은 "내가 옆에서 본 장 총리는 결코 약하지 않았다. 민주주의에 대한 강한 신념과 실천의지가 있었다. 민주적 경선을 통해 총리가 되었고 읍-면장까지 선거하는 등 지방자치를 완벽하게 실시했고 야당의원을 과감하게 입각시켜 연립내각을 구성했다"고 반박했다.[32] 그리고 김 대통령은 "합리적이고 민주적인 지도자였던 장면 박사가 '여·야간 정권교체가 한 번 이루어져야 이 나라에 진정한 민주주의가 온다'는 이야기를 아주 진지하게 했다"고 증언하면서 "박정희 정권의 장기집권을 겪고 나서야 그 말씀이 바로

---

29) 장면, 1956, "민족갱생(民族更生)의 길-청년과 더불어", 『신세계』 7,
    19~21쪽 ; 허동현, 위의 책, 212쪽.
30) 장면, "제5회 신문 주간 기념 연설", 217쪽 ; 허동현, 위의 책, 212쪽.
31) 1999년 8월 22일, 『평화신문』.
32) 1999년 8월 28일, 『조선일보』.

민주주의의 요체였다는 사실을 아주 깊이 깨달았다"라고 본인의 생각을 밝힌 바도 있다.[33]

'국가－사회 관계(state－society relations)'라는 측면에서 보자면, 장면은 "국가권력과 다원화된 시민사회의 이익추구가 서로 균형을 이루는" 정치를 추구했으며,[34] 그러한 민주정치의 가치는 "지도자의 질이나 정책의 내용에 대한 가치보다도 오히려 만인이 협력하여 그러한 가치를 찾는 그 과정에 있다"는 강한 신념을 지녔으며, 그런 신념을 충분히 실험해 보려 하였다. 즉 "데모로 해가 뜨고 데모로 해가 지는" 상황에서도 그는 시민들에게 "자율적 각성의 시간"을 주려 했다. 즉 "국민이 열망하던 자유를 한 번 주어 보자"는 것이 장면 정부의 이념이었다. 장면 정부도 무슨 핑계로든지 계엄령을 선포할 수도 있었으나 '총검에 의한 외형적 질서'보다도 '자유 바탕 위의 질서'가 진정한 민주적 질서라고 믿었으며 자유당 정권 하에 억눌렸던 국민들이 쌓이고 쌓였던 울분을 한 번은 자유로이 마음껏 발산하고 나면 점차로 가라앉을 것으로 믿었던 것이다. 즉 "철권으로 억압하는 대신 시간으로 다스리고자" 했기에 자유가 베푼 혼란과 부작용에 대해 국민들 스스로가 혐오를 느낄 때를 기다린 것이었다.[35] 이렇듯 장면은 자유민주주의는 그것이 이루어져 가는 '과정'과 '시민의 자각'이 중요하다고 보았고, 시민사회의 자각 능력과 민주적 자율성 및 잠재력을 믿

---

33) 일간지인 『대한매일신문』은 1999년 2월 23일부터 6월 15일까지 30회에 걸쳐 "제2공화국과 장면" 시리즈를 연재했는데, 이것 역시도 장면에 대한 긍정적인 재평가에 크게 기여했다고 보인다. 김대중 대통령의 이러한 발언은 6월 11일자와 12일자 참조.

34) 허동현, 『건국·외교·민주의 선구자 장면』, 212쪽.

35) 장면, 1956, "민족갱생의 길－청년과 더불어", 『신세계』 7, 22쪽 ; 장면, 운석선생기념출판위원회 편, "인생 회고록", 『한 알의 밀이 죽지 않고는』, 76~77쪽.

었던 것이다. 이는 곧 정치학에서 논의되는 '자율적인 시민사회(autonomous civil society)', 즉 "일정한 법률이나 가치에 근거하여 개인과 집단들이 국가로부터 자발적이고 자율적인 조직생활을 영유하는 부문"이[36] 실현 가능하다는 것이며, 시민사회에 대한 장면의 믿음이자 '이상'이었다. 그리고, 장면의 민주적 리더십 및 정당성(legitimacy)의 근원은 가톨릭 교회와 더불어 시민사회의 지지(support)였다.

이에 덧붙여, 국가와 시민사회 사이엔 긴장이 있게 마련이며, 이러한 긴장은 불가피할 뿐만 아니라, 오히려, 민주화 과정에서 바람직한 것이라고 볼 수 있다. 오랜 동안의 권위주의지배 하에서 국가가 사회에 대해 행사했던 경직된 통제는 국가와 사회 사이의 간격(gap)을 크게 했기에 그 간격을 좁히는 것이 요구되는데, 그것은 국가가 사회에 대해 자율성(autonomy)을 부여함으로써 시작되기 마련이다. 왜냐 하면, 권위주의지배 하에서 시민사회는 강력한 국가와 기술관료의 통제 등에 의해 '실종'되었거나 '빈사'상태에 있기 쉬우며, 그러한 시민사회의 급선무는 스스로의 '회생'이나 '원위치로의 복귀'이기 때문이다. 그런데 "국가나 그 밑에서 길들여진 관료집단이 과연 어느 정도나, 그리고 얼마나 실질적으로 그러한 자율성을 부여하려 할까"라는 질문은 그들 스스로의 타성에 비추어 볼 때 답하기가 쉽지 않은 질문이다. 즉 국가는 그때까지 권위주의지배가 부여했던 '국가자율성'을 포기하기 싫어하기에 시민사회와의 사이에는 '긴장관계'가 생기게 되고 그와 더불어 여러 가지 모순들이 빚어지게 된다. 또한 시민사회에도 문제가 있다. 권위주의지배가 해체되어 자원적 결사체들(voluntary associations)이

---

36) 안병준, "결론: 민주적 국가—시민사회 관계의 제도화를 위한 과제" ; 안병준 외, 『국가, 시민사회, 정치민주화』, 한울, 201~202쪽.

번성하는 것은 좋으나 그것들이 다원주의적 문화를 갖추지 못한 상태에서 서로 비타협적이고 때로는 폭력적인 갈등을 조성하게 되면 결국 혁명적 활동을 부추길 수도 있기 마련이다. 그러한 긴장관계가 제대로 해결되기 위해서 국가는 사회의 자율성을 존중하고 진정으로 부여해야 하며, 사회는 사회 내의 자원적 결사체들이 자유로운 형태를 형성하면서도 그들 사이에 서로 자율성이 존중되는 다원주의적 문화가 내면화되어야 할 것이다. 그래야만 활발한 시민사회와 '국가자율성'을 스스로 어느 정도 포기하는 국가 사이에 상호의존적인 균형관계가 수립될 수 있을 것이다. 이렇게 본다면, 특히 한국과 같이 오랜 동안 민주화의 역경을 헤쳐 오고 있는 경우, 국가-사회 사이의 긴장관계는 불가피하면서도 생산적이고 긍정적인 것으로, 즉 보다 민주적인 정치질서를 창출하기 위한 과정으로 간주될 수 있을 것이다.[37]

3. 현실로서의 교회-국가, 국가-사회 관계, 그리고 5·16군사쿠데타

역사학자 E. H. 카아(Edward Hallett Carr)에 따르면, '정치(politics)'는 결코 서로 만날 수 없는 두 개의 다른 면(plane)에 속하는 두 가지 요소들인 '유토피아(utopia)'와 '리얼리티(reality)'로 구성된다. '이상(ideals)'은 '유토피아'이며 '제도(institutions)'는 '리얼리티'이다. '이상(ideals)'은 일단 하나의 '제도' 안에 구현되고 나면 '이상'이기를 그치고 이기적인 이익들의 표현이 되고 말아 새로운 '이

---

37) 한배호, 한국사회학회·한국정치학회 편, 1995, "정치변동과 국가-시민사회의 긴장관계", 『한국의 국가와 시민사회』, 1992, 한울, 80~84쪽.

상'의 이름으로(in the name of a new ideal) 타도되어야만 한다. 이와 같이 화해될 수 없는 힘들(irreconcilable forces) 사이의 끊임없는 상호작용이 곧 '정치'의 소재(素材, the stuff of politics)이다.[38] 이렇듯 위에서 살펴 본 '이상'은 장면의 정계 진출부터 4·19혁명 전후, 즉 장면 정부 시기의 전반부까지는 일단은 비교적 순탄하게 구현될 것같이 여겨지고 믿어졌으나, 중반을 지나 후반에 이르면서 점점 이상과 현실의 갈등은 증폭되었다. 즉, 이승만 정권의 붕괴를 가져오는데 공헌을 한 '교회-국가 갈등(church-state conflicts)'과 '국가-사회 갈등(state-society conflicts)'은 4·19혁명 이후의 장면 정권의 盛의 국면으로 이어졌고, 그런 갈등은 오히려 민주화를 일구어 낸 이상적인 것으로 여겨졌으나, 그 이후 장면 정권이 겪게 된 긴장과 갈등은 이젠 더 이상 '이상'이 아닌 '현실'로서 장면 정권을 옥죄어 결국 衰의 국면으로 치닫게 했다. 그러한 추이를 간략히 살펴보기로 하자.

1) 장면과 가톨릭교회

장면의 정계진출 및 그와 가톨릭 교회와의 밀접한 관계는 그의 생래적 신앙에 의해 매개되었다고 보아야 할 것이다. 장면이 부모에게서 받은 가장 큰 영향은 가톨릭 신앙이었다. 부친 쪽은 2대에 걸친 신자였고 외가는 대대로 가톨릭 집안이었다. 따라서 가톨릭 신앙은 장면에게는 生來的인 것이었으며, 그의 일생동안 가톨릭은 그에게 개인적, 사회적으로 지표이자 울타리였다. 그리고, 그가 천직으로 여겼던 교육자로서의 첫걸음도 1918년에 강사로

---

38) E. H. Carr, *The Twenty Years' Crisis 1919-1939*(1964, New York: Harper & Row, Publishers), pp.93~94.

부임했던 용산 천주교 신학교에서였고 거기에서 장면은 그의 인생 행로에 결정적인 변화를 준 인물인 노기남(盧基南) 대주교를 만났는데, 노 주교는 장면보다 세 살 아래였고 그때 장면의 학생 가운데 하나였다. 1925년 8월에 귀국한 장면은 이후 6년 동안 가톨릭 평양교구 내에서 일했고 1931년에는 가톨릭계인 서울 동성상업학교 교사로 부임해 1936년에는 교장에 올랐으며 혜화유치원 원장, 계성국민학교 교장직도 잇따라 겸임했다. 그러는 동안, 노기남은 한국인 최초로 서울교구장에 올랐고 주교 서품도 받아 그때 이미 한국천주교회를 대표하는 인물이 되어 있었다. 일제강점기였던 그 당시 노 주교는 총독부를 상대하는 일을 비롯하여 교회 내의 여러 복잡한 일에 있어서 늘 장면과 상의했다. 즉, 장면은 한국천주교회와 일반 사회를 연결하는 창구 구실을 했던 것이다.[39]

해방을 맞아 가톨릭 교회는 당시 동성상업학교 교장이었던 장면에게 정계 진출이라는 임무를 맡기게 된다. 하지 중장이 이끄는 미군이 서울에 입성한 다음 날인 1945년 9월 9일에 명동성당에서는 뉴욕 대주교인 스펠만 추기경이 집전한 미사가 열렸고 많은 미군 장병들이 참석했다. 스펠만은 미국의 최초의 추기경이었고 미국 가톨릭을 대표하는 인물이었기에, 그런 거물이 미군과 함께 서울에 들어와 일시나마 활동한 것은 해방정국에서 한국가톨릭교회에게 큰 힘이 되었다.[40] 그리고 사흘 후 미군 사령관의 정치고문인 나이스터 준장은 노기남 주교를 초청하여 미군정청을 도와 같이 일할 지도자들을 추천해 달라고 부탁하여, 노 주교는 장면과 상의하여 60명의 명단을 갖다 주었다. 그 명단 중에 가톨릭 신자

---

39) 이용원, 1999, 『제2공화국과 장면』, 범우사, 69~73쪽.
40) 위의 책, 74쪽.

가운데 적임자가 없었음을 매우 섭섭해했던 노 주교가 결국 장면을 정계로 진출시켰다고 할 수 있다. 구체적으로, 장면은 1946년 2월 미군정의 자문기관인 '민주의원(民主議院, 남조선 국민대표 민주의원)의 전체 25명 가운데 가톨릭계 대표의 몫으로서 의원이 됨으로써 정계에 나선 것이다. 정계 진출을 완강히 거절하던 장면이 교육자의 길을 포기하고 결국 정치에 나선 것에도 결국은 신앙심이 가장 커다란 요인이었을 것이다. 즉 평신도인 장면에게 順命의 대상인 사제였던 노 주교의 거듭되는 요청을 '신앙인' 장면은 끝까지 거부할 수는 없었던 것이다. 그 후 장면은 민주의원을 대체한 '입법의원(立法議院, 남조선 과도 입법의원)'에도 거듭 진출했고 1948년의 '5·10' 제헌의회 선거에도 무소속으로 입후보했다. 장면이 출마하자 노 주교는 선거운동본부장을 자처하며 본인보다 더 열성적으로 나섰고 가톨릭 신자들도 적극 호응했다. 당시『경향잡지』와 1946년 10월 6일 창간한『경향신문』을 갖고 있던 가톨릭교회는 "지금처럼 선거법이 엄격한 때라면 당장 선거법 위반이 되었을 정도로" 모든 수단을 총동원해서 장면을 지원했고 장면은 49세의 나이에 제헌의원이 되었다.[41)

그러나 그는 곧바로 외교관으로 발탁되었기에 의원생활은 길지 않았으며, 외교관으로서의 그의 화려한 업적 뒤에도 가톨릭교회는 배경으로 작용했다. 대한민국 정부가 출범한 직후 이승만 대통령은 그에게 그 해 12월 파리에서 열리는 제3차 유엔총회에 한국대표단을 이끌고 참가하여 한국이 '한반도의 유일한 합법정부'임을 승인 받는 수석대표의 임무를 부여했고 장면이 이를 성사시킨 일과 그 직후에 이승만이 장면을 초대 주미대사로 임명한 것도 이승만이 전세계 가톨릭 파워를 염두에 두었기 때문이었다.

---

41) 위의 책, 74~77쪽.

당시 국내에는 친한파인 패트릭 번(한국 이름 방일은) 신부가 교황사절로 있었고 장면과 남다른 인연이 있었던 번 신부는 장면이 파리로 출국하기 전 찾아온 장면에게 파리주재 교황대사와 유럽·중남미의 가톨릭 국가 대표들에게 보내는 소개장 10여장을 건네주었으며, 교황 비오 12세에게 "유엔총회에 참석하는 한국대표 장면을 적극 도와달라"는 편지를 보내기도 했다. 그 소개장은 파리에서 큰 효력을 발휘했으며, 장면은 쉬는 시간에도 혼자서 한국 승인문제를 위해 천주교인을 만나러 다녔고, 당시 유엔총회 의장인 에버트 호주 외무장관을 만난 것도 가톨릭 교회의 지원에 힘입은 바 컸다. 1948년 12월 12일 유엔총회에서 한국 승인 결의안이 55국 가운데 찬성 48, 반대 6, 기권 1표라는 절대적인 지지로 통과된 후, 장면은 대통령 특사 자격으로 로마에 가서 교황 비오 12세를 40여분간 단독 알현하면서 "신생 대한민국에 정신적인 지원을 해 달라"고 요청했고, 교황청은 이듬해 4월 17일에 한국 정부를 정식으로 승인했다. 이에 대한민국 외무부는 이를 환영하여 "대한민국이 한반도의 유일한 합법정부임을 세계의 5억 천주교도가 승인한 것"이라고 성명을 발표하기도 했다. 귀국 길에 오른 장면은 12월 27일에 모교인 맨해턴 대학교에서 명예법학박사 학위를 받았고 새해 첫날 트루먼 미국 대통령은 한국을 승인한다고 발표했으며, 1월 15일 장면은 본국 정부로부터 초대 주미대사로 임명되었다. 그 이유는 장면이 파리 유엔총회에서 크게 활약했기 때문이기도 했지만, 그와 더불어, 미국 가톨릭교회의 지도자인 스펠만 추기경과 절친했으며 동시에 철저한 반공주의자인 이승만이 미국의 가톨릭 세력의 지원을 얻기 위해 장면을 활용하려는 의도도 있었을 것이다. 그리고, 초대 주미대사 장면은 6·25전쟁이 발발하자 북한을 침략국으로 규정한 유엔 안전보장이사회

의 결의를 하루만에 이끌어 냈으며, 곧이어 미국 및 유엔의 군사
적 지원을 즉각 이끌어 냈다.[42] 이승만 정부의 외교관이자 한 사
람의 가톨릭 평신도로서의 장면의 이러한 활약은 곧 노 주교, 더
나아가서는 한국 가톨릭 교회와 이승만과의 관계를 돈독히 하는
데 큰 기여를 했다.

2) 교회 – 국가 관계의 현실

위에서 이미 언급했듯이, 해방이 되자 한국 가톨릭교회의 首長
이라 할 노기남 주교는 1945년 9월 8일 진주한 미군정 당국과 처
음부터 깊은 관련을 맺었다. 그리고, 중국에서 김 구 주석을 비롯
한 임시정부 인사들이 귀국하자 이들을 위한 환영미사를 명동성
당에서 집전하였으나 이승만의 귀국과 함께 더 유망한 정치가인
그에 대한 전폭적인 지지로 돌아서 이승만 노선에 편승했으며,
이승만 역시도 대한민국 정부의 승인, 6·25전쟁 이후의 복구 등
을 위해서 국제적 연대성을 토대로 커다란 영향력을 행사할 수
있는 가톨릭 교회와의 협조를 필요로 했다. 특히 한국 전쟁 이후
의 복구 사업은 특히 미국 및 미국 가톨릭 교회의 원조에 힘입은
바 컸다.[43] 또한 노기남 주교는 장면이 입법의원으로 선출되게끔
교회가 지지토록 적극 권유하였고, 40명의 가톨릭 인사를 한국민
주당에 입당시키기까지 하면서 이승만 정권과 밀착했다.[44] 이러

---

42) 위의 책, 77~91쪽.

43) 이에 대해서는 김창문·정재선 공편, 1988,『한국가톨릭 어제와 오늘』,
    가톨릭코리아사, 382~385쪽 등을 참조.

44) 천주교 정의구현 전국 사제단 편, 1988,『한국천주교회의 위상: '70
    년대 정의구현 활동에 대한 종합과 평가』, 분도출판사, 21~22쪽.

한 교회－국가 관계 하에서 해방 이후 한국 가톨릭 교회는 신앙
의 자유를 누리며 교세가 날로 번창하여 갔다. 이는 종교적 자유
와 교세 확장을 추구하는 교회와, 교회로부터 정당화를 얻으려는
국가 사이의 전형적인 협조관계였으며, 또한 친미·반공노선을
함께 하는 데서 오는 유착이기도 했다.[45]

 그 후 이승만 독재체제에 맞선 통합야당으로서 민주당이 1955
년 9월에 탄생하였고 대한민국 출범 이후 유엔대표단장－초대 주
미대사－2대 국무총리를 차례로 지내며 정부에서만 일하던 장면
이 야당 정치인으로 탈바꿈하여 1956년 정부통령선거에서 민주
당 부통령으로 당선되게 되자 이승만으로부터의 탄압이 심해지
게 되었고,[46] 교회－국가 사이의 협조 내지 유착관계에는 균열이
생기게 되었다. 야당지로 탈바꿈한『경향신문』이 1959년에 폐간
을 맞은 것도 이와 같은 맥락이었다.[47] 즉, 이승만 정권 당시 국
가와 교회가 유지한 협조관계는 이승만과 장면의 갈등이 표면화
되면서부터 깨어지고 가톨릭 교회는 이승만 반대, 장면 지지로
선회한다. 그 결과, 4·19혁명가 일어난 후 이승만은 실제로 장면
과 노기남 대주교를 4·19혁명의 배후로 지목했다. 이승만은 4월
21일 경무대를 방문한 매카나기 주한 미대사에게 “이 모든 사태
는 장 부통령과 노 대주교가 정치적 목적을 달성하려고 가톨릭

---

45) 미군정과 이승만정권 시기의 교회－국가 관계의 자세한 내용은 강
　　인철, “미군정과 이승만정권 하에서의 교회와 국가” ; 오경환 외,
　　1997,『교회와 국가』, 인천가톨릭대학교 출판부, 613～656쪽. 1945년
　　해방부터 1960년대 말까지 한국가톨릭교회사, 특히 교회－국가 관
　　계에 대한 비판적인 성찰로는 문규현,『민족과 함께 쓰는 한국천주
　　교회사 Ⅱ』, 13～333쪽 참조.
46) 이용원,『제2공화국과 장면』, 98～99쪽.
47) 강인철, “미군정과 이승만정권 하에서의 교회와 국가” ; 오경환 외,
　　『교회와 국가』, 647～648쪽.

세력을 선동해 일어난 것"이라고 주장했던 것이다.48) 장면은 실제로 가톨릭 교회에 많이 의지했다. 가톨릭 교회는 종교적으로도 그랬지만 정치적으로도 커다란 지지세력이었다. 현석호, 조재천, 김영선 등 장면 내각의 주요 핵심 실세들도 가톨릭 신자였으며, 특히 장면에게 커다란 정치적 영향을 미친 가톨릭 인맥 중에는 『경향신문』 사장이었던 한창우와 노기남 주교의 비서였던 김철규 신부가 있었다. 김 신부는 노기남 주교 하에서 장면의 종로 을구 국회의원선거를 적극 도왔고 장면이 부산에서 총리로 재직할 당시였던 1952년 '부산정치파동' 직후엔 김영선, 선우종원 등과 함께 장면을 대통령으로 옹립하려는 운동을 본격적으로 수행했으며, 민주당 창당 운동에도 깊이 간여하였고, 민주당이 창당된 후엔 신파의 막후 인물이었다. 앞서 언급했듯이, 이승만에게 가톨릭교회의 인재로서 장면을 천거함으로써 장면이 이승만의 권유로 종로에서 출마하여 제헌국회의원이 되었을 때부터 제2공화국 시절 내내 그는 정치인 장면의 강력한 후견인이었다. 김철규 신부와 그가 보좌하던 노기남 주교, 둘 다 교회와 정치의 밀접한 관계를 지지했으며,49) '정치신부', '정치주교'라는 말은 틀린 말이 아니었다.

　미군정이 끝나고 이승만 정권이 수립된 이후의 가톨릭 교회와 국가(엘리트) 간의 관계를 돌이켜 보면, '우호적 협력' 시기(1948년 정부 수립 이후부터 장면이 1951년 2월에 제2대 국무총리에 취임될 때까지), 경쟁과 협력이 공존했던 '경쟁적 협력' 시기(1951년 여름 이후 장면 대통령 추대운동이 본격화되고 장면이 1952년 4월에 국무총리직에서 경질된 이후 1955년 9월에 민주당

---

48) 이용원, 『제2공화국과 장면』, 115~116쪽.
49) 정대철, 1997, 『장면은 왜 수녀원에 숨어 있었나』, 동아일보사, 313~318쪽.

이 창당될 때까지), "경쟁의 전면화" 시기(1956년 3월에 민주당 부통령 후보자로 지명되어 5월에 당선 된 이후 1960년 이승만 정권 붕괴 때까지)를 거치는 동안, 국가와의 관계에 있어서 가톨릭교회의 지도자들은 '제도적 이익의 관점'에서 행동하였고, 그 매개의 역할이 곧 장면의 몫이었다.[50] 그러나, 그 후 제2공화국의 혼란 속에서 장면에 대한 국민들의 지지가 흔들리게 되자[51] 가톨릭교회의 장면에 대한 지지도 희석되었고, 5·16군사쿠데타가 일어나자 결국 그것에 대한 저항이나 비판을 하지 않았을 뿐만 아니라, 결국 안정과 기득권을 추구하는 본래의 친체제적 성향으로 회귀하고 말았다. 부연하자면, 5·16군사쿠데타가 벌어지자, 가톨릭 교회로서는 장면을 지지한 과거 행적이 결국 자충수를 둔 셈이 되었다고 판단했다. 예를 들어, 노기남 주교는 여당지 취급을 받아 온 『경향신문』의 운명을 걱정했고 일종의 위기감을 느꼈다. 그래서, 다른 어떤 집단보다 먼저 쿠데타 세력을 인정했을 뿐 아니라, 적극 협조했다. 한가지 예로, 가톨릭교회는 1961년 9월 10일에 간담회를 갖고 쿠데타 정권이 추진하던 '재건국민운동본부'에 가입하여 노기남 주교를 총재로 하여 '재건국민운동 천주교 서울교구 추진회'를 결성했고, 군부는 이를 통해 쿠데타의 도덕적 정당성을 확보하고자 했다. 그리고, "우리 신자들은 신앙의 정신으로 재건 국민 운동에 적극 협력하라!", "구태의연한 미지근한 교우가 되지 말고, 신앙적 혁명을 우리 자신 안에 일으켜야 마땅

---

50) 강인철, "미군정과 이승만정권 하에서의 교회와 국가" ; 오경환 외, 『교회와 국가』, 653쪽.

51) 5·16군사쿠데타 당시 이에 저항하는 집단행위가 거의 없었다는 사실은, 쿠데타에 대한 국민들의 적극적인 지지는 아니더라도, 적어도 민주당 정권의 실정에 대한 국민들의 비판적인 여론을 반영하는 것이었다. 백영철, "제2공화국의 의회정치: 갈등처리과정을 중심으로" ; 백영철 편, 1996, 『제2공화국과 한국민주주의』, 나남, 155쪽.

하다”고『경향잡지』를 통해서 권고했다. 이렇게 함으로써 교회는
쿠데타 세력과의 충돌이나 압력을 피해 갈 수 있었다.[52]

장면 정권이 5·16군사쿠데타로 무너지자 가톨릭 교회가 박정
희의 군사쿠데타와 군사혁명위원회(1961년 5월 16일~1963년 12
월 16일)에 대해, 그리고 뒤이은 박 정권의 제3공화국(1963년 12
월 17일~1972년 10월 26일)에 대해 침묵을 지키며 친체제성향을
계속 드러냈음을 주목하면, 결론적으로, 가톨릭 교회는 해방정국
에서부터 박정희 정권 시기까지, 즉, 미군정, 이승만, 장면, 그리
고 박정희 순으로 가장 유망한 정치세력 내지는 집권세력의 편을
들며 친미·친정부적 자세를 견지했고 가급적이면 정부와 협력
하고 갈등을 피하면서 정치적 영향력 내지 제도적 이익을 증대시
키려 했을 뿐이었다. 물론 자유당 치하의 반독재 투쟁에서, 그리
고 1960년 4·19혁명에 있어서, 한국 가톨릭 교회가 이승만 정권
에 대한 반대 입장을 표명한 것이 간접적이나마 4·19혁명의 발단
에 도움을 주긴 했으나,[53] 그 이외엔 별로 기여를 하지 못했으며,
그 결실인 장면의 민주당 정권의 탄생에 박수와 환호를 올렸을
뿐이었다. 즉, 교회는 4·19혁명 주도세력으로서가 아니라 장면의
개인적 위치로 그 명맥을 그나마 유지할 수 있었던 것이다.[54] 바

---

52) 조광, “휴전 이후의 한국천주교회상(1953~1962)”,『교회와 역사』제
　　172호, 13쪽 ; 1961년 12월호,『경향잡지』, 642~644쪽 ; 노기남 주교
　　연두사 “새 해는 개심의 기회 주시는 천주의 자비의 선물”, 1962년
　　1월호,『경향잡지』, 716쪽 ; 문규현,『민족과 함께 쓰는 한국천주교
　　회사 Ⅱ』, 284~288쪽 참조.
53) 노길명, 1989년 11월, “민족사에 나타난 한국가톨릭 교회의 위상”,
　　『사목』130호, 38쪽.
54) 천주교 정의구현 전국 사제단 편,『한국천주교회의 위상: ‘70년대 정
　　의구현 활동에 대한 종합과 평가』, 22쪽 ; 김 녕,『한국정치와 교회―
　　국가 갈등』, 226~229쪽.

꾸어 말하면, 미군정과 이승만이 장면을 밀어 주고 당겨 준 것도 다 가톨릭 교회를 의식했기에 가능했으며, 결국 가톨릭 교회의 절대적 지원이 장면을 제2공화국의 총리로까지 만들어 낸 것이었다. 즉, 권력, 사회 지도층 인사 속에 가톨릭 신자가 없음을 탄식했던 노기남 주교가 장면에게 영향력을 미쳐 가톨릭적 이상국가를 실현해 보려 했던 열망이 그 근본이었다. 만일, 장면이라는 인물이 없었고, 설사 있었더라도 정권을 장악할 만한 위치에 있지 않았더라면, 아마도 교회는 어떻게 해서라도 이승만과의 협력, 친분관계를 유지하려 했을 것이다. 장면의 흥망이 곧 교회의 성장 및 흥망과 동일시되었기에 가톨릭 교회는 반독재·반정부 투쟁의 자리에도 서 보았고 4·19혁명 당시에 민주화 세력으로 비춰지기도 했으나, 그것은 진정 이승만의 독재정치에 대한 분노와 정의감보다는 교회가 권력의 언저리에 밀려났기에 취해진 것이었다.[55] 결론적으로, 장면은 가톨릭 교회의 대리인이자 대리만족을 주는 위치에 있었으며, 경기의 판도가 바뀌자 응원은 더 유망한 정치세력인 박정희 군사정권에게로 옮겨갔으며, 장면은 혼자 남겨지게 되었다.[56] 그것이 곧 '현실'이었다.

---

55) 문규현, 『민족과 함께 쓰는 한국천주교회사 Ⅱ』, 278~279쪽.
56) 장면의 정계 진출에 결정적인 역할을 했던 노기남 대주교는 장면에 대해 "세계적으로 널리 알려진 신앙의 정치가이자 민주주의 정치가"로 평가했으면서도, "종교인이며 교육가이지 정치가의 소양은 없는 편이었다"라고 회고했다. 허동현, 『건국·외교·민주의 선구자 장면』, 200쪽 ; 노기남, 운석선생기념출판위원회 편, "거룩한 평신도 장요안", 『한 알의 밀이 죽지 않고는』, 338쪽 ; 허동현, 위의 책, 199쪽.

3) 제2공화국 자유민주주의의 이상과 현실

위에서 살펴보았듯이, 장면 정권 시기에 교회와 국가의 관계는 이상적인 관계에는 못 미치게 상호 지나치게 밀착한 바 없지 않았으며 교회로부터의 지지는 점차 약화되어 5·16 후에 가톨릭 교회는 박정희 정권을 추인하게 되었다. 한편, 시민사회로부터 지지를 얻던 장면 정권은 점차로 시민사회의 분출하는 요구를 감당하지 못할 만큼 체제 과부하(overload) 상태에 빠지게 되었고 정치권은 구파와 신파의 파당싸움으로 인해 리더십을 발휘하지 못하는 지경에 봉착했다. 그리하여, 장면은 교회와 동시에 시민사회로부터의 지지의 철회 내지 상실이라는 결과를 맞게 되었다. 국가와 시민사회의 긴장관계는 이승만 정권 및 장면 정권 시기에도 두드러졌는데, 장면 정권 초기는 국가가 시민사회에 자율성을 부여하려 했기에 그러한 긴장은 적었고 조만간 '이상'이 구현될 거라는 기대가 있었다. 그러나 늘 그렇듯이 '이상'과 '현실'은 괴리가 있게 마련이며, '이상'은 '현실' 속에서 제대로 구현되기 쉽지 않거나 굴절되기 쉽다. 장면의 그러한 '이상'은 제2공화국의 '현실'과 갈등을 일으키며 급기야는 치명적인 결과, 즉 5·16군사쿠데타를 자초했던 것이다.

장면 정부하의 국가의 취약성은 장면 정권 탄생 경로부터 이미 예정되어 있었다 할 수 있다. 자유민주주주의를 철저히 실현하겠다는 약속만이 스스로의 존재 이유이자 정통성 내지 정당성(legitimacy)의 근거였던 장면 정부는 자유민주주주의의 이상과 원칙에 철저할 수밖에 없었고, 스스로도 그렇게 하려고 했으며, 또 그랬기에 결국은 스스로에게 굴레를 씌우고 만 셈이 되었다. 여기에서는 자유민주주주의의 이상과 원칙 중에서 '집회 및 시위의 자유'와 '언론의 자유'의 경우와 더불어, 장면 본인의 민주주의의 이상에 대한 신봉과 실천의 면모를 간략히 살펴보고자 한다.

첫째, 4·19혁명 봉기 세력과 정부 사이에 정치적 이념 내지 정책적 선호의 불일치가 있는 경우엔 갈등의 골이 점차 깊어지고 수많은 집단행동이 벌어지곤 했으나, 민주당 정부는 이승만 정권의 타도에 직접적인 역할을 한 이들 학생 세력을 함부로 제지할 수가 없었다. 언론, 집회, 결사, 시위, 정당 결성 등의 시민적·정치적 권리에 대한 제한의 철폐와 더불어 이들 세력들의 집단 행동을 규제할 법적 근거 역시도 상실되었다. 설상가상으로 혁명과업 수행의 일환으로 시행된 경찰에 대한 숙청은 경찰의 사기 저하와 업무능력의 현저한 쇠퇴를 가져왔다. 예를 들면 부정선거에서 자유당 정권과 협력했거나 대중의 혐오대상이 된 4,500명의 경관 및 실무 수준의 다수의 경찰관, 그리고 다른 정무 부문에서도 만 명 이상이 해임되었고 내각 집권 후 첫 3개월 간에는 내무부 장관이 세 번 경질되는 등, 행정 불안정이 가중되어, 결국 국가는 민주당 집권기간 동안 매일 평균 7.3건의 시위 발생에 3,876명의 시위 참가라고 추산될 정도로 확산된 가두 시위와 학생, 시민들의 불법행동들이 벌어졌다.57) 군인과 경찰관, 심지어 초등학생까지도 시위에 나서는 이러한 '데모만능시대'에도 장면은 인내했다. 왜냐하면 그는 4·19혁명 후 각계의 요구가 봇물 터지듯 하는 것을 자유민주주의 실현을 위한 하나의 '과정'으로 이해했으며 시간이 어느 정도 지나면 잦아들어 모든 것이 제 자리를 찾으리라 믿었기 때문이었다.58) 즉 "국민이 열망하던 완전한 자유를

---

57) Jongwon Alexander Kim, *Divided Korea: The Politics of Development, 1945 – 1972*(1975, Cambridge: Harvard University Press), p.209 ; 김영명, 1999, 『고쳐 쓴 한국현대정치사』, 을유문화사, 138~139쪽.
58) 이용원, 『제2공화국과 장면』, 269쪽.

한 번 주어 보자”라는 것이 민주당 정부의 이념이었고, 장면 역시도 “계엄령이라도 선포할 수도 있었겠지만 ‘총검에 의한 외형적 질서’보다도 ‘자유 바탕 위의 질서’가 진정한 민주적 질서”라고 믿었으며, “경험으로 체득한 자유는 진정한 민주주의의 단단한 초석이 되는 것”이며 “자유가 베푼 혼란과 부작용에 국민 스스로 혐오를 느낄 때 건강한 자유를 얻는 것”이라 믿었다.59)

둘째, 장면의 자유방임적 언론정책을 들 수 있다. 장면은 그 스스로가 제1공화국 때『경향신문』의 폐간 등의 언론 탄압을 경험했으며 언론인이야말로 독재와 싸워 이긴 현격한 공이 있다고 믿었기에, 민주언론에 관한 한 무제한의 자유를 부여했고 규제조치는 전혀 생각하지 않았다. 1960년 7월 1일 ‘신문 및 정당 등의 등록에 관한 법률’로 허가제를 폐지하였고 5월 30일에는 국가보안법 중 언론조항을 삭제하고 6월 23일에는 언론단속조항을 삭제했으며, 집권기간동안 25회의 기자회견을 가졌다. 장면의 이러한 언론정책은 곧 그의 “자유주의에 대한 신념의 발로”였다. 그러나 이러한 ‘이상’이 직면하게 된 현실은 모질었다. 언론계 변화를 보면 4·19혁명 이전 41개였던 일간지가 115개로 증가했고 일간 통신은 14개에서 198개, 주간은 136개에서 475개로 늘어났으며, 언론에 종사하는 기자 수는 16만 명에 이르게 되었다. 이 언론들이 장면 정권을 초기부터 마구 공격하게 되자 신문의 자유를 중시하던 국민여론은 불과 1년 사이에 반전하여, “제1공화국은 경찰로 해서 망했고, 제2공화국은 기자 때문에 망하리라”는 소리까지 나왔다.60) 이는 일리가 있는 우려였다. 신문의 무책임하고 일방적인

---

59) 이상우, “張勉總理의 悲劇”,『신동아』, 1984년 2월호, 156쪽.
60) 이병국, 1987,『대통령과 언론』, 나남, 98~114쪽, 94쪽 참조 ; 이정희, 한국정치학회 편, “제2공화국의 정치환경과 장면의 리더십”, 1995, 『한국현대정치사』, 법문사, 259~260쪽.

공격으로 인해 장면은 리더십에 큰 타격을 입었고 그의 정치적 기반은 크게 약화되었다. 장면 역시도 그의 회고록에서 민주당 정권에 공격의 화살을 퍼부은 외부세력의 하나로서 언론계 특히 신문을 꼽았다.[61] 이렇듯이 장면의 자유민주주의 이상은 제2공화국의 현실 속에서 갈등을 겪어야 했다.

셋째, 자유민주주의에 관한 장면의 이상은 그의 변함없이 강한 소신이었고 그는 원칙 그대로 이를 실천했다. 그는 한국의 정치사상 그 누구도 따를 수 없을 만큼 충실한 민주주의 신봉자이자 실천가였다. 그는 여론을 경청했고 5·16이 일어나기 바로 전까지도 거르지 않고 週例 기자회견을 가졌으며, 결코 자기 독단을 내세우지 않고 참모들의 의견에 따랐다. 어쩌면 그의 '우유부단함'도 철저한 민주주의 신봉에서 비롯된 결과적 현상이라고도 할 수 있을 것이다. 또한 그는 "자기는 총소리를 듣고 집권했지만 반드시 자기가 있는 동안에 평화적인 정권교체를 이룩해 놓겠다"고 말했으며, 시국이 혼란하여 주변에서 강경책을 권할 때마다 "4·19혁명의 피가 마르기도 전에 정권을 연장해 보겠다고 독재적인 방법을 쓸 수는 없다"고 하면서, 위에서도 이미 언급했듯이, "정치적 혼란은 4·19혁명에 의해 분출한 일시적인 현상이며 자유에 대한 요구를 강제로 규제하는 것보다는 시간의 해결에 맡기자"는 것이 그의 신념이었다. 그의 회고록에는 쿠데타를 막지 못한 것에 대한 참회에 앞서 본인의 민주적 정치인으로서의 소신을 다시금 강조하고 있다. 간략히 인용하자면 "성실한 태도로 진정한 민주주의의 실현을 위하여 권력의 남용으로 독재를 하지 않으면

---

61) 이 외에도 구 자유당의 잔여부대, 한국민주당계의 구파, 좌익계의 혁신을 꼽았다. 운석선생기념출판위원회, 1976, 『한알의 밀이 죽지 않고는: 장면박사 회고록』, 가톨릭출판사, 73쪽 ; 이정희, "제2공화국의 정치환경과 장면의 리더십", 260쪽.

'무능'이라는 혁명의 대상이 되는 것인가. 8개월 간의 짧은 시정 끝에 덮어놓고 부패와 무능이라는 누명밖에 씌울 것이 없다면 이는 쿠데타를 정당화시키려는 구호로 쓰기 위한 것뿐일 것이다." "지금까지도 필연적으로 쿠데타에 의해 정권을 내놓아야 할 정도로 제2공화국이 큰 과오를 범했다는 의식적인 자각은 없다. 다만 정권을 유지하지 못한 탓으로 국민 여망에 어긋나게 된 결과에는 나 자신이 뼈아프게 도의적 책임을 느낀다."62)

4) '군 통제의 실패'라는 현실

이처럼 5·16군사쿠데타를 제대로 대처하지 못했다는 점에 대해서 장면은 "뼈아프게 도의적 책임"을 느꼈을 뿐 아니라, 군 통제의 실패는 분명히 그의 리더십의 한계이자 치명적인 실책이었다.63) 분명 장면은 군부의 장악능력이 부족했다. 그가 했어야 한 것은 군부가 잠재적 정치세력으로 성장했음을 인식하고 당시 군 내부의 정군(整軍) 운동의 방향을 설정해서 관리할 수 있는 군 인사를 단행하는 것이었으나 그는 그렇게 하지 않았고 안일하게 처신했다. 당시 군부는 6·25전쟁을 거치면서 이미 잠재적 정치세력으로 성장했었고 이승만의 노련한 견제에 의해 정치개입이 억제되었을 뿐이었다.64)

우선 장면은 군의 감축문제를 다루기 전에 정군 운동에 대한

---

62) 이상우, "張勉總理의 悲劇", 157쪽 그리고, 운석기념회 편, 장면박사 회고록『한알의 밀이 죽지 않고는』, 86~89쪽 참조.
63) 김호진, 1995,『한국정치체체론』(전정 5판), 박영사, 409~410쪽.
64) 동아일보사, 1990,『현대사를 어떻게 볼 것인가 3』, 동아일보사, 263쪽 ; 이정희, "제2공화국의 정치환경과 장면의 리더십", 254쪽.

명확한 입장표명과 지속적인 정책수행을 했어야 했다. 이미 선거
공약이었던 10만 감군 계획은 장교의 17%를 전역시키는 등의 조
치로써 총예산 중 국방예산을 30%에서 20%로 낮추려던 것이었
으나, 장교들의 불만이 컸었고 한국 장성, 미군, 외국 외교관들의
반대로 무산되어 군의 불만만 야기하고 정책실현에 대한 신뢰를
실추시켰다. 또 선거운동 기간 동안 약속한 군 내 정화는 실제로
소장장교와 노장장교들의 충돌이 발생하고 전력을 약화시킬 수
있다는 미국의 견제로 인해 무산되었다. 이러한 군 정화 포기로
인해 소장 장교들의 하극상적 행동을 우려했던 장면은 재임 기간
동안 국방장관을 세 번, 육군참모총장을 네 번이나 경질했는데도,
결국 군부의 동요와 정부의 대책 부재라는 문제를 해결하진 못하
였고, 이런 실책은 군부 정치개입을 유인한 요인 중의 하나가 되
었다.[65] 그리고 당시 허정 수반은 장면에게 군의 일부 정치개입
주의자들이 동요하고 있으므로 군의 정치적 중립 기반을 확고히
하기 위해 이종찬 장군의 국방장관 유임을 당부했으나, 장면은
그 말을 듣지 않았고, 고위 장성들의 부정부패를 정화하자는 군
내 정화운동을 적극 지지하던 최경록 참모총장을 해임하고 2차
개각에는 장도영을 임명하였다.[66] 이렇게 장면이 군부를 제대로
파악하고 있지 않았음은 그가 구파의 권중돈을 초대 현석호 국방
장관(재임 1960.8~1960.9)의 후임(1960.9~1961.1)에 임명했던 것
에서도 볼 수 있다. 그리고, 장면은 우선 장도영 총장을 신임했으
며 군의 작전권을 장악하고 있는 유엔사령관이 군의 동향을 잘
파악하고 있다고 믿었기에 군 내부에 대해 큰 관심을 두지 않았
을 뿐더러,[67] 정권 유지를 위한 정보체계 역시 제대로 정비하지

---

65) 이정희, 위의 글, 255쪽.
66) 월간조선부 편, 1993, 『비록 한국의 대통령: 권력과 인간, 정치와 인생』,
    조선일보사, 230쪽 ; 이정희, 위의 글, 255쪽.

못하고 있었다. 자유당 시절의 정보기관을 없앴고 남은 정보기관
도 제대로 기능하지 못했으며, 당시 군부의 쿠데타설이 산발적으
로 나돌았어도 전모를 밝힐 종합적인 분석이 불가능했다. 그 후
다시 현석호가 국방장관이 된 후엔(1961.1~1961.5) 방첩대가 국방
장관에 직접 하던 정보보고를 장도영 참모총장에게 하도록 하였
기에 쿠데타 관련 보고가 다른 채널을 통해 입수되어 장면에게
보고되어 장도영에게 전달되면 중화되어 버리곤 했다. 이런 장도
영을68) 육군참모총장에 임명한 것과 그를 너무 믿은 것, 그리고
더 근본적으로는 정부가 당시 군에 대한 현실적 이해를 결여하고
소장 장교들의 정치적 소명의식과 행동력을 과소평가 했던 것은
분명히 치명적인 실책이었다.69)

　5·16군사쿠데타가 일어나서도 장면은 우선 장도영 참모총장이
나타나기만을 기다렸다. 쿠데타에 미리 대처하지 못했던 이유가,
장면이 후일 회고했듯이, 장도영이 쿠데타 세력에 양다리를 걸치
고 있었고 윤보선 대통령이 진압출동을 반대했기 때문이었다 하
더라도, 쿠데타 발발 직후 50여 시간 동안 수녀원에 잠적했다는
사실이 쿠데타 진압을 불가능케 한 결정적 요인이었음은 부인할

---

67) 김진배, 1986년 5월호, "실록 제2공화국",『월간조선』, 242~243쪽.
68) 그는 쿠데타 직후에 군사혁명위원회의 의장직을 수락하여 쿠데타세
　　력이 군의 위계질서와 권위를 세울 수 있게 했다. 임영태, 1998,『대
　　한민국50년사 1: 건국에서 제3공화국까지』, 들녘, 319쪽.
69) 강인섭, 1965년 5월호, "민주당정권 최후의 날",『신동아』, 98~99쪽 ;
　　이정희, "제2공화국의 정치환경과 장면의 리더십", 256쪽. 장도영은
　　군 내부의 존경도 못 받았으며 민주당 정권에의 충성심도 약했다.
　　그는 최경록 참모총장 하에서 진행되던 군내 부정행위 조사를 중단
　　시켰고, 소장 장교들의 반란가능성에 대해서도 애매한 태도를 취했
　　으며, 쿠데타 가능성에 대한 보고를 여러 차례 받고도 이에 대한 아
　　무런 대책마련을 하지 않았다. 김영명, 1999,『고쳐 쓴 한국현대정치
　　사』, 을유문화사, 150~151쪽.

수 없는 사실이다. 그리고 특히 그러한 사실 때문에 장면은 수동적이고 소극적이며 비겁하고 나약한 인물, "국권수호의 큰짐을 지고 혼란한 사회를 이끌 리더십을 기대하기 어려운 정치인"으로 부각되어 왔다.[70)

그러나 쿠데타 진압을 하지 못한 것은 장면만의 탓은 아니었다. 우선, 장도영이 쿠데타 세력에게 양다리를 걸치고 있었음은 그가 쿠데타 직후 군사혁명위원회의 의장직을 얻게 된 데서도 알 수 있다.[71) 미국의 경우 주한미군사령관 매그루더와 주한 미대사

---

70) 양동안, 1982년 5월호, "장면총리와 박정희대통령", 『신동아』, 146~157쪽 ; 이정희, "제2공화국의 정치환경과 장면의 리더십", 256쪽.

71) 최근 2001년 5월에 방영된 **MBC TV** 다큐멘타리 프로그램에서 장도영은 "양다리를 걸쳤다"는 것은 사실이 결코 아니라고 했다. 그는 최근 미국 자택에서의 인터뷰에서, 박정희와는 물론 각별한 사이였으나(예를 들면, 그가 2군사령관이던 한국 전쟁 직후, 과거 남로당과 연루된 경력 때문에 체포되어 예편될 뻔했던 박정희를 그가 풀어 주어 다시 근무하도록 해 준 적도 있음), 그 역시도 박정희가 정말로 거사를 일으킬 거라고는 믿지 않았으며, 거사 직후 박정희의 서한을 전해 받고서야 비로소 그 쿠데타설이 사실이었음을 깨달았다는 것이다. 또한 5월 16일 새벽에 쿠데타군이 한강교를 넘을 때엔 아군끼리의 총격전을 벌이지 말라고 지시했고 박정희에게 원대 복귀를 명했으나 듣지 않았으며, 그날 오전에 윤보선 대통령이 아군끼리 피를 흘려서는 안된다며 쿠데타 진압을 못하도록 하자 결국 진압을 포기했다는 것이다. 그리고, 그가 군사혁명위원회 의장직을 수락한 것도 피를 흘리지 않고 사태를 수습하기 위해서였다는 것이다. 그는 국가재건최고회의 의장, 육군참모총장, 국방부장관 등의 요직을 얻었으나, 군정기간 연장 문제를 두고 박정희와 갈등이 커지면서(그는 6개월을 생각, 박정희는 2~3년을 생각) 재임 2개월도 못 채우고 반혁명 혐의로 체포되어 사형까지 언도 받았었고 형 집행이 면제되어 미국으로 건너가 5·16에 대해서 지금껏 40년을 침묵하며 살았다 한다. 이렇듯, 평생을 오명을 쓰고 살아 왔다는 장도영은 그가 박정희와 담합한 것이 결코 아니라 박정희의 권모술수에 완전히 속았던 것이었다고 증언했다. **MBC** 창사 40주년 특별기획, 『이제는 말할 수 있

그린은 5·16군사쿠데타 당일 오전 11시에 "장면 국무총리가 영도하는 정당히 승인된 대한민국 정부를 지지할 것"이며, "한국군 수뇌들은 그들의 권한과 영향력을 행사하여 통치권을 정부당국에 반환하고 군내질서를 회복"하라는 성명을 발표하였으나, 이것은 미국 정부의 사전 승인을 받지 않은 그 두 사람의 독자적 판단에 따른 것이었다. 반면 미국 행정부의 장면 정부에 대한 생각은 이중적이었던 것 같다. 사실상 미국은 이전부터 한국 군부의 동향을 정확히 파악하고 있었고 박정희 등의 쿠데타 계획에 대해서도 거의 알고 있었으며, 쿠데타 발발 전부터 "허약한 장면 정부를 어떻게 사회·경제적 개혁에 단호하게 착수할 수 있는 정부로 바꿀 수 있느냐"를 두고 고민하던 중이었다. 이는 쿠데타 발발 직후에 미 CIA가 신속하게 박종규 소령 등 쿠데타 핵심세력과 접촉하는 한편, 케네디 대통령에게 쿠데타의 중심인물을 포함한 한국 상황에 대한 종합적인 보고서를 제출하였고 이에 미국은 5·16군사쿠데타의 중심세력과 의도를 포착하고 그것이 미국의 이익에 위배되지 않는다는 판단을 내렸으며, 그 결과 미국 정부는 주한미군사령관, 주한 미대사, 주한 미CIA 등에게 쿠데타의 단호한 저지를 지시하지 않았다는 사실에서 유추할 수 있다. 사실은 이것이 5·16군사쿠데타가 성공하는 결정적인 요인이었다.[72]

다』시리즈 중 「장도영과 5·16」편(2001년 5월 11일 방영).
72) 미국의 태도는 유동적이었던 것 같다. 장면의 공보비서였던 송원영에 의하면, 당시 미군측은 장면의 행방을 찾으려고 혈안이 되어 있었다. 사실상의 국군통수권을 가진 총리의 허락을 받아 미군과 야전군을 동원해서 3천 6백명이라는 한 줌도 안되는 쿠데타 부대를 제압하려 하고 있었다. 최초의 쿠데타 보고를 받은 케네디 대통령은 "제기랄! 장면 총리는 도대체 어디 있나?(What the hell, where is Chang?)"이라고 말했다는 것이다. 매그루더 사령관과 그린 대리대사는 장면의 정부를 지지한다는 성명을 발표하고 미군 병사들에게 비상출동태세를 갖추

그 외의 결정적인 요인으로는 제1야전군 사령관이었던 이한림 장군의 소극적인 자세, 당시 대통령이었던 윤보선의 미온적인 태도, 그리고 장면 국무총리의 도피 등을 들 수 있다. 당시 1군사령관이었던 이한림 중장은 박정희의 쿠데타에 반대의사를 분명히 하면서도 그를 저지하기 위한 아무런 행동을 취하지 않아 5·16세력에 의해 3일만에 체포되었다. 윤보선은 미온적인 태도를 보이다가 5·16이 일어나자 당연한 일로 받아들였다. 왜냐 하면 그는 5·16을 장면과 민주당 신파를 제거하는 기회로 삼으려 했기 때문이다. 5월 16일 매그루더와 그린과의 청와대 회동에서도 유혈사태를 이유로 쿠데타의 저지를 위한 군대동원을 반대했는데, 이는 군통수권자이며 국가원수인 대통령으로서 합법정부를 지키기보다는 민주당 구파의 영수로서 개인적인 정치적 이해를 택한 것이었다. 5·16군사쿠데타 이후에도 윤보선은 10개월 동안이나 대통령직에 머물러 있음으로써 결국 5·16 세력에게 정치적 정통성을 부여하는 우를 범하고 말았다. 마지막으로 장면은 서울 혜화동의 가르멜 수녀원으로 피신하여 외부와의 연락을 단절함으로써 내각수반으로서 합법정부를 지키지 못하였고, 5월 18일 50여 시간의 피신 끝내고 모습을 드러내 장도영을 수반으로 하는 군사혁명

___

게 했으며 한국군 제1야전군 사령부와 접촉까지 하고 있었다. 이러한 절박한 시기에 총리의 행방이 묘연하여 시기를 놓쳤다는 것은 민주당 정부뿐만 아니라 미국, 그리고 한국 역사에도 유감스럽기 그지없었다. 송원영, 1990, 『제2공화국: 張勉총리공보비서관 宋元英의 정치체험』, 샘터사, 288~289쪽. Bruce Cumings, *Korea's Place in the Sun: A Modern History,* 1997, W.W. Norton & Company, INC., pp.347~350도 참조. 또한 앞의 주에서 언급된 MBC 프로그램 「장도영과 5·16」에서도 쿠데타 발발 직후에 미국 케네디 행정부가 주한미군사령관에게 쿠데타 진압을 명하지 않은 것은 장면 정부가 유약하여 사회적 혼란을 수습하지 못하고 게다가 반공정책까지도 투철하지 못하다고 판단하여 지지를 이미 철회했기 때문임을 밝히고 있다.

위원회에 정권을 이양하였다.73) 이렇듯 쿠데타 진압을 하지 못한 것에 장면의 잘못이 분명히 가장 컸을지라도, 장면 한 사람의 탓만은 아니었다.

그런데 장면은 수녀원에서의 55시간 동안의 은신 중에 왜 미국에게 쿠데타 진압을 요청하지 않았을까? '못한 것'일까, '안한 것'일까? 그리고, 장면은 하려고만 했으면 할 수 있었고, 전화를 걸어 미국의 도움을 얻어 쿠데타를 진압할 수도 있었을 것이다. 그러나, 과연 그랬을까? 이 점은 매우 중요하며, 두 가지의 서로 다른 견해가 있다.

우선 장면의 공보비서관이었던 송원영의 회고록에 의하면, 당시 그 가르멜 수녀원의 원장 수녀(그 후 그만두고 주한 불란서 대사관에서 근무하던 클레어 여사)에 의하면, 그때까지도 모든 권력은 장면에게 있었으며 그는 수녀원에서 미국 대사관이나 8군사령부에 전화를 할 수가 있었고 민주당 내각의 장관들을 부를 수도 있었으나 그렇게 하지 않았다. 그는 수녀원의 깊숙한 방에서 그리스도 수난의 벽걸이 앞에서 무릎을 꿇고 간절히 기도를 올렸다는 것이다. "너무도 종교적이고, 너무도 천주께 의지하는 한 인간으로서의 장면"이었다. 그는 수녀원에서 라디오도 들었다. 그랬다면 한국방송 뿐만 아니라 AFKN에서 나오는, 앞에서 언급한, 미국 대사와 8군사령관의 성명 발표도 들었을 것이다. 그러나 그는 아무에게도 연락을 취하지 않았다. 즉 장면은 연락을 '못한 것'이 아니라 '안한 것'이었다. 그 이유는 쿠데타 부대를 섬멸하려면 국군끼리 피를 흘려야 하는데, 차라리 쿠데타를 일으킨 군에게 정권을 넘겨주는 한이 있더라도 그것을 장면은 원치 않았기 때문이었다.74) 그리고 그는 그런 상황이 벌어지면 사회혼란은 물론 다

---

73) 임영태, 『대한민국50년사 1: 건국에서 제3공화국까지』, 319~220쪽.

시 북한군의 남침까지도 야기할 거라고 우려했기 때문이었다. 만일 5월 16일에 서울을 포위하고 쿠데타 군 소탕작전을 폈다면 그것이 궁극적으로 쿠데타군의 섬멸을 가져왔을지 모르나 당시 항존하던 북한군의 남침 위협 상황을 함께 고려한다면 무엇이라고 단언하기 어려운 정황이었음도 사실이었다.[75]

　반면에 그 이후에 제시된 미국 정치학자 부르스 커밍스(Bruce Cumings)의 견해에 따르면, 장면은 쿠데타가 발발한 그날 아침에 미 대사관에 전화를 걸어 주한미군사령관인 매그루더가 그 상황을 맡아야 한다(take charge of the situation)고 요구하였고, 이어 윤보선을 만나러 간 매그루더에게 윤보선은 "한국은 강력한 정부가 필요하며 장면은 지도자감이 아니었었다"는 말을 들었다는 것이다. 그 다음날 매그루더는 미 합참본부에 전문을 보내 장면은 이미 지지를 잃었으며 한국의 고위 지도자들은 쿠데타에 대해 알고 있었던 것 같고 적어도 그것에 대해 반대는 하지 않는 것 같다고 자신의 생각을 전했다 한다. 또한 매그루더는 비록 자신이 군 작전권을 지니고 있었지만 미국 정부의 허가 없이 군대를 동원할 수는 없었기에 쿠데타 진압을 하지 않았으며, 그러한 그의 부작위(inaction)는 미국 정부로 하여금 쿠데타를 받아들이는 역할을 했다는 것이다.[76]

　이와 마찬가지로 최근에 방영된 미국 전직 관료들의 증언도 맥을 같이 한다. 그들의 증언에 따르면, 주한 미대사였던 그린은 케

---

74) 이는 1961년 5월 18일 장면이 국무회의에서 정권을 내놓고 명륜동 자택으로 돌아온 후 원통해 하며 우는 송원영에게 한 그의 말에서도 분명히 밝혀졌다. "이 사람아, 피를 흘리면서까지 정권을 유지하면 뭘 하겠나", 송원영, 『제2공화국: 張勉총리공보비서관 宋元英의 정치체험』, 312쪽.

75) 송원영, 『제2공화국: 張勉총리공보비서관 宋元英의 정치체험』, 309~313쪽.

76) Bruce Cumings, 위의 책, pp.347~348.

네디 대통령에게 쿠데타 진압을 탄원하였지만 케네디는 "도대체 장면은 어디 있느냐"고 물으며, 장면이 나서지 않기에 미국으로서는 쿠데타 진압에 나설 수 없다는 것이었다. 최근에 공개된 이러한 미국 정부 문서에 따르면, 장면은 매일 2~3번씩 미국 대사관에 전화를 걸어, 안전상의 이유로 소재를 밝히지 않은 채, 주한미군사령관(유엔군사령관)이 책임지고 사태를 처리해 달라고 요청했으며, 매그루더가 본국에 계속 전문을 보내서 미국의 대처방안을 문의한 결과, 어떤 경우에라도 장면을 대신하여 유엔군사령관이 사태 수습에 나서서는 안 된다는 결론을 얻게 되었다. 즉 장면 스스로가 나타나지 않기에 미국으로서는 어쩔 수 없다는 것이었다. 즉 불개입의 이유를 장면에게 전가한 것이었다. 장면으로서는 자신을 찾으러 쿠데타 부대들이 혈안이 되어 있는 상황에서 앞에 나와서 쿠데타 진압을 공개적으로 명령하거나 요청하는 것은 불가능했으며, 5월 17일 아침에 장면은 다시 한번 미국 대사관에 전화를 걸어 미국의 불개입정책이 확정되었음을 확인하게 되었고 미국의 지지 없이 상황을 돌이키는 것은 불가능하다고 판단하여 가르멜 수녀원에서 나와 곧 내각 총사퇴를 결정했다는 것이다. 그리고 장면 정부에 대해 우려와 실망을 느끼던 미국 정부는 그 후 쿠데타를 용인했다. 이렇게 보면, 장면이 쿠데타를 진압하지 못한 것은 미국 정부가 장면에 대한 지지를 철회하였기 때문이기도 하다.[77]

이렇게 장면은 미 대사관에 여러 차례 연락을 하여 주한미군사령관(유엔군사령관)이 사태를 수습하도록 요청하였는데, 아마도 그는 그래야만 한국군끼리 피를 흘림을 막을 수 있고 또 쿠데타

[77) MBC 창사 40주년 특별기획, 『이제는 말할 수 있다』 시리즈 중 「장도영과 5·16」 편(2001년 5월 11일 방영) 참조.

군과 미군 사이에도 피 흘림이 없이 쿠데타군의 항복을 끌어낼 수 있으리라 생각했을 것이다. 그리고, 이런 모든 노력이 여의치 않게 되자, 그는 이 모든 것을 기도의 응답으로 받아들이며 그에 순명했다고도 볼 수 있을 것이다. 그렇다면 다시금 송원영의 지적대로, "장면 박사가 정치가이기보다는 종교인이었으며 이 경우도 정치가로서의 결단이라기 보다는 종교인으로서의 행동이 앞섰던 것이 아닌가 보는 것"도 가능할 것이다. 위에서 언급된 가르멜 수녀원의 클레어 전 원장도 장면을 "온화한 성품에 성인 같은 풍모"를 지녔으며 "세속적인 의미에서 그분은 정치인의 기질을 갖고 있지 않았다"고 회고했다. 그리고 장면이 수도원을 나설 때의 모습은 "성인의 대열에 끼어도 결코 모자람이 없을 분"이라는 느낌을 받았다고 술회했다.[78] 장면은 그의 종교적 '이상'과 군 통제의 실패라는 '현실' 앞에서 철저히 비폭력을 강조하는 가톨릭교회의 가르침에의 충실이라는 '이상'을 택했던 것이다. 그 선택의 옳고 그름을 우리가 단정짓는 것은 쉽지 않을 것이다. 여하튼 "가톨릭은 장면의 요람이자 무덤까지의 동반자였다. 그의 정치적 기반이 가톨릭에서 나왔으며, 그의 정치적 무기력도 종교적 성품에서 기인된 측면이 강하다."[79] 한편 야인으로 돌아 온 그는 쿠데타 발발 3개월 뒤에 "나의 심경을 말한다"는 글을 신문에 기고하여 헌정 중단의 모든 책임을 자신에게 돌리며 국민 앞에 진솔히 사과하였고, 그 후 철저한 신앙생활과 종교서적 번역 및 집필에 몰두하다가 세상을 떠났다. 그는 한국 정치사에서 유일하다 할만큼 자신의 정치행위에 책임을 진 책임정치의 구현자였다고도 볼 수 있을 것이다.[80]

---

78) 위의 책, 314~317쪽.
79) 정대철, 1997, 『장면은 왜 수녀원에 숨어 있었나』, 동아일보사, 313쪽.
80) 장면, 1961년 8월 15일, "나의 심경을 말한다", 『동아일보』; 허동현,

‘군 통제의 실패’ 문제는 장면 정권에 대한 평가에 있어서 늘 커다란 비중을 차지하며, 그렇기에 기존의 평가들은 장면 정부를 단순히 한국 현대사에서 “나약하고 무능하고 부패한 정권”으로 폄하한 경우가 많았다. 이는 주로 “쿠데타를 자초했다”는 ‘결과론’에만 입각하여 평가하는 것이기에 공정성과 균형을 잃은 단순 평가라고 볼 수 있다.81) 그러나 “무능하고 부패한 정권이었기에 쿠데타가 불가피했다”, “비록 쿠데타로 집권하였지만 박정희였기에 한국의 근대화가 가능했다”라는 식의 논리와 “쿠데타를 막지 못한 장면 정부였기에 나약하고 무능했다”라는 논리는 서로 다른 것이지만 상통하는 바가 있으며, 이런 단순논리는 둘 다 정당한 평가가 못되는 것 같다. 물론 ‘군 통제의 실패’는 장면 정권의 치명적인 실책이었지만, “군부쿠데타를 정치상황의 가장 중요한 부분으로 파악하여 그것에 대처하지 못한 것으로 그의 리더십 전체를 평가하는 것”은 옳지 않으며, 동시에 “점진적이고, 절차적 민주정치, 자유에 대한 굳건한 믿음으로 국정을 이끌었고, 4월 위기설 이후 혼란과 방종이 질서를 찾아가는 과정에 있었음에 주시한다면 군부쿠데타를 하나의 외생변인으로 이해하여 장면의 리더십을 평가해야 할 필요가 있다.”82) 그리고 당시의 한국에서처럼 근대화 초

『건국・외교・민주의 선구자 장면』, 209쪽.

81) 장면 정부에 대한 기존의 잘못 상식화된 평가를 이렇게 뒤집으며 제2공화국의 복권을 시도한 저작 및 연구로는 위에서 언급된 바 있는 허동현, 『건국・외교・민주의 선구자 장면』; 이용원, 『제2공화국과 장면』; 운석기념회 편,『운석 장면 선생 탄신 100주년 기념 학술회의』(주제: 운석 장면의 생애와 업적) 자료집(운석연구회・운석기념회), 1999년 8월 27일 ;조광, “제2공화국 민주당 정권의 의미”, 1996, 『21세기 한국사회와 교회』, 가톨릭출판사, 468~495쪽 등을 우선 들 수 있다.

82) 이정희, “제2공화국의 정치환경과 장면의 리더십”, 256쪽, 261쪽, 263쪽.

기 단계를 겪고 있던 제3세계에서 군부의 개입 내지 쿠데타는 보편적인 추세라고 할 만한 것이었다는 주장도 있다. "사실 정부가 보다 효과적인 군 정책을 펼 수 있었다고 하더라도 군의 반란 행위를 막기는 어려웠을지 모른다. 군은 당시 한국의 각 사회 부문에서 조직적으로 가장 짜임새 있고, 무력으로 가장 강력했으며, 이념적으로 강력한 반공의지를 소지하였고, 기술적으로 가장 진보한 집단에 속했다. 민간 정부의 효율적인 지도력이 발휘되지 못한 근대화 사회에서 이런 속성을 지닌 군부가 정치에 개입하는 것은 당시 보편적인 현상이었다"[83]고 보는 입장이 그것이다. 이러한 점들을 함께 고려해야만 장면 정권을 한국정치사의 속죄양으로 삼지 않는 균형 잡힌 총체적 평가가 가능해질 것이다.

4. 맺음말:
장면의 이상과 제2공화국의 현실, 그 갈등의 의의

이상으로 우리는 장면의 종교적 · 정치적 '이상'과 제2공화국의 사회 · 정치적 '현실'이 일으킨 수밖에 없었던 '갈등'과 그 의의에 특히 주목하면서 장면과 제2공화국에 대해서 재평가를 시도했다. 우선, 장면이 '가톨릭신앙인'이면서 '민주적 정치가'로서 '신앙과 정치의 조화'를 모색하면서 자유민주주의를 문자 그대로 한국 정치에 철저하게 구현코자 했던 점에 주목하여, 장면이 지녔던 신앙관과 정치관을 분석해서 그가 어떤 종교적 · 정치적 이상을 구현하려 했는지 나름대로의 윤곽을 그려보았으며, 그가 상정한 교회와 국가, 그리고 국가와 시민사회간의 올바른 관계도 분석해

---

83) 김영명, 『고쳐 쓴 한국현대정치사』, 151쪽.

보았고 장면은 그의 통치의 정당성을 교회와 시민사회로부터 추구했음을 밝혔다. 그리고, 본 연구는 '4·19혁명 전후'라고 칭할 수 있는 장면 정권의 盛의 국면에서는 장면의 종교적 이상과 정치적 현실 사이에, 그리고 국가와 시민사회 사이에 바람직한 관계들이 모색되고 기대되었으며, 그들 사이에 점차로 형성된 긴장관계도 이상적인 것으로 여겨졌으나, 衰의 국면 즉, '5·16군사쿠데타 전후'라고 칭할 수 있는 장면 정권의 집권 후반부 시기엔 장면의 종교적 이상과 정치적 현실 사이에, 그리고 국가와 시민사회 사이에 형성되어 갔던 긴장관계가 심각한 갈등으로 진전되어, 결국 5·16군사쿠데타 전후 교회와 시민사회로부터의 지지의 철회 내지 상실이라는 불가피한 현실 내지 결과를 초래했음을 밝혔다. 이제 결론 부분에서는 이러한 이상과 현실 사이의 갈등에 주목하며, 장면에 대한 재평가, 그리고 장면과 제2공화국의 현재적 의의와 교훈을 정리해 보려 한다.

첫째, 인물 장면에 대한 평가는 그가 특히 탁월한 면모를 보이고 많은 업적을 남긴 교육자로서, 종교인으로서, 그리고 외교관으로서의 여러 측면을 입체적이면서도 총체적으로 다루는 것이어야 할 것이며, 그와 동시에 그의 가족배경, 교육·종교적 배경이 고려되어야 할 것이다. 그리고, 장면에 대한 평가와 장면 정권 내지는 제2공화국에 대한 평가는 물론 불가분의 관계이지만, 심지어는 장면과 장면 정권까지도 구분하여 평가할 필요성도 있다는 점이다. 왜냐 하면, 한국의 역대 통치자들 중에서 유달리 투철한 종교적·정치적 이상을 지녔고 그것이 구현될 수 있다고 믿었던 장면의 경우는 그의 정치 입문의 동기와 신념도 남과는 달랐으며, 그렇기에 그의 '이상'은 그의 제2공화국 정치제도권 및 그 시기의 척박한 사회·정치적 '현실' 또는 실제와 유달리 갈등을 일으킬 수밖에 없었다. 그로 인해 장면의 '이상'에 대한 평가와 장면 정권 및 제2공화국 시기의 '현실'에 대한 평가는 상호 갈등을 일으키기 마련이어서 그 중에 어느 쪽을 주목하는가에 따라서 혹평과 호평이 엇갈리게 된다.

둘째, 이에 더하여, 장면에 대한 평가가 미흡한 것이 되지 않기 위해서는 정치적 현실에 대한 분석뿐만 아니라, 동기적 측면으로서의 장면의 '종교적 이상'과 '신앙'의 구현이라는 측면, 그리고, 그가 독실한 가톨릭 평신도 정치인이었기에 가톨릭 교회와 맺었던 관계, 그리고 그 교회가 국가와 맺었던 관계에 대한 분석도 빠져서는 안 된다. 이에 우리는 장면과 가톨릭 교회의 관계 역시도 사실은 '이상'이 아닌 '현실'이었고, '정치적 현실'이기도 했다는 점에 주목하게 된다. 특히 그의 '종교적 이상' 본래의 고귀함이 본의 아니게 '교회권력 – 국가권력 관계'라는 '정치적 현실'에 매몰되었다는 점은 우리에게 중요한 교훈으로 남는다. 종교사회학자인 로버트 벨라(Robert N. Bellah)가 제시한 바대로, 종교적 이상과 현실 세계 사이의 관계의 유형 가운데에서 종교가 진보에 기여할 개연성이 가장 높은 조건은 종교적 이상과 현실 세계 사이의 지나친 '융합(fusion)'이나 지나친 '분리(disjunction)'가 아닌 '창조적 긴장(creative tension)' 상태라 할 때, 장면의 경우, 종교적 이상과 현실 세계, 즉, '가톨릭 신앙의 정치적 구현'이라는 그가 추구한 순수한 '종교적 이상'과 당시의 '교회권력 – 국가권력 관계'라는 '현실' 사이에도 어느 정도의 '창조적 긴장'이 있어야 바람직했을 것이라는 점이다. 즉, 장면 시기의 교회와 국가간의 협조관계는 서로 긴장이 없을 만큼 지나친 정도였기에 가톨릭 교회의 가르침을 정치에 구현하겠다는 장면의 '종교적 이상'은 '권력을 둘러싼 교회와 국가간의 파트너 관계'라는 '정치적 현실'에 매몰되었다는 점이다. '도덕적 교사'로서 교회의 올바른 역할은 스스

로 권력이나 영향력을 추구함이 없이 정치인을 포함하는 모든 이
들로 하여금 늘 도덕적인 긴장감을 갖도록 깨우치는 '빛과 소금'
의 역할이어야 할 것이다. 셋째, 무능하고 부패한 정권이었기에
쿠데타가 불가피했다거나, 쿠데타로 집권한 박정희였기에 한국의
근대화가 가능했다거나, 또는 쿠데타를 막지 못한 장면 정부였기
에 나약하고 무능했다라는 식의 단순논리는 모두 올바르지 못하
다. 이렇게 볼 때, 장면에 대한 재평가는 더욱 절실하다 하겠으며,
그러한 재평가는 결과론을 넘어서는 것이어야 할 것이다. 장면에
대한 긍정적인 평가는 그가 변함없이 꿋꿋하게 도덕성과 종교
적·정치적인 이상을 견지했고 그것의 구현을 위해 강한 소신을
갖고 끝까지 노력했다는 점 내지는 그의 外柔內剛인 면모, 그리
고, 제2공화국 시기에 단군이래 가장 (어쩌면 현재의 김대중 정부
시기보다도 더) 민주주의가 꽃을 피웠다는 점으로 모아지는 것
같다. 즉, 장면의 이상과 4·19혁명의 이상 내지는 자유민주주의에
대한 이상이 제2공화국 당시에(비록 실제로는 몇 개월에 불과했
으나) 실제로 전개되었었다는 점이다. 예를 들면, 제2공화국은 이
승만 정권 당시의 대통령중심제의 병폐를 극복하고자 한국 최초
로 내각책임제를 실시하였고, 완전한 자유를 누린 한때였으며, 일
부 학생과 혁신계, 그리고 노동자, 교원들의 파업 및 시위를 척결
하는데 있어서도 소신을 갖고 무차별적인 공권력 투입을 자제하
였고,84) 경제제일주의를 표방하고 실천하려 했으며, 그리고 단 한

---

84) 돌이켜 보건대, 군 병력의 투입은 물론 공권력이 투입은, 장면이 추
　　구했던 바대로, 엄격히 자제되어야만 함에도 불구하고, 사실상, 박정
　　희의 쿠데타 이후 한국정치사에서는 폭압적인 통치와 국군끼리 피
　　를 흘리는 사건, 국군에 의한 민간인 살상이 반복되었다. 박정희의
　　유신 통치, 전두환, 노태우의 신군부가 일으킨 '12·12쿠데타', 1980년
　　5월의 광주민주화항쟁에 대한 공수특전부대의 투입 및 진압 등을 우
　　리는 목격했으며, 그 후 노태우, 김영삼, 그리고 심지어 지금의 김대

건도 부정부패가 없었을 정도로 깨끗한 정부였다는 점 등은 지금
도 높이 평가받을 만하다.85) 또한 개인적 특성으로 보아 장면을
과도기적인 상황에서의 역동적 지도자로는 약했다고 보는 평자
들도 "누구보다 정직하고 깨끗한 지도자로서 권력의 공공성(公共
性)을 중시하고 족벌주의를 배격"했으며, "법에 의한 지배와 게임
의 원칙에 충실했으며, 인내와 관용으로 사회적 혼란과 갈등을
다스리면서 민주주의의 본질인 자유와 인권을 침해하지 않으려
고 진력"했고, "권력남용을 자제했고 국가기구(억압기구)를 대거

　　중 정권 하에서도 '무차별적인 공권력 투입'은 계속되어 왔다. 그러
　　나 장면 정권의 경우는 그렇지 않았다.
85) 송원영,『제2공화국: 張勉총리공보비서관 宋元英의 정치체험』, 8~9
　　쪽. 장면 정권은 부패가 없는 깨끗한 정권을 지향했다. 장면 스스로
　　늘 도시락을 지참했으며 모든 공무원들도 그렇게 하도록 명령한 바
　　있었다. 장면 내각의 부패 1호로 지목되었던 '중석불사건'도 그 뒤 5
　　·16 혁명재판에서도 혐의가 나타나지 않았던 것으로 보더라도 부질
　　없는 모략중상에 불과했다. 김진배, 1986년 5월호, "實錄 第2共和國:
　　장면정권은 타도되어야 했나",『월간 조선』, 241쪽. 참고로, 중석은
　　텅스텐을 지칭하며 로켓이나 우주선 제조에 쓰이는 전략금속이어서
　　막대한 매장량을 지닌 우리나라로서는 당시 외화획득을 위해 가장
　　중요한 물자였으나 공산진영에는 팔 수 없는 물건이었다. 그런데
　　1961년 1월 대한중석 사장이 대한중석의 운영자금 획득을 위해 4백
　　톤의 중석 재고품을 일본의 조총련계 회사로 알려진 '동경식품'에
　　팔기로 했으며 신파의 자금조달을 맡았던 오위영 무임소장관이 이
　　에 관련하여 1백만 달러의 커미션을 받기로 했다고 민주당 신풍회의
　　함종빈 의원이 폭로했다. 이로써 정계가 발칵 뒤집혔고, 특히 중석파
　　동의 배후엔 장면 정권의 정치자금 확보가 개재되어 있는 게 아닌가
　　하는 의심이 짙어졌었다. 임영태,『대한민국50년사 1: 건국에서 제3
　　공화국까지』, 308~309쪽. 덧붙여, 5·16 정권은 장면 정권의 부패를
　　대대적으로 조사해서 발표했지만, 재판 결과, 부패로서 처벌받은 것
　　은 김영선 재무장관이 출장 중에 중고품 냉장고 하나를 어느 공무원
　　에게서 선물받은 것뿐이었다. 대한매일특집연재,『제2공화국과 장
　　면』중 1999년 6월 13일, "김대통령 특별회고(하)",『대한매일신문』.

정비"했다. 즉 "정부가 작아져야 국민의 자유가 신장되고 정치참여가 증대된다는 점에서 장면 정권의 이러한 작은 정부 지향성은 정치발전론적으로 중대한 의미를 갖는다." 그리고 "정부가 시민부문의 투입기능을 존중함으로써 사회의 자율성이 고도로 신장"되었다고 평가한다.[86] 그리고 그를 "안정되고, 제도화된 정치환경에 적합한 정치지도자"라고 평가한다.[87] 이에 더하여 장면이 지녔던 외교적 수완과 경제발전구상까지를 고려한다면, 그와 같은 지도자 타입 내지 리더십의 유형은 바로 지금과 미래의 한국 국민에게 하나의 바람직한 모델 내지 대안을 제시한다고 말할 수 있을 것이다.

이렇게 볼 때 장면의 종교적·정치적 이상은 결국 5·16군사쿠데타에 의해 좌초하고 말았을 뿐이라는 결과론 내지는 과거완료형의 時制로 묻어 버릴 것이 아니다. 장면은 현실보다는 이상을 추구한 정치가였으며, 비록 현실 속에서는 벽에 부딪쳤지만 그가 제시한 비전, 예를 들면, "민주주의에 입각한 다원화된 시민사회의 구현을 다시 한번 시도하고 있는 오늘"의 시점 및 앞으로의 한국의 사회와 정치를 이끌어 주는 "이정표이자 좌표로서 기능"한다는 점에서,[88] 현재 및 미래 진행형 시제로서 재평가되어야 할 것이다. 그때 제시된 비전(vision)은, 비록 그 당시엔 깨어지고 말았으나, "어둡고 긴 군사독재의 터널을 지나오는 한국민 모두가 공유한 희망의 기억"[89]이었고 여전히 현재에도 방향을 제시하고 있다.

현실과 이상, 그리고 현실주의(realism)와 이상주의(utopianism)의

---

86) 김호진, 『한국정치체체론』, 407~409쪽.
87) 예를 들면, 이정희, "제2공화국의 정치환경과 장면의 리더십", 261쪽.
88) 허동현, 『건국·외교·민주의 선구자 장면』, 217쪽.
89) 위의 책.

갈등은 역사 발전, 정치발전의 원동력이다. 역사학자 E. H. 카아 (Edward Hallett Carr)가 말하듯, 현실주의는 현실에선 강하지만 결국은 벽에 봉착하게 되고, 이상주의는 현실에선 약하지만 벽에 봉착한 현실주의에게 나아가야 할 방향을 제시해 준다고 한다면, '이상'과 '현실'의 갈등은 애당초 불가피할 뿐만 아니라 그 갈등은 역사의 발전, 그리고 정치의 발전을 위해서 중요한 의의를 지닌다.[90] 장면 정권의 경우, 장면의 이상(ideals)과 이상주의적(utopian)인 민주화 실험은, 비록 그 당시엔 5·16군사쿠데타로 인해 사라져 버렸지만, 길게 볼 때엔, 그 이후의 한국의 민주화를 가능케 했고 더 나아가 앞으로의 민주주의에 대한 비젼(vision)을 앞서 제시하면서 스스로는 사라져 버린 '촉매'이기도 했다. 그렇기에(장면 서거 다음 해인 1967년 2월에 운석기념회에 의해 출간된) 장면 회고록의 제목 "한 알의 밀이 죽지 않고는"이[91] 여전히 그리고 새삼스레, 여운을 길게 남기는 건 아닐까?

---

90) E. H. Carr의 다음의 글을 본 연구의 주제에 맞게 다소 응용하였다. 원문을 인용하자면, "Where utopianism has become a hollow and intolerable sham, which serves merely as a disguise for the interests of the privileged, the realist performs an indispensable service in unmasking it. But pure realism can offer nothing but a naked struggle for power which makes any kind of international society impossible. Having demolished the current utopia with the weapons of realism, we still need to build a new utopia of our own, which will one day fall to the same weapons. The human will will continue to seek an escape from the logical consequences of realism in the vision of an international order … ." Edward Hallett Carr, *The Twenty Years Crisis 1919~1939*, 1964, Harper & Row, Publishers, p.93. 번역본으로는 Edward Hallett Carr 저, 이원우 역, 1985, 『위기의 20년: 국제정치론서설』, 아세아문화, 127쪽 참조.

91) "내가 진실로 진실로 너희에게 이르노니 한 알의 밀이 땅에 떨어져 죽지 아니 하면 한 알 그대로 있고 죽으면 많은 열매를 맺느니라(요한 복음 12장 24절)."

제8장

장면의 정치 사상과 가톨릭 신앙

임 기 환

경희대학교

1. 머리말

근자에 장면과 제2공화국 정권에 대한 재평가 작업이 진행 중이다.[1] 한국 현대사에서 수많은 지도적 인물이 부침을 거듭하였지만, 장면 정도의 비중 있는 정치적 행적을 갖고 있는 인물은 그리 많지 않을 뿐더러, 또한 장면처럼 그 功過의 평가가 대척점에서 있는 인물도 극히 드물다고 하겠다.[2] 게다가 정치가로서의 면

---

1) 제2공화국과 장면에 대한 재평가를 시도한 연구로는 조광, 1996, 「제2공화국 민주당 정권의 의미」『21세기 한국사회와 교회』, 468~495쪽 및 운석기념회 편, 1999,『운석 장면 선생 탄신 100주년기념 학술회의』발표문 ; 허동현, 1999,『건국・외교・민주의 선구자 장면』등이 있다.

모와 자연인으로서의 면모로 나누어 볼 때 장면만큼 대조적 평가
가 계속되는 인물도 거의 찾아볼 수 없을 것이다. 즉 그동안 여러
차례 지적되어 온 바이지만, 정치가로서는 '결단력이 결여'되어
있다거나, '수동적'이며 '무능한' 지도자라는 부정적인 평가가 대
부분임에도 불구하고3), 자연인으로서의 장면에 대해서는 아무리
정치적으로 적대적 입장에 서 있는 사람일지라도, 그의 도덕적
품성과 고결한 신앙인의 자세를 부인하는 경우는 거의 없다.

이러한 평가가 실상과 비록 상당한 차이가 있다고 하더라도,
아니 일단 기존의 평가를 그대로 받아들인다고 하더라도, 우리
현대사에 있어서 장면은 주목할 만한 인물이다. 왜냐하면 현시점
에 이르러서도, 많은 현대사의 지도자들 중에서 - 그 평가가 옳든
그르든, 또 정치적 입장에서 상당한 왜곡으로 포장되어 있다고
하더라도 - 한 사람의 자연인으로서 장면만큼 오늘의 우리들에게
귀감이 되는 인물도 흔치 않기 때문이다. 예컨대 이승만이나 박
정희의 경우 정치가로서는 긍정적인 평가를 받는 측면이 적지 않
아도,4) 한 사람의 자연인으로서 이들에 대한 인격적 평가의 대부
분은 결코 긍정적이지 않다. 그러한 점에서 장면은 앞으로도 우

---

2) 1980년대를 전후하여 진행된 장면에 대한 기존의 연구들이 결과론적
입장에서의 연구라는 비판이 이미 제기된 바 있다(조광, 위의 글 및
허동현, 위의 책 참조). 특히 5·16군사쿠데타를 통해서 좌절된 제2공
화국 정부에 대해 부정적 선입관을 갖는 인식이 그 배경에 깔려 있
으며, 이러한 제2공화국에 대한 부정적 인식은 장면에 대한 부정적
평가로 곧바로 이어지는 실정이다.
3) 장면에 대한 부정적인 인식에 대한 기존의 연구에 대해서는 허동현,
1999, 위의 책, 8~9쪽 참조.
4) 근자에 '이승만의 국부 만들기' 나 '박정희 기념관 건립' 과 같이 이
들에 대한 추승 작업들이 전개되고 있다. 필자는 이러한 움직임을
결코 받아들일 수 없다고 생각하지만, 어쨌든 오늘의 현실에서 이들
을 따르는 많은 사람들이 있다는 것을 인정하지 않을 수 없다.

리 정치 현실의 개선과 올바른 지도자상을 형성해 가는데, 중요한 시사를 제공해 주는 인물임에 틀림없다.[5]

장면에 대한 긍정적인 평가의 대부분은 그의 독실한 신앙심에서 비롯된 정직성과 도덕적 태도에서 기인한다고 볼 수 있다. 따라서 장면은 가톨릭 교인으로도 사표가 될 수 있는 인물이다. 그러나 장면을 가톨릭 교인으로만 바라보기에는, 그가 우리 현대사에 있어서 매우 중심적인 영향력과 정치적 위치를 가졌던 인물이라는 점을 유의해야 한다. 그러기에 가톨릭인으로서 장면이 갖는 장단점과 한계성에 오히려 우리는 주목할 필요가 있다.[6] 즉 장면이 갖는 많은 장점 – 가톨릭 신앙인이기에 가능한 장점 – 에도 불구하고, 그가 갖는 한계성 역시 가톨릭 신앙인으로서 비롯된 바가 없지 않는가에 필자는 관심을 갖고자 한다. 식민지시기와 민

5) 제 2공화국을 흔히 '장면 정권'이라고 부르기도 하는데, 이러한 표현은 사실상 그리 타당해 보이지는 않는다. 물론 이승만 정권이니 박정희 정권이니 하는 용어를 많이 사용한다. 그런 의미에서 장면 정권이라는 말도 그리 틀리다고 보기는 어렵다. 그러나 이승만과 박정희가 긍정적이든 부정적이든 나름대로의 카리스마를 갖고 당시 정치 현실의 중심적 존재였다는 점에서 이러한 용어들은 어느 정도 타당성이 있다. 그러나 장면의 경우는 좀 다르다고 생각된다. 왜 이러한 이야기로 서두를 꺼내느냐 하면, 그동안 2공화국에 대한 부정적 인식 – 그것이 옳든 그르든 – 이 곧바로 장면 개인에 대한 부정적 인식으로 이어지고 있기 때문이다. 물론 당시 최고 정치지도자라는 점에서 그가 당시의 정치 현실에 많은 책임을 져야 할 것이다. 그러나 제2공화국 당시가 가장 민주적인 정치 행위가 이루어지고 있었다는 점을 고려하면, 장면을 정치적 '순교자'로 만드는 기왕의 태도는 잘못되었다고 생각한다. 이러한 점에서 장면은 이승만이나 박정희와는 다른 또다른 유형의 정치지도자로 살펴볼 필요가 있다.

6) 장면에 대한 긍정적인 평가는 대체로 가톨릭교회 내에서 두드러진다. 그러나 그동안 장면에 대한 옳지 못한 평가가 많았다고 하더라도, 장면에 대한 재평가 작업이 또하나의 대척점에 서서는 곤란하다는 생각이다.

족의 고난 시기를 살아갔던 교육자이며 정치지도자인 장면의 생애와 활동에 있어서, 혹 신앙인으로서의 자세에서 기인한 한계성을 드러낸 것은 없는지 살펴보는 것이 오늘의 가톨릭교의 현실인식을 되돌아보는데 중요한 시사를 준다고 믿기 때문이다. 그러한 점에서 이 글에서 장면을 바라볼 그 키워드는 '가톨릭신앙'과 '민족'이다.

2. 가톨릭 신앙의 형성과 활동

장면은 1961년 8월 16일 동아일보에 게재된 2차 인터뷰에서 당시의 정치현실을 비판하면서, 우리 사회가 나아가 갈 바를 다음과 같이 요약하고 있다.

> 물론 중요한 건 도의적인 정신의 재확립이야. 서로가 믿지 못할 정도로 심각해진 위기를 극복하자면 그것이 제일 중요하다고 보아요. 정치하는 사람들이나 일반 국민이나 다 자기 양심을 찾아야 할거야. 신앙에서 찾아야지 다른 길 있겠어. 참된 마음으로 돌아가야지. 그래서 양심에 거리끼지 않는 일을 해야지. … 국민 상호간의 불신, 통치자와 일반 시민의 부조화, 정신의 결핍, 철학의 빈곤 … 그 모두가 도의정신의 결핍이다. 상식적으로 도의정신이 되어 있지 않기 때문이야. 외국에서 아무리 많은 차관을 들여 온다한들 그것으로 문제는 해결되지 않는다. 국민이 보다 더 잘 살고 행복을 영위하자면 먼저 종교와 신앙을 추구해야 할 일이야. 참된 인간혁명은 거기에서 가능하게 되거든. 사람이 무슨 일이든지 할 수 있을지는 모르지만, 그것이 다 좋은 것은 절대로 아니야. 올바른 일, 자기를 희생하여 국리민복을 찾는 그런 일을 해야지. 양심은 언제나 선택을 명할 거야. 인간의 근원적인 병폐를 제거하고 나서 우리는 목적을 추구해야 하지 않겠어.[7]

7) 장면, 1961. 8. 16, 「나의 심경을 말한다」『동아일보』.

장면은 당시의 정치적·사회적 현실의 부정과 혼란이 도의정
신의 결핍에서 비롯된다고 보고, 이를 극복하기 위해서는 종교와
신앙을 통한 참된 인간의 혁명이 필요하다고 역설하고 있다. 여
기서 말하는 종교와 신앙이 어떤 특정 종교를 의미하는 것은 아
니지만, 그에게는 자신의 평생을 지켜 왔던 가톨릭교를 의미하고
있음은 물론이다. 위 글에서 엿보이는 장면의 정치론은 곧 전 국
민이 신앙인이 되고, 국가의 도덕적 질서가 종교적 계율과 양심
에 기초할 때 가장 바람직한 사회가 된다는 일종의 '종교사회론'
이라고 할 수 있겠다. 그리고 이러한 입장은 장면의 다른 글에서
도 자주 엿볼 수 있다.[8]

이처럼 현실의 개선 방식을 사회의 종교적 기반과 개인의 신앙
적 태도에서 구하려는 장면의 사상을, 한 자연인으로서 또 종교
인으로 가질 수 있는 하나의 이상론으로 치부한다면 굳이 이 글
에서 그의 사상을 되짚어 볼 이유는 없다. 하지만 제 1공화국에서
부통령을 지내고, 제 2공화국에서 국무총리가 되어 최고 정권담
당자로서 활동하였던 그의 정치적 행적을 염두에 두면, 이러한

---

8) 정치 일선에서 물러난 후 저술한 여러 글에서 이러한 입장을 확인할
　수 있는데, 대표적으로 그의 「인생회고록」에서 잘 나타나고 있다.
　"정치를 떠난 나로서 정치인들에게 할말은 없다. 다만 정치인이 되
　기 전에 옳은 정치인이 되기 위해서는 하느님의 뜻을 받드는 사람이
　되어야겠다는 것만은 말할 수 있다. 하느님을 모르거나 무시하고서
　는 그 누구도 정치를 옳게 할 수 없다고 잘라 말하고 싶다. 새로운
　세대를 창조하는 젊은이들도 자신의 앞날을 개척하고 더 나아가 국
　가 민족과 세계에 공헌하려는 뜻을 가졌다면, 인간의 종착점이 어디
　있으며 인간의 최종 목표가 무엇인지를 안 후에 그 길을 따라가야
　할 것이다. 이 길을 벗어나서는 모든 노력이 헛되는 것이다. 이 길은
　오직 하느님의 뜻을 받드는 성실한 신앙에서만 찾을 수 있다(장면,
　운석선생기념출판위원회편, 1999, 「인생회고록」『한 알의 밀이 죽지
　않고는(증보판)』, 98쪽)."

종교사회론으로의 귀결은 납득키 어려운 점이 없지 않다.

그러면 장면의 이러한 생각은 5·16군사쿠데타 이후 정치일선에서 물러난 한 야인으로서 갖는 정치적 허무감에서 비롯된 것일까? 아니면 정말로 그의 정치적 행로 내내 그가 안으로 지키고 다져왔던 평소의 신념일까? 현재로서 무어라 답하기는 쉽지 않지만, "사회적인 지위나 경제적인 출중이나 큰 권력도 신 앞에서는 지극히 완성되지 못한 것에 지나지 않는다"[9]고 생각하는 그의 신앙인으로서 자세를 고려할 때, 그의 이러한 사상적 귀결은 충분히 예상되는 바이기도 하다.

가톨릭교인으로서의 장면은 "에덴동산에서 인간이 원죄를 저지른 이후 인간으로 하여금 신의 존재까지도 잊지 않게 하였음을 얼마나 감사하는지 모른다. 만일 그런 완전한 망각 속으로 인간을 끌어넣었다고 하면 얼마나 공포로운 세상이 되었을는지도 모를 일이다"[10]라고 고백하면서, 신앙인으로서의 그의 삶에 무한한 확신을 가지고 있었다. 그는 당시 현실의 특징을 "신을 부정하려드는 자들과 신의 섭리를 구현하려는 인간의 정신과의 결전"이라고 보면서, 궁극적으로 우리가 지향해야 할 사회는 "결국 신에 교통하는 세계"라고 단정한다.[11] 이러한 현실인식에서 볼 때, 장면의 정치적 경로와 정치사상을 살펴보기 위해서는 그의 가톨릭 신앙에 대한 이해가 전제되어야 할 것이 분명해진다.[12] 따라서 먼

---

9) 장면, 1956. 7, 「민족갱생의 길 ─ 청년과 더불어」『신세계』.
10) 위의 글.
11) 위의 글.
12) 허동현은 장면의 정치사상의 제 특징으로 1) 그리스도교적 요소, 2) 자유민주주의적 요소, 3) 국제주의적 요소의 3가지를 거론하고 있다 (허동현, 1999, 「張勉의 치적과 정치사상에 관한 研究 ─ 否定的 張勉像에 대한 비판적 검토를 중심으로 ─」『한국민족운동사연구』23, 538~545쪽). 그러나 장면에게서는 후자의 2가지 요소 역시 가톨릭

저 장면의 가톨릭 신앙의 형성 과정을 살펴보도록 하자.

張勉은 1899년 張箕彬(레오)와 黃루시아 사이의 3남 4녀 가운데 장남으로 태어났다.[13] 그의 부모가 모두 천주교인이었기 때문에, 장면은 생후 15일 만인 9월 12일에 명동성당에서 세례를 받았다. 사실 그의 가문은 고조가 평안남도 中和郡으로 이주한 이래 천주교의 영향을 받고 있었다. 이주지인 중화군 일대는 일찍부터 천주교가 뿌리를 내린 곳이며, 고조모와 조모도 영세를 받은 바 있었다. 더욱 그의 부친은 관립영어학교에 재학 중이던 1896년에 천주교 세례를 받았는데, 당시는 종교 신앙의 자유가 공인된 직후였다. 또 그의 외가 역시 외조부모 시절부터 천주교 신앙을 가지고 있었으며, 그의 모친은 중림동 성당 부속 가명 여학교에서 교육을 받기도 하였다.

이 같은 부모의 영향으로 장면은 어릴 적부터 돈독한 천주교 신앙의 분위기에서 자라났다. 특히 그의 부친이 인천에서 근무하였던 관계로,[14] 1906년 4월에는 인천 성당에서 운영하던 私立博文學校에 입학하였다. 그러나 여기서 특별한 신앙 교육을 받았던 것 같지는 않다. 그의 회고에 의하면 주로 千字文·童蒙先習·小

교의 기반 아래서 이해되고 있는 것이다. 즉 장면에게는 자유민주주의의 사상 역시 그리스도교와 통일되어 있으며, 그의 국제주의적 인식도 가톨릭교가 갖는 국제성과 불가분의 관계에 있다고 본다. 따라서 그의 정치사상의 핵심은 그리스도교적 요소라고 할 수 있다.

13) 장면의 생애에 대해서는 조광, 1999, 「張勉의 생애와 신앙에 관한 연구」 『운석장면선생탄신 100주년 기념 학술회의 발표문』, 1~4쪽 및 허동현, 1999, 앞의 책이 참고된다.

14) 그의 부친은 인천으로 이주한 직후 서울에 있던 관립 영어학교를 나와 仁川海關에서 근무하였고, 1911년에 뉴욕에 본사를 두고 있는 스텐다드 오일 회사의 인천지점에서 근무했고, 1918년에는 요코하마에 본사가 있었던 타운센트 회사(世昌洋行)의 인천지점에 근무하는 등 구미 열강계열의 상사에서 근무했다.

學·大學·中庸·通鑑을 배웠으며, 신학문이라고 배웠다는 것은 지리·역사·算術 정도였다고 한다.[15) 다만 천주교에 운영한 학교였기 때문에 가톨릭 교회의 분위기 속에서 어느 정도 기본적인 신앙의 태도를 배웠을 것으로 짐작된다.

1910년에는 同校 尋常科를 졸업하고 고등과로 진학했다. 그러다가 다시 1912년 인천 공립심상소학교 6학년에 편입하여 1913년에는 동교 고등과로 진급하여 1914년에 졸업했다. 그리고 이어 일종의 고등교육기관이었던 수원농림학교에 최우등 관비생으로 입학하였다. 수원농림학교를 졸업한 그는 당시 일반적으로 관료로 출세하는 길과는 달리 외국 유학 공부의 꿈을 갖고, 영어공부를 더 하려는 목적으로 1918년 서울중앙기독청년회관(YMCA) 영어과에 입학했다. YMCA 영어과에 입학한 다음해인 1919년에 그는 영어과 야간부에서 계속 수강하면서, 중등교육기관이었던 용산 천주교 신학교(소신학교) 강사로 취임하여 국어(일본어)·수학 등을 담당하여 가르쳤다.

당시 신학생이었던 노기남의 회고에 의하면, 장면은 약관의 청년이었지만 소신학교에 초빙 교수로 초대될 만큼 신앙이 깊고 인격이 높다는 평가를 받았고, 신학생들 사이에서도 상당한 존경을 받았다고 한다.[16) 즉 장면은 어릴 적부터 독실한 가톨릭 가정의 분위기에서 자라나고 또 博文學校를 다니면서, 20세 무렵에 이미 가톨릭교인으로서의 다른 사람의 주목을 받을 만큼 충분한 신앙적 토대를 갖추었던 것으로 보인다.

그는 마침내 1920년 10월에 미국 유학의 길을 떠났다. 그런데 여기서 주목할 것은 장면이 미국 유학을 결심하게 된 동기이다.

---

15) 장면, 1999, 「인생회고록」『한 알의 밀이 죽지 않고는(증보판)』, 34쪽.
16) 노기남, 1999, 「거룩한 평신도 장요한」, 위의 책, 333쪽.

어언간 나도 20세쯤 되고 보니, 우리 교리 자체에 대한 나로서
의 의문도 차차 머리를 들게 되어 이에 대한 만족한 해답을 구해
보려했으나 적당한 서적도 없고, 신부님들은 극소수에 불과하여
다른 성무에 바쁜 몸들이라 개인 지도의 시간적 여유조차 별로 없
었다. 아무리 생각하여 보아도 내 신념을 채우려면 외국으로 유학
나가 외국 원문을 통한 광범위한 섭렵으로 마음껏 교리 연구와 교
회사 研鑽에 정진해 보겠다는 결심이 더욱 굳어졌다.17)

즉 수원 농림학교 시절, 교리에 밝으면서 천주교에 부정적이었
던 개신교 신자 상급생으로부터 자극을 받으면서,18) 천주교 교리
와 교회사에 대한 강한 욕구를 갖게 되어 외국 유학을 결심한 것
이다. 당시는 일제 식민지 통치기로서, 식민지 피지배민족의 신진
기예한 엘리트 지식인이 응당 가질 수 있게 되는 민족적 현실을
타개하기 위한 동기가 위 글에서는 직접적으로 찾아지지 않는다.
물론 뒤에서 살펴보듯이 장면이 일제에 대해 민족적 저항의식을
갖지 않았다고 보기는 어렵지만, 외국 유학의 직접적 동기가 종
교적 입장이라는 것은 그만큼 가톨릭교에 대한 장면의 열성과 신
앙심이 남다르게 두드러졌다고 할 수 있겠다. 그리고 이러한 그
의 종교적 구도자의 자세는 두고두고 그의 종교적 이상과 정치적
현실 사이의 간극을 메우지 못한 결과를 초래하였다고 생각된다.
그는 미국에 도착한 직후 메리놀선교회의 도움으로 동 선교회
의 예비신학교인 베나드 스쿨(Venard School)에서 교장이였던
Byrne 신부의 지도하에 반년간 영어를 비롯한 기타 과목을 학습
했다. 그 후 그는 맨해튼 대학에 입학했는데 이 대학은 '그리스도
교 교육수도회'에서 운영하던 4년제 정규대학이었다. 그는 1921
년 9월 19일에 입학하여 1925년 6월 4일에 학사학위를 받았다. 그

---

17) 장면, 1999, 「교부들의 신앙」, 위의 책, 274~275쪽.
18) 위의 글.

는 여기서 종교학·철학·교육학·역사학·사회학 등 다양한 인문학 분야를 수업하였으며,[19] 천주교 교리에도 많은 관심을 기울였다. 그의 회고에 의하면 "필수과목으로 매일 한시간씩 교리를 배우기는 하였으나, 나는 따로 교리, 교회사, 호교학 등을 자습하면서 여러 신부님께 개인 지도를 청하여 거의 무제한한 질문으로 신부님들을 괴롭혔다"고 하였다.[20]

또한 미국 유학 시절에는 특히 가톨릭 신앙인으로서의 그의 삶에 가장 큰 계기가 마련되기도 하였다. 베나드 스쿨에 재학 중이던 1921년 8월 28일 장면은 한국인으로서는 최초로 성 프란치스꼬 제 3회에 입회했으며, 다음해 9월 24일 세자 요한(St. John Baptists) 성당에서 프란치스꼬를 수도명으로 서약하였다. 이는 장면이 일반 신자로서 세속적 생활에 적합한 방법으로 그리스도교적 완덕을 추구하는 삶을 서약하였음을 말하는 것으로, 그의 한 평생 동안 그와 관계를 맺었던 모든 사람들의 증언처럼,[21] "복음적 표양"의 삶을 살아가는 정신적 신앙적 계기가 된 것이다.

이렇게 미국 유학 시절 그의 학업과 활동의 대부분은 가톨릭교인으로서 종교적 영역에서 벗어났다고 보기는 어렵다. 귀국 후의 활동도 역시 마찬가지이다. 1925년 귀국 길에 장면은 로마 교황청에서 열리는 조선순교복자 79위 시복식에 조선 신도대표로 참석하였다. 이러한 경험도 신앙인으로서의 장면의 삶에 상당한 영향을 미쳤을 것이다. 이후 한국 가톨릭의 역사성과 그 정신을 순

---

19) 허동현, 1999, 앞의 글, 551쪽, 주 90) 참조.
20) 장면, 1999, 「교부들의 신앙」『한 알의 밀이 죽지 않고는(증보판)』, 275쪽.
21) 장면, 1999, 『한 알의 밀이 죽지 않고는(증보판)』에 실려 있는 '운석 선생 회고와 일화'에 관한 다수의 글에서 이러한 면을 충분히 엿볼 수 있다.

교자적 정신과 삶으로 보게 되었을 것이며, 그 결과 그는 1931년에 『조선천주공교회 약사』를 저술하기도 하였다. 실제로 그의 생애를 보면 순교자적인 측면이 없지 않다. 예컨대 5·16군사쿠데타 이후 자신의 정치적 책임을 지고 자신에 대한 비난을 묵묵히 받아들이는 태도에서도 그러한 면모를 읽어볼 수 있다.[22]

1925년 8월에 귀국한 장면은 예비학교 시절의 교장이었던 方주교가 평양교구장으로 부임함에 따라 이후 6년 동안 가톨릭 평양교구 내에서 일하였다. 이 때 그는 미사 예식이나 가톨릭의 모든 의식에 성직자 못지 않게 밝은 지식을 얻었다고 한다.[23] 그리고 평

---

22) 장면의 정치적 행위가 종교적 토대위에 있음은 그 자신의 회고에 잘 드러나고 있다.

"저네들이 장면잘 알고 있어. 세상에서 나를 그렇게 부르게끔 만들어 놓은 것도 사실이야. 그래서 나는 참회에 참회를 거듭해 왔고 또 그것을 계속하는 거지. 허지만 나는 두고두고 따져 보는 거야. 민주당이 신·구파로 갈려 싸울 때의 일인데 나는 매우 애매한 입장에 처하곤 했었어. 종교적인 차원에서 처세를 할려고 드니 이를테면 강한 인상을 주지 않는다는 거였겠지. 상대방에서 이렇게 나오면 우리는 거기 대하여 악랄한 수법으로 대결하여 이겨야 하는 게 상식인데 그렇지 못한다는 얘기거든. 나는 많은 사람들로부터 당시 그런 말을 들어 왔으니까. 허지만 나는 나 자신을 기만하면서까지 위선적인 투쟁을 벌이고 싶지 않았어요. 4·19혁명 이후만 해도 그렇지 뭐야. 내가 이박사 수법의 독재를 했다면 어떻게 되었겠소. 내가 평소에 정치투쟁하면서 세워온 신조를 짓밟는 결과 밖에 더 가져 왔겠는가 말이오. 내가 배워오면서 맛본 자유와 민주주의를 실천하는 방법이란 다른 것이 아니었거든. 내 정치 신조를 어떻게 하면 종교적인 양심에 비추어 보고 행동할 수 있는가 하는 것을 내 필생의 목표로 삼았던 것이오. 그리하여 민족도덕을 앙양시킴에는 종교적 신앙에 깊이 뿌리 박아야 하겠다는 일념으로 나는 교육사업에 종사해온 것이며 정치생활에 있어서도 나의 언행을 양심에 비추어 부끄럽지 않게 하자는 그러한 습성을 기른다는 입장을 취해 왔어(1965.1., 「침묵은 운명보다 강하다」 『올다이제스트』)."

23) 현석호, 1999, 「민주주의 씨앗」 『한 알의 밀이 죽지 않고는(증보판)』,

양천주교 청년회장으로 활동하기도 하였다. 1931년에는 가톨릭계인 서울 동성상업학교 교사로 부임해 1936년에 교장에 올랐으며, 이후 혜화유치원 원장, 계성국민학교 교장직도 잇따라 겸임했다. 노기남의 회고에 따르면 동성학교 교장으로 재직하는 동안 그의 궁극적인 목표는 가톨릭 신앙인으로서의 교육적 실천이었다.

> 그는 수천 명의 학생을 교육하는 교직자로 봉급이나 어떤 물욕에는 초연하고 언제나 궁극의 목적은 '종교' 거기에 두었다. 별로 말이 없이 묵묵히 실천만 하는 그는 모든 일을 은연중에 신앙의 정신으로 이끌었다. 교장직에 있으면서도 모든 행동과 교육 방법을 그리스도 정신으로, 전교의 목적 의식에 투철하여 자연히 학생들도 그의 신앙적 교육에 감화되었으며 많은 학생들이 이를 본받아 입교하기도 하였다.[24]

귀국 후 장면의 주된 목표가 종교적인 기반에서의 교육활동이었음은 그의 저작물에서도 잘 드러난다. 그는 『구도자의 길(1930)』, 『조선 천주 공교회 약사(1931)』 등을 저술하고, 『英韓敎會用語集(1929)』을 편찬하거나 『교부들의 신앙(1944)』등을 번역하기도 하였다. 뿐만 아니리 그는 鄭芝溶, 李東九 등의 문인과 尹亨重 신부들과 힘을 합쳐 근대 한국 교회사뿐만 아니라 문화운동사에서도 간과할 수 없는 중요성을 갖는 『가톨릭 청년』의 창간을 주도하였다. 그는 1933년 6월 창간이래 이 월간지에 다수의 글을 게재하였는데, 그 대부분이 가톨릭 교리나 역사의 이해를 돕는 글이었다.[25]

475쪽.
24) 노기남, 앞의 글, 333～334쪽.
25) 해방 이전 게재한 그의 글은 다음과 같다. 「순교의 의의와 가치」 (1933. 8), 「성직자와 독신생활」(1933. 6), 「구약 성경의 역사적 가치」 (1933. 7), 「교회의 유일성」(1933. 10·11), 「옥스포드 운동의 전망」

이렇게 해방 이전 장면의 활동은 종교운동과 교육운동의 범주에서 전개되고 있었다. 이는 그가 미국 유학시절에 이미 "일제 하에서 민족에 이바지하는 길은 민간 교육사업이 효과적이며 첩경이라는 신념을 가졌고, 민족 도덕을 양양하기 위해서는 종교적 신앙에 뿌리를 박아야 한다"는 깨달음을 가졌던 데에서 비롯된다.[26]

그런데 해방 이후 장면은 정치인으로서의 그의 새로운 행보를 시작하게 된다. 1946년 2월 노기남 대주교의 추천을 받아 천주교 대표로 미군정 자문기관인 民主議院 의원에, 그리고 동년 12월 立法議院의 의원으로 지명된 이후, 1948년 5월 10일 총선거에 무소속으로 종로 을구에서 출마하여 制憲國會 의원으로 당선되었다.[27] 이후 그는 주로 좌익과의 투쟁, 군정당국과의 절충, 미·소 공동위원회에 대한 정책 수립 등의 활동이 두드러졌다.

1948년에는 제3차 유엔총회파견 대한민국 대표단 수석대표가 되어 유엔으로부터 대한민국정부의 승인을 받기 위해서 바티칸 등의 협조를 구하는 등 많은 노력을 전개하였으며, 그 결과 대한

(1933. 12), 「'면죄부'의 진상」(1934. 3), 「교회의 신성성」(1934. 6·8), 「異端一束」(1934. 7), 「영국 성공회」(1935. 5), 「장로 교회」(1935. 8), 「대륙 횡단기」(1935. 11) 이외에 『카톨릭연구』에 「조선 가톨릭 신자의 장단점」(1935. 9·10합집)을 게재하였다.

26) 장면, 「인생회고록」, 36쪽.

27) 장면의 정치가로서의 등장 과정에서 장면과 가톨릭교회와의 관계를 주목할 필요가 있는데, 윤형중의 회고가 이를 잘 보여준다. "… 해방 직후 민주 의원 때에도 또 제헌 국회 의원 선거를 앞두고, 유지 및 교우들과 교계를 대표하여 누구를 의원으로 보내느냐는 문제가 대두되었다. 긴 논란 없이 장 박사가 적임자로 만장 일치의 인정을 받았다. 정계에 그가 나간 것은 정치인 되기를 바라서가 아니었다. 교인을 대표해서 빈틈없이 일해 줄 적임자가 바로 그였기 때문이다(윤현중, 「다채로운 업적」『한 알의 밀이 죽지 않고는(증보판)』, 411쪽)." 그리고 이후 장면의 정치적 출신과정에서 가톨릭교회가 교회의 차원에서 전적인 지원을 아끼지 않은 것도 사실이다.

민국에 대한 국제적 승인을 끌어냈다. 또한 그는 1949년 대한민국 주미 특명전권대사로 부임하여 외교활동을 전개했다. 특히 한국전쟁이 발발한 직후에는 유엔군의 한국참전을 이끌어 내는 데에 공을 세웠으며, 1950년 11월 국무총리가 되었다.

이후 1955년에 민주당 창당과 더불어 최고위원에 부임했고, 그 다음해에 부통령으로 당선되었다. 그는 자유당 치하에서 반독재 투쟁의 최일선에 서서 민주주의의 신장을 위한 노력을 계속하고 있었으며, 4·19혁명 직후 부통령직을 사임했다. 제2공화국이 출범하면서 국무총리로 선임되어 제2공화국 정권을 이끌면서 민주주의를 실천하기 위해 노력하다가, 5·16군사쿠데타에 의해서 실각하고 정치 일선에서 물러났다. 그 후 장면은 신앙생활과 종교적 집필을 중심으로 하는 종교 활동으로 나머지 생을 보냈다.[28]

이러한 해방 후 일련의 그의 정치적 행보는 곧 대한민국 정부의 수립과 뒤이어 민주주의 정치체제의 확립이라는 당시의 과제를 수행하는데 뚜렷한 족적을 남기는 것이었다. 그런데 그 과정에서 다양한 정치적 선택이 가능한 상황 아래에서, 결과적으로 그가 걸어온 길을 선택하게 한 그의 정치사상의 배경에 대한 이해가 필요하리라 본다. 앞에서 언급한 바와 같이, 이 때 우리가 주목할 것은 당시 천주교회의 정치적 입장과 장면의 정치적 선택

---

28) 이 때 장면은 『나는 왜 고통을 받아야 하나』(1962), 『성 원선시오』 (1964) 등의 역서를 출간하고, 『가톨릭 청년』에 「'세라'회에 대하여」 (1965. 9), 「미사 전례의 사적 소고」(1965. 10), 「성 프란치스꼬 在俗第三會」(1965. 11), 『가톨릭 시보』에 「프로테스탄 형제들과 왜 대화를 해야 하나 1」(1964. 9. 20), 「공의회에 크로스업된 平信使徒職의 재평가」(1964. 12. 25), 「일반 사회인의 교회관을 보고」(1965. 6. 13), 「가톨릭 시보의 사명과 역할」(1965. 12. 25), 『발자취』에 「복음 전파는 삼회원의 최대 의무」(1963. 동계호, 4호), 「삼회원은 평신도 사도직에 앞장서야 한다」(1964. 하계호, 6호) 등의 글을 게재하였다.

사이의 관련성이다. 나아가 가톨릭 신앙인으로서 신앙적 태도와 그의 정치사상과의 관련성 역시 놓쳐서는 안될 것이다.

3. 정치사상과 가톨릭 신앙

1) 민족 문제에 대한 인식

앞에서 살펴본 바와 같이, 장면은 일제시기에 그의 학업 시절부터 교육운동가로 활동하는 시기를 통 털어 거의 종교적 활동에서 벗어나지 않았다. 여기서 학업 과정에서 최우등으로 졸업하고, 당시로서는 드물게 미국 유학까지 마친 최고의 지식인의 한사람이라 할 수 있는 그가, 식민지라는 당시의 현실을 어떻게 인식하고 있었을까가 궁금해지지 않을 수 없다. 특히 3·1운동 이후 1920·30년대에 조국의 해방을 위한 민족운동이 활발하게 전개되는 그 시기에도 장면의 활동이 종교적 영역으로 제한되어 있었다는 점은 충분히 주목할 필요가 있다.

물론 젊은 시절 그의 항일의식을 엿볼 수 있는 몇 가지 예가 있다. 수원농림학교 입학시에 그의 나이는 16세였는데, 당시 배일운동을 목적으로 하는 교내 비밀 결사에 가입한 바 있다.29) 또 수원농림학교를 졸업하고 YMCA 영어학교에서 공부하면서 용산 신학교에 강사로 나가던 때에 3·1운동이 일어나자, 그는 덕수궁 앞에 나가 만세운동에 동참하였으며,30) 소신학교 학생들에게 3·1운

---

29) 한근조의 회고에 의하면 일본의 식민 정책으로 영어란 한 자도 가르치지 않는 농림학교에서 칠판에 영문으로만 낙서하는 등 배일 운동적인 성향을 보이기도 하였다(한근조, 1999,「언행일치의 인물」『한 알의 밀이 죽지 않고는(증보판)』, 456쪽).

동과 독립운동에 대해 자세한 소식을 전해 주며 학생들의 민족혼
을 고취하기도 하였다.[31]

　그러나 3·1운동이나 그 이후의 독립운동에 있어서 장면은 매우
소극적인 자세를 견지하였던 것으로 보인다. 실제로 당시 장면이
가르치던 용산 신학교 신학생들은 3월 23일 일요일 밤, 신학교의

---

30) 삼년간 YMCA 영어학교에서 공부하고 있을 때였다. 전민족이 일제
(日帝)의 학정에 항거하여 자주독립을 선언한 삼일운동이 전국 방방
곡곡에서 일어났다. 나는 그때 덕수궁 앞에 나가서 만세를 불렀다
(장면, 1957. 1, 「(특별기고) 내가 걸어온 길」『희망』).

31) 당시 신학교 신학생이었던 노기남 주교는 다음과 같이 회고하고 있다.
"그(장면)가 우리 신학교에서 교편을 잡은 지 3년이 되던 해에 3·1독
립운동이 일어났다. 우리는 신부 지망생이지만, 어찌 이 나라의 아들
들이 아니랴! 우리도 밖에 나가서 만세를 부르고 싶었다. 그러나 학
교 규율과 외국 신부들의 제지로 우리는 밖에 나가지 못했다. 그날
은 물론 수업을 잘하지 못했다. 나는 몹시 흥분한 그분을 보았다. 그
는 수업을 하지 않고 3·1운동에 관한 이야기만 해주었다. "… 이건
하느님의 뜻이오. 이 거족적 봉기를 일으키게 한 분들은 대개가 종
교를 신봉하는 사람들입니다. 하느님께서 그분들에게 명하신 것입
니다. 독립을 찾아야 해요. 민족의 얼을 찾아야지요. 하느님께서는
그런 기회를 우리에게 주신 겁니다… ." 침착하면시도 격앙된 구석
이 있는 목소리였다. 우리는 며칠동안 공부를 제대로 못했다. 그 대
신에 그를 통해 전국 방방곡곡에서 불붙는 일어나는 만세 사건에 관
하여 자세히 전해들을 수 있었다. "… 왜놈들의 탄압이 심해져 우리
의 독립운동은 실패로 돌아갈 지 몰라도 세계의 인류는 우리를 기억
할 것이며, 하느님은 결코 우리를 저버리지 않으실 것이오. 우리의
신앙심이 약해지지 않는 한… (노기남, 앞의 글, 333~33쪽)."
3·1운동 당시 장면이 신학생들에게 민족운동의 실상을 전해주던
모습은 윤형중 신부의 회고에서도 보인다. "기미 3·1 운동을 전후하
여, 그는 서울 용산 신학교의 선생이었다. 그때의 신학교라면 마치
교도소와도 같은 분위기였다. 장 박사는 일본말을 가르치는 선생이
었다. 그러나 일본말만 가르치는 선생은 아니었다. 외부 사회와 격리
된 신학생들에게 3·1 운동의 진상을 들려주었고 암암리에 민족혼을
고취했다(윤형중, 앞의 글, 409쪽)."

문을 나와 만세군중에 합류하여, 일시적이나마 3·1 만세 운동에
참여를 시도하였다. 이튿날 이를 보고 받은 서울교구장 뮈텔 주
교는 신학생들의 만세 운동에 참여를 금지하였으며, 만세운동에
참여한 징계의 일환으로 그 해의 서품식을 연기하였고, 만세운동
을 주도한 신학생들을 퇴학시기도 하였다.[32]

이 때 신학생들의 만세운동 참여와 위 노기남의 회고에 보이는
바와 같이 장면이 신학생들에게 미친 영향이 어떤 관련성이 있는
지는 알 수 없으나, 장면이 신학생들의 만세운동에 적극적으로
개입하였을 것으로 생각되지는 않는다. 장면 스스로는 식민지의
젊은이로서 일제에 대한 저항의식을 가졌을 지라도, 기본적으로
는 당시 천주교회의 공식적인 입장에 순응하는 자세를 가졌던 것
이 아닌가 한다.

당시 한국 천주교회는 이미 한일합방 이전부터 일제가 식민 정
책의 일환으로 제시한 정교분리 종교 정책에 따르고 있었는데, 이
는 기본적으로 선교권을 보장받기 위해서였다. 특히 한국 천주교
회를 이끌던 외국인 선교사들은 선교우선주의, 정교분리와 정치
불간섭주의를 내세웠는데, 이는 현실 적응의 태도로 일제의 식민
정책에 동조하는 결과가 되었다. 선교사들의 주요 관심은 조선 민
족의 운명이 아니라, 선교의 자유와 권리의 보장이었던 것이다. 따
라서 3·1운동 당시에도 천주교회는 교인들의 운동 참여를 적극 막
았고, 대부분의 천주교인들 역시 소극적인 태도를 취하고 있었다.
외국인 선교사들에 의존적인 한국 천주교회는 교회중심주의, 선교
우선주의에 의하여 민족운동에 부정적이었던 것이다.[33]

---

32) 윤선자, 2000, 「민족운동과 교회」『한국 천주교회사의 성찰과 전망』,
　　한국천주교중앙협의회, 170쪽.
33) 3·1운동에 대한 천주교회의 태도에 대해서는 윤선자, 위의 글, 166~
　　170쪽 참조.

이는 당시 천주교인들 대부분이 신앙적 기준에서 민족 현실에 대한 인식의 폐쇄성을 드러냈음을 보여준다. 물론 장면이 외국인 선교사가 중심이 된 천주교회의 조직체계와 공식 입장에 맹목적으로 순응하였다고 보기는 어렵다. 오히려 장면 자신의 독립운동에 대한 입장이 종교적 인식에서 벗어나지 못하였던 것이다. 노기남의 회고를 들어보자.

> 독립운동에 대하여 우리에게 알려 준 사람은 장선생이다. 장선생으로부터 듣는 이야기는 주로 바깥 세상의 것이었다. 나는 궁금한 것을 물었고 그는 내 궁금증을 차근차근히 풀어 주었다. 그의 이야기는 주로 민족과 신앙에 대한 것이었다. "큰일났어. 왜놈들의 탄압이 날로 심해지거든, 뜻 있는 사람들은 모두 해외로 나가 독립운동을 하지만, 그게 수월한 일이 아니거든, 백성들에게 필요한 건 지도자야, 그러나 우리는 지도자를 갖고 있지 못해. 찾지를 못하는 거지. 상해임시정부나 미국에 건너간 독립투사들의 진정한 지도자는 오직 한 분이 계셔. 하느님이야. 그러나 몽매한 백성들은 그걸 몰라. 일깨워 줘야 돼. 우리에게 오직 하느님이 계시고, 하느님의 뜻이 있다는 것을 일깨워 줘야 해. 맨주먹으로는 왜놈들의 총칼을 당해 내지 못하지만, 신앙심과 하느님 앞에서는 무기란 무력한 것이지. 모든 동포에게 하느님을 믿도록 우리가 노력해야 하는데."[34]

위의 글을 보면, 장면이 식민지의 현실에 대해 어느 정도 저항적 민족의식을 가졌고, 또 독립운동의 주체로 민족이란 실체를 인식하고 있었다고 하더라도, 민족의 해방을 궁극적으로는 신앙과 하느님에 의한 구원의 상황으로 이해하였던 것으로 생각된다. 특히 "진정한 지도자는 하느님"이라는 생각은 민족의 독립도 교회의 세계관의 시각에서 이해하고, 복음화와 신앙인의 확대가 민족해방의 길이라는 인식으로서, 곧 종교적 계몽의식이나 종교적

---

34) 노기남, 앞의 글, 333~335쪽.

민족주의의 범주에 머무는 것이다. 비록 그의 입장이 정교 분리라는 당시 천주교회의 원칙과 공식 입장을 그대로 따르는 것은 아니라고 하더라도, 결과적으로는 그 입장에서 크게 벗어나지 못한 것이라 할 수 있다.

사실 노기남의 회고에 보이는 민족운동에 대한 장면의 입장은 그 후의 행적을 통해서도 어느 정도 추정할 수 있다. 앞서 살펴보았듯이 그가 미국 유학을 하게 된 동기조차도 근본적으로는 천주 교리에 대한 보다 깊은 탐구심에서 비롯된 것이었다. 그의 유학이 "출세의 길을 마련하기 위해서가 아니라, 가톨릭을 좀더 연구하고 자신의 수련을 쌓는 한편 일제의 피압박 민족이 된 이 나라 국민들에게 참된 교육을 시키는 한편, 후일에 하느님의 구원을 받을 수 있는 가톨릭을 전교"[35]함을 목표로 하였다고 하더라도, 여기서 주목할 점은 종교 교육및 가톨릭의 신앙의 전파, 즉 복음화가 당시 우리 민족의 최대 현안이었던 민족 해방과 어떻게 연관되느냐의 문제이다. 그러나 아쉽게도 이에 대한 장면의 구체적인 사상과 현실인식을 현 자료에서는 찾아보기 어렵다.[36]

실제로 미국 유학을 다녀온 후 그는 1931년부터 서울 동성학교에서 교사와 교장으로 활동하면서 교육운동에 전념하였다. 그러나 이 때에도 그가 구체적으로 교육 운동을 통해 민족적 현실을

---

35) 현석호, 앞의 글, 474쪽.

36) 趙珖은 1930년대에 조선의 가톨릭 교회는 신흥 개신교의 도전, 인종주의적이며 국수주의적인 민족주의 세력의 도전에 직면하고 있었기 때문에, 당시 사회적 기반이 미미하였던 조선 가톨릭 교회는 일제 식민지 통치 문제보다도 민족 내부의 문제에 상대적으로 큰 위기 의식을 갖고 있었다고 보았다. 매우 적절한 지적으로 당시 장면의 민족운동에 대한 태도를 이해하는 데에도 중요한 시사가 된다(趙珖, 2001, 「일제하 張勉의 역사인식과 조선교회사 서술」『경기사학』5, 90쪽 참조).

어떻게 극복하려 하였는지는 잘 알기 어렵다. 물론 그가 일제에 대한 저항적 태도를 포기하였다고 보이지는 않는다.37) 그러나 앞서 인용한 노기남의 회고에서 보이듯이 어디까지나 "궁극의 목적은 '종교' 거기에 두었"으며, "모든 행동과 교육 방법을 그리스도 정신으로, 전교의 목적 의식에 투철"한 신앙적 교육을 실천하였던 것이다.38) 당시의 현실이 드러내 놓고 민족운동을 전개할 수 있는 상황이 아니었지만, 장면 자신이 무엇보다 가톨릭교회의 보호와 육성에 목표를 두었던 만큼,39) 당시의 천주교회의 공식적인

---

37) 이 점은 유홍렬의 회고에 나타나고 있다.

"그런데 또 하루는 나의 대부이신 장 박사께서 몸소 나를 찾아 주셨다. '어떤 생각을 가지고 있는지는 모르겠지만, 이런 세상에 일본 사람의 관청 생활을 하는 것은 후일을 생각해서라도 좋지 않을 것 같소. 우리 다른 사심이 없는 교우로서 같이 일을 해봅시다. 내가 알기로는 장래가 촉망되는 사람이고 하니 와서 같이 일을 합시다. 우리 교우로서 같은 학교를 위해 서로 힘을 모아 일을 하는 게 좋지 않겠소.' … 부임하자마자 내게는 여러 가지 고초가 있었다. 왜냐하면 나는 일본 역사와 세계사를 가르쳐야 했기 때문이다. 그러니 일인 교사들의 마음에 들 리가 없었다. 어느 날의 일이다. 일인 교무 주임 '사이고'는 '조선 사람이 어떻게 우리 대일본 제국의 역사를 가르칠 수 있느냐?'고 정면으로 불만과 공박을 주었다. 그러나 교장인 장 박사는 이를 일축해 버렸다. 그리하여 장 박사는 아니꼬운 '사이고' 교무 주임을 몰아내기에 이르렀던 것이다. '사이고'는 총독부 학무국의 상당한 배경을 가지고 들어와 동성을 일인 교육 기관으로 바꾸려 하였던 자인만큼, 그를 내쫓는데 당국의 압력을 염두에 둘 때 몹시 힘든 일이었으니, 그분의 결심과 실천이 어떠했는가는 가히 짐작하고도 남음이 있겠다. … 그분은 일제 치하에서도 한국인으로서의 자주성을 종교적인 교육을 통하여 일관했다. 또한 우리 한국인 교사들은 만날 적마다 어떻게 하면 일인 세력을 꺾느냐에 의견을 나누곤 했다. 당시 우리는 장 박사를 중심으로 하여 한창우 씨, 유동진 씨, 나 등등으로 팀워크가 잘 짜여져 있었다(유홍렬)."

38) 노기남, 앞의 글, 336쪽.

39) 장면이 동성학교 교장 시절에 과거 그의 제자이기도 하였던 노기남

정치적 입장으로부터 결코 자유로울 수 없었을 것으로 보인다. 이는 장면만이 아니라 당시 천주교회의 모든 지도자들의 경우도 마찬가지였을 것이다.

해방 이전 종교운동과 교육운동의 범주에서 전개된 장면의 활동에 대한 평가는 간단치 않다. 그러나 그의 이러한 실천운동이 구체적으로 민족운동과 교육 사업, 그리고 민족 도덕과 종교운동 사이에 어느 수준의 긴장 관계를 유지하고 전개되었는지에 따라 그의 활동의 민족적 기반에 대한 평가가 달라지리라 생각된다.40)

해방 후 장면의 활동과 그의 정치적 입장 역시 당시 가톨릭 교회의 그것과 결코 차별적이지 않았다. 그는 "우리 민족의 최대 당면과제는 정치적으로 조국의 완전 독립이며, 경제적으로는 자주

이 교리를 가르치고 있었다. 그는 당시 장면이 "학교 일에 분망하면서도 총독부와의 접촉을 꾀하여, 우리 천주교가 박해를 받지 않도록 늘 손을 썼다. 우리는 가끔 밤늦도록 여러 가지 문제를 의논하기도 했다. 일제하에 4년 간 주교 노릇을 하면서 나는 장 박사가 없으면 아무 데도 나갈 수가 없었다. 한국 가톨릭 육성을 위해 그는 성의를 다했다"라고 회고하고 있다(노기남, 앞의 글, 337쪽).

또 윤형중의 회고에도 그러한 활동이 잘 나타난다. "천주교 청년회 연합회장으로 장 박사가 일을 보았는데, 그때 천주교에 대한 일제의 탄압이란 지독하고도 잔학한 것이었다. … 그런 소용돌이 속에서 장 박사는 대단히 어렵고도 중요한 일을 맡았다. 일본인 조선 총독부와 천주교를 중화시키는 일이었다. 다시 말하여 천주교에 대한 탄압을 중간에서 도맡아 방어하는 역할을 전담했다(윤형중, 앞의 글, 411쪽)."

40) 조광은 1930년대 이후 장면 등이 주도한 『가톨릭청년』의 발간과 교육운동을 문화적 민족주의 방향을 취하고 있었다고 지적하면서, 이는 무장투쟁 지향적 민족주의운동이나 국수주의적 민족주의와 상당한 차이를 드러내, 민족주의 주류로부터 일정한 간격을 유지하였다고 보았다(趙珖, 2001, 앞의 글, 97쪽). 그러나 당시 가톨릭 지성들의 동향을 문화적 민족주의의 개념으로 이해하기 위해서는 궁극적으로 이들이 민족운동의 전망을 어떻게 갖고 있느냐에 달려있다고 보겠다. 그러나 이에 대한 구체적인 연구는 아직 이루어지지 않고 있다.

자립의 확립, 그리고 문화와 교육정책의 강화라는 점을 당면한
과제로 판단"하였다. 그리고 그 구체적인 실천의 내용은 바로 그
가 걸어온 바와 마찬가지로, 반공주의와 남한단독 정부로서의 대
한민국 정부의 수립, 그리고 자유민주주의 체제의 실현이었다. 여
기서 당시의 민족문제와 관련해서는 바로 그의 반공주의와 통일
관을 검토해 볼 필요가 있다. 왜냐하면 해방 이후의 민족적 상황
은 좌우 이념 대립의 문제, 또 이에 따른 민족의 분단화가 최고의
과제로 등장하고 있었기 때문이다. 그리고 이러한 현실에서 공산
주의에 대한 인식은 당시의 현안이었던 민족문제에 대한 뚜렷한
입장 차이를 드러내기 때문이다.

　해방 이전부터 천주교회에서는 반공주의가 뿌리깊게 자리잡고
있었다. 이는 해방 이후에도 지속되고 있었으며 오히려 더욱 강
화되고 있었다. 왜냐하면 북한에 공산주의 세력이 등장하면서, 공
산주의는 이제 눈앞에 닥친 현실적인 적으로 인식되었으며, 이에
천주교회의 반공주의 강도는 더욱 높을 수밖에 없었다.[41] 이러한

---

41) 강인철은 해방 후 천주교의 반공주의기 다음 몇가지 점에서 과거의
　　그것과 구분되며, 훨씬 강력한 행동을 동반한다고 보았다. (1) 미국
　　과 소련을 대표로 하는 이극화된 냉전적 세계질서, (2) 전후의 세계
　　적 대립에서 한국이 중심 위치를 차지한다고 주장한다는 점, (3) 공
　　산화된 지역들에서의 종교(특히 천주교) 탄압에 주목한다는 점, (4)
　　같은 맥락에서 중국과 북한에 진행된, 공산주의자들과의 접촉과 피
　　해 경험으로 공산주의에 대한 반감이 증폭되었다는 점, (5) 공산주의
　　의 '종교적' 성격이 전례없이 강조됨으로써 공산주에 대한 부정적
　　이미지가 강화되었다는 점, (6) 자유민주주의와 그리스도교의 친화
　　성이 강조된다는 점, (7) 이른바 '자유진영'의 맹주인 미국과 교황청
　　의 동맹관계를 배경으로 하고 있다는 점 등이다. 이러한 위의 분석
　　은 장면의 정치적 활동의 방향과 그의 정치사상을 이해하는 단서가
　　될 수 있다(강인철, 2001, 「해방 정국과 한국 천주교회」『한국천주교
　　회사의 성찰과 전망 2』, 한국천주교중앙협의회, 25쪽).

천주교회의 반공주의는 곧 '종교적 반공주의'였다. 특히 공산주의의 종교적 성격이 강조되면서 공산주의는 단순한 정치이론이 아니라 무신론 혹은 반신론적인 신념과 행동체계로 이해되었던 것이다. 이러한 반공주의의 한편에는 자유민주주의와 그리스도의 친화성, 즉 민주주의가 그리스도교의 복음화에서 비롯되었다는 인식이 깔려 있다.[42]

　장면 역시 철저한 반공주의자였다. 그는 공산주의 무신론이 자유에 대한 가장 심각한 위협의 하나로 이해하였다.[43] 또 장면이 공산주의체제를 부정하는 이유는 그것이 무신론이라는 점 이외에 바로 공산주의를 독재권력을 유지하는 전체주의 체제로 보았기 때문이다.

　　민주제도의 확립과 기본인권의 신장은 공산독재와 싸우는 중요무기의 하나이니 독재주의와 투쟁하기 위해서 독재방법을 사용하는 이독제독의 수법은 전략상의 자가당착을 가져올 수 있는 것이므로 민주당정권은 반공을 지상목표로 하기 때문에 인권자유의 이상으로 하였던 것입니다. 외적과 대치하여 임전태세 하에 있는 우리나라로서 더구나 정치환경이 미숙한 현단계에서 반공과 자유체제를 병립시키는 것이 지난의 문제임은 두말할 것도 없거니와 이 난제의 해결은 오직 국민의 자각과 행동의 자발적 단결과 상상의 귀일 등에 있을 것이며 그러한 국민자주력의 성장에 정비례하

---

42) 해방 후 한국 천주교회의 반공주의에 대해서는 강인철, 위의 글, 21~29쪽 및 여진천, 2001, 「한국전쟁에 대한 교회의 입장」 『한국천주교회사의 성찰과 전망 2』, 98~110쪽 참조.

43) "오늘의 세계를 소란스럽게 하는 가장 중요한 싸움은 '자유에 대한 압제에 대한' 싸움이다. 이 압제는 여러 모로의 가면을 쓰고 인간에 대한 공격을 정당화하기 위하여 그릇된 철학을 지지하고 있다. 무신론자들은 세계를 제 것으로 만들려고 끊임없이 활동하고 있는데, 많은 성실한 사람들은 그 해로운 적의 행동을 슬퍼할 뿐, 이와 저항하기 위하여 하는 일이 없다(장면, 1999, 「우리는 무엇을 해야 할 것인가」 『한 알의 밀이 죽지 않고는(증보판)』, 142쪽)."

여 민주주의의 혜택이 증진된다는 것을 우리 국민은 깨달아야 할
줄 압니다.44)

이 글에서 그는 반공주의와 자유민주주의가 동일 궤도에 있음
을 명확히 하고 있다. 왜냐하면 "민주정치는 그 '과정' 속에서 모
든 인간의 人格의 향상과 발전의 기회가 주어지는 것"인데, 공산
주의는 "'계급 없는 사회', '絶對平等', '영원한 解放' 등 미래를
약속하여 대중을 선동하면서 그 수단을 밝히지 않기" 때문에 결
코 민주정치에서 용납될 수 없다는 것이다.45)

따라서 그는 공산주의 세력을 화해할 수 없는 적이라고 인식하
였다. 나아가 그는 그리스도교과 공산주의의 관계를 그리스도교
의 선악의 대립관에서 해석하고 받아들여, 공산주의를 '악'으로
규정하였던 것이다.

가톨릭 신자들은 원수인 공산주의와 싸워서 이겨야 한다. 우리
는 확고부동한 굳은 신앙을 토대로 일치단결해서 우리 조상들의
영웅적 순교정신을 이어받아 죽음을 두려워하지 않고 외적 행동을
대항하여 노력할 것이며 … 공산주의 뿌리가 이 나라에서 더 나아

---

44) 장면, 1961. 8. 16, 「나의 심경을 말한다」『동아일보』.
45) 위의 글.
　장면은 또 공산주의의 부정적 성격으로 폭력주의를 들고 있다.
"사회주의가 공산주의와 본질적으로 다른 점은, 후자가 폭력을 정권
탈취의 수단으로 삼는데 반해, 전자가 비폭력 의회주의를 통해 정권
을 잡을 것을 기도하는데 있습니다. 그런 한에 있어서 사회주의는
자유 민주주의와 똑같이 우리나라에서 법률의 보호를 받으며 정당
활동을 할 권리가 있을 뿐만 아니라, 우리 국민의 이익에도 많은 기
여를 할 수 있다고 나는 확신하여 마지않습니다. 그러나 사회주의가
비폭력 의회주의에 의하지 않고, 지금 우리나라의 일부 사회주의적
색채를 띤 책사(策士)들이 기도하고 있는 것과 같이 폭력 및 난동에
호소하려고 할 때, 그러한 사회주의와 공산주의 사이에 과연 무슨
차이가 있는가를 나는 묻고 싶습니다(제5회 신문 주간 기념 연설)."

가서는 온 세상에서 근절되도록 열심히 천주께 빌어야 한다.[46)

이와 같은 반공주의 입장에서 본다면 해방 후 정치적 격동기에 있어서 장면의 정치적 선택의 길은 어느 정도 정해져 있는 것이나 다름없다고 할 수 있겠다. 당시 천주교회가 걸었던 방향, 즉 반탁운동과 뒤이은 단독정부의 수립의 길에 장면도 동참하면서,[47) 이 과정에서 안팎으로 뛰어난 공을 세웠던 것이다. 장면 역시 이러한 정치적 전개를 해방 이후의 현실에서 가장 바람직하고 필연적인 길이라고 생각하였다.[48) 이는 결과적으로 이승만이 집권하게 되는 길이었는데, 당시 가톨릭교회와 장면은 이승만의 최대 협조자의 하나였던 것이다.[49)

이러한 그의 행적과 사상으로 볼 때, 당시의 민족적 현실에 대

---

46) 1953. 7. 7, 『가톨릭신보』 ; 여진천, 2001, 「한국전쟁에 대한 교회의 입장」 『한국천주교회사의 성찰과 전망 2』, 123쪽 재인용.

47) 반탁운동과 단독정부의 수립에 대한 장면의 입장은 다음 글에 잘 드러난다.
　　"저 3상 결정이 또다시 우리 조국을 신탁이란 굴레를 씌우려고 들 때 우리는 3·1운동의 정신으로 결사 반대하였던 것이다. 그 결과로 우리는 신탁 없는 자주 독립국가를 수립할 수 있게 됨을 생각할 때 5·10 선거는 참으로 민족적 성업이 아니될 수 없다(장면, 1948. 5. 8, 『경향신문』 ; 강인철, 62쪽 재인용)."

48) "일본 세력이 우리 한국에서 구축되자, 그 대신 새로운 전체주의적 공산 세력이 우리 북한으로 침입하여 우리 민족은 더 큰 압박과 고통 속에서 파멸에 직면하고 있습니다. 이 불행한 현상을 타파하고자 미소 공동 위원회를 열어 보았으나 실패로 끝나고, 1947년 9월 미국은 한국 문제를 국제 연합에 호소하여 총회의 결의로 총선거가 실시되어, 유사 이래 처음으로 우리 민족에 의한 민주 정부를 세우게 되었습니다(1949. 10, 「아시아를 위하여 고투하는 대한민국」 『가톨릭 청년』 67호)."

49) 당시 장면은 이승만정권과 가톨릭교회를 연결하는 가장 중요한 통로였다.

한 인식과 이에 대한 그의 실천은 기본적으로 그의 가톨릭 신앙에서 비롯됨을 알 수 있다.50) 이는 그의 가톨릭 신앙이 그로 하여금 민족문제에 대해 보다 유연한 입장을 갖게 할 수 없었던 요인이었음을 보여준다.51)

장면의 반공주의는 그의 통일관에도 영향을 주었다. 그런데 그의 통일관에는 일정한 변화가 나타나고 있다. 먼저 남한 단독정부 수립 이후 장면은 유엔에 의한 평화통일 방안을 따르고 있었다.52) 그러나 한국전쟁을 경험한 이후에는 공산주의 세력에 대한 뿌리깊은 불신에서 공산주의의 축출과 북한 주민의 해방을 전제로 하는 통일 방안을 내세우게 된다.

그는 "아직까지도 국토가 양단되고 민족이 분열된 채 있는 것은 주위의 환경이 어쩔 수 없는 制約을 한 까닭으로 돌릴 수밖에는 없다고" 보면서, 이제 "밖으로 모든 불리한 장애를 제거하고 우리들과 더불어 피를 나눈 부모·형제·자매들을 공산당의 무도한 虐政 속에서 구출"하는 것이 "자신이 언제나 천주님에게 祈求하고 나 자신에게 맹세하고 국민들에게 기대하는 바 최대최종

---

50) 당시 반공주의를 내세운 세력들의 구성은 다양하였으나, 특히 친일관료 등 친일파와 이승만 등의 자유민주주의자들, 그리고 가톨릭교 등의 기독교세력 등이 중심이었다. 장면의 경우는 가톨릭이라는 종교적 입장에서 반공주의라는 정치적 입장에 서 있었던 것으로 보인다.
51) 장면은 상당히 유연하고 개방적인 품성의 소유자였다. 개신교에 대해서도 상당히 개방적이었고, 나아가 사회주의 정치세력도 용인하고 있었다. 그런데 이와은 달리 공산주의에 대한 강한 적대의식은 그의 종교적 입장에서 비롯되었다고 보는 것이 옳을 것이다.
52) "우리가 최후로 바라고 사는 것은 평화로운 방법으로 양분된 한국을 통일시키는 것입니다. 이것은 유엔의 우호 국가들이 우리 대한 민국을 도의적으로, 경제적으로 강화시킴으로 말미암아 성취될 수 있다고 믿습니다(1949. 10, 「아시아를 위하여 고투하는 대한민국」『가톨릭청년』67호)."

의 염원"이라고 말한다.53)

　이러한 입장은 공산주의와 자유민주주의는 서로 화해할 수 없다는 그의 반공주의 이념에서 나타난 것이다.54) 그의 통일관이 이승만 정권의 무력통일론과 동일한 것인지는 확인키 어려우나, 결과적으로는 그것과 동궤에 있음은 물론이다.55)

---

53) 1957, 「나의 심경. 나의 신변」『신태양』3.
　　그가 부통령의 입후보시에 내세운 정책에도 다음과 같이 북한공산주의의 타도가 전제되어 있다. "외교에 있어서는 현재의 고립적 경향을 시정하여 모든 민주우방과의 친선과 협력을 증대하며 특히 국제연합과의 연계를 원활히 해서 북한 동포를 공산압제정치에서 해방시키기 위한 자유세계 전체의 단결력과 정치력을 강화하는데 우리들이 이니시어티브를 취할 수 있도록 노력할 것이다(장면, 1956년 4월 15일, 「立候補者의 抱負: 나는 이렇게 하련다」『東亞日報』).

54) "자유진영과 공산측의 統一理念이 근본적으로 相馳된다. 大韓民國은 어디까지나 自由民主主義 이념하의 통일을 지향함에 반하여 괴뢰측은 徹頭徹尾 全國 赤化를 지향하는 공산 일색의 통일이념이기 때문이다. 이 양 극단을 조정하는 중간적 타협이란 있을 수 없다. 우리는 차라리 死를 택할지언정 공산주의와의 타협은 절대로 확인할 수 없다. 共産徒黨의 처절한 赤禍를 3년이나 겪은 한민족은 지긋지긋하게도 공산주의와 그 도당을 저주할 뿐이다(1953년 8월 6일, 「덜레스장관에게 寄함」『경향신문』)."

55) 이승만 정권은 제네바 회담 결렬 이후 '북한만의 유엔 감시하 총선'을 주장하였다. 장면의 입장도 이와 동일하다.
　　"통일을 위한 소위 '南北 總選擧'란 얼른 듣기에는 그럴 법도 하나 其實 法的根據에 의문이 있으며 일대 혼란을 초래할 우려가 있다. 남한에는 이미 UN감시 하에 공정한 선거가 실시되었으며 이제 이르러 새삼스럽게 재선거를 실시함은 이전 선거를 불법화하는 모순을 가져오게 된다. 통일을 위한 선거의 유일한 합법 방책은 아직 자유선거가 실시되지 못한 북한지구에 철저한 UN 감시하 진정한 자유분위기 가운데 애국동포들이 양심대로 투표할 수 있는 체제를 갖춘 후에 그 선출된 選良들이 자진하여 大韓民國 治下로 들어오게 하는 그것밖에 없다. 북한동포의 대부분이 잔학한 공산치하의 희생자들인 만치 만일 진정한 자유투표를 할 수만 있다면 愛國選良의 선출이 가

이러한 그의 통일관은 4월혁명 이후에 다시 일정한 변화를 겪는다. 사실상 4월혁명은 남한에서 통일 논의에 새로운 전기를 가져온 출발점이었다. 그동안 국제 냉전을 국내적으로 추종한 이승만 정권의 붕괴는 혁신세력의 대두를 가져왔으며, 이에 따라 그동안 잠재되었던 민족주의가 자극되어 새로운 통일론이 등장하게 되었던 것이다. 당시 혁신세력들은 통일우선론의 입장에서 다양한 통일론을 제시하였는데, 기본적으로는 자주적·협상적 통일론이었다. 이에 반하여 당시 제2공화국 정부의 통일론은 소극적이었다. 이승만 정권의 무력통일 노선을 청산하고 평화통일 노선으로 전환한 점은 획기적이었으나, 구체적인 통일론에 있어서는 보수적이고 소극적인 자세를 벗어나지 못하였다.56) 통일문제에 대한 신중성은 인정된다고 하더라도, 국가 정책상 통일문제를 부차적인 차원으로 내리는 등,57) 4월혁명 이후 분출된 국민들의 민족 통일의 열망을 얼마나 수렴하였는지는 의문이다.

이러한 제2공화국의 통일론의 입장과 당시 최고 정치지도자였던 장면의 그것과는 다른 점이 없었다. 장면은 "한국 민족의 숙원이며 최대의 과업"인 남북통일을 위한 "정당한 해결은 오로지 유엔을 통한 진정한 자유 민주 선거에 의하여 성취"될 수 있다고

───────────────

능할 것이다. 그러나 현 傀儡政權과 선거제도를 그대로 두고 현 괴뢰군과 중공군을 그대로 둔채 어떻게 자유분위기가 보장될 수 있으며 어떻게 양심있는 애국자가 선출될 수 있겠는가. 이것은 오직 희망적 甘夢에 지나지 않는다. 공정한 자유선거가 실시되기 위하여는 무엇보다도 먼저 기본조건인 자유분위기 확보의 체제부터 정비해 놓고야 실현성이 있을 것이다(1953년 8월 6일, 「덜레스장관에게 寄함」『경향신문』)."

56) 김학준, 1982, 「南北韓에 있어서 統一論議의 전개」『한국민족주의론』 1, 235~236쪽.

57) 제2공화국의 정책은 국내 경제건설에 우선 순위를 두는 '선건설, 후통일'론이었다.

보았다.58) 이렇게 4월혁명 이후의 상황에서도 자주적 통일론으로 변화하지 못한 그의 생각의 이면에는 공산주의와 북한정권에 대한 근본적인 불신이 자리하고 있었던 것이다.59) 그런데 그러한 불신은 한국 민족이나 사회의 역사적 경험에서 나온 것은 아니었다. 그것은 바로 그가 속한 가톨릭 교회의 공산주의 인식에서 비롯한 것이었다.

2) 그리스도인의 사회적 역할론

장면의 그리스도인의 사회적 역할론은 바로 당시의 현실 인식에서 출발한다. 우선 그는 당시를 "민족 갱생"의 시기로 보고 있다.

---

58) 1961. 3. 27, '유엔 정치 위원회 결정에 대한 국무 총리 특별 담화문'
59) "그 위대한 4월혁명은 오늘 현재 삼천리 강토의 남쪽에서만 빛을 발하고 있다는 사실을 우리는 통탄하지 않을 수 없다. 이남에서는 겨레의 민권이 이처럼 신장되었는데도 불구하고, 우리 7백만 이북 동포들은 벌써 16년째나 공산 독재의 가혹한 채찍 밑에서 인간의 온갖 권리를 박탈당한 채 자유의 구원만을 바라며, 어제도 오늘도 암흑의 절망 속에서 울부짖고 있는 것이다. 공산 괴뢰들은 공산 식민주의를 도입하여 국토의 양단, 민족의 분열을 조장하였음은 물론, 이 겨레의 통일된 역사적 발전에 단층을 가져오게 하였고, 입으로는 평화를 떠들면서 6·25의 참변을 일으켜 수많은 동포들을 살육하고 막대한 재산을 파괴하였으며, 지금 이 순간에도 민족 정기의 전통을 이어받은 우리 대한민국을 침식하려고 갖은 파괴적 망동을 자행하고 있는 것이다. 공산당이 입만 열면 떠드는 민족 통일 구호가 얼마나 허망하고 기만적인가 하는 것은 지난 12월 유엔 총회 정치 위원회가 통과시킨 그들의 조건부 참석안에 대하여 아직도 오만 불손한 도전적 태도로 나오고 있다는 사실이 무엇보다도 웅변으로 증명해 주는 바와 같다. 공산당들의 정략적 흉계로서의 기만적 구호에 지나지 않는 것이다(장면, 「4·19 기념사 요지(1961.4.19)」『한 알의 밀이 죽지 않고는(증보판)』, 205쪽)."

생각하면 오늘의 현실이 비단 이박사 집권 8년간에 빚어낸 것
으로서 단정하느니 보다는 오히려 오랜 세월 - 적어도 李朝末葉
으로부터 日帝治下三十六年間을 두고 설움에 매치고 울분에 쌓
인 이 민족의 생활감정이 오늘에 와서 정녕 살 수 없다고 토로한
것이라고 보아서 그리 틀림이 없을 것 같다. 어쨌든 우리 민족은
거의 一世紀에 통하여 封建專制의 壓政에 신음하여 왔고 또는 亡
國의 설움 속에서 日帝의 殘虐한 植民政治하에 禽獸와 같은 생활
을 하여왔던 것이니, 이제 민족해방이 있은 후 십년 新生 民國樹
立後에 8年有餘를 경과하였음에도 불구하고 解放民族으로서의
환희도 新生國民으로서의 생생한 幸運도 찾아볼 수 없는 현실에
처하여 민족의 감정이 "更生"을 찾아 폭발됨은 당연의 추세가 아
닐 수 없다. 庚戌의 國恥 이후 10년 만에 己未萬歲를 불렀던 이
민족이 해방 이후 10년에 방방곡곡으로부터 "갱생"에의 아우성을
치고 일어난 것은 결코 우연의 일이 아니며, 민족 감정의 저류에
는 필연적인 因果의 선이 連繫되어 있다고 보아야 옳을 것이다.60)

이 때 그가 생각하는 "민족의 갱생"의 방법은 "민주주의 내지
민주정치를 근본"으로 하는 것인데, 그것은 "민주주의가 오랜 역
사를 두고 인간사회의 정치원리로서 신봉되어 온 生活組織이며
社會組織이며 또한 國家組織"이기 때문이었다. 그런데 한국의 정
치 현실에서 민주주의가 실천되지 못하고 독재권력이 유지되는
것은 "우리나라의 民主主義가 自然發生的인 밑으로부터의 그것
이 아니요 어느 의미에서 外來的이요 접붙이 가지와 같은 上部組
織에 불과하기 때문에 강력한 민의가 아직 성장하지 못"한 데에
기인한다고 보았다. 61)

나아가 그는 "도덕혁명에 의하지 않고서는 진정한 민주주의가
구현될 수 없다"고 본다. 그리고 그 도덕 혁명을 이루어 가는 데
곧 종교의 역할이 지대하다고 믿었다.62) 이러한 점에서 그가 그

---

60) 장면, 1956. 7, 「민족갱생의 길 - 청년과 더불어」『신세계』.
61) 위의 글.
62) 장면, 1965. 1, 「침묵은 운명보다 강하다」『올다이제스트』.

리스도인의 정치 사회적 역할을 논하게 되었다고 생각한다. 이렇게 본다면, 장면이 저술한 「우리는 무엇을 해야 할 것인가 - 비그리스도교국에 있어서 사회와 정치 생활에 대한 그리스도교의 공헌」은 가톨릭 교인으로서 장면의 정치적 입장과 사상을 이해하는데 매우 중요한 글이다. 63) 본고에서는 이 글을 중심으로 가톨릭 신앙과 장면의 정치사상의 관련성을 분석하기로 한다.64)

먼저 장면은 다른 신흥 국가와 마찬가지로, 우리 한국도 "자유와 독립 정신의 강력한 부흥"과 "완전한 평등에 대한 동경"을 갖는 非그리스도국이기 때문에, 그리스도인의 사회적 정치적 역할

---

63) 현재 정리된 자료에는 장면이 「우리는 무엇을 해야할 것인가」라는 글을 쓴 시기가 나타나 있지 않다. 그런데 이 글의 저작시기는 사실 매우 중요하다. 왜냐하면 이 글은 가톨릭교인의 사회적 정치적 활동에 대한 장면의 생각을 가장 잘 보여주기 때문이다. 해방 이후 장면의 대부분의 저술이 정계 은퇴 뒤인 1964년 이후에 쓰여졌기 때문에, 이 글 역시 60년대 이후에 쓰여졌을 가능성도 없지는 않다. 그런데 이 글에서 저작의 시점을 추정할 수 있는 단서로, "성 바오로 수도회가 60년 이상 경영한 서울의 성 바오로 고아원 - 한국에서 가장 오랜 된 곳 -"이란 문구가 주목된다. 필자가 조사한 바에 의하면, 성 바오로 수도회는 잘못이고 이는 사르뜨르 성바오로 수녀회가 옳다. 이 수녀회의 한국 진출은 1888년이며, 늦어도 1890년대 초에는 보육원 사업을 시작한 것으로 보인다. 1994년이 해성보육원의 100주년이었기 때문에, 이를 기준으로 삼아도 성 바오로 고아원이 60년 이상 된 시점은 1950년대가 된다. 한편 이 글의 내용상으로 볼 때에도, 1955년의 저술인 「가톨릭 액션이란」과 상통하는 점이 적지 않다. 즉 장면이 이 글을 저술한 시점은 그가 활발하게 정치적 활동을 전개하였던 1950년대 중반으로 추정된다. 따라서 장면의 정치사상을 이해하는데 이 글이 갖는 의미는 매우 큰 것이다.
64) 장면, 「우리는 무엇을 해야 할 것인가 - 비그리스도교국에 있어서 사회와 정치 생활에 대한 그리스도교의 공헌」『한 알의 밀이 죽지 않고는(증보판)』, 138~150쪽. 이하의 서술은 대개 이 글에 의한 것이므로, 별도의 인용 (주)를 밝히지 않겠다.

이 중요하다고 강조한다. 그 이유는 당시의 사회적 현실에서 찾아볼 수 있다. 장면의 현실 인식에서 사회악의 주요한 원인으로 경계하는 것은 2가지인데, 하나는 자본주의 사회에서의 "지상 행복의 열렬한 추구, 부와 쾌락의 늘어만 가는 욕망" 등이고, 다른 하나는 "유물론의 무신론"적 입장이었다.

즉 당시의 현실은 "19세기 및 20세기의 반종교 정신의 영향을 입었고, 사회적, 도덕적, 종교적 기구에 있어서 심각한 변화"를 겪고 있으나, "무너져 가는 조직을 뒷받침할 깊은 철학이나 종교적 가치는 없는" 현실에서, "사람은 개인화하고 자기와 자력에 맡겨지고, '20세기의 정신'의 유혹에 저항하기에는 너무나 고립된 뿌리 없는 존재"가 되었기 때문에, "자본주의라는 서구의 가장 밑에서, 또는 공산주의의 명확한 형태 밑에서 새로운 이교주의자와 유물주의의 정면 공격을 받고 있다"고 보았다. 그 결과 "그리스도적 본질"이 없는 비그리스도교의 젊은 세대가 "종교적 또는 도덕적 니힐리즘에 끌려가기 쉽게"된다는 것이다. 특히 그는 공산주의, 유물론에 대한 위험성을 크게 경계하면서 이를 새 이교주의의 하나로 보면서, 이를 막아내기 위해서는 먼저 그리스도교적 기초를 높여야 한다고 주장한다.

그러나 비그리스도국에서 그리스도인은 소수이고, 그렇기 때문에 그 역할에 대해서 회의적이고 부정적일 수 있다. 그렇지만 그는 "작은 그리스도교 사회가 이 지역의 사회와 도덕 생활에 대하여 결정적인 영향력을 미칠 수 있는" 배경은, 다름 아닌 가톨릭의 국제적 성격 즉 세계성이라고 생각하였다. 즉 "온 세계에 두루 펴져 있는 영적, 또는 종교적인 큰 조직체로서"의 가톨릭 교회가 "세계에 있어서 주는 그 영향과 그의 위신, 그의 국제적인 입장, 공산주의에 대한 그의 강력한 저항에 기인"한다고 본다. 나아가

"교회가 세계 방방곡곡에서 조직화되고 있는 감동적인 자선 사업, 또 무서운 박해 밑에서 나타나는 가톨릭교도의 영웅적인 저항, 또는 순교도 서슴지 않는 신앙과 사랑에 있어서 나타나는 일치의 정신"도 중요한 배경이라고 하였다. 여기서 가톨릭교가 갖는 역사성, 즉 구원의 역사에 대한 깊은 신뢰가 뒷받침되고 있음을 알 수 있다.

이러한 배경에서 그는 한국에서의 가톨릭교가 갖는 정치적 사회적 역할에 대해 강한 자신감을 갖고 있었다. 그는 "가톨릭 교도는 그 국민의 번영을 위하여 저마다 그 책임을 져야 한다"는 전제 아래, "그리스도교 원리에 완전히 일치된 개인적, 사회적, 정치 생활"로써 "그리스도적 이상, 그리스도의 정신을 그 생활에, 그의 말에, 그의 모든 접촉, 혹은 감화의 기회에 구현"하는 것이 "모든 그리스도 신도가 해야 할 개인의 사명"이라고 하였다. 여기서 가톨릭이 갖는 보편성과 세계성이 한 국가와 민족의 범주에서 어떻게 이해되고, 이에 따른 한 개인으로서의 가톨릭교인이 가져야 할 소명이 무엇인가에 대한 그의 고민이 엿보인다. 그리스도 정신의 실천도 궁극적으로 국민과 민족의 번영으로 이어질 때 비로소 완성된다는 것이다.

그리스도인의 사회 참여와 역할은 정치적인 영역이라고 예외를 두지 않는다. 그는 그리스도교 안에서 주장되는 '정교 분리의 원칙'을 다음과 같이 이해한다.

국가와 종교와의 분리란 종교 단체인 교회의 활동을 성당 구내에 국한시키는 것을 의미함도 아니요, 신교의 자유란 사람이 종교를 안 믿어도 좋다고 해방시키는 의미도 아닌 것이다. 교회의 활동 범위는 그 교양과 도덕률에 관련성이 있는 한 무제한인 것이며, 신교의 자유란 자기가 신교라고 인정하고 신봉하는 신앙 생활의 자유를 향유함을 가리키는 것이다. 따라서 종교 신봉자가 자기

> 신념에 따라 정치 활동에 가담하는 것은 국가와 종교 분리의 원칙
> 에 아무런 저촉도 되지 않을 뿐 아니라 오히려 당연한 것이며 경
> 우에 따라서는 필요한 일이기도 하다. 교회의 정신적 또는 물질적
> 생활을 성당 안으로 몰아넣어 농아자를 만들려는 그릇되고 편협
> 한 관념을 강력히 배척해야 할 것이다.[65]

오히려 그가 경계하는 것은 "많은 사람들은 정치에 충분한 관심을 가지지 않을 뿐 아니라, 불리한 사정으로 하여 정치에 관여할 수 없으므로 절망에 빠져 있는" 현실로서, "이러한 무관심과 냉담한 태도가 관리의 타락"을 낳고, "독재 정치를 빨리 자라게" 하는 토양이 된다고 보았다.

따라서 그리스도교 정치가는 "정당의 정책에 그리스도교 원리를 침투시키고, 정부에게 그 실시를 촉구함으로써 나라에 영향"을 주어, "양도할 수 없는 하늘이 준 권리를 옹호하기 위하여 그 노력을 집중하고, 종교 및 언론의 자유를 보장하고 국민의 정치적·사회적·경제적 생활의 민주적 발달을" 도와야 한다고 주장하였다.

한편 그는 그리스도교인의 사회적 실천으로서, 교육, 노동계급에 대한 관심, 사회봉사 등을 거론하고 있다. 그는 가톨릭 교회가 귀족이나 자본주의의 '앞잡이'로 인식되는 편견에 대해서도 경계하면서, "가톨릭교도가 노동 계급의 이익의 참된 보호자"임을 보여주기 위하여 노력해야 한다고 주장한다. 그 구체적인 실천 방법으로 노동 문제를 특히 강조하는 교회의 社會教說을 알리고, 가톨릭 노동 지도자들은 여러 교황의 社會舊勅에 포함되어 있는 기본 원리를 펴고 실행할 것을 제시한다. 그리고 그 무엇보다 "교회가 봉급 생활자의 복지에 절실한 관심을 가지는 것, 교회가 충

---

65) 장면, 「가톨릭 액션이란」 『한 알의 밀이 죽지 않고는(증보판)』, 267
    ~268쪽.

분한 급료를 요구하는 권리를 그들에게 인정하는 것” 등 노동자
의 제반 권리를 인정하고 뒷받침하는 것이 가장 중요하다고 본
다. 나아가 “영적인 행복”만이 아니라, 불우한 사람들의 물질적
이익에도 관심을 갖고, 직업 교육 센터를 세우거나, 농부와 노동
자를 위하여 직업 협동 조합을 조직하고, 또 이러한 지도자의 활
동을 뒷받침하는 자금과 시설을 공급해야 한다는 방안을 내놓기
도 하였다.

특히 오랜 기간 교육가로서 활동하였던 그의 경험을 바탕으로
그리스도인의 교육적 역할에 대해서도 큰 관심을 기울인 것은 지
극히 당연하다.

> 교육이란 본질적으로 인간의 그 본연의 지위가 무엇이며, 자기
> 가 찬조를 받은 숭고한 목적을 달성하는 데는 이 세상에서 무엇을
> 해야 하겠는가를 가르치는 것이다. 그러므로 인간의 최후 목표가
> 어디 있는가를 지향하지 아니하는 교육은 참된 교육이 될 수 없으
> 며, 현세에 있어서 하느님의 섭리는 우리의 유일한 길이시요. 진리
> 의 생명이신 당신 독생자를 통하여 당신을 우리에게 지시하신 만
> 큼, 크리스찬 교육이 아니고는 완전한 교육이 될 수 없는 것이다.66)

이상에서 살펴본 바와 같이 그가 주장하는 그리스도인의 역할
은 궁극적으로는 사회의 도덕 혁명에 앞장서야 한다는 것으로 요
약할 수 있다.67) 그러기에 그는 이러한 “비그리스도교 국민의 사

---

66) 장면, 위의 글, 269~270쪽.
67) 장면의 다음의 말은 종교가 사회의 도덕 혁명을 이끌고, 이를 기반
   으로 민주정치가 이루어진다는 그의 신념을 보여준다. “인간수양이
   앞서야지. 인간수양은 자기의 <참>에 돌아간다는 것이지. 비단 정
   치인뿐만이 아냐. 전국민의 도의심이 앙양되지 않고서는 안돼. 국민
   의 도의심이 확립되고 나라가 이 위에 설 때 건전한 토대가 이룩되
   는 것이며 나아가 국제적인 위치를 확보할 것이라고 생각하고 있어.
   그 일은 물론 하루 이틀에 되지는 않을 거야. 그러나 충분히 가능하

회 생활, 정치 생활 또 장래에 대한 그리스도교의 가장 융성한 공
헌 또는 가장 연속되는 자원"이 되는 것은 결국 그리스도인의 '信
望 愛의 정신'이라고 결론짓고 있다. 여기서 그리스도인의 도덕
적 실천과 그 덕목의 확대가 사회 개혁의 기본이라는 그의 정치
사상의 틀과 그의 정치적 행적에서 드러난 도덕적 태도의 근원을
잘 이해할 수 있게 된다.

4. 맺음말

  이 글에서는 민족문제와 가톨릭 신앙이라는 두가지 관점에서
장면의 정치사상을 살펴보았다. 이상의 내용을 요약하는 것으로
결론을 대신하겠다.

  일제 식민지 현실 속의 최고의 지식인으로서 장면은 저항적 민
족의식을 갖고 민족이란 실체를 인식하고 있었지만, 한편으로는
복음화와 신앙인의 확대가 민족해방의 길이라는 인식을 갖고 있
었다. 곧 종교적 계몽의식이나 종교적 민족주의의 범주에 머무는
한계를 드러내는 것이다. 구체적으로 장면은 당시 교육운동과 문
화운동의 지도자로서 그 위상이 적지 않았는데, 그의 이러한 실
천운동이 구체적으로 민족운동과 교육 사업, 그리고 민족 도덕과

___

다고 나는 믿어요. 더 이상 국민을 속이지 않고 보다 건실하게 나가
자면 도의국민으로 계몽할 뿐만 아니라, 지도자 자신이 신앙에 입각
해야 할거야. 믿음에 의한 통치만이 우리를 구제하리라 보는 거야.
… 신앙에 의한 자기 충실이 가장 중요해. 믿음이 없이 어떻게 민중
을 이끌어 나가며 또 어려운 당면 문제들을 해결한단 말이요. 참으
로 한심스런 일이지. 이 나라가 잘되고 못되고는 이제 국민 각자의
신앙 유무에 달려있다고 보아. 믿음이 없이 인류 구원도 자기구원도
되지 않는다(장면, 앞의 「침묵은 운명보다 강하다」)."

종교운동 사이에 어느 수준의 긴장 관계를 유지하고 전개되었는 지가, 민족문제를 바라보는 장면의 인식에 대한 평가의 기준이 된다. 이 점에서 당시 천주교회의 공식적인 정치적 입장으로부터 결코 자유로울 수 없었던 장면의 입지를 고려하면, 그의 민족문 제 대한 인식에는 가톨릭 교회와 신앙인으로서의 태도가 먼저 요 구되면서, 저항적 민족운동으로의 방향에는 일정한 한계성을 드 러내고 있다고 볼 수 있다.

해방 후 장면의 활동과 그의 정치적 입장 역시 당시 가톨릭 교 회의 그것과 결코 차별적이지 않았다. 그 구체적인 실천의 내용 은 바로 그가 걸어온 바, 반공주의와 남한단독 정부로서의 대한 민국 정부의 수립, 그리고 자유민주주의체제의 실현이었다. 여기 서 당시의 민족문제와 관련해서 그의 반공주의와 통일관을 검토 하였다. 장면은 당시 가톨릭 교회의 입장과 마찬가지로 철저한 반공주의자였는데, 그것은 공산주의가 무신론과 독재권력을 유지 하는 전체주의 체제라는 인식 때문이었다. 나아가 그는 그리스도 교과 공산주의의 관계를 그리스도교의 선악의 대립관에서 해석 하고 받아들여, 공산주의를 '악'으로 규정하였다. 이러한 반공주 의 입장에서 장면의 정치적 선택의 길은 반탁운동과 단독정부의 수립의 길을 택할 수밖에 없었다. 장면의 반공주의는 그의 통일 관에도 영향을 주어, 이승만 정권의 무력통일론과 동일한 것인지 는 확인키 어려우나, 결과적으로는 그것과 동궤에 있었다. 물론 그의 통일관은 4월혁명 이후에 다시 일정한 변화를 겪지만, 자주 적 통일론으로 변화하지 못하는 제한성을 가졌다.

이러한 그의 행적과 사상으로 볼 때, 당시의 민족적 현실에 대 한 인식과 이에 대한 그의 실천은 기본적으로 그의 가톨릭 신앙 에서 비롯됨을 알 수 있다. 이는 그의 가톨릭 신앙이 그로 하여금 민족문제에 대해 보다 유연한 입장을 갖게 할 수 없었던 요인이었음을 보여준다.

장면의 그리스도인의 사회적 역할론은 도덕혁명에 의하지 않고서는 진정한 민주주의가 구현될 수 없다는 현실인식에서 비롯한다. 그리고 도덕 혁명의 실현이 사회 개혁의 기초라는 입장에서 그리스도인의 정치 사회적 역할론이 나타난다. 非그리스도국이라는 한국의 현실과 자본주의 사회의 병폐성 그리고 공산주의의 무신론이 그리스도인의 극복해야 할 목표로 제시하였다. 특히 그리스도국에서의 역할론에 대한 그의 자신감을 가톨릭의 국제적 성격 즉 세계성 및 구원과 순교의 역사성에서 찾고 있다는 점이 신앙인으로서의 현실인식의 자세를 보여준다. 하지만 그리스도 정신의 실천도 궁극적으로 국민과 민족의 번영으로 이어질 때 비로소 완성된다는 그의 입장은 이제까지의 정치와 종교의 분리를 주장한 가톨릭 교회의 태도에 대한 간접적인 비판이라는 점도 유의된다. 그가 주장하는 그리스도인의 역할은 궁극적으로는 사회의 도덕 혁명에 앞장서야 한다는 것으로 요약할 수 있다. 여기서 그리스도인의 도덕적 실천과 그 덕목의 확대가 사회 개혁의 기본이라는 그의 정치사상의 틀과 그의 정치적 행적에서 드러난 도덕적 태도의 근원을 잘 이해할 수 있게 된다.

한국인물사 학술총서 ②

장면총리와 제2공화국

정가: 24,000원

2003년 9월 15일 　초판인쇄
2003년 9월 25일 　초판발행

저　　자 : 조광, 허동현, 김기승, 홍순호
　　　　　高崎宗司, 정대성, 김녕, 임기환
발 행 인 : 한 정 희
발 행 처 : 경인문화사
편　　집 : 박 선 주
　　　　　서울특별시 마포구 마포동 324 – 3
　　　　　전화: 718 – 4831~2, 팩스: 703 – 9711
　　　　　E-mail : kyunginp@chollian.net
　　　　　등록번호: 제10 – 18호(1973. 11. 8)

사단법인 한국인물사연구소
이사장 유승주

121 – 050 서울특별시 마포구 마포동 324 – 3 5F
전화: 02) 718 – 4829 / Cellular phone: 011-9174-7550
E – mail: rsj8787@hanmail.net

ISBN : 89-499-0200-1　93910　　　* 파본 및 훼손된 책은 교환해 드립니다.